MINERVA
政治学叢書 3

日本政治思想

［増補版］

米原　謙 著

ミネルヴァ書房

刊行の趣意

「MINERVA政治学叢書」は二一世紀の初頭に、人間が生きているかぎり存在する政治の諸特徴を多面的に描こうとするものである。

政治とは、人間の強欲をどのように制御するかの仕組みである。政治学的にいえば、諸価値の配分についての規範や規則を形成し、それを権威的に実行するための諸措置である。ロシアでは「誰が誰を（支配するか）」と言い、米国では「誰が何を手にするか――そして何時、如何に」と言う。人間は結局のところ強欲の動物であり、強情な存在である。それだからこそ、暴力は政治の最も重要な要素であり続けたのである。政治を出来うるかぎり非暴力的にするためには暴力を脇に置きながら、暴力を飼い馴らさなければならない。そのために、一方で暴力を公的な言葉で正当化すると同時に、他方でその存在を利用しなければならない。このことは政治の仕組みの違いにかかわらずである。

古代ギリシャに短期間生まれ、その後長い間無視され、近代になって急速に地球的規模で優勢な政治的仕組みとなった民主主義についてもこのことは変わらない。民主主義は対抗エリートが交代で権力を握る仕組みとシュンペーターは言う。民主主義は人民の参加を拡大し、人民代表の競争を公平に行う仕組みだとダールは言う。そうすることによって人間の強欲と強情をいくらか文明化しようというのである。二一世紀初頭、民主主義は世界を席捲したかにみえる。国連加盟国一九一のうち、一二一が民主主義国とされる。

本叢書は、人間の強欲と強情をどのように制御するかについての学問である政治学が達成したものを平易明快に解説し、より深い理解とより鋭い説明への堅固な手掛かりを与えることを目指している。グローバリゼーションが世界各地に浸透し、民主主義が世界を席捲している二一世紀初頭に時代の要請に沿ったものにしようと本叢書は企画された。

二〇〇六年一月

編集委員

増補版刊行にあたって

本書の初版第一刷が出たのは二〇〇七年なので、ちょうど一〇年が経過したことになる。政治学叢書の一冊として日本政治思想が収録されるのは画期的なことだと感じたと同時に、はたして売れるのかなあという不安もあった。結果として、わたしの予感は二重の意味ではずれた。当初わたしには、日本政治研究において政治思想研究の意味が再認識される契機になってほしいという期待があった。しかし大学の授業科目では国際関係と実証研究がますます重みを増しており、歴史研究は傍流と見なされがちである。「日本政治思想（史）」という授業科目も増えるどころか、減少傾向のように思える。

他方、本書の売れゆきはわたしの期待をはるかに超えて、これまで五刷を数え、編集部から冷戦終結後をふまえた増補版を出すよう促された。著者としては冥利につきるというべきだろう。しかし冷戦後の歴史や思想を論じることは、誰にとっても容易なことではない。この一〇年間、わたしが主としてとり組んできたテーマは近代日本のナショナリズムと国体論であり、古典的な著作に沈潜することが多かった。さらに二〇一三年に定年退職して以後は、三〇余年続けてきた政治学入門の授業から離れて、曲がりなりにも読んでいた現代政治の書物にふれる機会も激減した。関心がなくなったわけではないが、勉強不足は否定できない。

わたしが政治というものに興味をもったのは、高校一年のときにベトナム戦争に関する本を読んだことに始まる。一九六五年ころのことだから、すでに半世紀以上も昔のことになる。以来、日本の政治に失望・落胆し、考えたくないと思うこともたびたびあったが、それでも過去の歴史だけでなく、つねに同時代の動きに関心を払ってきた。二一世紀に入って、世界（とくに東アジア）は歴史的な転換期に入ったようだ。この五〇余年のわたしの個人的経験を思い起こしても、世界と日本の将来に対して、今ほど暗い予感を抱いたことはなかったように思う。はたしてわたしの記憶は誇張されているのだろうか。

閑話休題。初版を出したとき、本書が日本政治思想（史）の教科書として使用されるだけでなく、同時に日本政治に関心をもつ一般の読書人や外国人の日本研究者にとっても有益なものになることを、わたしは願っていた。その意図はそれなりに達成されたように思う。市民向けの公開講座（わたしにはごく稀なことだが）や国際シンポジウムなどに出席した際、出会った人から本書を読んだと言われることが珍しくなかった。この増補版もそのような形で読まれることを願っている。それを意識して、本書では初版よりもさらに大幅にルビを追加した。煩わしいと思う人もいるかもしれないが、日本近代史の本では、内容以前に漢字の多さに辟易する人も多い。また固有名詞の読みは、外国人には難しい場合も多いことを考慮した。

この増補版で新たに追加したのは、第9章**3**「「親米保守」の憂鬱」、第10章**2**「「国際化」の時代環境」と**3**「保守主義の変貌」である。それ以外の部分は概ね初版の叙述のままだが、年号表記で和暦を書き加え、さらに舌足らずだと思われる若干の部分に加筆した。それにともない巻末の「参考文献」も改訂追加している。新たに追加した三つの節のほとんどは、学会やシンポジウムでの発表原稿をもとに抜粋したり加筆したもので、まったく新たに執筆した部分は多くない。

初版を読んでくださった未知の読者、そして折にふれて過去と現在を往還するような発表を提案していただいた関係者のおかげで、この増補版が可能になった。発表の機会を提供された政治思想学会・日本思想史学会・中国社会科学院日本研究所などの関係スタッフに感謝している。またとくに定年退職後、わたしの研究生活で種々の便宜を図っていただいた以下の方々にもお礼を申し上げる。安西敏三（甲南大学）、飯田文雄（神戸大学）、出原政雄（同志社大学）、銭昕怡（中国人民大学）、鄭子真（中国文化大学）、寺島俊穂（関西大学）、周妍（大阪大学博士）、林婉萍（台湾大学大学院）の諸兄姉である。さらに二〇年以上にわたって、日本思想についての自由な議論の場となってきた〈丸山眞男を読む会〉の歴代メンバーにも「ありがとう」と言いたい。

最後に、初版の出版につづき、この増補版のご提案をいただき、またわたしが公開の場でしゃべるときに、しばしば足を運んでいただいた編集部の田引勝二氏には日頃からお世話になっている。改めてお礼申しあげる。

二〇一七年七月　盧溝橋事件八〇周年の日に

枚方市の寓居にて　米原　謙

まえがき

動物は私たち同様によい記憶をもっている。馬は何年かたっても、よい宿屋へ行くまがりかどを再認する。或る茂みでウサギを見つけた犬は、かならずそこをのぞき、ウサギのいないことに一驚する。動物は、だから、忠実すぎて誤るのである。ただ人間だけが回想をもち、まったく別種の忠実さをもっている。回想は真と偽の入りまじったものであり、夢想は楽しげにこれを組みたてる。記憶は順応であり、私は〔これによって〕各状況に応ずる動作を学ぶ。回想は、むしろ順応の拒否であり、人間を王者の地位に保とうとする意志である。回想する人は、不死のものどもを作るのだ。

（アラン「記念」『人間論』原亨吉訳、白水社、一〇八頁）

政治思想の考えかた

政治思想（史）とは、政治にかかわる先人の思想を、その歴史的文脈のなかで理解しようとする学である。では、「政治」とは何か、「思想」とは何か。この根源的な問いに対して、わたしはとりあえず以下のような暫定的な定義によって答えておきたい。政治とは、人間が自己の生きる社会に秩序をもたらそうとする営みであり、思想とは、その秩序の正否を納得したり説得しようという営みである。人間は他者との協業なしに生きることができない存在なので、集団を統御するルールを必要とする。構成員が同意できるようなルールがなければ、その集団の秩序は安定せず、混乱が常態になってしまう。したがって政治は人間にとって不可避の営みであり、秩序の正当性を説得する「思想」の作業も不可欠である。

一般に、思想にはさまざまな抽象度が存在する。便宜上、以下の三つに分類してみよう。第一は明確に自覚されておらず、論理的に表現されていないもの（社会意識）、第二は言語によって表現されているが、断片的・個別的で、直感的な表現にとどまっているもの（世論など）、第三は体系的・論理的に表現され、ある程度の一貫性と永続性をめざした主張である。政治思想（史）が、主として対象とするのは第三のカテゴリーであり、社会意識や世論のレヴェルでの「思想」は、むしろ固有の意味での政治思想を規制するコンテクスト（文脈）として扱われる。つまり政治思想（史）は、一定の歴史的・政治的・社会的なコンテクストを背景に書かれたテクストの分析を主題とする。

どんな政治的主張（テクスト）も、客観的状況（コンテクスト）と無縁になされることはありえない。したがって特定の政治的主張の背景には、その発言者が意識あるいは無意識のうちに前提とした状況が構造化された形で表現されている。書き残されたテクストのなかに、コンテクストがどのように構造化されているかを分析し、その思想（家）の営みがもつ潜在的な普遍的価値を探ること、これが政治思想（史）の中心的課題である。

思想家が無意識あるいは意識的に構造化するコンテクストには、さまざまなレヴェルがある。まず第一は、その思想家が表現手段として用いる言語の制約である。人間は言語なしで思考することはできないので、人間の認識は、その人が用いる言語の認識枠組によって根源的に規定される。言語は、所与の状況を恣意的に区切ったり切りとったりして、それを秩序づける手段である。卑俗な例をあげれば、「ワイン色」を他の色と識別する認識は、第一義的には、ワインを文化としてもつ言語にしか成立しない。それは逆の半面をも示唆する。言語は人びとの認識を根源的に規定するとともに、それを共有する人びとの共感のうえに成立している。この限界と共感の構造をどの程度まで意識化しているかによって、当該の思想（家）とそれに取りくむ研究者の価値が試されるのである。

このように思想が社会に流通して力となるには、言語のもつ共感の構造に依拠しなければならない。しかしコンテクストを規定しているのは言語だけではない。思想表現の背景にあるコンテクストはさまざまな要素の複合だから、思想を評価する基準も単一ではありえない。ここでは思想評価の基準を歴史的・論理的・社会的の三つの側面から考えてみよう。

歴史的基準とは、当該の思想（家）がその時代の歴史的課題をどこまで的確に意識化し、適切な回答を出したかを問うものである。もちろん時代がその思想（家）に課した課題は必ずしも自明ではなく、後代の研究者によって解釈しなおされ、再発見されることもある。過去はつねに現代の地点から新たな意味を付与されるものだから、時代が思想（家）に課した歴史的課題も何度でも再解釈されることになる。

論理的基準とは、当該の思想（家）の表現がどの程度首尾一貫しているか、また考察にどの程度深みがあるかを評価の軸にすることである。前述のように、思想のコンテクストはさまざまな要素の複合体だが、表現されたテクストは、多かれ少なかれ、それを構造化し単純化して表現している。コンテクストを単純にとらえるほど、思想表現は論理的に単純化され明快になる。しかし表現が単純化され論理的に一貫すればするほど、コンテクストの理解は一面的になりやすいので、現実との適合性も失われやすい。当然ながら、現実との適合性を犠牲にした自己完結的な首尾一貫性は、思想としての破綻を意味する。したがってここでいう論理性は、コンテクストを離れた一貫性ではないことに注意しなければならない。

社会的基準とは、当該の思想（家）がもつ社会的な影響力を基準とすることである。政治思想は、所与の状況を組織的に理解し、その認識にもとづいて人びとに訴えることを意図したものである。したがってその言論が社会的な力となって現実を動かすことは、思想表現としての成功を意味する。しかし実は、社会的影響の度合の判断は単純ではない。一時的に強い影響力をもった思想が表面的な流行現象に終わり、後からみれば歴史的に何の痕跡も残さないことがある。逆に、同時代にはほとんど流通しなかった思想が長期的で大きな変革をもたらすことも、思想の歴史には珍しくないからである。

以上、わたしは政治思想の評価基準が一義的ではないことを説明した。このような偏差の多くは、テクストを解釈する側の価値観や問題意識の相違から生まれてくるが、それだけではない。政治思想のテクストが、しばしば重層性を帯びていることによって、解釈の多様性と偏差が生じ、ひとつの解釈が別の解釈を生みだす原因となることもある。フレデリック・ジェイムソンは、中世のキリスト教神学者のテクスト解釈を例にとって、思想表現のテクストに四つの位相が存在すると指摘している（『政治的無意識』平凡社、一九八九年、三六頁）。字義的（literal）、寓意的（allegorical）、道徳的（moral）、秘儀的（anagogical）の四つである。それをわたしなりに翻案して説明してみよう。

「西郷隆盛は、一八七六（明治九）年一一月三日、鹿児島の某所で東にむかって放尿した」。この単純なテクストから、以下のような四つの解釈を導き出すことが可能である。

「字義的解釈」では、このテクストは字句どおりの事実として理解される。場合によっては、以下のような尾ひれがつくかもしれない。「西郷はこの日したたか酔っていたのかもしれない。たぶん木枯らしが吹く寒い夜で、やむなく路上で放尿に及んだのだろう。折から西風が強かったので、裾《すそ》を汚すことを恐れて東に向いて用をたしたのである」。

「寓意的解釈」は、これとは異なる。「一一月三日は明治天皇の誕生日である。この日に東にむかって放尿したのは、翌年一月の武装蜂起を予示したものだった。放尿は武器を取って天皇に反逆する決意の表明であろう」。

「道徳的解釈」は、「寓意的解釈」の意味を自己の倫理的命題として理解することである。たとえば、一一月三日の西郷の放尿をみた側近は、きたるべき戦争に備えて武器を調達し、心身を鍛えておかねばならないと決意したと理解できるかもしれない。

「秘儀的解釈」は、「道徳的解釈」が集合的な命題として受けとめられ、同志たちの共有する理念として理解されることを意味する。その結果、一一月三日は西南での武装蜂起を決意した神聖な日として記憶され、西郷は明治天皇に歯向かう共和主義者だったということになるかもしれない。

以上は政治的テクストの重層性がもつ面白さを、架空のテクストを用いて例示したものである。単純なテクストが、一定のコンテクストのなかで次々に新たな解釈を呼びおこし、意味を付与されることで、社会的な力になる可能性が理解できるだろう。

本書のなりたち

本書は、政治学を学ぼうとする学生や大学院生に、近現代日本の政治思想について基本的な考えかたを提供することを意図したものである。一般に、日本の政治思想はかなり特殊な研究領域と考えられており、現代政治を専攻する学生や研究者には無用な知識と考えられがちである。現に、政治過程論や国際政治の分野で華々しい活躍をしている研究者が、福澤諭吉や吉野作造の一行すら読んだことがないとしても、それは何ら不思議なことではないと考えられるだろう。

しかしこうした状況は、はたして当り前のことだろうか。欧米の有名な政治家や政治学の研究者が、プラトンやマキャベリを読んだことがないとは誰も想像しないだろう。むろんプラトンやマキャベリは誰もが認める政治学の古典だが、福澤や吉野はそのような重みをもつとはいえないということもできる。社会科学の世界では、欧米にかんする知識がカノン（基準）として機能し、非欧米圏のできごとや知識はその基準にもとづいて整除されることが多い。欧米の政治思想の古典は普遍的な価値をもつが、日本の政治思想は特殊な関心をみたすにすぎないと考えられても、異とするに足りないかもしれない。

あえて乱暴な裁断をしてみよう。一般に自然科学の世界では、実験によって科学としての客観性が証明されると考えられている。しかし社会科学では、対象とする事象が相互に関連しあっており、しかも同じ事象が何度も生起することはないので、事象の相互関連を断ち切って、人為的に生起させるという実験室での処理をすることはできない。せいぜい似た事象を拾い集めて統計的な処理をしたり、モデルをつくることで、科学としての面目を保っているといってよいだろう。

しかし実をいえば、社会科学が事象を説明するためには、自然科学と似た実験室的な処理をしただけでは十分ではない。社会事象は共時的（synchronic）に相互に関連しあっているだけでなく、通時的（diachronic）に堆積しているからである。研究者が特定の事象を個別に取りだしたとき、それはすでに共時と通時の二重の意味でナマの形を失っていると覚悟しなければならない。優れた研究者はほとんど本能的にそのことを意識し、実証的処理とは別の次元で共時性と通時性を失わないように配慮しているはずである。このように考えれば、社会科学の科学としての意味は、自然科学と同じような実験室的処理に本質があるわけではないことがわかる。社会科学において問われているのは、個別の事象を取りだしながら、しかもその事象を共時性と通時性の両面において関連づけて説明することである。統計的な処理やモデルはそのためのひとつの有効な手段にすぎない。

この「まえがき」の冒頭で引用した「記念」と題する小文で、アランは「記憶」と「回想」を区別し、「回想」が人間に固有な営みであると主張した。「記憶」は過去を忠実に再現するにすぎないのに対して、「回想」は「記憶」の主体的な再構成である。人間はこの営みによって一定の過去を忘却するとともに、特定の過去を聖化し、記念し、崇拝する。個人にせよ、集団にせよ、困難に立ちいたったときにふり返るのは、このように「回想」された過去にほかならない。

個人も社会も自己の過去から完全に自由になることはできないし、またそこから切り離されて生きていくことができるわけでもない。むしろ人間は、過去から自由になろうともがきながら自己の歴史によって拘束され、過去の遺産によって生きながら、しかもみずからの歴史を書き変え抹殺しようとする存在である。政治思想とは、まさに人間のそうした営為の一表現にほかならない。日本語で考え、日本語で自己表現する人は、以上のような意味での日本の過去から自由になることはできない。あるいはむしろ、このような拘束を自覚することなしに、過去から自由になることは不可能だというべきだろう。

日本の政治学研究において、実証的な手法が広汎に使われるようになったのは、一九七〇年代後半以降のことである。これまでのように歴史的な関心が先行し、しばしばイデオロギー過剰になりがちだった日本政治研究は、これによって様相を一変した。アンケートや世論調査にもとづく実証的な研究の発表が積みかさねられ、日本政治のイメージも一新した。欧米先進国を参照基準にして、自民党はまともな党組織をもたない前近代的存在で、日本の政治家は何の理念もない政界の寝業師にすぎないと論断しても、もはや誰も耳を貸さないだろう。過去三十年ほどの日本政治研究はめざましい成果を収めたといえる。

実証研究の蓄積は、旧来の日本政治研究の恣意的・イデオロギー的側面をあぶり出し、その方法への反省を促した。しかし研究成果の蓄積は、必然的に規範的基盤（パラダイム）を作りだす。いったん作りだされた基盤は、実証の精緻化だけでは容易に打破できない。パラダイム転換は、つねに外側から起こされねばならないからである。日本政治の研究において、実証優位の風潮はまだ当分のあいだ続くだろうが、歴史的アプローチが果たす役割もますます大きくなると、わたしは考える。

政治学叢書の一冊として「日本政治思想」の巻が挿入されることは、二〇世紀の日本の政治学研究では考えられなかった。この数十年の実証の蓄積は、事象の背景にある思想の分析を促した。かつて実証研究が日本政治研究のパラダイム転換を促したように、日本の政治思想にかんする知識は、日本政治の研究に有益なインパクトを与えうると思う。少なくともわたしは、そのことを心がけて本書を執筆した。

本書の構成

本書が主たる対象としたのは、ペリー来航から冷戦の終焉にいたる約一五〇年ほどの政治思想である。近世思想の遺産について論じた第1章を別とすれば、全体は、ペリー来航前後の徳川体制の激動期から、明治維新による国家体制が一応完結した一八九〇年ころまでの約五〇年（第Ⅰ部）、大日本帝国が日清・日露戦争によって帝国主義国家として自立し、アジア・太平洋戦争によって崩壊するまでの五〇余年（第Ⅱ部）、第二次大戦後の国家体制の成立から冷戦の終焉までの約五〇年（第Ⅲ部）からなる。第Ⅰ部は、近代国家体制が伝統思想を資産としながら、いかにして形成されたかを論じている。第Ⅱ部では、帝国主義列強の東アジア支配の間隙をぬって、大陸での利権獲得をめざす帝国日本の内政と外政について、知識人の多様な言説を検討した。第Ⅲ部は、占領統治による戦後政治体制の確立、冷戦の激化による五五年体制の形成と高度経済成長にともなう変容を取りあげ、最後に冷戦の終焉による戦後政治の「終わり」について叙述した。

一五〇年の政治思想史を通観できるように書いたが、読者はどの章でも関心のある部分から読み始めてもらえばよい。どの章を読んでも、その時代の政治的思想的課題と、それに対する知識人の営為を、読者が理解できるように工夫したつもりである。日本の近現代史を論じた通史は何種類も出ているが、政治思想の通史はこれまで存在しなかった。本書はその最初の試みである。できるだけ視界を広げて、日本政治思想の多様な側面を描くように心がけたが、叙述がわたしの関心によって制約されているのはやむをえない。読者が本書を手がかりに、より専門的な書物に関心をむけることを期待したい。

本書は、京都大学法学部と大阪大学法学部で、わたしが担当した「日本政治思想史」の講義ノートにもとづいている。執筆に際して常に念頭にあったのは、これらの授業の受講生だった。しかし法学部の政治学専攻の学生だけでなく、政治に関心をもつ一般の読書人にとっても本書が有益であることを、わたしは強く願っている。また執筆に従事した数年間、わたしは韓国・中国・フランス・米国などの日本研究者と何度も話をする機会に恵まれ、多くの刺激を受けた。本書が海外の日本研究者や学生にも利用されることを念願して、漢字には少し多めにルビを付すように心がけ、引用文は原型を壊さない程度に読みやすくするように配慮した。

なお本書は、内容が広汎にわたっているので、おのずからこれまでのわたしの研究と教育の集大成のかたちになった。当然ながら、叙述にはわたしの従来の論著と重複する箇所もあるが、とくに断りを入れていない。また多くの先学の学恩を受けているが、読みやすさを重視して注記を最小限におさえ、巻末にやや詳細な参考文献を付すことにした。

引用文について

＊引用文は読みやすくすることを旨として、旧漢字・旧仮名遣いを現代のものに改め、片仮名は平仮名に直した。また適宜、句読点や送り仮名を付したり、漢字を平仮名に改めたところもある。

＊引用典拠の表記について。全集や著作集がある場合は、原則として全集・著作集から引用し、著者の姓・巻数・頁を記入した（正タイトル・出版社等については、巻末の「参考文献」参照）。

日本政治思想〔増補版〕　目次

第Ⅰ部　近代国家の確立

明治憲法発布の錦絵（神奈川県立歴史博物館蔵）

第Ⅰ部の三つの章は、明治維新による近代国民国家の確立をテーマとしている。

まず第1章では、徳川時代後期の代表的思想を取りあげた。近代思想が離陸するための潜在的エネルギーは、近世思想のなかに蓄積されていた。したがって幕末以後の政治思想の展開を理解するには、近世思想について最低限の知識が必要である。ここではそのために不可欠だと考えられる儒教と国学を取りあげ、伊藤仁斎・荻生徂徠・本居宣長・平田篤胤などの思想を概説した。

第2章は、ペリー来航による徳川政治体制の崩壊がテーマである。まず列強に対する危機意識を「国体」という語に凝集させた後期水戸学を取りあげる。水戸学は「閉じた社会」の無知で独りよがりな強がりではなく、列強の脅威をイデオロギー面からとらえた「危機の政治学」だった。つぎに朱子学の信奉者でありながら、西欧的価値観を取り入れようとした開明的儒学者の佐久間象山と横井小楠、最後に、象山の弟子でありながら水戸学の危機意識を一身に体現した吉田松陰の思想の展開を追跡する。

第3章では、明治維新の過程で浮上した国体観念が、後退と揺り戻しの複雑な折衝の末に、大日本帝国憲法と教育勅語に結実する過程を追う。この過程を支配したひとつのモメントは、福澤諭吉に代表される啓蒙思想だった。福澤らは、一方では「祭政一致」を唱えた維新政府の初期の構想に、他方では啓蒙思想に刺激を受けた自由民権派の動向に、強い危機感をもった。そしていったん拒否した国体論を近代国民国家の枠組のなかに取り込んだ結果、大日本帝国は自由主義の契機と国体論の政教一致という両面をもつことになる。末尾では、こうした啓蒙思想の志向を批判した思想家として、中江兆民を取りあげている。

第1章　近世思想の遺産

徳川時代の体制イデオロギーは仏教、神道、儒教だった。仏教は室町時代末期に、一向一揆に典型的にみられるような反権力闘争を展開した。しかし織田信長によって弾圧された後は体制内化し、江戸時代には寺請《てらうけ》制度によってキリシタン禁圧の道具となって、思想としての生産性を失った。キリスト教を徳川政権が禁圧したのは、戦国時代から江戸初期にかけて、九州を中心にキリシタン信仰が広まったことに対する警戒心による。とくにキリシタン大名の輩出は、分離主義の傾向によって中央からの統制が及ばなくなることを危惧させ、西欧からの侵略も懸念された。しかしその後の厳格な禁圧政策によって、キリスト教は思想としても宗教勢力としてもほとんど無視しうるものになった。こうして近世以後の政治思想に大きな影響を与えたのは儒教と神道だったので、本章ではこのふたつを取りあつかう。

徳川政権は「公儀《こうぎ》」権力であることを自称しながら、一方では正統性の根拠を「禁裏《きんり》」（天皇）にもとめ、他方では諸大名の一定の自立性を容認した。これは鎌倉幕府以後の武家政権の一般的な特徴で、「禁裏」に支持されているという形態をとったのは、武力によって樹立された権力を正統化する必要があったからである。武家政権に正統化の原理を提供したのは儒教と神道だった。まず儒教については、すでに記紀に、応神《おうじん》天皇時代に百済から論語がもたらされたとの記録がある。しかし近世以降の政治思想に圧倒的な影響を与えたのは、南宋時代の儒者・朱熹《しゅき》（一一三〇～一二〇〇）によって大成された朱子学《しゅし》である。徳川期の儒学の先駆者は藤原惺窩《ふじわらせいか》（一五六一～一六一九）

で、もとは相国寺《しょうこくじ》の僧侶として仏典を学び、その後、儒者に転じた。惺窩は朝鮮の儒者・姜沆《きょうこう》から朱子学を学んだが、その思想には陽明学の要素が未分化のまま混在していたとされる。惺窩の思想を引き継ぎ、それを朱子学に純化したのが林羅山《はやしらざん》（一五八三～一六五七）である。羅山は家康から家綱までの四代の将軍に仕え、武家諸法度《ぶけしょはっと》など重要文書の起草に関与するとともに、排耶蘇《やそ》・廃仏のイデオロギー闘争を展開した。

一般に、羅山をはじめとする江戸期の儒者は、仏教とのイデオロギー闘争を経験した中国朱子学の影響をうけて仏教を敵視したが、神道との関係では共通性を強調した。たとえば徳川初期の政治理念を反映しているとされる『本佐録《ほんさろく》』には、以下の一節がある。「日本に仏法渡らざる以前、神武《じんむ》帝堯舜《ぎょうしゅん》の掟を守りて、天下を治むる時は、二千年におよんで、代々天下を子孫に伝えたり。その後仏法を、堯舜の道に取り合せて、神道と名付けて、日本を暫く治めたり。道というは、天道の一つより起るに、仏法を取り合せたるに依って、道次第に衰えて、天下を失いたり」（『本佐録』、日本思想大系28、二七八～二七九頁）。これは「万世一系」の天皇による統治と儒教の「堯舜の道」が一致することを説き、仏教の影響力によって天皇権力が衰亡したと説明したものである。

このように儒教が天皇の権威と癒着し「神儒一致」を説いたのは、徳川政権がその正統化に天皇の権威を利用したという事情のほかに、中国・朝鮮との差異や日本の独自性を強調する意図があったことによる。たとえば陽明学派の系統に属しながら、「朱子にもよらず、陽明にもよらず」と自称した熊沢蕃山《くまざわばんざん》（一六一九～九一）は、中国以外に「日本ほど礼楽の道正しく風流なる国」がないのは、日本には「禁中《きんちゅう》」（皇室）が存在するからだと説明した（『集義和書』、日本思想大系30、一五一頁）。また日本儒学における朱子学批判の先駆者として知られる山鹿素行《やまがそこう》（一六二二～八五）は、日本こそ天下の中心にある国（中国）であると主張して『中朝事実《ちゅうちょうじじつ》』を著したが、別の著『武家事《ぶけじ》紀《き》』ではつぎのように説いている。「朝廷は禁裏也、辱《かたじけな》くも天照大神の御苗裔《びょうえい》として、万々世の垂統たり。この故に武将権を握りて、四海の政務文事武事を司るといえども、なお朝廷にかわりて万機の事を管領せしむることわりなり。王朝のこと聊《いささ》かも懈怠《けたい》なくつとめ玉《たま》うこと、君臣の大礼なり」（山鹿⑬五六四）。つまり皇室と幕府を君臣関係として説明し、「君君たらざれども臣以て臣の道を守る」のが日本の「風俗」だと主張するのである。同じく「堯舜の政治」を理想としながら、中国の儒教とは異なって、かれらは皇帝の一元的支配を否定し、皇統の連続性に「神国」たるゆえんをもとめた。

他方、神道は古代からの土着信仰に起源をもつが、仏教や老荘思想と習合して教義の形を整えたのは鎌倉時代以降とされる。近世になって儒学が神道を取り込もうとしたことは前述のとおりだが、徳川期の神道が独自の展開をする契機は、国学のインパクトによる。もともと記紀や『万葉集』などの古典研究として始まった国学は、とくに本居宣長《もとおりのりなが》（一七三〇～一八〇一）において儒仏を排斥して、エスノセントリズムの性格を露わにした。宣長の思想を継承した平田篤胤《ひらたあつたね》（一七七六～一八四三）は、それを復古神道として独自に発展させ、幕末期の政治思想に甚大な影響をもたらすことになる。

以下では、一七世紀後半から展開した儒学と国学のうち、江戸末期以降の政治思想を理解するのに必要不可欠な主張を取りあげて概説する。

1　儒教の日本化——伊藤仁斎と荻生徂徠

朱子学が独占的な体制教学となった中国や朝鮮とは異なり、日本では朱子学はむしろ批判的に受容され、さまざまな日本的な儒学を生みだす触媒の働きをした。こうした差異が生じた原因は、中国・朝鮮と日本では、思想の存立基盤が著しく異なっていたことにあるといわれる。朱子学は、士大夫の「生の現実的条件に基盤を持つ、彼等の世界観・人生観の結晶」と評されるように、中国では士大夫の学だった（渡辺浩一九八五、一〇一頁）。これに対して日本では、支配層は武士という戦闘階級で、科挙の制度はなく、しかもかれらは土地から切り離され、生活は主君からの俸禄に依存していた。当然、君臣関係も中国とは異なって全人格的にならざるをえず、孟子が説いた暴君の放伐《ほうばつ》は、日本では一般に否定された（主君に対する忠誠心を「忍ぶ恋」に譬えた山本常朝《やまもとつねとも》『葉隠《はがくれ》』はその究極の形を示している）。また朱子学には「理《り》」を中心概念とする高度な形而上学の一面があるが、これはもともと朱子学が禅仏教とのイデオロギー闘争のなかから生まれてきたことによる。日本ではこうした思想的背景は存在しなかったので、すべての存在や現象を「理」と「気」の連関によって説明しようとする高度な形而上学は容易には受けいれられなかった。

こうして日本に移入された儒教は多様な展開をとげるが、本節では従来からもっとも重視されてきたふたりの儒者、伊藤仁斎《いとうじんさい》（一六二七～一七〇五）と荻生徂徠《おぎゅうそらい》（一六六六～一七二八）を取りあげる。仁斎は儒教の倫理としての側面を強調して修養論に特化する方向に進み、徂徠は儒教を日本社会に適した経世済民の学として再構成する道を選んだ。近世儒教がこうした方向に決定的に歩み始めたのは、仁斎以後とされている。したがってまず仁斎の主張を祖述し、つぎにその影響を受けて独自の儒学を展開した徂徠の思想を検討しよう。

仁斎から徂徠へ

伊藤仁斎は京都堀川の上層町衆の出身で、最初は熱心な朱子学徒だったが、後にそれを批判し、古義学《こぎがく》と呼ばれる学派を創始した。仁斎によれば、朱子学（あるいは広く宋代の儒学）は禅と老荘の影響下に形成されたもので、その教義は儒教古典の本来の精神を歪曲したものである。仁斎は何より朱子などによる後世の「註脚」を排し、『論語』『孟子』の本文を熟読することで孔子・孟子の精神に帰ることを説いた。

朱子学にいう「理」とは、万物を貫く条理とでもいうべきものであるが、仁斎はこの朱子学的な理の存在を否定して、つぎのように説いている。「天地の間は、ただ是《こ》れこの一元気のみ。見つべし、理有って後この気を生ずるにあらざることを。いわゆる理とは、かえって是れ気中の条理のみ」（『語孟字義』、日本思想大系33、一六頁）。「気」

とは、個々の事物を構成するもととなる気体である。朱子学は気に対する理の先行性を主張するが、仁斎は逆に「気」こそ実在だと説く。つまり事物の生成変化を説明しようとするとき、その根源をもとめて理という抽象的な概念が生まれたにすぎないと、仁斎は朱子学を批判するのである。

朱子などの宋代の儒教解釈を否定した仁斎は、自己の学問の方法を「論語孟子の正文に就《つ》いて理会《りかい》す。これ吾が家法のみ」（『童子問』、日本古典文学大系97、一九一頁）と説明し、「天下の理」はこの二書に尽きているとまで極言する。朱子学は卑近な議論を忌避して、いたずらに高踏に流れたと批判して、『論語』『孟子』などの古典に説かれた平易な道徳こそ尊ぶべきだと説くのである。しかし古典の理念に回帰するという主張は、そこに説かれた古代の理想に固執することを意味するのではない。「もし聖人をして今の世に生まれしめば、また必ず今の俗により、今の法を用い（後略）」（『童子問』、日本古典文学大系97、一一一頁）と書いているように、理念は制度に存在するのではないと、仁斎は考える。朱子学を否定して古典に回帰することで、時間や地理の差異を超えた普遍的な道徳理念を抽出するのである。仁斎はそれをつぎのように表現する。「聖人の道は、君臣父子夫婦昆弟《こんてい》朋友の間に在って、徳は仁義忠信の外に出《い》でず。古今を通じて変ずる所なく、四海に準じて違《たが》う所なし」（『童子問』、日本古典文学大系97、七六頁）。このように儒学の核心を中国との差異を超えた普遍的な道徳にもとめることで、仁斎は日本的儒学への道を拓いたのである。

伊藤仁斎旧宅（古義堂）（京都市上京区）

学問は「道徳をもって本《もと》とし、見聞をもって用とす」（『語孟字義』、日本思想大系33、七六頁）と書いていることでもわかるように、仁斎は政治にかんする記述をあまり残していない。これとは逆に、徹底して政治的な側面から独自の儒学を構築したのが荻生徂徠だった。徂徠も元来は熱心な朱子学徒だった。仁斎の書物を読んで感動し、友人の紹介で仁斎に手紙を出したが、仁斎はこれに返書しないまま二年後に死去した。憤慨した徂徠は、朱子学の立場から仁斎を批判した『蘐園《けんえん》随筆』を出版している。仁斎との関係は屈折しているが、徂徠が仁斎によって踏み出された朱子学批判の道を大胆に歩むことになった事情が理解できるだろう。

徂徠は、学問とは「飛耳長目《ひじちょうもく》の道」だという。つまり翼をつけて遠い所に飛んでいく耳をもち、昔のことを現在のことのように見る目をもつことである。このような時空を超えた知識を獲得するために、かれが提唱した方法が「古文辞学《こぶんじがく》」である。それは儒教の古典を、後世の知識によらず、古語の本来の意味から解釈しなおそうとする方法を指している。徂徠はそれをつぎのように表現する。「学問の道は俗語詩文章より学び入りて、異国の人の詞を知り、歴史を学びて、代々の制度風俗の違いを知り、上代の書を学びて、古今の詞に違いあることを知り、六経《りくけい》に心を潜めて、聖人の教に熟す（下略）」（『太平策』、日本思想大系36、四四九頁）。このように自己の学問的関心を、誰にも頼らないで「古聖人」の書を理解することに向けたとき、かれが儒学の最古の経典である六経（易経《えききょう》・書経《しょきょう》・詩経《しきょう》・春秋・礼記《らいき》・楽経あるいは周礼《しゅらい》のこと）にたどり着いたのは当然だろう。したがって四書（論語・孟子・大学・中庸）を重視した朱子学や、それを批判して孔子と孟子の精神に回帰することを説いた仁斎は、学問本来の精神を失ったものと批判される。

徂徠によれば、孔子が祖述したのは六経であり、六経を造った先王の精神だという。先王とは堯《ぎょう》・舜《しゅん》・禹《う》・湯《とう》・文・武・周公など、伝説・歴史上の王者として偉大な治績を伝えられている支配者たちのことである。徂徠は、この先王に託して、儒教の根本理念である「道」の意味転換をおこなう。「道なる者は、上古の聖人の時より、すでに由る所あり。堯舜に至りてしかるのち道立ち、殷・周を歴《へ》てしかるのちますます備わる。これ数千歳・数十聖人を更《へ》、その心力智巧を尽して以てこれを成す。あに一聖人一生の力の能《よ》くなす所ならんや」（『弁名』、日本思想大系

36、四二頁)。つまり道とは歴代の聖人たちが「制作」した制度の総称だというのである。

政治の優位

朱子学的思考では、自然と人間を一貫する理が存在するとされ、それが「道」と呼ばれた。これに対して、仁斎は「天道」と「人道」を峻別し、後者の五倫（君臣の義・父子の親《しん》・夫婦の別・長幼の序・朋友の信）の道こそ聖人のいう道で、それは「人倫日用当《まさ》に行くべきの路、教えを待って後《のち》有るにあらず」と説いた（『語孟字義』、日本思想大系33、二七頁)。つまり人倫としての五倫の道を朱子学の「理」の概念から剥離して、それを人性に内在する傾向性と位置づけたのである。このような従来の儒教における「道」の位置づけと比べれば、「先王の道は、先王の造る所なり。天地自然の道に非《あら》ざるなり」（『弁道』、日本思想大系36、一四頁）と説いた徂徠の独特な境地が理解されるだろう。聖人の道とは、先王が天命にもとづいてその叡智を傾けて「作為」した「礼楽刑政」のことであり、その目的は「天下を安んずる」ことだと、徂徠は主張したのである。

このように統治術としての儒教を前面に出した徂徠が、修身を学の根本に置いた従来の儒教を批判したのは当然である。徂徠は以下のように主張する。一身の平安を目的とする仏教や老荘とは異なり、儒教の精神は天下国家を治めることである。聖人も一身の修養を唱えたが、それは修身さえできれば天下国家がおのずから治まるという趣旨ではなく、人民を信服させるには支配者の修養が必要だと説いたにすぎない（『徂徠先生答問書』)。徂徠の主張の背景には、従来の儒教とは異なる人間・社会観があったとみてよいだろう。「人の道は、一人をもって言うに非ざるなり。必ず億万人を合して言をなす者なり。今試みに天下を観るに、孰《たれ》か能く孤立して群せざる者ぞ。（中略）故に能く億万人を合する者は君なり。能く億万人を合して、その親愛生養の性を遂《と》げしむる者は、先王の道なり」（『弁道』、日本思想体系36、一七～一八頁)。人間は社会的存在であり、個々人が道徳的修養を重ねても、社会は変わるものではないと考えたのである。徂徠はそれを巧みな比喩を使って説明している。朱子学の修養論は、米を搗《つ》くのに臼に入れて搗かず、一粒ずつ皮をむいて白くするようなものだ、と（『太平策』)。

徂徠の儒学が政治の優位を説いたのは、かれが五代将軍綱吉の側近である柳沢吉保《やなぎさわよしやす》に仕えるなど、幕政に間接的に参与できる地位にあったことが関係している。八代将軍吉宗に献じた『政談』の冒頭では、一国の政治は碁盤の目を盛《も》るようなものだと書いている。人々が安定した生活ができるように、社会秩序を整え治安を維持することが基本だと考えたのである。徂徠の政治論の基調が秩序の安定にあったことを示している。しかし江戸時代中期は、商業資本の発達による社会の流動化が顕著になった時期だった。これに対する徂徠の方策は、新たに流入した都市居住民を農村へ帰住させるとともに、兵農分離をやめて武士を土着化させることだった。その根底にある考えかたを、徂徠はつぎのように説明する。「古の聖人の法の大綱は、上下万民を皆土に在着《ありつ》けて、その上に礼法の制度を立つること、これ治《ち》の大綱なり」（『政談』、日本思想大系36、三〇五頁）。

ところで徂徠は、中国古代の聖人を基本理念とするのは「信仰」の問題だと告白している（『徂徠先生答問書』）。しかし聖人の統治を規範化するとしても、時代や状況の違いを無視して具体的な方策を考えることはできない。徂徠は統治をしばしば医者による病気の治療に譬《たと》えている。病気の症状は複合的にあらわれるが、医者の技量は病気の根本原因を探りあてて治療することにある。原因を突きとめないで安易な対症療法をすれば、事態を悪化させるだけだというのである。統治についていえば、国家の「治乱盛衰」や「人情世態」を洞察せず、短期的な利害や是非だけで「国の古法を改め」るのは軽率だと誡《いまし》められる（『徂徠先生答問書』、荻生⑥一九二）。しかしこうした徂徠の論法は、結局、祖法遵守という結論を導くだけであろう。

一方で武士の土着や人材登用などの改革論を唱えながら、他方でこのような保守主義に行き着くのは、古代の聖人への「信仰」と反比例して、徂徠が当代の人間や社会における不完全性・不可測性をみていたからだろう。人智の不完全性に対する断念は、かれの独特な鬼神論につながる。「天地も活物、人も活物に候故《そうろうゆえ》、天地と人との出合い候上、人と人との出合い候上には、無尽の変動出来たり、先達《せんだっ》て計《はかり》知《しり》候《そうろう》ことは成らざる物に候。愚かなる人はたまたま一つ二ついたしあて候こと候えば、己が智力にてなし得《え》候と存じ候えども、左にては御座なく候。皆天地鬼神の助けにて成就《じょうじゅ》いたし申し候ことに候」（『徂徠先生答問書』、荻生⑥一九八）。こうして徂徠は、社会現象には人智が及ばない部分があることを認め、人間の認識は蟹が自分の身にあった穴を掘るように矮小なものだと考える。だから聖人が天命を判断するために卜筮《ぼくぜい》を使ったのは合理的であり、鬼神を崇拝する以上、日本人は日本の鬼神を敬うのが当然だと説くのである。

仁斎学と徂徠学は、中国から移入された朱子学の体系性を破砕した。仁斎は儒学を朱子学の形而上学から解放し、仁斎学を受けた徂徠は、それを統治者の学に転換した。それは従来の道徳論中心の儒学に根本的転換をもたらし、一方では、朱子学的体系の束縛から解放された日本の儒学の多様化を促した。その結果、儒学は本来の体系性を失い、最終的には「忠」や「孝」などを中心とする個別的な徳目に解体していくことになる。十八世紀半ばから庶民のあいだに広まった石門心学《せきもんしんがく》は、朱子学を根幹に神道と仏教を折衷して、生業への精勤・主君への忠誠・親への孝行を説いたものだが、「道話」と呼ばれる説教をつうじて、町人を中心とした庶民に忠・孝の通俗道徳を広めた。また徂徠学は、本居宣長の国学に決定的な影響をおよぼして、その後、水戸学における国学と儒学の合体を可能にした（後述参照）。こうして近世儒学は、明治期になって、教育勅語（一八九〇年）に典型的に表現される儒教徳目と、万世一系の天皇という皇統神話との癒着という意図せざる果実を産む思想的土壌となるのである。

2　復古主義の世界像――本居宣長

一般に、「国学の四大人《うし》」と呼ばれる荷田春満《かだのあずままろ》（一六六九～一七三六）・賀茂真淵《かものまぶち》（一六九七～一七六九）・本居宣長《もとおりのりなが》（一七三〇～一八〇一）・平田篤胤《ひらたあつたね》（一七七六～一八四三）と契沖《けいちゅう》（一六四〇～一七〇一）が、国学と呼ばれる学派を形成

本居宣長（本居宣長記念館蔵）

した。ここでは国学を大成した宣長をとりあげる。本居宣長は伊勢松坂の富裕な商家の生まれだったが、家業を嫌って京都に遊学し、堀景山《ほりけいざん》に学んだ。景山は朱子学派の儒者だが、荻生徂徠とも親交があり、契沖に私淑《ししゅく》していたといわれる。宣長は遊学前から和歌の世界に魅せられていたので、契沖の歌論に出会うことで国学に開眼することになった。歌論から出発した宣長は、まず詩歌（文学）の本質を「物のあわれ」と理解することで儒教的モラリズムを批判した。そして『古事記』の註釈をなし遂げることによって、強固な復古主義の世界像を描きだし、その後の日本思想に巨大な影響を及ぼすことになった。

「物のあわれ」論

本居宣長の思想は、まず文学論として展開された。事実上の処女作『排蘆小船《あしわけおぶね》』（一七五七年ころ）の主たる関心は、詩歌が「人情」の表現だと主張する点にあった。こうした主張の背景には、人間の「実情」は「はかなく児女子のような」もので、「男らしく正しくきっと」しているのは偽りだという直感がある（本居②二二五）。

習作としての性格が濃厚な『排蘆小船』の論点は、その後、ほぼ同時に成稿した『石上私淑言《いそのかみささめごと》』や『紫文要領《しぶんようりょう》』（一七六三年）で「物のあわれ」論として展開されている。「物のあわれ」という語はすでに『排蘆小船』に出ているが、確かな内容が与えられたのはこのふたつの著作である。たとえば『紫文要領』では、『源氏物語』の趣意が勧善懲悪や儒仏による教誡《きょうかい》ではなく、「物のあわれ」を表現することにあるとして、宣長は以下のように力説する。世の中のさまざまなことを見聞・体験して、「そのよろずの事の心をわきまえ」知って感ずることが「物のあわれ」であり、『源氏物語』の本意はこの「物のあわれ」を伝えることだった。紫式部は光源氏を主人公とする恋のアヴァンチュールを語ることで、倫理的に許されない好色な行為のなかに「わが心ながらわが心にまかせぬ」心理状態を示し、社会的に許されない行為でも共感せずにいられない人間の心情を描いた。物事に「感ずる心」は人間の自然の心情で、善悪邪正の倫理観を超越したものである。儒教や仏教は、「忍ぶ」ことができない人間の心情を抑制して善に導くことを説くが、『源氏物語』はこのような観点から勧善懲悪や好色にたいする誡めを意図したものではない。

もちろん宣長は、以上のような主張によって、人間は「人情」に従って行動すべきだと述べたのではない。和歌や物語を鑑賞するにあたって、「かしこげなる議論をさらりとうちすてて、ただ世の風儀人情をむねとして見るべし」（本居④九六）と説いたにすぎない。しかしこのような視点に立つことで宣長は、社会のさまざまな習俗や規範に縛られた現実の人間の奥底に、それを超越した「人情」の普遍性を読みとり、そのような本質をもつ人間と社会との必然的な葛藤を考察の主題とすることになる。それは宣長の思索にふたつの結論を与えたと思える。『石上私淑言』の一節で、宣長はつぎのように述べている。「おおかた人は、いかにさかしきも、心のおくをたずぬれば、女わらわべなどにもことに異ならず、すべて物はかなく女々《めめ》しき所おおきものにて、もろこしとても同じ事なめるを、かの国は神の御国《みくに》にならぬげにや、いと上《かみ》つ代《よ》よりして、よからぬ人のみおおくて、あじきなきふるまいたえず（下略）」（本居②一五一）。ここには国学という学派の本質的な一面であるエスノセントリズム（自民族中心主義）が、はっきり姿をあらわしている。

宣長によれば、歌は人が「物のあわれ」を感じたときに自然に出てくる。したがって和歌には、異国の「さかしら」を免れた「神代のまま」が表現されているという。なぜ日本にだけこの文学形式が生まれ、これまで栄えてきたのか。中国でも『詩経』の頃は「上つ代のすなおなりし心ばえ」が残っていた。しかし、かの国では人が「さかしげなる事」を尊ぶために、経学などという「こちたき教え」が栄え、日本のような「たおやぎたる風雅」は失われてしまった（本居②一四九～一五〇）。なぜこのような違いが生まれたのだろう。「吾御国《わがみくに》は天照大御神《あまてらすおおみかみ》の御国として、佗国々《あだしくにぐに》にすぐれ、めでたくたえなる御国なれば、人の心もなすわざもいう言《こと》の葉も、ただ直《なお》くみやびやかなるままにて、天《あめ》の下は事なく穏やかに治まり来ぬれば、人の国のようにこちたくむつかしげなる事は、つゆまじらずなん有ける」（本居②一五四）。こうしてアマテラスの子孫の国であるがゆえに、他国よりも優越しているという観念がここに出現する。これが国学という学派が生みだしたエスノセントリズムの核心である。

ところで「物のあわれ」とは、さまざまな事象にふれて思わず（意に反して）喜怒哀楽の感情が動くことである。現実の人間は社会の習俗や規範に縛られており、その葛藤がますます「物のあわれ」を深める。つまり社会生活のなかで生じる不可避の苦痛や悲歎を前世の因果として納得したり、外在的な倫理によって自己規制することを、宣長は拒否する。こうして生起する感情を「自然」なものとして断念し受容するとき、かれのなかに信仰と呼ぶべき観念が生まれた。『石上私淑言』巻三で、宣長はそれをつぎのように説明している。「すべてあめつちの間にある事は、よきもあしきもみな神の御心《みこころ》よりいづる物なるが、万《よろず》の禍《わざわい》おこりて上も下もやすからぬ時も、あらぶる神の御心をなぐさめ奉《たてまつ》れば、おのずから其禍はしずまりなおりて穏やかになるは、力をもいれずして神をあわれとおもわする徳なり」（本居②一六六）。ここに世界のすべての事象を「神の御心」と受けとめる神学が表明されている。歌とは自分の周囲に生起した禍を静めるために、神に訴えてその「あわれ」を呼び起こす人間の叫びだというのである。これが宣長の「物のあわれ」論の第二の帰結である。

いうまでもなく、この神学は儒教的な「さかしら」を否定することとセットである。かの国の人は天地間のすべての事象を説明する道理を求め、その道理に反することは「あるまじき事」と考えるが、宣長はそれを単なる臆断として排斥する。宣長にとって、「神の御心」は人間の思慮を超越したものであり、人間能力によっては判断しえないものである。つまり「この天地のうちのあらゆる事は、みなその神の御心より出て神のしたまう事（後略）」

（本居②一七五）ということになる。こうしてすべての事象を「神の御心」のあらわれととらえ、人間の側からの「こちたき」解釈を断念するとき、人間世界の不条理を忍従し、神にすべてを委ねることで心の平安を得るという信仰が生まれる。

『古事記伝』の世界

和歌と源氏物語を素材に「物のあわれ」論を展開した宣長が、つぎに向かったのは『古事記』の世界だった。詩歌の本質を「物のあわれ」を知ることにあると説いた宣長が、「漢《から》意《こころ》」によって歪曲されていない世界に遡及《そきゅう》しようとしたのは当然だろう。『古事記』の注釈書である『古事記伝』は、一七六七（安永五）年ころに書き始められ、全巻脱稿まで三〇余年を要した畢生の大著である。周知のように、『古事記』は七一二（和銅五）年に太安万侶《おおのやすまろ》によって撰録されたが、その八年後に『日本書紀』が勅撰されて正史として位置づけられたため、江戸中期までほとんど忘れられた状態で、宣長が本格的に取りあげるまでは訓読すら手つかずだった。漢文と万葉仮名で表記された『古事記』の訓読と意味を、宣長は文献考証的方法で一つひとつ確定していったのである。その成果は現在もしばしば「実証主義的」と評され、学問的に高く評価されている。

『日本書紀』ではなく、『古事記』こそ尊重されるべきだという宣長の主張は、すでに『石上私淑言』にみられる。それによれば、『日本書紀』は漢文で書かれているために格調が高いかのように見えるが、古語を主とした『古事記』こそ「本文」とみるべきで、『日本書紀』は「註釈」にすぎない。この立場は『古事記伝』で忠実に踏襲される。文字が存在せず口承の形で存在した事実を伝えたのは『古事記』であり、『日本書紀』は「後の代《よ》の意をもて、上つ代の事を記し、漢国《からくに》の言を以て、皇国《みくに》の意を記された」（本居⑨六）ものにすぎない。『日本書紀』と違って、『古事記』の叙述では「意」と「事」と「言」が一致するというのである。だから古語を分析ツールにすることで古代人の経験とその心情が再現できると、宣長は主張する。

こうした方法的立場が独特の信念によって支えられていることは明らかである。まず第一にそこには、『古事記』

が長年にわたって共有された古代の信仰を忠実に伝えた口承文学だという強固な信念がある。たしかに『日本書紀』と比較すれば、『古事記』が古語の姿をより忠実に伝えているのは間違いないだろう。しかし『古事記』も主たる部分は漢文によって表記されているから、もとの口承と『古事記』の記述とのあいだにも落差があると想定せざるをえない。しかも『古事記』に記述がない古事や文言の理解については、その欠落を『日本書紀』その他の文献の記述によって補わざるをえない。つまり『古事記』を特権化して古代人の経験を再現するといっても、現実には古典相互の矛盾した記述や欠落した部分の理解では、解釈者の恣意が必然的に混入する。

宣長は『古事記』のテクストをできるだけ字義どおり解釈することで、この難点を克服しようとした。典型的な事例は、アマテラス（「日の神」）を「天津日《あまつひ》」（すなわち太陽そのもの）とする物議を醸《かも》した断言である。記紀の叙述では、アマテラスが「天の石屋戸」にこもったので「常夜」になったとあるから、アマテラスは「天津日」でなければならない。「心をむなしくして、つゆばかりも私の心をまじえず、古典のままに心得るにあらでは、凡《すべ》て神国の意は得る事あたわず」（本居⑧二六四）というのが、宣長の方法的前提だった。「古典のままに」字義どおり信じる解釈が、社会の常識からの論難に耐えなくても、宣長はこの方法にあくまで固執した。そして「尋常《よのつね》の理になずみて、その外に測りがたき妙理《くしきことわり》のあることをえ知らぬ」（本居⑨二九〇）のは、「漢意」に溺れた「邪見」だと激しく反発するのである。

しかし神話の記述を字義どおりに信じる宣長の方法は、常識の前では時に破綻寸前まで追いつめられる。それでも宣長が自己の方法に踏みとどまったのは、「漢意」を取り除かないかぎり古代人の心に近づくことはできず、古代人の心を理解できないかぎり「道」を明らかにできないと断念していたからである。『玉勝間《たまかつま》』の有名な一節はつぎのように述べている。「そもそも道は、もと学問をして知ることにはあらず、生れながらの真心《まごころ》なるぞ、道には有ける。真心とは、よくもあしくも、うまれつきたるままの心をいう」（本居①四七）。かつて「物のあわれ」と表現された概念が、ここでは「真心」と言い換えられ、それが「道」として規範化されているのがわかるだろう。

『古事記伝』一の巻に収録された「直毘霊《なおびのみたま》」では、「神の道に随《したが》う」とは「ただ神代より有りこしままに物し賜いて、いささかもさかしらを加え給うことなきをいう」（本居⑨五〇）と説明されている。つまり『玉勝間』にいう「真心」とは、「漢意」の影響を受けていなかった古代人と同じように感じ考えることなのである。古代の感性と思惟を取りもどせば、おのずから「神の道」が働いて、「道」についての小賢《こざか》しい議論は不要になる。古代の平穏な社会状態は「道」という語を必要としなかったが、「道」はなかったのではなく、じつは優れた大きな「道」が実在した。それはイザナギ・イザナミの二神によって始められ、アマテラスによって継受されたものである。儒教の「聖人の道」とは異なる「惟神《かんながら》」の道のことを、宣長は以上のように説明する。結局、それは「神代」の神話的思惟を取りもどすことであり、記紀の記述を字義どおりに信じることにつながる。アマテラスが「天津日」であるという宣長の頑固な論断は、古代人の思惟に回帰するという方法から生じた必然的結論だったのである。

こうして「惟神」の道への回帰とは、古代人の思惟方法を取りもどすことを意味するから、季節の移り変わり、風雨などの自然現象、社会の吉凶など、すべての事象が「神の御所為《みしわざ》」だと信ずることである。すでに「物のあわれ」論が、社会の不条理を受忍し、いっさいを神にゆだねて、神との共感のなかで生きるという神学を予定していることは前述した。『古事記伝』では、この神学はさらに精緻化される。そこでは世の中のすべての邪悪な出来事は、イザナギが黄泉《よみ》の国から帰還して、禊祓《みそぎはらえ》をしたときに生まれた「禍津日神《まがつひのかみ》」の所為だとされる。そして人間社会におけるさまざまな不幸の発生を、宣長は以下のように説明する。「吉善事《よごと》」と「凶悪事《まがごと》」が「つぎつぎに移りもてゆく」のが神代の歴史だから、人間社会もその必然を免れない。何事も「吉善より凶悪を生《な》し、凶悪より吉善を生しつつ、互いに移りもてゆく」（本居⑨二九五）のが世の道理である。しかし黄泉比良坂《よもつひらさか》でイザナミが「青人《あおひと》草《くさ》」を一日に千人殺すと叫んだとき、イザナギが千五百の産屋《うぶや》を建てると返したことでわかるように、「凶悪事」

本居宣長旧宅（三重県松阪市）

に対して「吉善事」が最後に勝利をしめるのは必然である。
以上のような説明に関連して宣長は、人々は「人事によって神代を議《はか》る」が、自分は「神代を以て人事を知れり」と揚言している（本居⑨二九四）。「吉善事」と「凶悪事」の一種の弁証法についての前記の説明は、いかにも辻褄《つじつま》合わせの観があるが、常識の側から神話を合理的に説明しようとする多くの論者との方法の違いは明瞭だろう。

復古主義の含意

ところで「凶悪事」は不可避であるが、「吉善事」の「凶悪事」に対する勝利も必然であるという宣長のオプティミスティックな神学は、政治の面では頑固な伝統主義を導く。たとえば紀伊藩主徳川治貞《はるさだ》の諮問に答えて書かれた『秘本玉くしげ』で、宣長はつぎのように述べている。「世の中の事は、いかほどかしこくても、人の智慮工夫には及びがたき所のある物なれば、たやすく新法を行うべきにあらず。すべての事、ただ時世のもようにそむかず、先規の有来りたるかたを守りてこれを治むれば、たとい少々の弊は有ても、大なる失はなきものなり」（本居⑧三三二）。万事が神の「所為」である以上、政治の営みも究極的には「神の御心」にもとづく。人間の思慮には限りがあるから、不条理な事象は受忍して神にすべてを委ねるというのが宣長の神学だから、現状維持こそ「神の御心」ということにならざるをえない。しかも宣長の秩序観では、治者と被治者や身分の上下の弁別が当然視されていた。だからいかなる状況であろうと、「下なる者」は服従するのが「道」にかなうと考えられ、「たとえ神の道の行いの、別にあらんにても、其を教え学びて、別に行いたらんは、上にしたがわぬ私事ならずや」（本居⑨五九）とされる。つまり「神の道」について別の考えを持っていても、「上の御おもむけ」に黙従するのが、「下なる者」のあるべき姿なのである。

以上のような宣長の主張は、前述の徂徠の思想を想起させる。古代語の研究から古代の思想を再生させようとした古文辞学が、宣長の『古事記伝』の方法と一致するというだけではない。古代を規範的モデルと考えること、人間知の限界の強調、鬼神の崇拝、合理主義的思考の排斥など、さまざまな点で徂徠と宣長の思想は類似する。回帰の遡源を中国とするか日本とするかの違いはあるが、宣長は徂徠学からきわめて本質的な影響を受けたのである。

徂徠や宣長に共通する保守主義的思考は、「現実的なものはすべて理性的である」というヘーゲル『法の哲学』の語を連想させるかもしれない。たしかに、何ごとも「極意のところは人力には及びがたきもの」（本居⑧三五四）という諦念《ていねん》にもとづく消極的な現状肯定は、宣長の思想の重要な一面だった。しかし宣長の政治思想の根幹は、むしろ「漢意」を排して「真心」に従って生きることこそ、人の踏むべき「道」であると説いた点にあったと考えられる。「真心」は「産巣日神《むすびのかみ》」の霊によって生みだされ、イザナギ・イザナミからアマテラスを通じて歴代の天皇に継受された。その神髄は下々の民が「天皇の大御心《おおみごころ》を心」として仕えた「神代」に示されている。宣長は、このような古代の「道」の姿を明示することを自分の責務と考えていた。『うい山ぶみ』の有名な一節は、以下のように説いている。「学者はただ、道を尋ねて明らめしるをこそ、つとめとすべけれ、私《わたくし》に道を行うべきものにあらず。されば随分に、古の道を考え明らめて、そのむねを、人にもおしえさとし、物にも書遺《かきのこ》しおきて、たとい五百年千年の後にもあれ、時至りて、上にこれを用い行い給《たま》いて、天下にしきほどこし給わん世をまつべし、これ宣長が志なり」（本居①一一）。

ここに示された宣長の控えめな自己限定は、時代状況が変われば違った含意をもつ。文明に汚される前の自然状態こそ人類の理想状態だったと説いたルソーは、「自然に帰る」ことが可能だと考えていたわけではない。しかしルソーは人類が回顧すべき理想の姿を明示することで、自身の意図を超えた訴えをすることになった。宣長についても同じことがいえる。社会の事象はすべて「神のしわざ」と考える宣長は、本来、復古主義者ではありえない。「儒を以て治めざれば治まりがたき事あらば、儒を以て治むべく、仏にあらではかなわぬ事あらば、仏を以て治むべし」（本居①五二七〜五二八）というのが基本的スタンスだから、「ひたすら上古」のやり方に復帰せよと考えたわけではなかった。しかし前述したように、「神代」を語ることで「人事」を批判するのが、宣長の手法でもあった。だから「漢意」の移入によって「大御国の古《いにしえ》の大御手ぶり」が衰退したと述べたとき、宣長は自己の意図を超えて現体制批判を行っていたのである。宣長を「日本のルソー」と呼ぶのは適切ではないが、ルソー（一七一二〜七八）と宣長はほとんど同時代人だった。時代が行きづまったとき、宣長の古道論が古代への回帰の狼煙《のろし》となり、現状打破にたいする意図せざる訴えとなったのは当然だった。

『古事記伝』の註釈をつうじて、宣長は「まことの道のこころ」を宣揚しようとした。その頑固な復古主義は、アマテラスの「天壌無窮の神勅」にもとづく皇統の一系性こそ、日本が諸国に優越するゆえんだとするエスノセントリズムを核としている。実例をいくつか挙げてみよう。オオクニヌシとともに出雲《いずも》で国づくりをしたスクナヒコナが「常世《とこよ》の国」に渡ったとする記述について、宣長は「常世の国」とは外国のことで、三韓《さんかん》・漢《から》・天竺《てんじく》のほか「四方の万国」は、みなこの神が「経営堅成《つくりかためなし》」たものだと語る。不可思議な性格をもつスクナヒコナにかんする片言隻句《へんげんせっく》を、日本の諸外国に対する優越性の証拠として読むのである。

また神武《じんむ》天皇のくだりで、天皇の死後、その息子である当芸志美々命《たぎしみみのみこと》が、自分の義母（神武天皇の后）にあたる伊須気余理比売《いすけよりひめ》に「娶」したとある記述についても、宣長は独特な説明をしている。『古事記伝』の他の個所では一貫して「めす」と訓じている「娶」の字を、「男女の義」に反する関係を意味する「たわく」と訓ずるべきだと主張し、「未だ交通《まぐわい》したまわざれども、強《しい》て犯し奉らん」と欲したと註釈するのである。すなおに読めば神武天皇の后と義理の息子が関係を結んだと理解される物語を、宣長がスキャンダルとして忌避したことが明らかである。

天皇の神聖性を護持しようとする意図が鮮明に出ている。

考証学的で堅牢にみえる『古事記伝』という構築物は、このようなエスノセントリズムと皇統神話の擁護によって厳格に枠づけられていた。註釈という作業とそこに秘められたイデオロギーは一体のものだったのである。もちろんここで露わになったイデオロギーは、神仏習合や神儒一致の従来の神道に、すでに萌芽として存在したものである。宣長は、仏教や儒教から神道《しんとう》を純化することによって、それを明確に浮き立たせたのだった。

3 平田篤胤と復古神道

平田篤胤《ひらたあつたね》（一七七六〜一八四三）は、本居宣長の死後、その門下を自称して世にあらわれ、宣長の思想の神道的側面を独特な方向に転回させた思想家である。篤胤門下の国学者・大国隆正《おおくにたかまさ》（一七九二〜一八七一）は、その様を「著書ことごとく人の意表にいでて、眼識ある人はこれをほめ、凡庸の人はあやしみにくむ」（日本思想大系50、四七四頁）と評している。篤胤の思想的営為は、宣長の学統を継ぐ人々のあいだでも種々の物議を生みだしたが、幕末明治初期の復古主義的イデオロギーに与えた影響は甚大だった。

篤胤の神学

本居宣長は、人間は貴賤善悪にかかわらず、死後は「黄泉《よみ》（夜見）の国」に行くと考えた。儒教や仏教は死後に関する教訓めいた話を作ったが、古代人にはこうした「こざかしき心」はなく、死ねば肉体はこの世で朽ち果て、魂は穢《けが》れた「黄泉の国」に行くしかないと考えていたというのである。ここに人間存在にたいする宣長の深い諦念を見てとることができる。社会のすべての事象を神の所為と考え、現実をありのままに受容する宣長の神学は、死後の世界についても貫徹された。古代人は、死というものを、悲しむ以外に術《すべ》のない避けがたい運命として受けいれたと説くのである。

「黄泉の国」とは、火の神を生んで死んでしまったイザナミが、住むことになった世界である。死んだイザナミを追って、イザナギが「黄泉の国」を訪れたとき、イザナミはウジ虫にまみれていた。宣長が説いた死後の世界のイメージは、何よりこのイザナミの姿によって喚起できる。現世においてすでに多くの矛盾や抑圧に苦しんでいた人びとにとって、死後、ウジが湧くような穢《けが》れた世界に住むという宣長の思想は、耐えがたいものだったのではないだろうか。平田篤胤が宣長の古道論に共感しながら、もっとも強く反発したのはこの側面だった。『霊《たま》の真柱《みはしら》』（一八一二年脱稿）の冒頭近くで、篤胤は、「大倭心《やまとごころ》」を確固たるものにするには、まず「魂の行方」を知る必要があると説いている。宣長がまともに取りあげることがなかった「魂の行方の安定」こそが、篤胤の第一の関心事だったことをよく示している。

『霊の真柱』は服部中庸《はっとりなかつね》（一七五七～一八二四）の『三大考《さんだいこう》』を下敷きにして書かれている。「三大」とは天《あめ》・地《つち》・泉《よみ》のことで、「天地初発」の混沌から、産霊《むすび》の神の生成行為によって、宇宙が太陽・地球・月の三つに分離していく様を、記紀の叙述に従って十枚の図で示したものである。宣長の『古事記伝』が『古事記』のテクストに縛られて平面的にしか描けなかったコスモス（宇宙の秩序）の生成を、『三大考』はきわめて立体的に描き出した。そのコスモロジーには、あきらかに宣長の『古事記』解釈を逸脱した部分があったが、宣長は『古事記伝』の「神代」の末尾に付録として『三大考』を収録している。服部中庸の著作の背景には、蘭学による地理学や天文学の新知識の流入があった。宣長は、自身では古代人の世界像に固執したが、それが現実と相応しないことを自覚していたのである。

『霊の真柱』などの著作で、篤胤が展開した宣長への異論は種々の点にわたるが、その中心は、霊魂が死後もこの国土にとどまり、社《やしろ》、祠《ほこら》、墓などに鎮座すると説いたことである。この主張はオオクニヌシの評価に関係している。『古事記』では、オオクニヌシはアマテラスの子孫に国譲りをした後、幽界に「隠れ」たとされている。篤胤は『日本書紀』などの叙述を参照して、これは皇孫に「顕明事《あらわにごと》」の支配を委ねて、オオクニヌシは出雲大社に鎮座して「幽冥事《かみごと》」を支配することになったと解釈する。具体的にいえば、オオクニヌシは現世での人の言行を見通し、その善悪を判断して賞罰を降すという死後の審判の役割が付与されるのである。ここには宣長が説いた「禍津日《まがつひの》神《かみ》」への異論が潜在している。宣長において社会の不幸を作りだす原因とされた「禍津日神」を、篤胤は「汚穢」を嫌う神と再定義し、人間が悪事をおこなったときにそれを憎んで「荒《あら》び給《たま》う」と説明した。さらにかれは、人間の本性は産霊の神の霊性を分与されたものなので善であり、悪行は「妖怪邪鬼」に影響されたものと理解した。つ

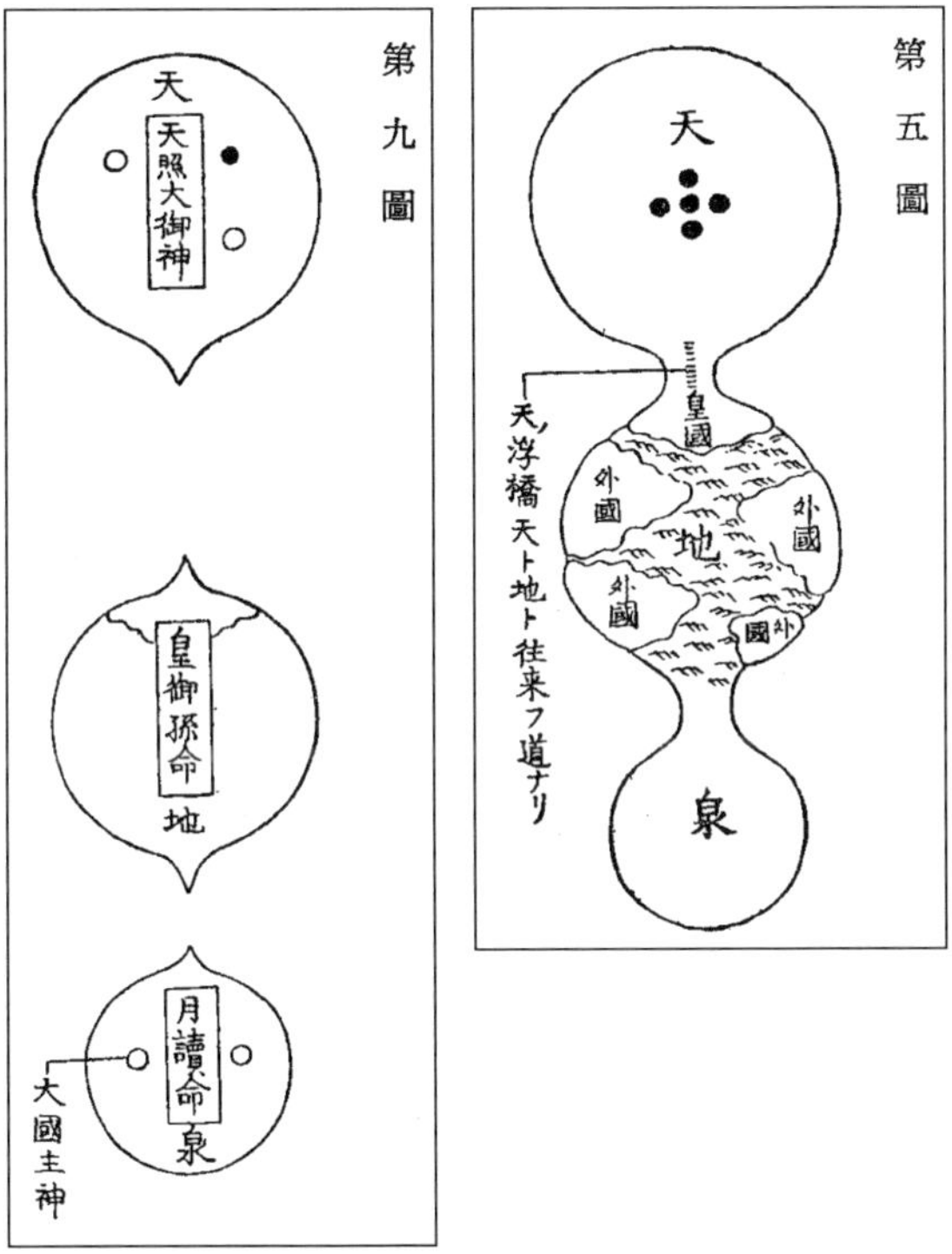

服部中庸『三大考』挿図

服部中庸は宣長の弟子。『三大考』は宣長に支持され，篤胤も依拠したが，洋学の知識があった儒者・山片蟠桃はその著『夢ノ代』で，「珍説古今に類なし。その知及ぶべし。その愚及ぶべからざるなり」と罵倒した（日本思想体系43，196頁）。

まり社会の不幸や「凶悪事」は、人間の側の責任として投げ返されるのである。

以上のように、不可思議な神の前での無力な人間という宣長の人間観は、篤胤によって転換され、人間は社会の事象にたいして相応の責任を負担する存在として位置づけられる。しかもオオクニヌシの幽界支配が強調された結果、現世は「寓世《かりのよ》」にすぎず、幽世こそ「本世」とされることになるので、篤胤の教説は著しく宗教的色彩を強めることになった。ただしオオクニヌシの権威が高められたからといって、アマテラスの正統性が弱められたわけではない。むしろ両者による顕・幽ふたつの世界の分治によって、篤胤はアマテラスの皇統による現世支配の正統性を、宣長よりも単刀直入に力説した。だから篤胤の関心は著しく宗教的だったにもかかわらず、社会的事象にたいする人間の責任が意識化され、政治的には天皇への忠誠心が強調されることになった。

後年の篤胤はインドや中国の神話研究にも手を染め、それを日本神話の下に包摂しようとしたので、そのエスノセントリズムは荒唐《こうとう》無稽《むけい》の極致に達した。一九三〇～四〇年代にもてはやされた反動で、第二次大戦後は忌避され、あまり顧みられなかったが、維新前後の政治過程に篤胤とその学派が与えた影響は大きかった。そのいくつかの側面について概観しておこう。

幕末の国学

篤胤以後の国学は宗教的側面を強めたので、仏教にたいする敵意は露わだが、儒教を忌避する傾向は弱まった。伴林光平《ともばやしみつひら》（一八一三～六四）が『園能池水《そののいけみず》』で、国学の本質を「和魂漢才」と定義しているのはその端的な例である。しかもこの時期の国学は、社会的底辺への広がりのなかで通俗道徳としての側面をもつにいたったので、儒教道徳と癒着した。その中心をなすのは夫婦の愛情を起点にした君臣道徳である。「男女夫婦は人情の基本にして、万業の最初なり。君の臣を御《ぎょ》する事、まさに夫の婦におけるが如く、臣の君に奉ずる事、婦の夫を思うが如く、相愛《いっく》しみ相睦《むつ》ぶ時は、名君なり、良相《りょうしょう》なり。父子の間にこの心を移せば、慈父たり、孝子たり」（鈴木重胤『世継草』、日本思想大系51、二三四頁）。こうした道徳論が記紀のアマテラス神話と結合されれば、どのような教説が生まれるかは容易に想像できるだろう。父母の先祖を遡《さかのぼ》れば「天下人類の先祖は皇祖天神《あまつみおやがみ》」だから、「天下公民の大君は、皇御孫命《あまつひつぎ》にませり。朝廷によく仕奉《つかえたてまつ》らん者は、まず能《よ》くその主人に奉仕すべし」（日本思想体系51、二三五頁）。

こうして父母への孝行は主人への奉公、ひいては天皇への忠誠と結合され、他方では、夫婦の「交合《まぐわい》」による子孫の誕生は、「皇祖天神」からの賜物で「治国平天下の大義」とされる。人民個々人の身体が「皇祖天神の分身」であるだけではない。かれらが家職において造りだした産物や、生活のために必要としている衣食住など一切のものは、神と君から賜《たまわ》ったものだから、無駄使いしてはならないと誡められる（たとえば桂誉重《かつらたかしげ》『済世要略』を参照）。こうして倹約・家業への勤勉・堕胎や肉食の禁止・奢侈の抑制など、さまざまな通俗道徳の教訓が「神の御心」との関わりで説明されている。

国学者によって説かれた通俗道徳は、篤胤の神学にもとづいている。その論理をもっとも明快に説いたのは、六《む》人部《とべ》是香《よしか》（一八〇六〜六三）の『産須那社古伝抄《うぶすなしゃこでんしょう》』である。ここで六人部はオオクニヌシによる幽冥界の支配という篤胤の説を祖述し、オオクニヌシやその子孫の神々、あるいは所縁《ゆかり》の神々が、各地の「産須那社」に鎮座していると説く。人間・五穀・草木・鳥獣の「生々化育」を掌《つかさど》るのはこうした神々である。善良だった人は、死後、屍《しかばね》は墓所に葬られるが、霊魂はその地の「産須那社」で伺候《しこう》する。他方、不忠・不義・不慈・不孝などの悪事をなした人は、妖魔が集まる「兇徒界」に送られ、長く困苦に苦しむことになるという。国学者が説いた通俗道徳論はこうした神学に担保されていたのである。

いうまでもなく、国学の根本理念は皇祖神からの血統の一系性にある。したがって前記のように儒教道徳との癒着は肯定したが、国学者は儒教の有徳者支配の原理を明確に拒否した。徳や才覚の優れた者による支配を否定し、現実の政治的支配を正当化するために、かれらは江戸幕府による統治を、朝廷による「大将軍家」への「御任《みよさし》」と説明する。ここでは「下」（庶民）からの政治への関与は厳格に否定されているが、他方では為政者の恣意的な支配も禁じられ、「天神の大御依《おおみよさ》しのまにまに、何事も私なくとり行」うことが求められる（長野義言《よしこと》『沢能根世利《さわのねぜり》』、日本思想大系51、四二七頁）。つまり為政者の任務は、神を祀り神の意図にそって「下」を慈《いつく》しむことである。もし被治者の不満が顕在化し、一揆などの不服従が起これば、それは為政者が政治を「私」化したことの結果である。理論的には、被治者による主体的行動の可能性は徹底的に摘み取られていたにもかかわらず、幕末維新期に国学者が急進的な運動を展開したのは、為政者が神（朝廷）の意図に反したという根拠による。その運動が「祭政一致」という要求になるのは、政治が神の意図に合致しなければならない（すなわち政治と祭祀の一致）と考えられたからである。

国学者が倦《う》まず説いたもうひとつの信念は、日本の優越性である。アマテラスが生まれた「本《もと》つ国《くに》」であるがゆえに、日本は万国に優越していると、かれらは説く。「わが大君は、一天四海の大君」（竹尾正胤《たけおまさたね》『大帝国論』、日本思想大系51、五二六頁）という独りよがりな信念は、現在からみれば滑稽な誇大妄想にすぎない。しかし欧米列強による屈辱的な開国を余儀なくされた当時の日本の知識層にとって、万世一系という「事実」だけが自尊心を取りもどす、ほとんど唯一の根拠だった。

津和野出身の国学者で維新後の神祇政策に大きな影響を与えたといわれる大国隆正《おおくにたかまさ》は、そうした心理をみごとに表現している。大国は戦闘による攘夷を「小攘夷」とし、戦わずして攘夷を実行することを「大攘夷」と呼ぶ。そして当時、大問題となった日米修好通商条約の勅許（慶應元＝一八六五年）を、「大攘夷」の実行だと主張する。尊王攘夷派にとって敗北を意味した条約勅許を、日本を中心とした世界の統合の第一歩だと強弁するのである。さらに大国は万世一系の天皇こそ「世界の総王」だと主張し、西欧の万国公法は、日本が万国を統治するという「真の公法」の「さきばしり」だという（『新真公法論并《ならびに》附録』）。この議論には、皇統神話にもとづく自尊心と、開国をやむを得ない選択と理解するリアリズムが独特な形で結合しており、開国の屈辱を国家的膨脹によって補償しようとする心理が読みとれる。後に日本ナショナリズムの底流をなす心理構造である。

第2章　開国の衝撃

一八五三（嘉永六）年、米国東アジア艦隊の司令長官ペリーが四隻の軍艦を率いて浦賀《うらが》に現れた。外国船の渡来は一八二〇年代から急速に増加しており、幕府は一八二五（文政八）年に異国船打払令《うちはらいれい》を出した。しかし一八三七（天保八）年には、日本の漂流民を送還しにきた米国船モリソン号に幕府が発砲して、蘭学者たちが打払令に異論を唱える事態になり（モリソン号事件）、翌年にはオランダ風説書《ふうせつがき》が英国軍隊の渡来を警告するなどの事件があった。このため幕府は一八四二年に打払令を改め、薪水《しんすい》と食料の供給を許可した（薪水令）。しかし中国がアヘン戦争に敗北した直後の一八四四年、今度はオランダ国王が、親書で開国の不可避なことを忠告してきた。さらにペリー来航の前年には、オランダ商館長が、東インド総督の書簡によって米国使節の来航と開国強要を予告していた。老中《ろうじゅう》阿部正弘はあくまで鎖国の「祖法」を遵守する態度を固守したが、ペリー来航は予期された事態の出現だった。

ペリーの威圧に屈した幕府は大統領国書を受領し、翌年再来したペリーと日米和親条約を締結して、外国船の寄港と下田《しもだ》、箱館、長崎の開港を認めた。さらに一八五八（安政五）年には駐日総領事ハリスの要求で、自由貿易を認める日米修好通商条約の締結に踏みきらざるをえなかった。最初のペリー来航のとき、老中阿部は諸大名に大統領国書に対する対応を下問《かもん》した。その結果、「天下の大小名をして口を政治上に開かしめ」ることになって、国内の状況は急速に流動化した（福地櫻痴《ふくちおうち》『幕府衰亡論』、明治文学全集11、一七〇頁）。さらに日米修好通商条約は勅許を得ずに締結されたので、違勅問題が発生し、尊王攘夷運動を激化させて倒幕への流れを作りだすことになった。

ペリー来航図（横浜開港資料館蔵）

本章では、ペリー来航の衝撃に対して、儒学や国学を源流とする伝統思想がどのように対応しようとしたかを考察する。

1　危機の政治学——水戸学

明治維新の政治過程に絶大な影響をおよぼした水戸学《みとがく》は、第二代水戸藩主・徳川光圀《みつくに》（一六二八〜一七〇〇）による『大日本史』編纂事業に端を発するが、ここで論じるのは十八世紀末から始まる後期水戸学である（以下では後期水戸学を単に水戸学と呼ぶ）。水戸藩は尾張・紀伊とともに徳川直系の御三家《ごさんけ》であるが、石高は他の二家の半分ほどしかなく、家格も一段低かった（他の二家が権《ごん》大納言のとき権中納言）。また参勤交代を免除されたので、藩主とかなりの藩士が江戸に常住したが、この定《じょう》府《ふ》制《せい》と呼ばれる制度も藩の財政に悪影響をおよぼした。「天下の副将軍」と俗称されるようなエリート意識と、それに相応しない経済的実態のために、水戸藩は十九世紀初頭から顕在化する幕藩体制の危機意識を凝縮した形で表現することになる。藩財政の悪化や武士と農民の窮乏化による国内秩序の混乱と、ロシア・英国・米国などの接近による対外的危機感は、水戸藩にかぎらず広く存在した。この共有された危機感が御三家というエリート意識によって先鋭化し、『大日本史』編纂にともなう独特の歴史意識と結合して水戸学として結晶したのである。

水戸弘道館（茨城県水戸市）

水戸学の形成に寄与したのは藤田幽谷《ふじたゆうこく》（一七七四～一八二六）で、古着商の息子だったが『大日本史』編纂の作業に参画した。門下から会沢正志斎《あいざわせいしさい》（一七八二～一八六三）や嗣子・藤田東湖《とうこ》（一八〇六～五五）など水戸学の中枢となる論客が輩出した。また前述の内外の政治的危機が顕在化したときに第九代藩主に就任したのが、幼少期から会沢の薫陶《くんとう》を受けた徳川斉昭《なりあき》（一八〇〇～六〇）だった。斉昭は急進的な藩政改革を実施するとともに、藩校・弘道館《こうどうかん》を創設して水戸学の象徴的存在となった。以下では、この四人のなかで最もまとまった議論を展開した会沢を中心に、水戸学の特徴を概観する。

水戸学の特徴

水戸学の第一の特徴は、神道と儒教を結合した「敬神崇儒」の理念にある。日本を「神州《しんしゅう》」と特権視し、アマテラスを起源とする皇統の連続性を強調する点で、水戸学は国学と一致する。

しかしかれらは儒教と神道の理念が合致すると説いて、国学の儒教排斥を強く批判した。儒教の五倫（君臣の義、父子の親、夫婦の別、長幼の序、朋友の信）の精神は日本にも存在したが、古代日本は文明化していなかったので、それを中国から移入したにすぎないと考えるのである。たとえば藤田東湖は、儒教と日本古来の道との関係を花と実の関係と形容したり（『弘道館記述義』）、色の濃淡の違いにすぎない（『常陸帯《ひたちおび》』）と論じている。本居宣長「直毘霊《なおびのみたま》」を批判した会沢正志斎も、儒教の「聖人の道」は「天地の自然」であり、万世一系の日本では中国よりも忠実にそれが遵守されてきたと説いて、儒教と神道の理念の一致を強調している（『読直毘霊』）。

同じことは、会沢正志斎『新論』の冒頭ではつぎのように説明される。「昔、天祖、肇《はじ》めて鴻基《こうき》を建てたまうや、位はすなわち天位、徳はすなわち天徳にして、以《もっ》て天業を経綸《けいりん》し、細大のこと、一も天にあらざるものなし。徳を玉に比し、明を鏡に比し、威を剣に比して、天の仁を体し、天の明に則《のっと》り、天の威を奪いて、以て万邦に照臨したまえり」（日本思想大系53、五二頁）。アマテラス（天祖）が天孫に授けた三種の神器（玉・鏡・剣）が仁・知・勇に比定されて、儒教と神道が接合され、天祖＝アマテラスの行為が儒教の「天」にもとづくものと説明されている。天祖や天孫（あるいは天皇）が儒教の「天」という文字を共有することで、儒教との概念上の差異を飛び越え、意味をずらすことで、儒教と神道が接合されているのである。

水戸学の第二の特徴は「尊王敬幕」を説いたことである。水戸学的な理念の最初の宣言といってよい藤田幽谷「正名論《せいめいろん》」はつぎのように説いている。「幕府、皇室を尊べば、すなわち諸侯、幕府を崇《たっと》び、諸侯、幕府を崇べば、すなわち卿・大夫、諸侯を敬す。それ然《しか》る後に上下相保ち、万邦協和す」（日本思想大系53、一三頁）。ここで幽谷は、徳川政権が朝廷（天皇）から政権を委任された「摂政」であると論じている。幕府が天皇に忠誠をつくすことで、藩士・藩主・幕府・天皇という順に忠誠が積み上げられていくというのである。幽谷は幕府の天皇への忠誠を中心に論じているが、少し後に会沢『迪彝篇《てきいへん》』は忠誠の問題をもっと一般化している。「天子は天工に代りて天業を弘め給う。幕府は天朝を佐《たす》けて天下を統御せらる。邦君はみな天朝の藩屛《はんぺい》にして、幕府の政令をその国に布《し》く。是《これ》が臣民たらん者、各々《おのおの》その邦君の命に従うは、すなわち幕府の政令に従うの理にて、天朝を仰ぎ、天祖に報い奉るの道なり」（『会沢正志斎集』三五八～三五九頁）。藩士の藩主への服従は幕府に服従することを意味し、それは天皇に忠誠をつくすことにつながるというのである。

このような忠誠の階統制では、藩主や幕府への忠誠と天皇への忠誠の裂け目は意識されていない。ペリー来航後、幕府の開国政策と朝廷の攘夷論が矛盾するようになるまでは、忠誠対象のあいだに裂け目が生じることはなかった。もともと水戸学は、こうした安定した忠誠の階統制を前提にして、「太平」の連続によって弛んでしまった武士の忠誠心を引き締めることを意図したものだった。『大日本史』編纂に由来する尊王論の意図は、この忠誠観念を純化することだったが、対外的危機感と結合して「尊王攘夷」のスローガンになった。

「尊王攘夷」の語を最初に用いたといわれる徳川斉昭「弘道館記」（一八三八年）は、藩校・弘道館の建学の精神を説いたもので、水戸の鹿島神宮《かしまじんぐう》の祭神である建御雷神《たけみかずちのかみ》と孔子を祀ることを明示するとともに、忠孝一致を説いている。父母への孝と主君への忠が一致するとの主張も水戸学特有で、「教育勅語」をつうじて明治国家の体制原理に引き継がれた。忠孝一致について、藤田東湖『弘道館記述義』は、孝とは父母から受けた身体を大事にして身を立てることだから、君臣の大義が一身の名誉に直結する以上、忠君は孝の最たるものであると説明している。孝はあきらかに忠に吸収されてしまっているが、これは天孫（天皇）の天祖（アマテラス）への祀り（孝）を原型にして、忠誠の階統制を秩序づけたことからきている。つまり神道の祭祀を儒教の五倫の道と接合したことで、親子関係と君臣関係は同質とみなされるのである。

忠孝一致の理念は政教一致（あるいは祭政教一致）の観念と結びつく。天皇が群臣を率いて天祖・アマテラスを祀るのは、群臣も神々の子孫だからである。だから群臣は内では自己の先祖を祀り、外では天皇とともに天祖を祀ることになる。こうして忠孝一致から祭政教一致の体制原理が、以下のように導きだされる。「孝は以て忠を君に移し、忠は以てその先志を奉じ、忠孝は一に出で、教訓正俗（＝人民を教化して風俗を正す）、言わずして化す。祭は以て政となり、政は以て教となり、教と政とは、いまだ嘗《かつ》て分ちて二となさず。故に民はただ天祖を敬し、天胤《てんいん》を奉ずるを知るのみにて、郷《むか》うところ一定して、異物を見ず」（『新論』、日本思想大系53、五六頁）。大嘗祭《だいじょうさい》をはじめとする天皇の祭祀は、単に天皇自身の先祖への祭祀ではなく「万民」のための祭祀でもある。人民は自らの先祖を祀り天皇に仕えることで、おのずから教化されるから、祭・政・教は一致するというのである。

イデオロギー戦略としての国体論

水戸学が明治維新の変革力の源になったのはふたつの理由による。第一は、水戸学が列強の接近を単なる軍事力の脅威ととらえなかったことである。この点で最もまとまった議論を展開したのは『新論』である。水戸藩領の大津浜に英国人が薪水をもとめて上陸したのは一八二四（文政七）年で、翌年には幕府が異国船打払令を発した。会沢が『新論』を脱稿したのはこの直後である。会沢はここで、列強の侵略が単に軍備の優越によるのではなく、キリスト教というイデオロギーを尖兵にしていることにいち早く警鐘を鳴らした。例えば「虜情《りょじょう》」と題された部分で、会沢はつぎのように述べる。「西夷《せいい》」が海上に跋扈《ばっこ》するようになって三百年近くなるが、かれらの領土が拡大し征服欲がますます増長するのは、かれらの「智勇」が卓越し、その民が「仁恩」を享受し、「礼楽刑政」が整っているからではなく、また人力の及ばない神業の能力があるからでもない。かれらが「伎倆《ぎりょう》を逞《たくま》しく」している唯一の根拠は「耶蘇教《やそきょう》あるのみ」である（日本思想大系53、九四頁）。

　ではなぜキリスト教が西欧列強による対外侵略の武器になるのだろうか。いうまでもなく、会沢はキリスト教の教理が優れていると考えているわけではない。キリスト教の「教法」は「邪僻浅陋《じゃへきせんろう》」で取るに足りないのだが、論旨が単純で表現が卑俗なために「愚民を誑誘《きょうゆう》」しやすい。だから狡猾な夷狄《いてき》は他国を侵略する際、まず交易を口実にして様子を窺い、機を見て兵力を使い、乗じる隙がなければキリスト教によって「民心を煽惑」する（日本思想大系53、九五頁）。ひとたびキリスト教に心が移ると、愚民は「胡神」のために喜んで死に、他国のために自国を傾けても「胡神」の意向に沿うと考えるにいたる。「愚民」がイデオロギー的に武装解除されてしまえば、「未だ戦わずして、天下すでに夷虜の有とならん」（日本思想大系53、六九頁）。

　当然のことながら、こうした事態にならないようにするには、軍備を充実させるだけでは十分ではない。キリスト教に対抗しうる日本独自のイデオロギーをもたねばならない。この目的意識が「国体」という概念に結実するのである。「国体」という語は国の体面という趣旨ですでに使われており、会沢が作り出したものではないが、かれはそこに欧米に対抗する日本固有の国家体制という新しい意味を込めた。前述したような祭政教の一致による人民の教化（イデオロギー戦略）に成功すれば、人民は死後の禍福というキリスト教の教説に誘惑されることはなくなる。

「民、すでに天威に畏敬悚服《しょうふく》すれば、すなわち天を誣《し》うるの邪説に誑《あざむ》かれず、幽明に歉然《けんぜん》（＝不満足）たるなければ、すなわち身後の禍福に眩《くらま》されず」（日本思想大系53、一四四頁）。

もちろんこうした議論の前提にある水戸学の日本的華夷思想は噴飯《ふんぱん》ものである。「神州は太陽の出《い》づる所」で「首」にあたるという『新論』冒頭の記述を、儒者の山縣太華《やまがたたいか》は「児童の見」と揶揄《やゆ》している（吉田③四九九頁）。地球は球体だから、いずれが東、どこが「首」などとはいえないからである。しかし荒唐無稽の「虚夸《きょこ》の言」にすぎなかった『新論』が、幕末の政治過程に絶大な影響を及ぼしたのは、列強の脅威の本質をキリスト教にもとづく政教一致体制にもとめた会沢の視点が、当時の知識人の危機意識に訴えたからだった。

水戸学が大きな力を発揮した第二の理由は、それが忠誠心の転換を促した点にある。前述のように、水戸学は尊王敬幕を原理とした。しかし攘夷をめぐって朝廷と幕府が対立することになれば、「尊王」か「敬幕」かの二者択一を迫られることはあきらかである。主君に対する忠誠心を「君を恋うる心」と表現したのは藤田東湖である（『常陸帯』、『藤田東湖集』二六九頁）。東湖は自伝的記述『回天詩史《かいてんしし》』などで、死を賭した熱烈な忠誠心を力強い美文で謳いあげた。東湖にとって、主君の徳川斉昭への忠誠が何より優越している。だが斉昭が幕府（井伊大老）の政策と対立したことでもわかるように、斉昭への熱烈な忠誠心が幕府への反逆に転化する可能性はつねに潜在した。斉昭自身は井伊大老と対立しても幕府に対する忠誠心に揺るぎはなかっただろう。しかし斉昭への人格的忠誠心が攘夷という原理と結びつけば、斉昭自身が説いた「尊王攘夷」は倒幕論に転回する。東湖は一八五五（安政二）年の大地震で事故死したので、水戸学の忠誠論のなかに包含されていた裂け目を意識化することがなかった。しかし一八六〇年の水戸浪士による井伊大老の暗殺（桜田門外の変）とその後の尊攘激派の出現は、水戸学のなかに最初から潜在していたものが顕在化した結果だったのである。

2　幕末の儒学――佐久間象山と横井小楠

徂徠学以後の儒学は、朱子学の体系性から解放されることで多様な展開をとげた。その特徴を簡単に要約するのは困難だが、「実学」としての傾向性を強めたと評してよい。政治思想の側面では、儒学は内外の危機に対応する実践性を自己に課した。ペリー来航以後、そうした傾向を代表するのが佐久間象山《さくましょうざん》（一八一一～六四）と横井小楠《よこいしょうなん》（一八〇九～六九）である。

兵学的リアリズム――佐久間象山

佐久間象山は、かれの自己認識では終生、朱子学者だった。松代《まつしろ》藩の下級武士の出身で、江戸に出て佐藤一斎《さとういっさい》（一七七二～一八五九）のもとで学んだ。一斎は「陽朱陰王」と評され、表向きは朱子学者を称したが陽明学の影響が強かった。これに対して象山は一斎の陽明学には否定的で、「孔孟程朱の正学」（「程朱」は朱子学の形成に影響を与えた程頤《ていい》・程顥《ていこう》と朱子のこと）を志すと述べている。後になって書いた「一斎先生の遺墨に題す」という文では、陽明学を主張して「窮理《きゅうり》」を好まない一斎に対して、「天地万物の理」を極めることが学問の「起手」で、「漢人の未だ窮知せざる所は、すなわち欧羅巴《ヨーロッパ》の説をもってこれを補う」（「文稿」、佐久間①四七）のが自分の立場だと書いた。

佐久間象山
（『象山全集』より）

象山が洋学を志したのは、オランダ風説書《ふうせつがき》によってアヘン戦争での清国の敗北を知ったのがきっかけだった（一八四二年）。そのときに書いた「永思賦」と題する詩で、象山は「周孔の土疆《どきょう》」が「醜虜の蹂躙《じゅうりん》」するところとなったと書き、別の書簡では「唐虞《とうぐ》以来の礼学の区」が西欧の植民地になりかねないと、その衝撃を表現している（「唐虞」は古代中国の伝説上の聖王である堯と舜のこと）。すぐに砲術家・江《え》川《がわ》太《た》郎《ろう》左《ざ》衛門《えもん》（号は坦庵《たんあん》、一八〇一～五五）に入門して西洋砲術を学び始め、二年後の一八四四（天保一五）年には蘭学の学習を開始した。西洋砲術を学んだのは、「彼を知り己を知る」（孫子）のが兵学の基本と考えたからだった。一八四二年の藩主宛の上書では、夷狄《いてき》は「道徳仁義」をわきまえず利益追求のみを本領とするので、敵意がなくても攻撃してくる可能性があると指摘し、兵備の強化を訴えた。西洋砲術を学び始めた時期に象山は、「清儒」（清朝の儒者）の学問には「紙上の空談」が多くて実用に乏しいと指摘している（山寺源大夫宛書簡、佐久間③二二一）。朱子学的「窮理」の原則は堅持しながら、アヘン戦争の結果をふまえて「窮理」の内容を相対化し、自己の「朱子学」のなかに蘭学受容の可能性を開いたのである。蘭学を始めた時期の詩「洋書を読む」では、中国とヨーロッパは日本にとってともに「殊域」だと書いている。これも象山が中国に距離を置き始めた心理を物語っている。

　蘭学を始めた象山は、すぐに江川の西洋砲術が洋学としては中途半端な代物にすぎないことを見抜いた。本格的に蘭学にとり組んだ象山は、西欧で公刊されている書物の内容が、日本では秘匿され私物化されていると江川らの態度を批判している。つまり西欧の学問の優越性を、まずその公開性に見出したのである。後に象山は、「学術智巧は、互いに切磋《せっさ》して相長じ候もの」（「攘夷の策略に関する藩主宛答申書」、日本思想大系55、三二三頁）と述べて鎖国政策を批判することになるが、その考えかたはすでにこの時期に萌芽があることがわかる。象山による『ヅーフ・ハルマ』（蘭和辞書）出版の企図もそのような考えかたのあらわれである。藩の事業として『ヅーフ・ハルマ』の出版を訴えた象山は、藩主宛の上書でつぎのように説いている。中国は自国を中華と唱え、外国が兵力や国力において優れていることを知らないために英国に敗れた。「彼を知り己を知る」のが防禦の根本だから、中国の轍《てつ》を踏まないためには、「彼を知る」手段としてその言語を学んで技術を習得しなければならない。洋学を盛んにするには広く辞書を公刊することが必要で、写本で数部入手して、自分だけ利用できればよいという考えは「仁人君子の了見」に反する。「五大州の学術を兼備し、五大州の長ずる所を集め、本邦をして永く全世界独立の国とならしむる基礎を世に弘め」（日本思想大系55、二八七頁）ることを期すべきである。

『ヅーフ・ハルマ』出版の企図は、藩の理解を得られず失敗に終わったが、象山は「存じ候ほどのことは秘し申さず」の態度で蘭学を教授し、大砲・ガラス・ぶどう酒・電池・地震計などを試作した。こうした広汎な関心と営みの背景にあった一貫した目的意識は、『省諐録《せいけんろく》』（一八五四年）の有名な一節に示されている。「夷俗を馭《ぎょ》するは、先ず夷情を知るに如《し》くはなく、夷情を知るは、先ず夷語に通ずるに如くはなし。ゆえに夷語に通ずるは、ただに彼を知るの楷梯《かいてい》たるのみならずして、またこれ彼を馭するの先務なり」（日本思想大系55、二五一頁）。

一八五四（嘉永七）年、象山は吉田松陰に密航を教唆したかどで蟄居《ちっきょ》を命じられた。ジョン万次郎のような漁民の子ですら役にたつなら、漂流を理由に学才ある有志を西欧に送って、砲術や航海術を学ばせれば、日本にとってどれほど利益になるかしれないと、象山は松陰の密航を正当化している。これは「夷情を知る」必要を説いただけでなく、事実上、鎖国の無意味さや不可能性を説いたものである。世界情勢が変わり「五大州比隣《ひりん》のごとく」なった状況では、鎖国制度は維持できない。たとえそれを維持しようとしても、異国と同じ兵力を持たないかぎり不可能だと、象山は説く。この主張に表れているように、開国論への転換は、兵学的リアリズムにもとづくものだった。だから象山は、通商条約締結を要求するハリスとの交渉には強い危機感を表明した。ペリー来航における脅迫やアヘン戦争の例を挙げ、西欧諸国の行為は「天地公共の道理」にもとづくものではなく私利追求を目的とするものだと、象山は反発する。そして公館設置には「天朝への相聞」が不可欠で、彼我の力の差によって結局は受諾せざるをえないとしても、筋が通らないことは論破しておかねば、国家の体面に関わると強調する（梁川星巌《やながわせいがん》宛書簡、日本思想大系55、三七二頁）。要するに、欧米に対する敵意と不信にもかかわらず、兵学的リアリズムにもとづいて開国論に転じたのである。

「東洋道徳・西洋芸術」

西欧列強の進出が徳川幕府だけでなく「皇統の御安危」に関わる国家的危機であることは、アヘン戦争当時からの象山の認識だった。しかしこの危機意識は国内の支配秩序の再編という方向には向かわなかった。アヘン戦争時に藩主宛に出されたという「海防八策」の第六に、わずかにつぎのような提言がみられる。「辺鄙《へんぴ》の浦々里々に至り候まで、学校を興し教化を盛んにし、愚夫愚婦までも、忠孝節義を弁《わきま》え候よう仕《つかまつ》りたく候」（日本思想大系55、二六九頁）。しかしこの国民国家的な発想を予感させるような秩序改変の構想は、その後、展開されることなく終わった。

一八六二（文久二）年、幕府が参勤交代などの制度を簡素化して武備充実を命じたとき、象山はこの改正にむしろ否定的に言及し、格式維持の重要性を訴えている。理由は西欧と日本との国体や政体の違いである。身分や職業にかかわりなく大臣や大統領に登用する欧米とは異なり、日本では身分制が堅持されており、「貴賤尊卑の等は、天地自然・礼の大経」だと強調するのである（日本思想大系55、三〇八頁）。同じ文書では学校の制度についても言及し、道徳の教えは「漢土聖人」に倣い、「天文・地理・航海・測量・万物の窮理・砲兵の技・商法・医術・器械・工作等は、皆西洋を主とし、五世界の所長を集めて、皇国の大学問」（日本思想大系55、三一一頁）をなすべきだと主張している。欧米の長所は軍事技術や自然科学の知識だけでなく、ここでは「商法」（経済や貿易の制度のことだろう）にも向けられ、すぐ後では監獄制度も欧米に倣うべきだと説かれている。兵学的リアリズムが単に強兵だけでなく、富国の面にまで拡大しつつある様子が見てとれる。しかしそうした制度の導入のためには、当然ながら社会の組織原理の変革が必要になる。象山はそのことをまったく認識していない。

ところで蟄居中に書かれた『省諐録』には、「天人合応の理」にふれた部分がある。地震などの自然現象が、外敵来襲などの事象の前兆とみなす思考を肯定的に述べたものである。これより一〇年ほど前の一八四五（弘化二）年の上書でも、山崩れが「人事凶変」の前兆だと警戒を促している。興味深いのは、いずれの場合も、「天人合一」

の思考は西欧で否定されていると断っていることである。つまり象山は前記のように西欧学術の導入の必要性を強調しつつ、他方で「天人合一」の朱子学的思考に自覚的に固執したのである。象山が終生、『周易《しゅうえき》』に愛着をもち卜筮《ぼくぜい》への信頼を失わなかったことも、このことに関係するだろう。砲術の知識と易を結びつけて説いた『砲卦《ほうか》』を執筆したのは、象山が熱心に大砲の試作や演習をしていた一八五二（嘉永五）年だった。また通商条約をめぐるハリスとの交渉で幕府が行きづまったとき、「人力のよく済ます所」ではないのだから、「その助けを鬼神に求め」るために卜筮に頼るべきだと主張している（山寺源大夫宛書簡、佐久間④六五四）。

以上の例は、兵学的リアリズムにもとづく西欧学術の受容と朱子学的な「窮理《きゅうり》」の態度が、象山のなかで矛盾として意識されていなかったことを意味する。実際、象山自身がさまざまな表現でこのことを語っている。たとえば洋学が盛んになれば儒教道徳が衰えるという議論を批判して、象山はつぎのように説いている。「それ泰西《たいせい》の学は芸術なり、孔子の教えは道徳なり。道徳は譬《たと》えばすなわち食なり、芸術は譬えばすなわち釆肉《さいにく》なり。釆肉はもって食気を助くべし。孰《いず》れか釆肉をもってその味を損なうべしというか」（「孔夫子の画像に題す」、日本思想大系55、四〇三頁）。

結局、西欧学術は、朱子学的「格物窮理」の「高遠空疎」さを補うものと理解されたのである。『省諐録』には「詳証術は万学の基本なり」という有名な語がある。詳証術とは数学のことで、一時期、象山が数学に夢中になっていたことは書簡などにあきらかだが、かれの数学の知識はごく初歩的なものにとどまったらしい（川尻信夫一九八二）。砲術や航海術などの軍事技術の根底に「詳証術」という抽象的思考の存在を見通していたのは確かだが、それが朱子学的な「理」とどのように関わっているのかについて、象山は何も語らない。むしろ両者の相補的関係についての象山の発言は単純で確信に満ちており、まったく迷いが感じとられない。「東洋道徳、西洋芸術」という有名な語に象徴されるように、象山の問題意識は、「西洋実測の学」が朱子学的「窮理」を補うという以上には発展しなかった。

朱子学の学問的特徴を示すものとして「居敬《きょけい》窮理」という言葉が使われる。「居敬」とは、「窮理」（「格物致知」ともいう）のために精神を集中する主体の側の精神態度である。朱子学では、道徳は単なる外的規範ではなく、主体の側の激しい克己的努力をともない、それを前提にして「窮理」が可能になると考えられた。象山においては、この両者の緊密な関係が弛緩してしまっている観がある。そのためかれは朱子学的形而上学の拘束をあまり感じることがなく、軍事技術を中心とする西洋学術を朱子学的「窮理」の非実用性を補うものとして受容できたのだろう。象山は西洋学術を受容しても朱子学者という自己規定に矛盾を感じなかったので、伝統的な社会秩序への信念もそのまま温存されたのである。

儒教的理想主義――横井小楠

佐久間象山と同時代に生を送り、同じく朱子学を基礎にしながら、象山とは異なった形で洋学を受け入れ、それによって自己の儒学を展開させたのが横井小楠だった。象山が時代の要請に合った学問の実践性を西欧の軍事技術にもとめたのに対して、小楠は「格知の土台」としての「敬」や「誠意」の重要性を強調し、主体の側の「誠意の工夫」が欠如した単なる海防論を批判した。このかぎりでは、小楠のほうが伝統的朱子学の立場を堅持したといえる。陽明学を拒否した態度に端的にあらわれているように、象山は認識主体の「心」の問題をカッコにいれることで、朱子学者を自称しながら朱子学を換骨奪胎し、西欧の学術を巧みに取り入れたといえる。小楠も「章句文字」に拘泥した「俗儒」を否定して、時勢に応じた学問の実践性を取りもどそうとした点では象山に劣らない。しかし小楠のいう実践性とは「修己」と「治人」の緊密な連関の必要性のことで、「学者は経済の用を達せず、経済者は修身の本を失い」という状態が批判された（「学校問答書」、『横井小楠遺稿』三頁）。経世済民《けいせいさいみん》の学は、主体の「心」の鍛錬と緊密に結合しなければ、学問としての実践性を持ちえないと考えられたのである。

小楠は肥後藩士で、一八三九（天保一〇）年に江戸に遊学したが、酒席の失敗で帰藩を余儀なくされた。帰藩後の小楠は、次男であるために兄の家に同居し、極貧と屈辱のなかで苦学した。その心境は以下のような詩に表現されている。「かつて朱子の書を読み、その旨を会する有るが如し、致知もとより軽からず、重んずる所は実履《じつり》に在り、静裡に閑気《かんき》を養い、動処に天理を察す、須臾《しゅゆ》も道を離れず、此に至れば是れ達士」（山崎正董一九三二、六七頁）。前述したような「誠意の工夫」による「致知」が説かれているが、その本意は「道」の「実履」（実行する）にあることが強調されている。この「実践躬行《じっせんきゅうこう》」を重んじる小楠を中心に学派が形成され、「実学党」と呼ばれて藩政に一定の影響力をもつようになった。この時期に小楠は藩政改革論として「時務策」を書き、「節倹」策や藩営金貸し廃止を訴えている。倹約は財政難に対するこの時代の通有の政策だが、小楠は従来の節倹策は「上の御難渋を下より救い奉る」趣旨だと批判し、「聖人の道」は「上下持ち合い」の節倹だと述べる。そして政治は「民の耳目の向かう方」に導かねばならず、「士民の利益」になるような「富国の道」をとるべきだと主張している（『横井小楠遺稿』六九～七二頁）。

「実学党」にふたつの側面があったことはあきらかだろう。一方は政治主体の育成であり、他方は現実政治における有効な改革論の提示である。ペリー来航以後の急速な政治状況の変化のなかで、その議論が現実的有効性をもつためには、当然ながら状況追随的な側面をもたざるをえない。それが無原則な日和見《ひよりみ》主義に堕さないためには、現実の政治論とは別の次元で何らかの原理を備えていなければならない。小楠の思想では、「聖人の道」を参照軸とすることがそうした原理の役割を果たした。以下では、このことを考察する。

横井小楠
（『横井小南伝』より）

一八五三（嘉永六）年、ペリーが浦賀に、ロシアのプチャーチンが長崎にそれぞれ来航したとき、小楠は「夷虜応接大意」と題する小文を書いている。ここで小楠が第一に強調したのは、日本が「仁義を重んずる」国だという自負だった（『横井小楠遺稿』一一頁）。当然ながら、米露への応接の原則も「天地仁義の大道を貫く」ことである。だからかれは「有道」の国と「無道」の国を弁別し、「有道」の国が通信交易を求めるなら、拒絶するべきではないと主張する。「有道」「無道」にかかわらず拒否するのは、「天地公共の実理」に反するというのである。ここには、鎖国という伝統的国是を絶対視せず、彼我の実力に対する戦略的思考を拒否する姿勢が明瞭である。以上にみられるように、一方における「実学党」としての「心術」を重視した実践性と、他方における「三代」（中国古代の理想的な王朝である夏、殷、周のこと）を模範とする理想主義が、独特な形で結合したのが小楠の政治的思考の特徴だった。

ところで初期の小楠の思想には水戸学の影響が色濃かった。江戸に遊学したときは藤田東湖と親しく交流し、後の東湖宛の書簡でも、「外夷来寇《らいこう》」への危機意識における水戸学の先駆的役割を高く評価している。外国船渡来の噂を話題にした一八五〇（嘉永三）年の書簡では、わが「神州」は「百王一代、三千年来天地の間に独立した」比類なき国だとし、「人民は皆死に果て、土地は総て尽き果て」ても「醜虜」と和議を結ぶことはないと書いた（『横井小楠遺稿』一三五頁）。ペリー来航後、前水戸藩主の徳川斉昭が海防評議に参加することになると、和議論を打破できると考えて期待を表明している。だが期待した斉昭がそれを貫徹できなかったことを知ると、一転して水戸学に批判的になる。しかしその批判の仕方には、いかにも小楠の思考の特徴があらわれている。一八五五（安政二）年の書簡では、水戸学のいう「誠意」は真の誠意ではなく「利害の一心」だと述べ、道理をわきまえず、ひたすら物事をし遂げようとする「功名心」にすぎないと批判している（立花壱岐《たちばないき》宛、『横井小楠遺稿』二二六頁〜）。小楠によれば、水戸学は「心術の曲」のために「誠意」が立たず、その結果「天下の経綸」が一定していないとされ、廟議によって決定された富国強兵も幕府のためで、「天下列藩」の全体にまで考えが及んでいないという。批判の原点は相変わらず政治主体の「心術」にあり、その観点から幕府だけでなく諸藩の状況と「民百姓」の利害を考慮するべきだという批判が展開されるのである。

水戸学に批判的になったとき、小楠の夷狄観も変化し始める。同じ時期の書簡で小楠は、「夷人の情実」を調べたところ、以前に考えていたのとは大違いで、かれらは辺地を侵奪するような行為はせず、すぐに戦争が勃発するとは考えられないと述べている（立花壱岐宛書簡、『横井小楠遺稿』二二四頁）。こうした変化が生じたのは、魏源《ぎげん》（一七九四〜一八五七）の『海国図志《かいこくずし》』を読んだからだといわれている。『海国図志』は欧米の地理書・歴史書を翻訳編纂したもので、日本でもペリー来航直後から何度も翻刻版が出た。『海国図志』を読んで夷狄観から脱却しはじめた様子は、先の書簡で欧米を「遠大深謀」と形容していることでもわかる。軍事力だけに依拠した野蛮な異邦人というイメージに修正を迫られたのである。

翌一八五六年の書簡では欧米の政教体制に関心を寄せ、その根底にあるキリスト教はかつてのキリシタンとは大違いで、その趣旨は「天意に本《もと》づき彝倫《いりん》を主」としていると好意的に評価される。さらに小楠は、欧米諸国が君主から庶民までキリスト教の戒律を守る「政教一途」の体制であるとし、その学問の内容を以下のように要約する。「経義を講明するを第一とし、その国の法律を明弁し、その国の古今の事歴より天下万国の事情物産を究め、天文・地理・航海の術および海陸の戦法・器械の得失を講究し、天地間の知識を集合するをもって学術といたし候」（村田巳三郎宛書簡、『横井小楠遺稿』二四三頁）。小楠は西欧の学術の根底にキリスト教があると考えた。この認識からは、西欧の知識や技術をキリスト教から切り離して摂取するという発想は出てきにくい。だから西欧の軍事技術の摂取に熱心な佐久間象山が「邪教」に陥ったと、小楠は見当違いの非難をすることになる。

キリスト教道徳への高い評価と敬意は、警戒心と一体である。下々の庶民まで信仰しているキリスト教とは異なって、日本では「聖人の道」は「学者の弄《もてあそ》びもの」になってしまい、神道は荒唐無稽、仏教は愚夫愚婦を欺く迷信にすぎない。このように一国挙げて「無宗旨の国体」では、どのようにして「人心を一致せしめ治教を施」すことができよう（『横井小楠遺稿』二四二頁）。この状態のままでは「三代治道に熟せざる人は必ず西洋に流溺《りゅうでき》するは必然の勢い」ということになる（『横井小楠遺稿』二四五頁）。この危機意識は、実はかれが批判した水戸学と近似している。水戸学もまた西欧を政教一致ととらえ、キリスト教が軍事的侵略の尖兵となると警戒して、それに対抗するイデオロギー戦略としてアマテラス神話にもとづく国体を構想したのである。

水戸学の説いた「国体」とは異なって、小楠は「三代の治教」を理念とした。西欧に対する危機感は、第一義的には軍事技術ではなく、キリスト教を基底にした西欧の政教一致体制に対するものである。

交易・隣愛・富国

小楠の西欧理解の特徴は、自己の政治理念を相手側に投影させて、西欧の政治体制のなかに「三代」の理想が実現していると考えた点にある。ロシアにかんして、小楠はピョートル大帝の統治や学校制度について述べ、政治がキリスト教の戒律にもとづいていること、国王の官庁による独断ではなく「衆論一決」によって行われ、大臣や要路の役人は「一国の公論にて黜陟《ちゅっちょく》」されると理解している（村田巳三郎宛書簡、『横井小楠遺稿』二四三頁）。前述した「時務策」や水戸学を批判した立花壱岐宛書簡でも見てとれるように、小楠は「上」のためではなく「下」のための政治を志向していた。そうした政治理念からすれば、ピョートル大帝の統治が驚嘆と畏敬をもって迎えられたのは当然であり、その分だけ危機意識も先鋭だった。しかしこの危機意識はキリスト教を「邪教」とする前提に立っているから、邪教観さえ取り払われれば危機感は解消するだろう。

一八五八（安政五）年、小楠は福井藩に招聘された。現存の資料でみるかぎり、西欧に対する小楠の警戒感が解消するのはこの頃からである。この年、難航の末に調印された日米修好通商条約の交渉相手ハリスは「日本に心を尽し」たと評され、アメリカの国体はさすがに「世界第一」と絶賛される（永嶺仁十郎宛書簡、『横井小楠遺稿』二七〇頁）。二年後の書簡では、列国は日本に対して「憎悪の心底」はなく、ただ「隣愛」によって行動しているだけだと述べている（横井牛右衛門宛書簡、『横井小楠遺稿』三五九頁）。列強の恫喝《どうかつ》外交に対するこのナイーヴな態度は驚くべきだが、これは自己の儒学にもとづく理想を相手側に読み込んだことから生じた誤解だった。

警戒から「隣愛」への変化がなぜ起こったのかは、福井藩の藩政改革案として書かれた『国是《こくぜ》三論』（一八六〇年）をみれば了解できる。「三論」とは富国・強兵・士道の三つで、富国論では鎖国と開国の政治的・経済的な損得を比較考量した後、以下のように論じている。現今は「航海自由を得て万国比隣の如く交易する」状況にあり、日本だけ鎖国をしても外敵を防ぐことはできない。鎖国時代には、自国が豊かで他国が貧しいことを望み、「民を虐げざる」ことが仁政だったが、今や「交易の道」が開け、外国との信義を守って「通商の利を興し財用を通ぜば、君（は）仁政を施す事を得て、臣民（は）賊たる事を免かるべし」（『横井小楠遺稿』三三頁）。

交易による富国の実現こそ「天地の機運」であり、仁政の基礎だというのである。ここでは西欧はもはや「夷狄」ではなく、対等な交易の相手とみなされている。西欧諸国を交易相手とみることによって、小楠はキリスト教を邪教とみるかつての見方からも自由になった。キリスト教を儒教と同様な「治教」と見直すことによって、米英露の政治は「ほとんど三代の治教に符合する」と述べるようになるのである（『横井小楠遺稿』四〇頁）。ここではキリスト教を基礎にして実現した西欧諸国の政治が、「三代の道」と等価な普遍性をもつものと意識されている。小楠がキリスト教を広めているという噂によって暗殺されたのは、この限りでは必ずしも見当違いとはいえない（ただし西欧諸国に対するこのような一方的思い入れは、慶應年間になると修正され、西欧列国は「利の一途に馳せ」て義理のことを知らないと批判され、「道においては堯舜孔子の道のほか」にはないとされるようになる。横井左平太・大平宛の慶應三年六月二六日書簡、『横井小楠遺稿』五〇八頁を参照）。

むろん小楠自身においては、「三代の道」を「聖教」とする信念はゆるがない。『国是三論』の「士道」の部分では、「自反・力行・精励・刻苦」の心法を鍛え、斉家・治国を達成することが力説されている。「修身斉家治国平天下」の思考は健在なのである。つまり小楠は、一方では朱子学的修養を変動期の政治主体の倫理に読みかえ、他方では儒教の政治理念を「三代」まで遡及することで抽象化し、現実政治から解放された新たな政治理念を創出する契機を作った。それは「公論」による政治という新たな理念を導き出し、結果として、かれが西欧的な議会政治を展望する地平に立つことを可能にした（なお小楠が「議事院」に言及したのは一八六七（慶應三）年一一月に執筆された松平慶永宛の建言書で、徳川慶喜の大政奉還を受けたものだった。これに先立って同年六月に坂本龍馬「船中八策」や「薩土盟約」などに同じ構想が盛られていたから、小楠がとくに先駆的だったわけではない）。

3　反逆の弁証法——吉田松陰

水戸学に内在した忠誠の論理の転換を、身をもって体現したのが吉田松陰《よしだしょういん》（一八三〇〜五九）だった。松陰は幼くして山鹿《やまが》流兵学師範だった叔父の家督を相続し、一八五一（嘉永四）年に江戸に遊学して佐久間象山などに学んだ。入門してまだ日が浅い時期の書簡で、松陰は象山のことを「豪傑卓偉の人」と形容し、死に至るまでかれを「わが師」と呼んで敬愛を惜しまなかった。しかし松陰は、浦賀での密航の企図を示唆されたことを除けば、象山からほとんど何も引き継がなかった。むしろ松陰の言動の背景には、体系的な思想の影響は何もないというべきだろう。早熟だった松陰は、ペリー来航以後の政治的激動のなかで、封建的忠誠の論理を突きつめていくことで幕府への反逆を演じ、みずから意図しないで水戸学に内在した革命の論理を体現したのである。

松陰と象山　ペリーが来航したとき、たまたま二度目の江戸遊学中だった松陰は、浦賀を偵察した後に象山の影響で蘭学を始めた（結局、身につかなかったが）。その頃に書いた書簡で、「民政」への配慮の必要性を以下のように力説している。「西洋夷狄にさえ貧院・病院・幼院などの設《もうけ》ありて、下を恵むの道を行うに、目出《めで》度《た》き大養徳《やまと》御国において却《かえ》って此の制度なき、豈《あ》に大欠典ならずや」（吉田⑦一九七）。人々が「海防」にばかりに気を取られて、「民政」への配慮が欠如していることに注意を喚起したものだが、この問題意識は象山とはむしろ逆である。前述のように、象山の第一の関心はやはり海防にあった。松陰はむしろその欠陥を指摘しているのである。

翌年のペリー再来の際、密航を企てて失敗した松陰は萩で獄につながれた。このときの手記には、「匹夫匹婦」も「我が神国の御宝」であると述べて、武備の充実より「無告の者」の救済が必要だと説いた部分がある（「獄舎問答」、吉田②一四五）。こうした考えは伝統的な仁政の観念にもとづいているが、「神国」という表現からも想像されるように、会沢正志斎が展開したイデオロギー戦略につながる側面がある。事実、その後ハリスとの通商条約交渉の報が伝わると、「夷狄」が「貧幼薬医の諸院」を日本国内に設置して「愚民の心」をとらえ、日本は戦わずして敗れてしまうと警鐘を鳴らすことになる（「狂夫の言」、吉田④二九七）。「仁政」観念にもとづく「匹夫匹婦」への関心は、「夷計」に対する警戒心と一体なのである。松陰の発想は象山よりも水戸学に近い。

吉田松陰（山口県文書館蔵）

松陰の生涯は、浦賀での密航の企図とその挫折という一点に凝縮されているといっても過言ではない。かれの前半生の中途半端でぎこちない処世は、すべて密航失敗というドラマのなかに流れ込み、後半生はその行為の「やむにやまれな」かった理由を説明するために費やされた。松陰を突き動かしていたのは、象山の兵学的リアリズムとはまったく異質である。密航失敗後の萩の獄中で、松陰はつぎのように述懐している。「吾れ微賤なりと雖《いえど》も、また皇国の民なり。深く理勢の然《しか》る所以《ゆえん》を知る、義として身家を顧惜《こせき》し、黙然坐視して皇恩に報ぜんことを思わざるに忍びざるなり。然らばすなわち吾れの海に航せしこと、豈《あ》にやむを得んや」（『幽囚録《ゆうしゅうろく》』、吉田②四〇）。国家的危機に直面しながら、一身一家のことだけ考えて自足することは、「微賤」の身といえども許されない。密航は「皇国の民」として止むにやまれぬ行為だったというのである。

自己の存在が家や藩の枠組だけでなく、国家と命運をともにしているという自覚は、象山も『省諐録』の末尾で口にしている。「予《よ》、年二十以後は、すなわち匹夫《ひっぷ》も一国に繋がることあるを知る。三十以後は、すなわち天下に繋がることあるを知る。四十以後は、すなわち五世界に繋がることあるを知る」（日本思想大系55、二六〇頁）。先の松陰の文章とこの文章を読み比べれば、象山と松陰の精神のあり方がいかに異なっているかがわかるだろう。象山が自己を中心に、認識が同心円的に藩（「一国」）・国家（「天下」）・世界へと広がる様を表現しているのに対して、松陰は「皇恩に報ぜん」とする忠誠心をバネにして、「身家」の枠を越えた行動に出た。松陰においては、「草莽《そうもう》」（在野の臣）としての自覚と心情の純粋性こそ行動の正当化の原理なのである。

ところで松陰は、一八五一（嘉永四）年一二月から翌年にかけて、友人と水戸から東北地方に大旅行を試みた。この旅行の際、江戸出発を約束した期日に「過所《かしょ》」（通行手形）が発行されなかったので、松陰は藩に無断で出奔した。脱藩の理由は「丈夫の一諾」は破毀できないという子供じみたものである。おそらくその背景には、同行の一人が仇討ちを目的としており、出発日を赤穂義士の討ち入りの日に定めていた事情があったのだろう。通俗的にみえるが、赤穂義士に表現された武士の精神は松陰が重んじたものだった。浦賀での密航失敗の後、兄に宛てた書簡で、かれは自分の行為を赤穂義士の仇討ちに擬している。「赤穂の諸士は主のために仇を報じ、甘んじて都城弄兵の典《おきて》を犯し、矩方《のりかた》（松陰の諱《いみな》）は国のために力を効《いた》し、甘んじて海外に闌出《らんしゅつ》するの典を犯す」（『幽囚録』、吉田②八六）。捕縛されて泉岳寺の前を通過するときに作ったのが、有名な「かくすればかくなるものとしりながらやむにやまれぬやまとだましい」という和歌だった。

倒幕論への転換

前述のように、水戸学が重んじたのは、幕府が天皇から政権を委託されたという「名分」だった。天皇の意向が幕府の政策に沿うかぎり、この名分論は幕府の正統性強化の論理になる。しかしペリー来航で幕府の権威が失墜したとき、事情は一変せざるをえない。ペリー来航直後に書かれた意見書「将及私言《しょうきゅうしげん》」で、松陰は「天下は天朝の天下にして、すなわち天下の天下なり、幕府の私有にあらず」（吉田②一二）と主張している。これはペリー来航を国家全体の危機として受けとめねばならないと説いたもので、直接には幕府に対する批判を含意したものではない。しかし幕府が外敵に屈服すれば、この言葉は倒幕論に転換するだろう。

米国だけでなく諸列強との和親条約締結が進行していた一八五六（安政三）年、松陰は「天下は一人の天下にあらず」というのは中国でのことで、日本では「天下は一人の天下」だと主張するにいたる（『丙辰幽室文稿』、吉田②四〇五）。国家（天下）は皇祖から皇孫に伝えられてきたから、国家も人民も天皇の存在を前提とする。天皇あってこそ国家も人民も日本（人）たりうるというのである。一見するとこの論理は、土地も人民も天皇の私有物とするアナクロニズムに思えるだろう。しかしこのように「天下は天朝の天下」という「将及私言」の認識をさらに急進化させ、忠誠対象を天皇に一元化することによって、松陰が何を導き出したかは以下の文章にあきらかである。

「普天率土《ふてんそっと》の民、皆天下を以て己が任となし、死を尽して以て天子に仕え、貴賤尊卑を以てこれが隔限をなさず、これすなわち神州の道なり」（『丙辰幽室文稿』、吉田②四〇六）。この文章には、地位や身分の既成秩序から解き放たれた人民の、死をも厭わぬきわめて能動的な服従心が説かれている。ここに示された忠誠心の動員こそ、幕末の尊王攘夷運動がもっていたダイナミズムの核心である。水戸学では、名義上は天皇への忠誠が公言されながら、実は幕府への忠誠心が優越していた。松陰は水戸学が説いた天皇への忠誠心を突きつめることで、水戸学に内在した幕藩体制の論理を食い破ることになるのである。

ハリスとの通商条約が調印される頃から、松陰の「墨夷」（米国のこと）に対する危機感は切迫の度を強めた。それとともにかれの議論は急速に倒幕論に傾斜する。「大義を議す」という文章では、「墨夷の謀は神州の患たること必せり。墨使の辞は神州の辱たること決せり」と述べ、米国に屈した幕府は「討滅誅戮《ちゅうりく》」すべしと主張している（吉田④三七二）。しかし松陰は開国や通商に反対して、盲目的な鎖国論を唱えたのではない。米国との戦争を回避するための受動的な開国に反対して、まず攘夷が実行できる実力を備えるべきだと説くのである。そのためにかれは、身分にかかわらず浪人や「下賤の徒」まで徴募した軍の創設を唱えている（「愚論」、吉田④三四三）。いうまでもなく、松陰門下の高杉晋作が一八六三（文久三）年に長州藩で創設した奇兵隊は、こうした発想にもとづいている。

しかし社会的底辺の動員という発想は、松陰の思想のなかで十分展開されることはなかった。むしろ松陰がつねに意識していたのは、治者としての強烈な責任意識である。『講孟余話《こうもうよわ》』で、「士は三民（農工商のこと）の首」（吉田③一一七）と述べて、農工商に養われる武士のみが「治乱のご奉公」を心がける義務があると書いているのもそうした趣旨である。しかしこの『講孟余話』で端的に語っているように、松陰自身はこのとき政治に直接関与しえない「幽囚の身」だった。門人との対話や書簡によってしか活動しえない環境では、危機意識は切迫すればするほど観念化と急進化の度合を深めざるをえない。それは一方では死を賭した使命感として表明される。「吾が輩皆に先駆けて死んで見せたら観感して起こるものあらん」（吉田⑧一八三）という言葉にみえるように、反逆のための先駆となって死ぬことは、この時期の松陰がファナティックなまでにくり返し述べていることである。そこでは客観的状況の考察はいっさい問題にならない。ただ信念の強固さと純粋さだけがすべてである。かつての同志に語った「僕は忠義をする積り、諸友は功業をなす積り」（吉田⑧一八四）という訣別の語は、その端的な表明である。「先駆として死ぬ」という一点にすべてが収斂《しゅうれん》していく心境では、同志の有無や状況の有利不利は問題にならない。ただ状況を超越しうるような行為主体を形成することだけが、関心の主題になる。だからその使命感は、「草《そう》莽崛起《もうくっき》の英雄」への期待や決意として表明される。「義卿（松陰のこと）、義を知る、時を待つの人に非ず。草莽崛起、豈《あ》に他人の力を假《か》らんや。恐れながら天朝も幕府・吾が藩も入らぬ、ただ六尺の微軀《びく》が入用」（吉田⑧三二一）というのが、松陰が行きついた結論である。ここでは忠誠対象すら二義的な意味しかもっていない。「忠義」という一点に関心が集中した結果、もはや問題として残るのは反逆という行為の主観的純粋性のみになってしまう。ペリー来航から安政の大獄での刑死にいたる七年ほどの間、松陰が時代とともに駆け抜けていった軌跡は、治者階級としての武士の忠誠観念が水戸学を媒介にして天皇への忠誠へと転移し、それがさらに純化して反逆の主体意識を形成する過程だった。

松下村塾（山口県萩市）

忠誠と反逆

最後に、松陰がその言行によって体現した忠誠の転換について考えてみよう。倒幕論に転ずる過渡期にあった吉田松陰は、一八五五（安政二）年の書簡で「幕府への御忠節は即ち天朝への御忠節」と書いて、勤王僧の月性《げっしょう》を批判していた（杉梅太郎宛、吉田⑦三六五）。しかし翌年の書簡では、毛利家は徳川幕府の臣下ではないと明言し、「僕は毛利家の臣なり、故に日夜毛利に奉公することを錬磨するなり。毛利家は天子の臣なり、故に日夜天子に奉公するなり。吾れ等国主に忠勤するはすなわち天子に忠勤するなり」と書いている（黙霖宛、吉田⑦四四二）。藩士・藩主・幕府・朝廷という忠誠の階統制が崩壊して、藩士・藩主・朝廷という新たな階統制が明確化しつつあることがわかるだろう。

長州藩の藩論が尊王攘夷になり、幕府との対立が明確になる一八六〇年代になると、藩主の毛利慶親《よしちか》自身も藩士に対してつぎのように述べるにいたる。

「我《わが》日《ひ》の本《もと》は天津《あまつ》日嗣《ひつぎ》の知食《しろしめす》大御国にして、その中に生ずるもの、皆その御民なり。その民に自然上下の分《ぶん》ありて君臣の別あり。吾辱《かたじけな》く二州（周防・長門のこと）を預かり領し、汝等と君臣の義ありと雖《いえど》も、その本は均《ひと》しく天子の御民なり。汝等能《よ》く吾に事《つか》るは、すなわち能く天朝に事る所以《ゆえん》にして、能く事えざるは、また能く天朝へ事え奉らざるなり」（「毛利慶親諭書」、日本思想大系56、三一六頁）。ここでは、藩主が自己の支配の正統性を天皇に根拠づけることで、臣下の忠誠を担保しようとしている。その結果、正統性の根源となった朝廷の権威が上昇し、「天津日嗣」という皇統神話が重要な意味をもつにいたる。徳川政権への服従は幕府成立後の冊封《さくほう》体制によって自明だったが、朝廷の権威は皇統神話によってしか説明できないからである。

松陰が体現した忠誠と反逆のドラマは、明治維新という形で結実した。それは近代の日本に重苦しいふたつの遺産を残した。ひとつは松陰の忠誠の論理である。それは「天下は一人の天下」という形で忠誠を一元化し、幕藩体制を権力の「簒奪」と批判することによって、幕府から支配の正統性を奪った。新しく形成された忠誠の論理では、天皇が公共性を独占し、国民内部の対立を超越した善意の第三者になっていく。初期議会で民党がとる最終手段（ultimatum）は内閣弾劾の上奏であり、政府側が訴える対抗手段も天皇の詔書だったことは、事情を説明してあまりある。結局、近代の日本では、藩閥政府も政党も財界もすべて「私」にすぎず、天皇のみが公共性を代表することになるのである。

松陰の忠誠の弁証法が残した第二の遺産は、その信念倫理の裏側にへばりついたマキャベリズムである。いかにも信念倫理の発露にみえる松陰の言行の背景には、徳川幕府が「夷狄《いてき》」に屈服して対外的危機に的確に対処できていないという冷静な状況判断があった。だからそれが具体的な反逆の行動となって出てくるときは、松陰門下の尊攘派志士の行動にみられるような驚くべきマキャベリズムとなる（安丸良夫二〇〇一、一四四頁）。この場合の問題は、マキャベリズム自体にあるのではない。マキャベリズムが天皇の名による正統性と結合して、タテマエとホンネの二重論理が恒常化することである。天皇という象徴を手にしたものに対して異論を唱えることが許されないところでは、いかにして「玉《ぎょく》」を手にするかというマキャベリズムのみが先行する。そこでは、いかにして正統性を獲得するかという政治のもっとも根源的な思考が生まれにくい。「勝てば官軍」とは、戦闘での勝利がすべてを決するといっているのではなく、戦闘の勝敗が天皇という象徴（「官」）の行方を決するといっているのである。「玉」を手にした側が「錦《にしき》の御旗《みはた》」をもち、それに反抗するものは「賊」とされて沈黙を余儀なくされる。いずれの側もこの「御旗」がいかがわしいと知っているが、抗弁することは許されないという奇妙な構造ができあがるのである。これは知的・道徳的頽廃以外の何ものでもないが、これが近代日本における皇統神話の政治的意味である。

第3章　明治維新と「国体」の創造

ペリー来航によって生じた武家政権の動揺は、幕府・親藩・朝廷・西南雄藩のあいだの十数年にわたる複雑な対立と妥協の末、一八六八（慶応四）年一月に始まる戊辰戦争で決着した。薩長を中心とする新政府は、戊辰戦争に先だって王政復古の宣言を出し、徳川政権に代わる自己の正統性を主張した。すでに前章で述べたように、日米修好通商条約の調印にあたって勅許を得ようとしたとき、徳川政権は権力の正統性を朝廷に依存していることをみずから暴露してしまった。

一八五〇年代後半から六〇年代にかけての政治過程は、単純化すれば、天皇というシンボルをどちら側が握るかの争いだった。それは藩主や藩士の側からすれば、忠誠対象を幕府から天皇に転移する過程にほかならない。徳川政権が天皇という権威を独占していたときには、忠誠の階統制としか見えなかったものが、尊王攘夷運動の激化によって幕府と朝廷という権力の二重構造に変化してしまった。そのとき幕府は「武家の棟梁《とうりょう》」にすぎず、官職の叙任権をもっている「天朝」こそが武家の主君にほかならないと意識されるにいたったのである。熊本藩士・魚住源《うおずみげ》次兵衛《じべえ》の藩主宛意見書の以下の一節は、こうした変化を象徴している。「元和以来今に到迄《いたるまで》、嘗《かつ》て幕府をさして君上と称候《となえそうろう》儀は全く無レ之《これなく》、すなわち幕府も諸大名も官位は同じく天朝より叙任候儀をもって見候ても、君臣にあらざる儀は明白に相分《あいわかり》候。幕府は武家の棟梁と唱申候通《となえもうしそうろうとおり》にて、たとえば天朝は父母、幕府列藩は兄弟の続の如《ごと》きものに御座候《ござそうろう》（下略）」（日本思想大系56、二七二頁）。

　幕府から天皇の権威を奪取することで武家政権を打倒した維新政権は、ふたつの課題を背負った。ひとつは対外的危機の克服であり、もうひとつは新政府の権威の確立である。倒幕運動は尊王攘夷のスローガンで始まったが、一八六五（慶応元）年に条約許可の勅書が出たことなどによって、政府の外交方針としては開国が確定した。だからさしあたり重要なのは、武家政権を打倒したイデオロギー勢力を背景に、天皇の権威を確立することだった。一八六八年四月、新政府は以下のような布告を発した。「此度《このたび》、王政復古、神武創業の始に基づかせられ、諸事御一新、祭政一致の御制度に御回復遊ばされ候（下略）」。

　維新の理念が、「王政復古」と「祭政一致」という言葉で表現されたことは、新政権がその政治理念の彫琢にあたって復古神道に依拠したことを示している。この時期の平田派国学の政治構想といわれる矢野玄道《やのはるみち》『献芹譫語《けんきんせんご》』も、その冒頭で「天下の第一の御政務は、天神地祇《てんじんちぎ》の御祭祀に御座候」（日本思想大系51、五四八頁）と書いて、祭政一致が最重要課題だと説いている。こうした構想の具体的な表現が神祇官再興の布告と、天皇が天神地祇に国是を誓う形式でおこなわれた五箇条の誓文《せいもん》の儀式である。これに続いて一連の神仏分離政策が開始され、廃仏毀釈の運動が全国的に燃えあがった。

　しかし神道を機軸とする政教一致政策は、内外の批判によってまもなく行きづまり、一八七二（明治五）年に教部省が設置されて教導職制が布かれた。教導職は仏教と神道の両勢力合同による国民教化運動だが、その基本方針を定めた「三条の教則」は神道に傾斜したものだった。これに不満をもつ浄土真宗《じょうどしんしゅう》本願寺派の島地黙雷《しまじもくらい》らは、まもなく強力な反対運動を展開し、一八七五年に教導職の養成機関である大教院から離脱するにいたった。最大の仏教勢力である本願寺派が分離したことで、教導職制も行きづまってしまうのである。

1　明治啓蒙の光と影——福澤諭吉と明六社の思想家たち

明治維新直後の復古政策に反対し、その後の開化政策を思想的に牽引したのは、洋学を学んだ知識人たちだった。かれらの多くは青年期にペリー来航という大事件に遭遇して、その衝撃を契機に蘭学を学び、江戸幕府の蕃書調所《ばんしょしらべしょ》（後に洋学調所、開成所と改称）で教授・翻訳の業にあたった。その後、英語・ドイツ語・フランス語などを身につけて欧米の思想を受容し、維新後に最先端に立つことになった。西周《にしあまね》（一八二九～九七）、福澤諭吉《ふくざわゆきち》（一八三四～一九〇一）、加藤弘之《かとうひろゆき》（一八三六～一九一六）などがその代表で、いずれも自主的な学術結社である明六社《めいろくしゃ》の同人である。

「国民」の創出

明六社に結集した啓蒙思想家たちは、この時期に政府が推進していた政教一致体制をさかんに批判している。『明六雑誌』に掲載された西周「教門論」、加藤弘之「米国政教」、森有礼《もりありのり》「宗教」などはその代表で、いずれも政教分離を説いている。加藤弘之『国体新論』は、「国学者流」が唱える「天神政治《テオクラシー》」を「荒誕無稽」と批判し、神典上のことを尊信するのはいいが、国家は人間界のことだから「人間界の道理に合わぬこと」は取るべきでないと説いた。

かれらが政府の企図した政教一致体制を異口同音に批判したのは、西欧に対抗しうる国民国家の創出をめざしていたからである。それは端的にいえば、近代的な国民的エートスの養成と評することができる。近代化の両輪は産業化と民主化であるが、このふたつを達成するには、まずそれを可能にするエートスを養成しなければならない。明治初期の思想家のなかで、このことをもっとも的確に理解し、表現したのは何といっても福澤諭吉だった。

福澤の表現に従えば、「一国の治乱興敗」を決するのは「人民一般の気風」である（「国権可分の説」、福澤⑲五二八）。数百年にわたって「人心に浸潤したる気風《スピリット》」を一掃して、国民個々人が「文明の精神」を修得しなければ、到底、近代化は達成できない（『学問のすゝめ』、福澤③五一）。この「文明の精神」と背反する「習慣」の精神を代表したのが儒教である。だから初期の福澤は儒教精神の克服に大きなエネルギーを注ぎ、「世上に実なき」伝統的教学ではなく、「人間普通日用に近き実学」を提唱した（『学問のすゝめ』福澤③三〇）。

伝統精神打破の福澤の闘いが、学問の「勧め」という形で開始されたのは興味深い。かれは伝統教学が精神の奴隷化を生んでいると批判するとともに、「愚民の上に苛《から》き政府あり」と説いて、人民の無知文盲が専制政府を生み、自業自得の結果になると指摘する。つまり福澤の戦略は、一方では伝統教学を批判しつつ、他方では新しい学知のあり方を提起するという両面作戦をとることになる。そのとき採用されたのが「一身独立して一国独立する」というテーゼである。この表現が朱子学の「修身斉家治国平天下」をなぞっていることは明瞭である（「中津留別の書」では、「一身独立して一家独立し、一家独立して一国独立し、一国独立して天下も独立すべし」（⑳五〇）と書いている）。福澤は伝統教学の形式を借用しながら、そこに新しい精神のあり方を盛り込むことで、内側から「習慣」の精神を打破しようとしたのだった。

福澤諭吉旧居（大分県中津市）

福澤のいう「独立の精神」とは、端的に「由《よ》らしむべし知らしむべからず」の伝統的な統治精神の否定である。そこでは他者への依頼、とくに政府に対する依頼心が厳しく糾弾されている。「一国の全体を整理するには、人民と政府と両立して始めてその成功を得べきもの」（『学問のすゝめ』③四九）と書いたように、福澤はつねに国家の構成要素を人民と政府に二分してとらえ、政府から人民が自立することを強調した。「自由独立の気風を全国に充満」させて、「国を自分の身の上に引受け」るエートスを養成するのが、初期の福澤の本願だったのである（『学問のすゝめ』③四四）。

『学問のすゝめ』の六編と七編を執筆した一八七四（明治七）年二月ころ、福澤は『文明論之概略』執筆の構想にとりかかった。そして福澤としては異例の約一年という長い歳月をかけてそれを脱稿したとき、かれの問題意識は初期の『学問のすゝめ』から大きく転回していた。福澤の変化は、『文明論之概略』執筆中に刊行された『学問のすゝめ』の九編以後の叙述に刻印されている。一例だけを挙げると、十編（一八七四年六月刊）でかれはつぎのように述べている。「余輩もとより和漢の古学者流が人を治《おさむ》るを知って自《みず》から修るを知らざる者を好まず。これを好まざればこそ、この書の初編より人民同権の説を主張し、人々自からその責に任じて自からその力に食《は》むの大切なるを論じたれども、この自力に食むの一事にては未だ我学問の趣意を終れりとするに足らず」（福澤③九四）。ここでかれは「一身独立」だけでは不十分だと説いている。これは『文明論之概略』第六章の以下の文章と対応するものである。「元来人として此世に生れ、僅《わずか》に一身の始末をすればとて、未だ人たるの職分を終れりとするに足らず」（福澤④一一三〜一一四）。

ここに見られる「一身独立」への消極的ニュアンスは、『大学』の「修身」から「平天下」に積み上げていく積分的思考では、「文明の精神」に対応できないという判断にもとづいている。『文明論之概略』は、徹頭徹尾、このことを説いたものと考えてよい。「緒言」の言葉によれば、文明とは「衆心発達論」である。これは『学問のすゝめ』七編で提示された以下のような定義と明確な対照をなしている。「元来文明とは、人の智徳を進め人々身躬《みず》からその身を支配して世間相交《あい》わり、相害することもなく害せらるることもなく、各《おのおの》その権義を達して一般の安全繁昌を致す」（福澤③七五）。ここでは基本が「人々身躬から」に置かれており、個々人の「智徳」や「権義」を「世間」や「一般」に及ぼすことが文明だと説かれている。『文明論之概略』ではこうした積分的思考法を否定して、「一体」としての社会（福澤の語では「人間交際」）を考察しなければ、「文明」は把握できないと考えるようになったのである。

このように「人間交際」をひとつの個性をもった集合体として理解する思考を、福澤はフランスの歴史家ギゾーや英国の文明史家バックルから学んだ。とくにバックルの「スタチスチク」（統計学によるマクロ的観察）の手法に福澤が感嘆したことは、バックルが言及したパン屋のパンの販売個数や結婚統計の実例を、『文明論之概略』第四章でそのまま引証していることでも想像できる。福澤の認識によれば、西欧と日本を比較したとき、日本が劣るのは個々人の「智力」ではない。問題は個々の「智力」の程度ではなく、その結合の仕方だった。「西洋の人は智恵に不似合なる銘説を唱えて不似合なる功を行う者なり。東洋の人は智恵に不似合なる愚説を吐いて不似合なる拙を尽す者なり」（福澤④七九）。集合体としての「人間交際」のあり方が「習慣」に支配されているために、個々人が相互に切磋し高めあうことがない社会構造が問題として意識されたのである。これは日本社会に議論による「衆論」形成の伝統がないことを指摘したものだが、同じ問題は第九章では「権力の偏重」として取りあげられる。西欧文明の本質が多元性にあるとのギゾーの指摘を受けて、日本では権力や価値が一元化しているために、西欧のように「諸説並立」によって新たなものが形成されることがないと福澤は指摘する。「人間交際」のあらゆる側面に「権力偏重」という現象が「浸潤」していることを指摘して、多元性の欠如による社会の「停滞不流」こそが、日本文明の根本的欠陥だと説いたのである。

国体論の再構成

文明の「全体の有様」を総体として比較考察する視点を獲得した福澤は、各国の文明の「内に存する精神」の違いを相対的なものにすぎないと考える。文明の精神における西欧と日本の違いは、進歩の「前後」関係に帰着するのである。前にあるものが後ろのものを支配する状況にある以上、日本は西欧を目標にして進まねばならないという結論になるのは当然である。

しかし彼我《ひが》の文明の差異を時間的な前後関係に還元しようとしたとき、福澤は頑固な論敵に逢着することになる。

伝統的な国体論者である。水戸学や国学は日本の国体の固有性を説くことで、西欧文明の普遍性を否定した。旧来の「全国人民の気風」を変革して、日本が「文明の精神」を獲得するために、福澤はまず国体論という障害を除去しなければならなかったのである。福澤が一元的な文明観を展開した『文明論之概略』第二章で、文明の違いは相対的なものだと説いて、国体論に言及したのはこのような理由による。ここでかれは国体を以下のように定義している。「国体とは、一種族の人民相集って憂楽を共にし、他国人に対して自他の別を作り、自から互いに視ること他国人を視るよりも厚くし、自から互に力を尽すこと他国人の為にするよりも勉め、一政府の下に居て自から支配し他の政府の制御を受くるを好まず、禍福共に自から担当して独立する者を云うなり」（福澤④二七）。

この定義はJ・S・ミル『代議政体論』の Nationality についての説明をそのまま援用したものである。これに続いてかれは、国体観念の淵源をミルに従ってつぎのように説明する。「国体の情の起る由縁《ゆえん》を尋ぬるに、人種の同じきに由《よ》る者あり、宗旨《しゅうし》の同じきに由る者あり、あるいは言語に由り、あるいは地理に由り、その趣一様ならざれども、最も有力なる源因と名《なづ》くべきものは、一種の人民、共に世態《せたい》の沿革を経て懐古の情を同《おなじ》うする者、すなわち是《これ》なり」（福澤④二七）。国体の核心は「世態の沿革」を同じくすること、すなわち歴史的記憶の共有にもとめられたのである。この定義に従えば、国体は個々の国家の固有な歴史によって特色づけられることになる。だが国体の固有性という観念は、文明の違いを相対的なものとする発展段階論と矛盾するはずである。時間的な前後関係で説明される文明論と、福澤が援用したミルのナショナリティの定義とのあいだには、あきらかな齟齬《そご》が存在する。

ミルにもとづいて歴史・人種・言語・宗教・地理などの共有による Nationality の意識を国体と定義し、その固有性による精神の自立性こそ、西欧の侵略に対する防波堤だと考えるなら、国体の中身を問わなければならない。水戸学の国体はまさにこのような形で提起され、万世一系の皇統を国体の中心に据えたものである。しかしこの「皇学者流」のエスニックな独自性の意識を、福澤は「虚威に惑溺したる妄誕《もうたん》」として激しく拒絶する（福澤④三四）。そして「国体の存亡はその国人の政権を失うと失わざるとに在る」（福澤④二八）と書いて、国体を皇統の存続とは別のところに置くのである。

福澤の意図は、伝統的な国体論を否定して、それを普遍的な国民国家の論理のなかに包摂することだった。しかし日本の Nationality の中身を確定しないかぎり、この企図は完成しない。『文明論之概略』では、国体の中心となる共有されるべき歴史の中身は不問にされたが、福澤は後にこの問題に直面することになる。

「日本型政教分離」体制
——国家神道への道

一八八二（明治一五）年一月、内務省は「神官は教導職の兼補を廃し葬儀に関係せざるものとす」という布告を発した。前述のように浄土真宗本願寺派が大教院から離脱した結果、神仏合同でキリスト教に対抗することを企図した教導職制は崩壊し、各宗派が独自に布教する体制になった（教導職の正式な廃止は一八八四年）。前記の内務省達《たっし》はその事実をふまえ、神社が他の宗派と同じレヴェルで布教や葬儀に関わることを否定したものである。この布告と前後して、神道系の各宗派（黒住《くろずみ》教・天理《てんり》教など）は「教派神道」として独立したので、神社神道《じんじゃしんとう》だけが仏教や神道の各派と異なる次元に位置づけられることになった。これは神道国教化政策の失敗をふまえて、神社神道を国家的な祭祀と位置づけた神道非宗教説であり、神道を別格とすることで、神道以外の宗教の信仰の自由を認めたものである。以上がいわゆる「日本的政教分離」体制（安丸良夫）の成立である。

「日本的政教分離」体制は、さまざまな勢力の妥協と試行錯誤の産物だった。政府はキリスト教の扱いをめぐって、列強との対立を避けなければならなかった。仏教勢力はキリスト教排撃という国家的要請に応えるために、万世一系の皇統神話を是認し、布教活動の自由を確保する必要があった。神道各派にとっては政教一致体制が望ましかったが、教義上の対立が激しくて、神道国教化の要請に応えるのは容易ではなかった（その端的な例は祭神論争で、神道教導職の中心だった神道事務局の祭神をめぐって、伊勢派と出雲派が激しく対立し、一八八一年に勅裁を仰がなければならなかった）。神道を宗教とは異なる国家祭祀として別格とし、神道以外の宗教の信仰の自由を認めなければ、教義上の対立が国家体制をめぐる対立に直結する恐れがあったのである。

神道非宗教説の原則を樹立する必要を感じていたのは、政府や宗教関係者だけではなかった。ジャーナリズムの世界でも同様な議論が展開されている。保守派の代表的新聞『東京日日新聞』（一八八一年二月三、四日）は、神道内部の論争に政府が関与しないよう勧告し、「所謂《いわゆる》神道とは、神代史を古典に考証するの専門学の謂《いい》なり」と結論づけている。自由民権派の新聞『朝野《ちょうや》新聞』（同年三月九日）も、神道を非宗教として扱うよう提言し、神道家は「宗廟《そうびょう》の祭祀に服役するの人」とすべきだと論じた。ここには期せずして、神道を宗教ではなく国家祭祀ととらえる視点が提示されている。

国体論の新たな展開——福澤諭吉

神道非宗教説をキリスト教排撃の観点から論じたのが福澤諭吉である。前述のように、福澤は日本の国家的独立のために西欧文明の積極的な受容を説いたが、キリスト教は国家独立に有害だと考えていた。『文明論之概略』での表現によれば、「報国心」は「一国に私するの心」だから、キリスト教の「一視同仁」や来世主義はこれと対立するという（福澤④一九一）。

この問題をさらに詳細に説いたのが『時事小言』（一八八一年）である。この書の第六編「国民の気力を養う事」で、福澤は「報国心」の「熱度」を高めるゆえんをつぎのように説明する。「言語を共にし、生誕の地を共にし、道徳の教旨を共にし、衣食住の風を共にする等の箇条なれども、就中《なかんずく》有力なるは懐旧の口碑を共にしてその喜憂栄辱を共にするもの、すなわち是《これ》なり」（福澤⑤二〇七）。『文明論之概略』におけると同じく、ここでもナショナリズムの根幹は歴史的記憶の共有にあることが強調されている。この観点から警戒されたのがキリスト教の蔓延《まんえん》である。「今日我国において耶蘇《やそ》の教を学ぶ者は、西洋人の師恩を荷《にな》い、西洋諸国を以て精神の師と為す者なり」（福澤⑤二一四）。キリスト教に対する批判は『文明論之概略』でも展開されていたが、ここではさらに激しい言葉が使われている。キリスト教によって精神的に去勢され、「自他の別を作為」することを本領とする「報国心」が内から融解してしまうというのである。キリスト教の教理は公平を旨とするが、西洋諸国にとってそれは「固有の宗教」として「政治と密着」しているので害とならない。日本にとってそれは「外教」であり、「外教」を学ぶことは精神的な「従属」を意味する。精神の奴隷化が「形体」の奴隷化を伴うことは必至だと、福澤は切言する。

福澤がキリスト教排撃にいかに熱心だったかを示す例として、三河の「天主教徒自葬事件」が想起される。東本願寺派の共同墓地にカトリック教徒がキリスト教式の埋葬をして、仏教徒の村民と訴訟になった事件である。福澤は村民のために訴状を代筆し、塾生を派遣して外教排撃の演説行脚をさせ、さらにこの事件の重大性について大隈《おおくま》重信《しげのぶ》、田中不二麿《ふじまろ》、中村道太《みちた》などに書簡で訴えた。『時事小言』に示されたキリスト教への危機感が、いかに深刻なものだったかがわかるだろう。この時期に福澤が、三田演説会で「宗教論」あるいは「宗教の説」と題する演説を何度もおこなっているのも、おそらく同様な論旨だっただろう。

キリスト教排撃の手段を、福澤は仏教と神道にもとめた。廃仏毀釈は仏教の影響力を殺《そ》いでキリスト教を利しただけであり、全国の名所旧跡が荒廃して、「国の装飾」であり共通の記憶たるべき風景が失われる結果を招いた（「国の装飾の事」、福澤④五二二）。福澤の考えによれば、日本の「国教」ともいうべき宗教は仏教のみで、神道は「国権を重んずる」ことを主義とする「日本固有の道」である。だから両者が「分界」をあきらかにし、「共に古来慣行の本分を尽し、以て外教の蔓延を防ぐ」べきだという（福澤⑤二三〇）。

前述の一八八二年一月の内務省達をうけて、福澤は『時事新報』に「神官の職務」と題する論説を掲載した。『時事小言』で説いた神道非宗教説の主張が認められたとして、満足の意を表明したものである。福澤の主張によれば、神官の職務は、日本の歴史を講ずることによって「懐旧の感」を生ぜしめ「国権の気」を養うことである。「我日本の如きは開闢《かいびゃく》以来一系万世の君を戴《いただ》いて曾《かつ》て外国の侵凌を蒙りたることなく、金甌無缺《きんおうむけつ》は実にその字義の如くにして曾《かつ》て尺寸の地を失わざるものなれば、古来の国史を開いてこれを読めば愈々益々《いよいよますます》勇気を増さざる者なかるべし」（福澤⑧八一）。

福澤の思想はここで大きな転換を遂げている。キリスト教排撃は『文明論之概略』の時期からの福澤の素志だったが、このときは皇統神話にもとづくエスニックな独自性の意識を明確に拒絶していた。内務省達が出た一八八二年以後の福澤は、ナショナリズムの中心となる「懐旧の感」が万世一系の皇統と不可分と考えるようになる。内務省達による神道非宗教論の成立によって、神道が「ナショナリチ」喚起の役割を担うに足る存在になったと判断したのである。『時事新報』での「帝室論」の連載は、神道非宗教論を論じた「神官の職務」のちょうど一週間後に始まった。ここにナショナル・アイデンティティの根拠を万世一系の皇室にもとめる福澤の構想が鮮明になってくるのである。

「神官の職務」を引き継ぐ形で出された『帝室論』は、「帝室は政治社外のものなり」という一節で始まるので、皇室を非政治化するリベラリズムの主張だと理解されてきた。しかし福澤の意図は、万世一系の皇統神話を「皇学者流」の独占から解放して、国民共通の「懐古の情」として定着させ、皇室を「民心収攬《しゅうらん》の中心」（福澤⑤二六七）とすることだった。「我帝室は万世無欠の全璧《ぜんぺき》にして、人心収攬の一大中心なり。我日本の人民はこの玉璧《ぎょくへき》の明光に照らされてこの中心に輻輳《ふくそう》し、内に社会の秩序を維持して外に国権を皇張すべきものなり。その宝玉に触るべからず、その中心を動揺すべからず」（福澤⑤二七九）。非宗教論の成立によって、神道が国家意識養成の手段となることができたように、皇室は政治的対立の圏外におかれることによって、官民調和と「旧来我国に固有する文明の事物」の象徴となることができると考えられたのである（福澤⑤二八五）。

同じ問題意識を引き継いだ『尊王論』（一八八八年）では、国会開設によって、日本社会が欧米的な「多数決主義」に転換すると洞察されている。福澤の認識では、これまでの日本は「一個大人《たいじん》」の指示にもとづいて国民全体が行動する「大人主義」だった。しかし国会開設によって「大人主義」から「多数決主義」に転換し、それにともなって社会に「功名症と名づくる一種の精神病」が生まれるだろうと、福澤は危惧した（福澤⑥一一）。こうした危険性を緩和する手段として、かれが重視したのが「尚古懐旧の情」にもとづく皇統神話だったのである。

日本が「多数決主義」に転換するという福澤の予測は当たっただろうか。好意的にみたとしても、少なくとも半分は外れたというしかないだろう。なぜなら、たしかに議会政治の開始によって「多数決主義」が導入されたが、それによって「大人主義」が完全に退場したとはいえないからである。

西周と加藤弘之の場合

皇統神話にもとづく国体論への転換は、福澤だけに起こったのではない。『明六雑誌』などで「皇学者流」の国体論を果敢に批判していた西周や加藤弘之も、一八八〇年代になると皇統神話との妥協の道を選んだ。西は一八七〇（明治三）年に書いた「某氏に復するの書」で、人間の認識は「五官」にもとづくと主張し、「上世の純朴を見てすなわち以て道」とする国学者の説は「付会妄構」と拒否していた（西①三〇二）。また「国民気風論」（一八七五年）では、歴史的伝統や水戸学・国学の影響で、国民が「君上を奉戴して自ら奴隷視する」気風が甚だしいと批判し、さらに国民の性格が「忠諒易直《ちゅうりょういちょく》」だと指摘する。「忠諒易直」は長所でもあるが、「忠諒」は愚昧、「易直」は従順という短所とセットなので、健全な状態とはいえないというのが西の見解である（西③二六〇）。

しかし一八七八（明治一一）年以後、「軍人訓戒」（山縣有朋《やまがたありとも》が発表）や「軍人勅諭」の草稿を執筆する時期になると、こうした論調は一変する。先に批判された「忠諒易直」の気風は、軍人にふさわしい「風尚」として助長するべきだと主張されるのである（「兵家徳行」、西③一三）。また「軍人勅諭」では、かつて批判された「君上を奉戴して自ら奴隷視する」気風が「国体」として当然視され、忠節・礼儀・武勇・信義・質素が賞賛されることになった。

加藤弘之の「転向」はもっと直截的《ちょくせつ》だった。加藤はすでに幕末に書いた『隣草《となりぐさ》』や『立憲政体略』で、西欧の政治制度や国民の権利について解説し、立憲政治の必要性を説いていた。さらに前述の『国体新論』では、儒教や国学にもとづく国体論を批判して、「万世一系の本邦」でも他国と同様に「国家の主眼は人民」で、天皇や政府は「人民を保護勧導して、以てその安寧幸福を求めしむるがために存在したまう者」と明言している（『明治文化全集』自由民権篇、一一五頁）。しかし自由民権運動が隆盛になった一八八〇年代になると、天皇への講義を担当する侍読《じどく》で東京大学総理だった加藤がこうした見解を把持しつづけることは許されなかった。一八八一（明治一四）年一〇月の建言書で、元老院議官だった海江田信義《かえだのぶよし》はつぎのように論難している。「弘之すでに人民は君主の臣僕にあらずと公言す。しからば弘之はわが天皇陛下の臣僕にあらざるか」（日本近代思想大系2、一四四頁）。こうした非難に接した加藤はすぐに『真政大意』と『国体新論』の絶版広告を出し、翌年には社会進化論の見地から天賦人権論を批判する『人権新説』を発表するのである。

2　自由民権運動と言論空間の変容

ペリー来航以後、政治は急速に下へ拡大する。対外的危機を契機に外様大名が幕政に参入し、尊王攘夷運動は「草莽」の志士に活動の機会を与えた。戊辰戦争直前の「王政復古の大号令」は「言路洞開」をスローガンにしており、「貴賤にかかわらず、忌憚《きたん》なく献言」することが奨励された。「匹夫匹婦」の政治の舞台への登場は新しい公共圏を創りだし、政治の概念自体を変容させずにおかない。しかし国民国家の体制整備とともに、新たに出現した公共圏の様相は急速に変容を余儀なくされる。

明治初期の政治的言論の過熱は、政治が特権階級の占有から解放され、誰もが参入できる公共圏に変容したことが原因だった。しかし帝国憲法と教育勅語は、万世一系の皇統を神聖化することで、成立したばかりの公共圏を閉塞させていくことになる。さらに帝国議会が開設されたことで、一般民衆の政治への参入も制度化される。政治家、投票する有権者、そして選挙権をもたない大多数の大衆という区分けが成立するのである。また一八八〇年代後半以降、言論機関は淘汰され、日清戦争を境に報道が重視される時代に入った。論説よりも報道が優先されることによって、世論を形成するプロとそれを「消費する公衆」（ハーバーマス）が分離していくのである。

「安民」から「幸福」へ

幕末から明治への政治転換のなかで、新たな政治意識を示すさまざまな言葉が登場した。「自由」や「権利」はその典型だが、ここでは「幸福」（時に「康福」と表記）に着目してみよう。新時代の政治的ボキャビュラリーとして、この語を最初に登場させたのは、おそらく福澤諭吉『西洋事情』初編（一八六七年）である。「天の人を生ずるは億兆皆同一轍にて、これに付与するに動かすべからざるの通義を以てす。すなわちその通義とは人の自《みず》から生命を保《ほ》し自由を求め幸福を祈るの類にて、他よりこれを如何《いかん》ともすべからざるものなり。人間に政府を立つる所以《ゆえん》は、この通義を固くするための趣旨にて、政府たらんものはその臣民に満足を得せしめ初めて真に権威あると云うべし。政府の処置、この趣旨に戻《もと》るときは、すなわちこれを変革しあるいはこれを倒して、更にこの大趣旨に基づき、人の安全幸福を保つべき新政府を立つるもまた人民の通義なり」（福澤①三二三）。小《お》野《の》梓《あずさ》（一八五二〜八六）は「権利の賊」という文章で、「権理」と「自由」の語の濫觴《らんしょう》を『西洋事情』にもとめているが、「幸福」についても事情は同じであろう（小野③一三）。先の文章は「アメリカ独立宣言」の翻訳の一節だが、それがどれほど大きな影響を及ぼしたかは、自由民権期の文書にこれと類似の表現が頻出することによって推測できる。

さて『西洋事情』の用例を受けて「幸福」の語を多用し、政治的語彙として普及させたのは加藤弘之『真政大意』（一八七〇年）だった。加藤はここでまず「治国の本意」は「安民」だと述べ、「安民」を実現するために、政府は「交際上の諸事」に干渉せず、臣民の生命や権利の保護だけに限定するべきだと説く。そして人間は「不羈《ふき》自立を欲する情」と「仁義礼譲孝悌忠信など」の二種類の感情をもっており、前者によって束縛を避け、自分の欲する「幸福」を得ようと努めると説明する。国家の成立についても、国家や政府による抑制がなければ「幸福を求むべき土台」が立たないので、本来は自由な人間も国家や政府による抑制を受けいれるのだと説明している。

注目すべきは、加藤の議論が儒教的な仁政観にもとづく「安民」から出発しながら、政治の中心理念を「幸福」へと転轍していることである。「安民」は為政者の立場から立論した儒教的民本主義の表現である。それは「人を治むる者は人に養われ、人を養う者は人に治めらる」（『孟子』）という表現にみられるように、治者と被治者（人を養う者）の絶対的隔絶を前提としており、西欧の政治理念を盛り込むには適切な概念ではなかった。儒教的な政治理念を批判するために書かれた『真政大意』で、加藤は無意識に儒教の「安民」という理念から議論を出発させている。しかし他方で、新しい政治のあり方を表現するために、「幸福」という語を移入せずには、議論を展開できなかったのである。新しい理念と古い理念が混淆していた『真政大意』とは異なり、四年後に出された『国体新論』では、加藤は「国家の主眼は人民」という明確な立場に立つ。そこではもはや「安民」という語はあらわれず、「人民の安寧幸福」が国家の目的だと単純に説かれることになる。

『真政大意』以後、「幸福」という語は急速に一般化する。一八七三（明治六）年の政変で下野した板垣退助《いたがきたいすけ》たちが最初に作った結社は、「幸福安全社」という名前だった。かれらが提出した建白書では、議院設立の目的は「我帝国を維持振起し、幸福安全を保護」することだと宣言されている。ここでは「幸福安全」は国家の問題として説かれているが、それが人民の側の問題に帰着するのは必然であろう。たとえば無名時代の植木枝盛《うえきえもり》（一八五七〜九二）は、『郵便報知新聞』への投書（一八七五年一一月四日）で、「政事は人民の目的にあらず、人民の目的は幸福安然なり。政事はすなわち幸福安然を図るの方便というべし」と主張している。ここでは政治が為政者の問題としてではなく、人民の側の「幸福安然」の問題として理解されている。為政者によって独占されていた「政治」が、被治者の関心事として開放されているのである。

「幸福」について論じた文章は数多いが、もう一つだけ挙げてみよう。『郵便報知新聞』の社説（一八七六年一月二五日）はつぎのように説く。自由とは「人民固有の権理を伸張してその幸福を達する」ことであり、政府の目的は「人民の幸福を達する」ことである。そうだとすれば政府の法律と人民の自由は対立しないはずだが、両者が対立することがあるのは、政府が「各人の幸福」よりも「社会の幸福」を重視する「癖」があるからだという。そのうえでこの文章の筆者は、自由（すなわち「各人の幸福」）の抑圧は「国家の顚覆《てんぷく》」の原因になると指摘して、「社会の幸福」よりも「各人の幸福」が優先されるべきだと示唆している。この論説でもわかるように、政治や国家の良否が「幸福」の実現いかんによって判断されると述べたとき、その最終的判断が当局者ではなく個々人に任されることになるのは必然だった。「仁政」「安民」にかわって、「幸福」が政治的語彙として登場したことの歴史的意味はこの点にあった。投書家から土佐派のイデオローグに成長しつつあった植木枝盛は、花田直正という筆名で『海南新誌』に書いた文章でつぎのように論じる。政治において最も重んずべきは「世間の安寧静謐《せいひつ》」と「各人の智識幸福」のふたつであるが、「各人は本《もと》にして世間は末《すえ》」だから、「各人の幸福安全」さえ達成されれば「世間の安全」は達成されたことになる。こうして新しい政治の核心は「各人の幸福安全」に置かれるのである。

新聞と演説

政治的価値判断の基準が体制の安定ではなく、個々人の主観的な満足に置かれたことは、これまで沈黙していた被治者が声をあげ始めたことを意味する。為政者に限定されていた「政治」が、だれでも参入できる公共空間に変貌したのである。そのことを何より明確に示すのは新聞の登場である。

日本で新聞の発行が本格的に始まるのは一八七二（明治五）年ころだった。『東京日日《にちにち》新聞』『日新真事誌《にっしんしんじし》』『郵便報知新聞』の創刊はこの年である。それはまもなく新時代のメディアとして急速に普及する。ひとつには上からの奨励があった。一八七二年に新治県《にいはりけん》（現在の茨城県の一部）で出された布達は、「坐《い》ながら時運の変換」を知る文明の利器として新聞購読を奨励している。同じ時期に開始された教導職は、「三条の教則」にもとづく神官・僧侶による国民教化策だったが、ここでも講話の題材として新聞が積極的に利用された。

新聞は個人が講読しただけではなく、各地に新聞縦覧所が設置されていた。修業時代の植木枝盛が熱心に通ったことでもわかるように、新聞縦覧所は政治的な知識と情報の重要なセンターだった。また新聞縦覧所では新聞を読むだけではなく、記事解説の講義も聞くことができた。官による上からの教化だけではなく、民間での自主的な学習も同時に発生したのである。

前田愛『近代読者の成立』によれば、この時期までの読書は基本的に黙読ではなく音読だったという。福澤諭吉が「山出《やまだし》の下女」が障子越しに聞いてもわかるような文章を心がけたというのも、そうした事情を意識したものだったのだろう。新聞が伝える情報は、読み聞かせによって家族や隣人にも伝えられた。もちろん購入された新聞は知人や家族に回覧された。書生のあいだでは、書籍・新聞の貸借から読書サークルも結成された。一八七五（明治八）年に二度目の上京をした植木枝盛は、まもなく修文会というサークルに参加している。日記の記述によれば、週一回程度の頻度で開催され、場所は輪番制だったことがわかる。かれは明六社の会合、三田演説会、奥宮荘子会などに熱心に出席し、書籍館《しょじゃくかん》（図書館）、新聞縦覧所をまわり、修文会で研鑽して、投書を書きまくる。これがジャーナリズムと政治の世界で頭角を現すための手順だったのである。

馬場辰猪《ばばたつい》や末広重恭《すえひろしげやす》らが結成した国友会の機関誌『国友雑誌』（一八八一年八月）の冒頭には、つぎの語がある。「智識を交換し文明を誘導するの器具は、新聞雑誌と演説討論との二者に過ぐるは無し」（日本近代思想大系11、二〇九頁）。ここに明示されているように、演説や討論が学術伝達の必須の媒体と意識され実践され始めたのは、一八七四年ころのことである。福澤諭吉が英書にもとづいて『会議弁』の執筆を思い立ったのはその前年で、まもなくかれは内輪で演説の練習を始めた。そしてそれを明六社で実行し、この年の六月に第一回三田演説会が催されたのだった。こうして「学問の趣意はほんを読むばかりではなく、第一がはなし、次にはものごとを見たりきいたり、次には道理を考え、その次に書を読む」（「福澤全集緒言」、福澤①五六）と考えるような学問観の転換が起こったのである。

福澤や明六社の知識人が始めた演説は、まもなく書生のあいだに広まった。国会図書館憲政資料室に所蔵されている植木枝盛の稿本「演説を始むるの議および演説の効能」によれば、前述の修文会の会合で、かれが演説の実施を提議したのは一八七五年七月五日だった。日記の記述に演説会が現れるのはその一年後の一八七六年夏ごろで、六月二六日に「神田演説会の宿をなす」とある（植木⑦九四）。あきらかに輪番で会場を提供して、演説会を催していたことを示している。明六社や三田演説会に熱心に出席していた植木は、福澤が演説を開始した一年後に読書サークルで演説を始め、約一年の仲間内での練習の後、みずから演説会を開催するようになった。『演説日記』（国会図書館憲政資料室蔵）の記述によれば、植木が最初に演説をしたのはこの年の八月七日で、場所は東京銀座集思社だった。これが不特定多数を前にした最初の演説だったのだろう。当日の日記には「夜演説会に行、交際の平均論を述ぶ」とある（植木⑦九八）。二回目の演説は翌一八七七年三月で、場所は土佐旧陣営立志社学校だった。西南戦争で高知に帰省し、立志社に雇われた翌日である。三回目は同じ場所で翌月、六月からは場所も高知市全域に広がり回数も飛躍的に伸びる。この年の植木の演説回数はのべ三四回だった。東京から地方に演説が伝わり、すさまじい勢いで裾野が広がっていく様が想像されるだろう。一八八三（明治一六）年末の植木の日記にはつぎの記述がある。「植木枝盛今日に至るまで、日本国

三田演説館（東京都港区の慶應義塾大学構内）

内に於て公衆の前に於て演説する事、三百二十一回」。

新聞は一方的に読まれ消費されたのではない。それは読み聞かせられ、回覧されるとともに、投書を受けつけ議論を活性化する媒体でもあった。民選議院の是非をめぐる加藤弘之と馬城《ばじょう》台二郎《だいじろう》（大井憲太郎《おおいけんたろう》）の論争や、福澤諭吉の学者職分論にかんする明六社同人の議論、さらに主権の所在をめぐって主要新聞のあいだで交わされた主権論争や、加藤弘之の転向と『人権新説』を契機とする天賦人権論争は、自由民権期を彩るもっとも有名な論争である。しかしこの時期の新聞には、無名の著者の投書が多数掲載されており、著名な知識人の論争はこうした無名の読者を意識したものだったことを忘れてはならない。

「論議」する人びと

自由民権をめぐる議論のなかで、有名無名の論者が白熱の論争を展開した一例として、ここで圧制政府転覆論を挙げてみよう。最初のきっかけとなったのは、おそらく箕作麟祥《みつくりりんしょう》訳「国政転変の論」（『万国叢話』第二号、一八七五年一〇月）だった。「転変」はおそらくrevolutionの訳語で、箕作は「衆庶の自由を保全」するのが政府の義務だと述べ、政府がこの義務を果たせなければ、国民はそれを「転変」する権利があると書いている。翌月の『評論新聞』第三四号社説「民権論」は、さっそく以下のような主張を展開する。人民を保護することが政府の義務であり、この義務に反して人民から自由を奪った「圧制政府」に対して、人民は「その権利を恢復《かいふく》するの条理」がある、と。

この「民権論」と題する社説とほぼ時を同じくして、『明六雑誌』（第四三号）に西村茂樹「転換論」が掲載される。西村はそこで「法蘭西《フランス》の顚覆の大乱」について紹介し、日本の近年の「大転換」は「尊皇攘夷」と「文明開化」が原因であると解説する。そして西村は、王政復古の「政権の転換」の後に、いずれ「民を以て国の本体と為し、政府を以て民の立つる所」とする「民権の転換」が起こるだろうと推測している。

箕作の「国政転変の論」は『評論新聞』第四〇号に転載されて、さらに急進化する。箕作が「転変」と書いた語はここで「顚覆」と言い換えられ、「圧制政府顚覆すべき論」（『評論新聞』第六二号、一八七六年一月）が載る。さらに五月には『草莽雑誌』に、新聞紙条例を批判して、人民には「圧制官吏顚覆の権理」があるとの主張が載り、六月には「圧制政府は顚覆すべきの論」が載るという状態だった。箕作の「国政転変の論」を『評論新聞』に転載して罪を問われた関新吾を、判事は「我日本の国体を忘るる悪逆者」と断罪するが、鳥居正功という人物はこれを評して「今日の大臣参議方も幕府の暴横を憤り、これを顚覆しこれを絶滅」したのではないかと反問している。同じ記事で別の人物は、「暴政府の顚覆すべきの理由」を説いた関が「国体を忘るる悪逆者」なら、日本の人民は民権を獲得できず、永遠に「奴隷の精神」にとどまることになると抗議する。また「逆臣論」(『中外評論』第一〇号、一八七六年八月)の筆者は、「逆臣」とは何かとの問に対して、「一国の政権を掌《つかさ》どる者」が「奸謀邪術」をほしいままにして、「上は君主の視聴を眩惑し、下は人民の自由を抑束」することだと答える。君主や為政者に対する反逆ではなく、民権を抑圧する為政者が「逆臣」とされるのである。

以上の圧制政府顚覆論とともに、「義死」(マルチルドム)も議論の的だった。小松原英太郎《こまつばらえいたろう》は『評論新聞』第六五号の文章で、暴政に対抗するには「公明正大の挙動」をするべきだと主張して「マーチルドム」(殉教)を称揚している。これに対して『草莽雑誌』第三号の「暴虐官吏は刺殺すべきの論」(守屋貫造)は、「義死」は「全純良美」だが効果が不十分だとして「単身独行」の暗殺を主張する。第四号では、これに反論するかのように「義死論」(佐藤義雄)が載り、「義死の効験は無形」だが「人心を感動するや至大至強」だと主張されている。同誌はさらに第六号に「暗殺論」(無署名)を掲載している。第三号の「刺殺論」を引き継いで、「顚覆」「義死」と暗殺を比較したものである。「顚覆」は成功しても自由を回復できず、かえってさらにひどい圧制を生み出すことがあり、「義死」は「顚覆の素地」をなすにすぎないとして、この筆者は暗殺を称揚する。ただ先の「刺殺論」の筆者と異なって、「虐魁《ぎゃくかい》一二名」を暗殺しても自由を回復できないこともあるので、暗殺後に自訴する必要はないと、かれは主張している。

悪法に対する抵抗としてマルチルドムを称揚したのは、福澤諭吉『学問のすゝめ』七編だった。福澤の文章が、かれの意図を離れてこれだけの議論を呼び起こしたのである。福澤が当惑したのも無理はない。一編ずつ雑誌のような形態で刊行された『学問のすゝめ』は、このように「論議」する大衆のあいだで回覧され、さらには海賊版さえ出された。国民の義務と国法との関係を論じた六編と七編は、忠臣義士に批判的に言及したことで読者の憤激を呼び起こした。その状況を福澤は後につぎのように回想している。「評論攻撃ますます甚だしく、東京の諸新聞紙に至るまでも口調を揃えて筆鋒を差向け、日にその煩に堪えず」（「福澤全集緒言」、福澤①三八）。その「評論攻撃」が福澤の真意を的確に理解したものではなかったにしても、かれがわざわざ「五九楼仙萬《ごくろうせんばん》」の名で弁明を書かねばならなかった事実は、「論議する公衆」（ハーバーマス）の確かな存在を示唆するものである。その直後に出された『文明論之概略』が「議論の本位を定《さだむ》る事」で始められたのは、こうした背景があったためである。かれは最初から誤解を避けるための周到な伏線を張っておかねばならなかった。自分の著作が「論議」する人びとの目にさらされていることを、福澤は強く意識していたのである。

公共圏の閉塞——教育勅語への道

維新以後、これまで一部の特権階級だけに認められた「政治」への関与が万人に開かれ、それにともなって新しい公共圏が誕生した。一八七〇年代から八〇年代にかけての自由民権運動は、こうした言論空間を前提に成立したものである。「自由」や「幸福」の感覚によって政治の良否が判定されるという意識は、政治が個々人の内面に基礎づけられることを意味する。いうまでもなく、それは国民個々人の国家への動員と表裏一体をなしている。個人の内面の自立と、それを国家に回収する過程が、ほぼ同時に進行するのである。これが国民国家形成に普遍的にみられる二重奏であり、自由民権運動もその一面にほかならない。新しい公共圏の成立によって生まれた「論議する公衆」がどのように国家に回収されていったか、そのいくつかの局面を概観してみよう。

伊藤博文は「教育議」（一八七九年）で、「激昂の論を掲げ、人心を煽動し、国体を破壊し、禍乱を醸成して以て快と為す」ような言論の横溢に対して、危惧の念を表明している（日本近代思想大系6、八〇頁）。ここで伊藤は、開国と封建制の廃止がこうした風潮の原因であると認めつつ、維新以後の教育に問題があるのではないと主張した。これは侍講の元田永孚《もとだながざね》（一八一八〜九一）が天皇の名で出した「教学聖旨」を批判したものだとされている。「教学聖旨」は「仁義忠孝」の道徳教育を教学の根本に据えることを説いたものである。

伊藤が「教育議」を書いたのと同じころ、元田などの伝統主義者から敵視されていた福澤諭吉は、交通通信手段の発達が思想の流通を迅速にし、政府と人民の意識の差を拡大して、両者の対立を不可避にすると警告している（『民情一新』）。こうした事態を避けて官民調和を実現するために、福澤は国会開設を主張する。国会は官民対立をルール化し、政権の帰趨を「人民の多数」によって決定しようとするものである（「藩閥寡人政府論」）。だが福澤は、国会開設だけで官民調和が実現できるとは楽観していなかった。自由民権運動が胎動を始めた一八七八年に、かれは『通俗民権論』と『通俗国権論』を同時に刊行している。「内国に在て民権を主張するは、外国に対して国権を張らんが為なり」という趣旨である（福澤④六〇三）。福澤が『通俗国権論』を出すまで、「国権」は政治ジャーナリズムで一般的に使われる語ではなかった。一八七四年一月に出た『学問のすゝめ』四編で、福澤が学者在野論を説いた時、「リベラール」すぎて「国権」を軽視していると、加藤弘之が批判しているのが目立つ程度である。福澤の位置の変化がわかるだろう。しかし『通俗国権論』以後、状況は一変する。まず福澤に近い『郵便報知新聞』が「国権」の重要性についての議論を展開し始め、まもなく他の民権派ジャーナリズムもこれに追随して、「国権」という語が氾濫するようになる。

まだ福澤の強い影響下にあった植木枝盛は、『通俗国権論』刊行直後に執筆した『民権自由論』で、「国の権を張るにはまず民の権を張らねば本間《ほんま》の国権は張り切れ」ないと書いている（植木①一二六）。これはいちおう福澤批判になっているが、すでに議論の枠組が「国権論」の枠のなかにとり込まれている。「国権」という語が政治的語彙として定着したことによって、民権が先か国権が先かという議論の枠づけが形成されたのである。対外的危機が昂進すれば、それが容易に対外強硬論に転化することは、壬午軍乱《じんごぐんらん》（一八八二年）や甲申事変《こうしんじへん》（一八八四年）によって実証されることになる。「民権」が「国権」のなかに回収され、新しい政治意識は国民統合のなかに封じ込められていくのである。むろん問題は「国権」という語のみに関わっているのではない。民権派の大衆的デモンストレーションでは、国旗（日の丸）がはためき、「帝国万歳」「天皇万歳」が呼号されていた（牧原憲夫一九九八）。ペリー来航以後の倒幕運動は天皇シンボルに依拠していたが、維新後の反政府運動でも事情は変わっていなかったことを示している。

自由民権を支えた言論をとりまく状況も、一八八〇年代に大きく変容する。一八七〇年代後半の政治ジャーナリズムの隆盛は、泡沫的なメディアの星雲状況にもとづいていた。松本三之介の研究によれば、幕末から一八八一年の間に刊行された新聞は約二七〇タイトル、雑誌は五三〇タイトルで、「百家争鳴の時代」だったという（日本近代思想大系11、一一二頁参照）。言論弾圧がなかったわけではないが、発行停止などの処分の多さは、逆説的に言論空間の自由さを示唆している。しかし言論に対する制約は、一八七五年の新聞紙条例・讒謗律《ざんぼうりつ》を手始めに徐々に強化されていった。決定的だったのは、一八八三年の改正新聞紙条例である。この改正によって、新聞発行には保証金（東京では千円、大阪などの大都市が七百円、その他は三五〇円）が必要となり、記事について社主・編集人・印刷人・筆者・訳者が共犯とされた。量刑も加重され、印刷機械の没収まで規定している。刑罰だけでなく財政面から兵糧攻めにして、新聞経営を窮地に追い込んだのである。

『自由党史』の記述によれば、この布告が発せられて一カ月経たないうちに、東京だけで一三の新聞社が閉社に追いこまれたという（『自由党史』（中）三〇一頁）。発行禁止になれば即座に新しい新聞を興すという泡沫新聞の手法

憲法発布の勅語（抜粋）

（前略）

朕祖宗ノ遺烈ヲ承ケ万世一系ノ帝位ヲ践ミ朕カ親愛スル所ノ臣民ハ即チ朕カ祖宗ノ恵撫慈養シタマヒシ所ノ臣民ナルヲ念ヒ其ノ康福ヲ増進シ其ノ懿徳良能ヲ発達セシメムコトヲ願ヒ又其ノ翼賛ニ依リ与ニ倶ニ国家ノ進運ヲ扶持セムコトヲ望ミ乃チ明治十四年十月十二日ノ詔命ヲ履践シ茲ニ大憲ヲ制定シ朕カ率由スル所ヲ示シ朕カ後嗣及臣民及臣民ノ子孫タル者ヲシテ永遠ニ循行スル所ヲ知ラシム

国家統治ノ大権ハ朕カ之ヲ祖宗ニ承ケテ之ヲ子孫ニ伝フル所ナリ朕及朕カ子孫ハ将来此ノ憲法ノ条章ニ循ヒ之ヲ行フコトヲ愆ラサルヘシ

朕ハ我カ臣民ノ権利及財産ノ安全ヲ貴重シ及之ヲ保護シ此ノ憲法及法律ノ範囲内ニ於テ其ノ享有ヲ完全ナラシムヘキコトヲ宣言ス

（後略）

が、これで不可能になったことは容易に想像がつく。弾圧による淘汰によってメディアの数を減らせば、資本規模の大きい新聞社だけが生き残る。生き残った新聞が筆を曲げて穏健化するのは、目に見えている。『自由党史』はその様をつぎのように叙述している。「是《これ》よりして新聞紙の論調は、婉曲隠微に赴き、一種の革命文学なる者を孕胎《ようたい》するに到れり」（『自由党史』（中）三〇二頁）。一八八〇年代後半の政治小説は、このような状況から生まれたものである。演説会も逼塞して講談の形で生き残るしかなくなってしまう。中江兆民は一八八六年を「民間政治思想の最下降したる時候」と表現し、その閉塞した状況をつぎのように描いている。「昔日に在て演壇に登り洪流の弁を奮いたる有志家も口を閉じて復《ま》た言わず、諸新聞の如きも唯里巷《りこう》日常の事迹《じせき》を列挙するに過ぎずして、一も人聴を竦《しょう》動するに足るの論を見ず」（「政治思想の張弛」、中江⑭一九二）。

むろん例外的ながら、国家意識に回収しきれない「自由」の意識が横溢《おういつ》することもあった。一八八一（明治一四）年一一月に、宮地茂平《みやじもへい》ら二名が太政大臣に提出した「日本政府脱管届」はその例である。「私共儀、従来より日本政府の管下にありて、法律の保護を受け法律の権利を得、法律の義務を尽し居りたれども、現時に至り大《おおい》に覚悟する所ありて日本政府の管下にあるを好まず（下略）」（日本近代思想大系

21、二四四頁。なおこの届出をした宮地茂平は懲役百日に処せられた)。かれらの主張は、スペンサー『社会平権論』の「国家を無視するの権利」に影響されたものだといわれている。日本国籍を離脱し政府の保護をもとめないという発想は、教育勅語以後には想像できない。それは「国民」の形成がまだ試行錯誤の途上にあった時期に特有な闊達さだが、政府側は敏感に反応した。宮地らの届出から一週間しか経たない時点で、岩倉具視が天皇との陪食の席でこの届出を話題にした。そしてその深刻な危惧の念は加藤弘之『国体新論』糾弾に発展し、前節で述べた加藤の自主的な絶版広告をひき起こすのである(「『国体新論』絶版につき佐佐木高行日記」、日本近代思想大系2、一四六頁)。

こうして下からの「自由」への想像力を周到に摘みとった後、明治国家はそれを天皇からの恩賜物と規定する。大日本帝国憲法発布の勅語で、天皇が「親愛」する臣民の「康福を増進」することを願っていると明記したのは、その端的な表現である。下からの「自由」への要求は、大日本帝国の枠のなかにみごとに回収されたのである。

3　道徳的自由へ――中江兆民

明治前期の政治思想は、草創期の洋学を修めた西周・福澤諭吉・加藤弘之らの活動から始まった。かれらはペリー来航時に二〇歳前後で、維新を三〇歳代で迎えて新時代を先導した。これに対して、自由民権運動の活動家の多くは、事実上の運動が開始した西南戦争(一八七七年)のときに二〇歳代で、福澤らの啓蒙思想を学びながら思想的に成長し、運動のなかで急進化していった。その結果、民権派の理論家は、政府の開明性に信頼を置いていた啓蒙主義者と激しく対立するにいたるが、功利主義的な政治観と自由主義に立っていた点では、両者は基本的に一致していた。

このような思想状況のなかで、明治啓蒙の思想潮流とはまったく異なった活動を展開したのが中江《なかえ》兆民《ちょうみん》(一八四七〜一九〇一）である。兆民は、年齢の点では啓蒙主義者と自由民権派のあいだに挟まれた世代であり、政治的には民権派に属した。しかし一八七〇年代のフランス共和主義から影響をうけた兆民は、功利主義と社会進化論に彩られた時代思潮と鋭く対峙しており、その理論活動はきわめて独創的なものだった。

「民約論」と「策論」

中江兆民が二年余りの留学を終えて、フランスから帰国したのは一八七四（明治七）年五月ころだった（米原一九八九、七一頁以下）。帰国後まもなく、ルソー『社会契約論』の少なくとも一部分を「民約論」として翻訳している。刊行されることはなかったが、草稿の形で出回った。翌七五年、兆民は、政府を批判する建言書（「策論」と呼ばれている）を執筆して、島津久光《しまづひさみつ》に献じている。「策論」は政府を批判して、西郷隆盛を首班とするクーデターを提言したものだった。

　このとき明治政府は深刻な危機に陥っていた。一八七三（明治六）年一〇月、岩倉使節団の訪欧中に留守政府を形成した西郷・板垣退助・江藤新平らと、帰国したばかりの大久保利通・岩倉具視・木戸孝允らが対立し、留守政府派は下野した。翌年一月、板垣・江藤らは民選議院設立建白書を提出して反政府の意志を闡明《せんめい》にし、木戸も政府の台湾出兵の決定に不満で下野した。翌七四年、大久保・木戸・板垣のあいだで妥協が成立して、ふたりは参議に復帰したが、士族のあいだでは不満が鬱積し、西南で西郷の武装蜂起がいつ勃発しても不思議ではない状況だった。

中江兆民
（『一年有半』より）

　兆民はこうした動向をふまえて、草創期の明治国家を根本から再構築し直そうとした。「策論」はその処方箋で、家族道徳の確立・官吏登用の適正化・道義心の養成などを説いている。これはあきらかにルソー『社会契約論』に示唆されたものである。国家の創設にあたって、人民に新たな法を与える任務を負うのが、ルソーのいう立法者である。「民約論」の末尾（『社会契約論』第二編第六章）で、兆民はそれをつぎのように翻訳している。「衆庶の心としては偏《かたえ》に己れの利を頑守し、政府の務としては屢々《しばしば》公利を妄捜するの憂あれば、両《ふたつなが》ら人の指導に頼らざる能《あた》わず、これらの硬難を顧念するときは、必ず一人の立法家を得て、これに託するに前にいう所の条例を制するのことを以てせざるべからず」（中江①一七〜一八）。

人民が社会契約によって新しい国家を形成するには、まず社会契約の条項（「条例」）が作りだされなければならない。だが人民がみずからそれを作ることは不可能である。それは人民がすでにあるべきものになっていること、すなわち「結果が原因になること」を想定することである。ルソーはこうしたディレンマの解決策として立法者を構想したのだが、兆民は自己を立法者に擬して、大久保政権打倒を唱えたのだった。

フランスから帰国したばかりの兆民が、政府内の保守派である島津久光に建言し、儒教的な徳治主義を連想させる保守的政治構想を展開したのは、一見すると奇妙である。しかしこれは、かれが在仏中に学んだフランス共和主義を通したルソーの影響だった。それを端的に示すのは、兆民が漢文で発表した「原政」（一八七八年）と題する小文である。そこでかれはつぎのように述べる。政治の「帰趣」は政治が不要になるところにある。そのためには、人民が徳を重んじて善良になることが必要であるが、それにはふたつの方法がある。「道義」によるのが中国古代の方法で、「工芸」によるのが西欧の方法である。西欧人は人間の欲望を肯定し、欲望を充足させるための闘争によって学問や技術が発展すると考える。しかし人間の欲望は際限のないものだから、自己利益の追求は社会に対立をもたらさずにはいない。「余聞く、蘆騒《ルソー》書を著して頗《すこぶ》る西土の政術を譏《そし》ると、その意蓋《けだ》し教化を昌《さか》んにして芸術を抑えんと欲す、これまた政治に見るある者ならんか」（中江⑪一七）。

兆民がここで念頭に置いているのは、ルソーの『学問芸術論』と『人間不平等起原論』である。ルソーはこの二著で、啓蒙の思想に反逆し、文明によって汚される以前の自然人を構想した。兆民は文明開化期の功利主義の風潮を、ルソーに託して批判したのである。ルソーの文明批判と儒教の徳治主義が、独特な形で結合しているのがわかるだろう。

「策論」の第三策では、同じことが以下のように説明される。法律や経済の学問は権利や利益の主張のみを教えるので、西欧ではこれを抑制するために「道学」を広めて「軽馳《けいち》の習」を防ごうとしている（中江①二五）。ところが日本では、洋学が盛んになるにつれて「経伝の学」が衰え、「仁義忠信を以て迂屈となす」有様である。西欧の道学の基礎はソクラテスとプラトンに淵源するが、このふたりが論じたのは「仁義忠信」にほかならない。「篤介《とくすけ》（兆民の実名）欧地に在ってその書を読み、誠に斯道《しどう》（儒教のこと）の古今遠邇《えんじ》確乎として易《か》うべからざるを知る」（中江①二六）。

フランス留学によって、儒教道徳の普遍性を確信したというのである。兆民の問題意識はいかにも独特だが、そこには第三共和政草創期のフランス政治思想が影響している。兆民が留学した一八七〇年代初頭のフランスでは、共和政はまだ不安定で、共和派が王党派やボナパルト派と激しく対立していた。共和派の思想的父祖はルソーであり、兆民が翻訳した『維氏美学』の著者E・ヴェロン、『理学沿革史』の著者A・フイエ、「民主国の道徳」のJ・バルニなどはいずれも共和派の論客だった。かれが後に展開する「有限委任」論（命令的委任 mandat imperatif）や「土著《どちゃく》兵論」（民兵制）なども、当時の共和主義者たちの主張にもとづいている。共和主義者たちは功利主義的政治観に反対し、政治における道徳の重要性を強調していたので、兆民はかれらの言論を通じてルソーを受容し、その共和主義的徳の基底に儒教的なモラルを置いたのだった。

「リベルテーモラル」（道徳的自由）

ここで兆民の思想的特質を明快にするために、いくぶん図式的になるが、もっとも傑出した啓蒙思想家・福澤諭吉と比較してみよう。福澤が『文明論之概略』で日本社会の「価値の偏重」を批判し、多元主義の必要を説いていたのと同じ時期に、兆民は社会の根底を基礎づけるのは道徳だと考え、その点では洋の東西の違いはないと説いていた。両者の対立は、現代アメリカ政治理論における自由主義《リバータリアン》と共同体主義《コミュニタリアン》の対立に似通っている。自由主義は共通善の存在を否定し、個々人が他者を犠牲にしない範囲で自己の欲求を達成できる社会を理想としている。他方、共同体主義は、共通善の感覚がないところでは社会は存続できないと主張し、自由主義者が理想としている個人の自由を第一原理とする社会も、実は一定の共通善を前提にして成りたったものだと説く。共同体主義の理想は、目的を共有する均質な市民からなる政治体である。それは利害を基礎にした共同体とは異なって、目的達成のために市民の献身を要請する。ルソーが『社会契約論』の末尾で言及した市民宗教は、この問題を極限の形で表現したものだった。祭政一致を基本とする国家宗教や、市民の関心を来世に向けてしまう「人間の宗教」を否定して、ルソーは両者の中間に信仰の自由と両立する一種の公的宗教を創設する。しかし宗教的寛容の焦点が世俗国家の命じる義務との衝突にある以上、市民宗教が命じる「市民としての義務」に反しないかぎりでの信仰の自由が、寛容の名に値するかどうか疑わしい。ルソーが提起した市民宗教は、根本的な危険性をはらんでいるのである。

このように、いわば共同体主義の立場に立っていた兆民の思想は、一八八〇年代に新たな展開をみせる。ここで取りあげたいのは、一八八一（明治一四）年に創刊された『東洋自由新聞』第一号の社説である。兆民は「リベルテーモラルとは我が精神心思の絶えて他物の束縛を受けず、完全発達して余力無きを得るを謂《い》う」と説明し、さらに道徳的に正しければ敵が百万人いても「我行かん」という気持になると論じた『孟子』の「浩然《こうぜん》の気」を援用する。「古人所謂《いわゆる》義と道とに配する浩然の一気は即ち此《この》物なり、内に省《かえり》みて疚《やま》しからず自ら反して縮《なお》きも亦此《またこの》物にして（後略）」（中江⑭二）。兆民がここで論じた「リベルテーモラル」は、もともとルソーが『社会契約論』第一編第八章で言及した概念である。ルソーによれば、人間は自然状態から社会状態に移行することによって、自然的自由を失って社会的自由を獲得するが、このとき初めて「自己を唯一の主人たらしめる道徳的自由 liberté morale」をも獲得する。つまり欲望の赴くままに生きた自然状態から、自己立法を原則とする社会状態になったことにより、人間はみずから作った法に従う自由を得る。

ルソーに特徴的なこの道徳的自由の観念は、カント『実践理性批判』で詳細に展開されることになった。兆民のフランス留学時代に、カントをふまえて道徳的自由を説いていたのが、兆民が翻訳した「民主国の道徳」の著者ジュール・バルニである。兆民の翻訳にしたがえば、バルニはそこで「リベルテーモラル」をつぎのように説明している。「試に思を反し内に省みて一たび観念せよ、吾人心中必ず一種霊活の力有りて、善を為さんと欲せばこれを為すことを得、悪を為さんと欲せば亦《また》これを為すことを得るを見ん」（中江⑧二七九～二八〇）。人間は善悪を判断することができ、善をおこない悪をおこなわない自由をもっている。これが兆民のいう「リベルテーモラル」である。

兆民の挫折

一八八一年に兆民がルソーに依拠して道徳的自由を強調したことには、いくつかの含意がある。まず第一は功利主義批判である。兆民は早くからルソーと儒教に依拠して功利主義の「公利」観を批判していたが、自由論においても、欲望追求を第一とする功利主義的自由論を、道徳的自由の観念にもとづいて批判したのである。そこには、ミルに影響を受けた福澤や多くの自由民権派論客の自由論に対して、アンティ・テーゼを提出する意図があったと考えてよい。ルソーの『学問芸術論』を「非開化論」（一八八三年）と題して翻訳したのも、啓蒙思想批判の意図を明確に示したものだった。

第二に、「リベルテーモラル」の観念の提出が、自由民権運動への関与と不可分だったことである。「リベルテーモラル」を論じた文章が、自由民権派の新聞の社説として発表されたのは偶然ではない。立法者の理念にもとづいて政治改革をめざしていた「策論」時代の兆民は、みずからを為政者の立場に置いていた。同じくルソーに依拠して構想されたとはいえ、「リベルテーモラル」は共和政（兆民の言葉では「君民共治」）を基礎づける市民的徳性の問題として提出されている。それは立法者のような上からの体制構想ではなく、下からの政治主体形成の論理だった。

兆民は自由民権運動を、運動主体の変革という観点から支えようとしたのである。兆民は相変わらず政治共同体の基礎をなす道徳について論じながら、市民宗教ではなく個々人の自由に強調点を移した。つまり万世一系の皇統神話と妥協した福澤とは逆に、兆民は共同体主義の立場を堅持しながら、自由主義の問題意識を取り込もうとしたのである。

第三に、「リベルテーモラル」の観念が、兆民にとって決して一時的な思いつきではなかったことを強調しておかねばならない。『東洋自由新聞』の社説以後、かれの著作の主たるテーマはこの問題に向けられている。一八八〇年代になされたフランス共和主義の政治哲学の翻訳『理学沿革史』、『理学鉤玄《こうげん》』はこの問題と関係している。『三酔人経綸問答《さんすいじんけいりんもんどう》』（一八八七年）は当時流行した社会進化論の批判を主題としたもので、歴史における人間の主体的役割を無視した考えかたを「進化神」という言葉で揶揄《やゆ》している（本書第4章**1**を参照）。また実業時代の唯一のまとまった仕事『道徳学大原論』（ショウペンハウアーの仏語訳からの重訳）は、「リベルテーモラル」を主題にしたものだった。さらに癌に侵された死の床で死力を尽して書いた最後の著作『続一年有半』で、かれが唱えた「ナカエニスム」は、「リベルテーモラル」の観念を日本語の文脈に定着させる試みだったといってよい。つまり一八八一年以後、「リベルテーモラル」の観念を究明することがかれのライフワークとなったのである。

一八八九年、帝国憲法を「狂するが如き」状態で迎えた国民の姿を、兆民が苦々しい思いで見つめていたことは、幸徳秋水《こうとくしゅうすい》が伝えている。「（前略）我国民の愚にして狂なる、何ぞかくのごとくなるやと。憲法の全文到達するに及んで、先生通読一遍ただ苦笑するのみ」（『兆民先生・兆民先生行状記』、一八頁）。翌年の第一回総選挙で当選した兆民が、第一帝国議会に対して抱いた予感も驚くほど暗い。「腐腸の競争場なる、頑脳の博覧《はくらん》開《かい》なる、天下古今の最俗なる、血性男子の墓場なる、十数年来待ちに待ちて而《しこう》して今将《ま》さにかくの如く失望的ならんとする衆議院の蓋明《ふたあけ》を厭い、悲しみ、憤り（後略）」（「国粋の宴の記」、中江⑫一三〇）。かれが議会開会前に尽力した「憲法点閲《てんえつ》」論や民党合同論はことごとく失敗していた。

教育勅語渙発《かんぱつ》（一〇月三〇日）の翌日、兆民が『自由新聞』に発表した論説は「無人島の居民」であり、翌々日の論説は「四千万人の砂漠」である。その後、議会開会までのあいだに書いた論説で、かれは「砂漠」と「無人島」という言葉を盛んに使っている。これらの一連の晦渋《かいじゅう》な文章で、兆民がいったい何を標的にしていたのかは必ずしも明瞭ではない。しかしかれがほとんど絶望的な気分にとらわれながら、ある巨大なものに立ち向かおうとしていたことは疑問の余地がない。兆民の文章には、教育勅語に対する明快な批判を示唆する語は見出せないが、憲法発布以後の政治過程に対して、かれは抑えきれない憤怒の思いを抱いていた。「砂漠」や「無人島」の表現が、教育勅語を直接意識したものではなかったとしても、兆民がそこに何かを感じとっていたのはまちがいない。もちろんその後の歴史を知っているわれわれは、議会開会を直前にした兆民のこの自閉の感覚を、妄想として笑い飛ばすことはできない。

コラム　日本政治思想への誘《いざな》い（1）

若者が政治に関心をもつのは、たいていジャーナリズムの報道がきっかけだろう。とくに自分では行ったことがない世界の片隅から伝えられた大事件は、何より目新しいので好奇心をそそる。革命やクーデター、民族紛争や飢餓、テロや暴動、どんな事件であろうと、歴史の一齣《こま》を刻むような場面に臨場しているという感覚は、日常生活のルーティンとは異なった新鮮な経験である。テレビの画面で、その場から実況しているジャーナリストの姿は、誰が見てもカッコイイ。野心をもつ若者なら、国際的なニュースを伝えるジャーナリストか、さもなければスタジオで事件についてコメントしている政治学者に憧れるだろう。

ジャーナリストやマスコミでコメントを発表している政治学者に比べると、政治思想の研究者は存在感が薄く、研究の中身についてもイメージが浮かばない。研究室に行けば部屋は本で埋まっており、古ぼけた机から顔を挙げた先生は、いつも憂鬱そうな表情をして何だか深刻ぶっている。新聞やテレビに名前が出ることはめったになく、ごく稀に出てきたときは、まるで現実離れした抽象的な話をしている。あんなふうにだけはなりたくない……（わが家の子どもたちは、一日中机にへばりついて「刻苦勉励」している父親の後姿をみて、大学の教師にだけはなるまいと固く決意したそうだ）。

よりによって日本政治思想を専攻することになったのはなぜだろう。

まず高校時代の話をしよう。わたしが一年生だったときの数学の先生は（後から知ったことだが）日本共産党の党員で、数学の授業そっちのけでしばしば時事問題の雑談をした。「君たちは、検事とか警察官のような国家権力の中枢の職業には就かないほうがいい、革命が起こったらおしまいだ」などと物騒なことも時にいうことがあった。

わたしが高校一年生だったのは、一九六四年から六五年にかけてのことである。米軍の駆逐艦が北ベトナムの魚雷艇に攻撃され（トンキン湾事件）、それを契機に米国のベトナム介入が拡大して、翌年二月から北爆が始まった（なおトンキン湾事件の半分は米国によるデッチ上げだったことが、国防長官だったマクナマラ自身によって後に明らかにされた）。わたしの数学の先生が例の雑談で、岡村昭彦『南ヴェトナム戦争従軍記』に言及したのはそのころである。わたしはさっそく岡村の本を読み、自分が想像もしなかった世界で仕事をしている人のことを知って痛く感動した。

大学進学の際の将来の志望はフランス文学かジャーナリズムだったが、後者が勝った。大学に入学すると、わたしは英会話サークルにはいり、『朝日ジャーナル』(朝日新聞社から出ていた時事週刊誌）を欠かさず読んだ。ベトナム戦争はますます深刻化し、一九六七年一〇月、横須賀に寄港していた米空母イントレピッドから脱走した四人の兵士が、ベ平連の活動で第三国に出国したことがあきらかになった。わたしはベ平連が撮影した米兵たちの所信表明のビデオを見たり、日高六郎・鶴見俊輔・いいだももなどの講演を聴いたりした。

一九六八年から七〇年にかけては、全国で大学闘争の嵐が吹き荒れ、デモ隊が街頭で機動隊と衝突した。わたしもデモの隊列のなかにいたが、翌日の新聞は、わたしが実見したのとはまったく異なる「事実」を報道していることが多かった。記者が警察発表を鵜呑みにしていることを知って、わたしはジャーナリズムに失望した。

大学が平静を取り戻したころ、わたしはある種の脱力感のなかで丸山眞男の本を読んだ。そのころ丸山の著書は『日本政治思想史研究』『現代政治の思想と行動』『日本の思想』の三冊しか出ていなかったが、どの本も圧倒的な迫力だった。丸山は全共闘によってその言動が批判されていたが、丸山の著作の圧倒的密度に比肩しうるものがあるとは思えなかった。

経験や事実は、ナマの形のままで伝達されても、知的な資産にはならない。戦争や被災の体験を「語り継ぐ」努力を否定しようとは思わないが、それはいずれマンネリ化し、人びとは「新しい」事実に目を奪われていく。個人的な体験が共有の資産になるには、抽象化された思想の言葉で語られる必要がある。丸山は自己の体験と思索を比類ない表現によって結晶化していると、わたしは思った。

ある日の授業の後で

日本社会100年の変容

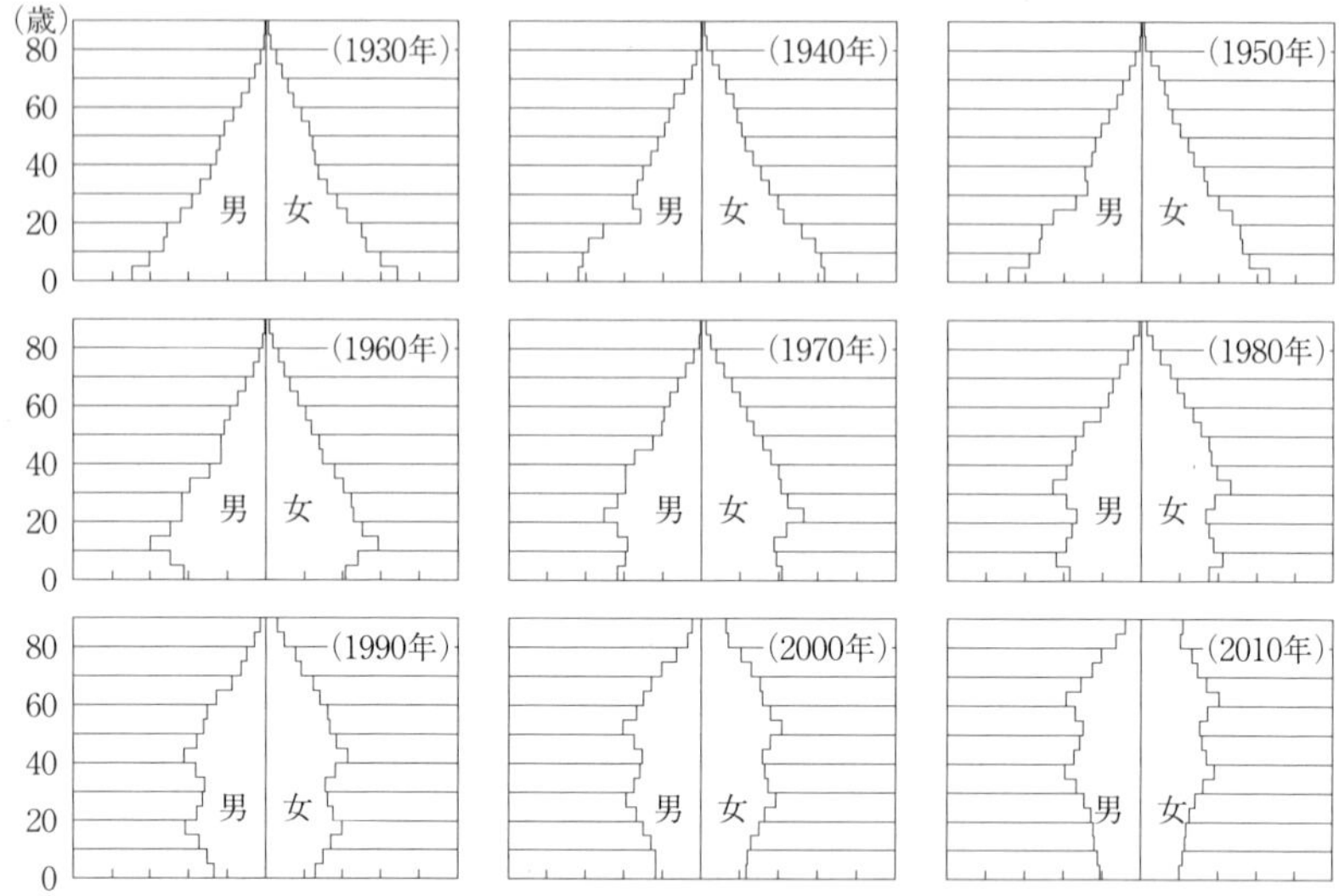

図1　人口ピラミッド（5歳階級別人口構成）

1940年の20歳代男子と1950年の30歳～40歳前半の男子に顕著な凹みがあるのは、戦争の惨禍によるのだろう。1960年代に入って富士山型が崩れ始め、以後、つりがね型から少子高齢化型に変化する。「強い日本を取り戻す」ことを期待する人もいるが、現実からかけ離れた夢に思えてくる。

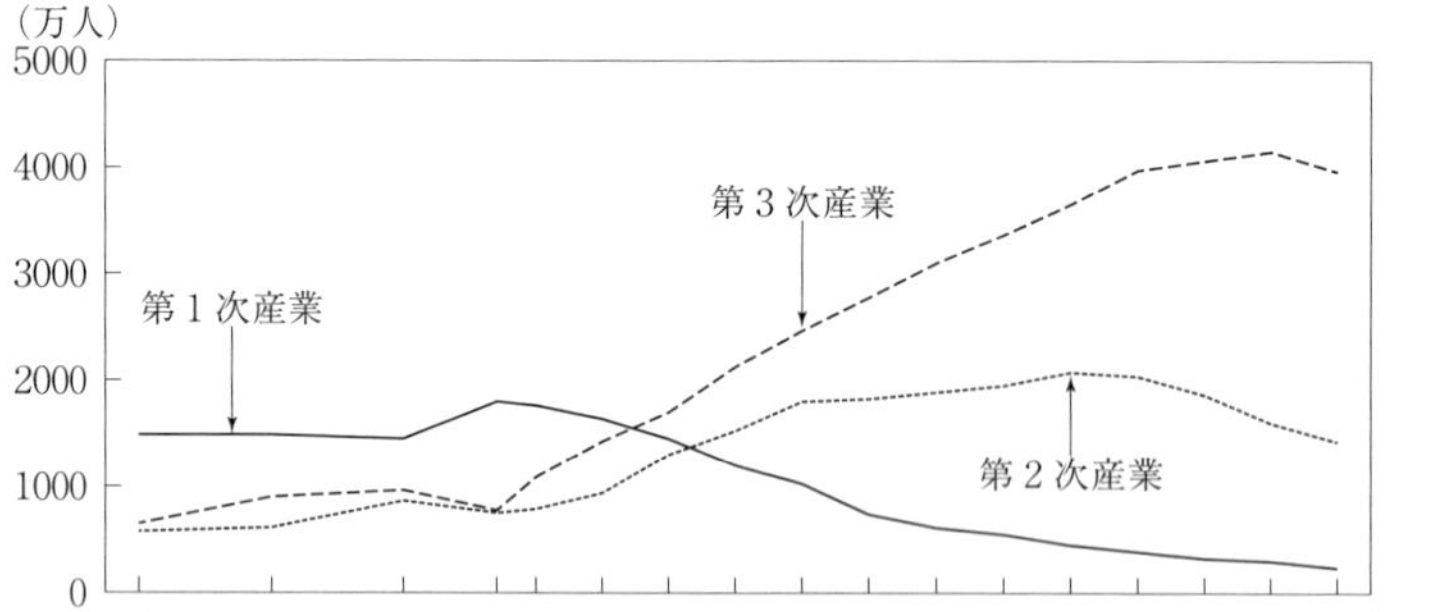

図2　国勢調査による産業別就業者数の推移

第1次産業（ほとんどが農業）人口が第1位でなくなるのは1950年代後半のことで、戦前の日本は圧倒的な農業中心社会だった。第2次産業（主として製造業）の人口が全期間をつうじて第1位になったことがないのは、日本社会における労働組合組織（それに支持された社会民主主義政党）の脆弱さの原因かもしれない。

（出典）　いずれも『数字でみる　日本の100年』（第6版）による。

第Ⅱ部　大日本帝国の興亡

朝日新聞

先制皇軍・劈頭の大戦果

米戦艦二隻を轟沈（四隻大破）

大型巡洋艦四隻を破砕

我が艦艇に損害なし

ホノルル猛撃で大火災

泰國に平和進駐開始

聖上、神明に御祈念

けふ宮中に臨時大祭

香港で十二機炎上

比島で百機撃墜破

寝巻姿で右往左往

世界驚倒の我戦略

米の太平洋陣頭角崩る

米、長期戦を策す

開戦第一日の大戦果

三菱信託　大阪支店

廣岡病院

米英との開戦を伝える新聞記事（『大阪朝日新聞』1941年12月９日）

第Ⅱ部は大日本帝国の勃興と滅亡がテーマである。列強の強制によって開国した日本は、被植民地化に対する危機感をバネに、強力な国民国家形成をめざした。その根幹は、戦略的に欧化政策をとり、欧米から他のアジア諸国と同一視されることを拒否することだった。日清戦争での勝利はこうした戦略の正しさを証明した。そして日露戦勝を契機に、日本はアジアで唯一の帝国主義国として自立するが、それは明治維新以後の国家目標の達成であるとともに、心理的には世界での孤立化の始まりをも意味した。

第4章では、近代化政策における欧化と国粋、初期議会における民党と藩閥の対立が、日清戦争において解消する過程を描いた。第5章は、日清戦後の東アジアの危機的状況における帝国主義をめぐる論争と、日露戦争以後の社会主義や国体論批判を検討している。

第6章のテーマは、大正から昭和初期のデモクラシーとマルクス主義である。一般に、この時期は満州事変に始まる戦争とファッショの時代への過渡期と考えられがちである。しかし政治思想の側面では、大正デモクラシーの短い春と大正末期に始まるマルクス主義の思想と運動は、第二次大戦後の知的世界に貴重な遺産を残した。また植民地化した韓国や半植民地化した中国についても、利権拡大による国益の追求と理念としての国際的平等とのあいだで揺れ動く知識人の姿があった。

第7章は、満州事変から「大東亜戦争」期を対象にしている。アジアとの共存と侵略の正当化の二面をもった「東亜協同体」をめぐる議論を紹介し、総力戦下の言論の閉塞状況での抵抗の例として、石橋湛山と河合榮治郎の言論活動を検討した。最後に言及した「近代」をめぐる戦中の言説は、維新以後の近代化の矛盾が、戦争の危機とともに先鋭化したもので、戦後派知識人の問題意識にひきつがれていく。

第4章　欧化と国粋

一八八〇年代前半に隆盛をきわめた自由民権運動は、政府の弾圧と懐柔、民権派の内部対立、運動の急進化などによって崩壊した。言論界では、自由民権の理論的根拠とされた天賦《てんぷ》人権論は流行現象に終わり、進化論にもとづく社会現象の説明が説得力をもつようになる。このような言論空間の変化と世代交代の流れのなかで、一八八〇年代半ばに条約改正が政治課題として浮上し、これを実現するため井上馨《いのうえかおる》外務卿（外相）を中心に急激な欧化政策がとられた。

政府による上からの欧化政策は、ふたつの方向から反発を呼ぶことになる。ひとつは政府の欧化政策が中下層の国民を犠牲にしたものだという批判で、熊本の豪農出身だった徳富蘇峰《とくとみそほう》（一八六三～一九五七）によって代表される。もうひとつは、無原則な欧化政策が日本の伝統的な価値と国民的自負心を破壊すると反発した政教社《せいきょうしゃ》である。蘇峰を代表とする民友社と、陸羯南《くがかつなん》（一八五七～一九〇七）、三宅雪嶺《みやけせつれい》（一八六〇～一九四五）、志賀重昂《しがしげたか》（一八六三～一九二七）らを主要なメンバーとする政教社は、明治二〇年代を二分する言論機関だったが、日清戦争を直前にした一八九四（明治二七）年初頭に急接近して、ともに熱烈なナショナリズムの立場をとるようになる。

1　欧化主義の構造——福澤諭吉から徳富蘇峰へ

条約改正をめざす政府は、一八八四（明治一七）年ころから積極的な欧化政策を展開した。それは文明開化を国家独立の手段として位置づけたもので、福澤諭吉が『文明論之概略』で提示した戦略と一致する。ここではまず福澤の一八八〇年代の理論活動を跡づけ、その基本的課題がその後どのように引き継がれたかを考察する。

福澤諭吉は『文明論之概略』末尾の章で、外国交際の困難を克服することが当面の最大の政治課題であり、独立を保持するには「文明に進む」以外にないと力説した。しかしその際に

戦略としての脱亜論

福澤は、西欧文明の積極的摂取という方法が、「今の世界の有様」と「今の日本の急」に応じて提示された限定的なものであることを強調している。『文明論之概略』脱稿時の書簡では、「誰か西洋諸国の白人を文明という。正にこれ人道外の白鬼なり。耶蘇《やそ》の宗旨《しゅうし》もクソデモクラエ（後略）」と書いて、西欧に対する内奥の不満と敵意をぶちまけていた（『福澤諭吉書簡集』①三二四）。福澤の議論がきわめて戦略的に組みたてられていたことが想像できるだろう。

一八八〇（明治一三）年末、福澤は大隈重信邸で伊藤博文、井上馨と会見し、三人から政府系新聞の発行を依頼された。熟慮の末、福澤はこの申し出をいったん謝絶したが、かれらが国会開設の決意を固めていると知らされてこれを受諾した。結局、この計画はその後に起きた明治一四年の政変のために実現しなかったが、福澤を政府との提携に向かわせた原因は民権運動に対する深刻な危機感だった。福澤が一貫して説いたのは国家独立の重要性で、「国権の伸縮」に重大な影響を与えるとしてキリスト教排撃に奔走したことは、前章で述べたとおりである。しかし条約改正による内地雑居が焦点になりかけた一八八四年には、福澤の態度に微妙な変化があらわれる。その端的

な例は、この年の五月に発表された「開鎖論」である。福澤はここで将来の戦略として鎖国と開国のふたつの選択肢を提出する。つまり万事にわたってあくまで「我れは我れたり」という態度を持して鎖国論をとるか、逆に西洋と「風俗習慣をも同一様にするの方略」を取るかの選択である（福澤⑨四九五）。鎖国論はかつての無知な攘夷論ではなく国際的な「同等同権」の主張にほかならないが、西洋人が東洋人を「一種劣等のものなりと妄信」している現状では、「暗に敵対の元素」を含んでいる（福澤⑨四九一）。しかし、日本がこれまで独立を維持してきたのは「自立の力」によるもので、けっして「偶然の僥倖」によるのではないことを考えれば、実力からしても国民的自負心からしても、鎖国論を取ることは不可能ではないと、福澤は考える。

福澤はこの論説では開鎖いずれとも決めかねているかにみえるが、おそらくこれは思い切った方向転換への予告だったのだろう。その二週間後、福澤は「宗教も亦《また》西洋風に従わざるを得ず」を書いてキリスト教脅威論を撤回する。福澤はここで動物の保護色の比喩を援用して、風俗宗教を異にすれば「外道国視《げどう》」される現状がある以上、「文明の色相」に覆われてみずから保護するしかないと論じている。「文物制度も彼《か》れに似せ、習慣宗教も彼れに似せ、一切万事、西洋と其色を同《おなじ》うして其間に異相あるを覚えざらしめ、彼れをして其互に区別する所なきを視て我を疎外するの念を絶たしむるに若《し》かざるなり」（福澤⑨五三一）。この論説には福澤に似合わぬ卑屈さがあるが、その背後には近代日本の知識人が等しく感じとっていた欧米からの差別的まなざしがあった。「開鎖論」では、こうしたまなざしを意識しながら、「我れは我れたり」の態度をとることも選択肢のひとつだと述べていた。しかし福澤のプラグマティズムは、結局、保護色によって、この差別的まなざしを避ける選択をしたのである。

福澤の決断の背景には、ふたつの事情があった。ひとつは内地雑居になればキリスト教の蔓延《まんえん》は防ぎがたいという状況判断である。キリスト教流入が避けがたいとすれば、「容《い》る、が如く拒むが如く」のあいまいな態度は西洋諸国の不信と軽侮を招くだけだから、「断然これを容るるに一決」したほうが得策との政治判断があった（福澤⑨五三五）。「開鎖論」の卑屈なニュアンスは、受身に立った福澤の差し迫った決断が反映していたのである。

しかしこの決断には、さらに別の配慮が働いていたと考えられる。中国との差異の強調である。すでに前年の一〇月に発表された「外交論」で、「亜細亜の東辺に純然たる一新西洋国を出現」させる覚悟で、「大なる差支《さしつかえ》」がないかぎり「社会日常の細事」まで「西洋の風」に倣うべきだと、かれは説いていた（福澤⑨一九六）。このとき福澤が懸念したのは、「西洋人の眼中」に日本がどう映るかである。「西洋人が局外より日本支那を対照し、果して日本は支那に優るとの思想を懐くべきや如何《いか》ん」（「日本は支那の為に蔽《おお》われざるを期すべし」、福澤⑨四一四）。結局、日本は「尋常東洋の一列国」とみなされるのではないかと、福澤は憂慮する（「輔車脣歯《ほしゃしんし》の古諺《こげん》恃《たの》むに足らず」、福澤⑩三二）。日本の国際的地位の上昇のためには、中国との差異を強調し、西欧から違った目で見られる必要があった。有名な「脱亜論」は、日本が中国朝鮮などの「悪友」と同一視されることを警戒し、日本国民の精神が「亜細亜の固陋」を脱して西洋文明の域に達したと自己主張しているが、これは差異を強調するための戦略的発言だった。「脱亜論」には中国や朝鮮を軽侮するような表現があるが、この論説の意図をアジア蔑視と誤解してはならない。日本（アジア）の独自性を犠牲にしてでも、グローバル・スタンダードとして、西欧の価値観を受け入れる以外に、不平等な国際関係を打開する方法はないと力説したのである（福澤⑩二三九）。

福澤が前記のような一連の論説を書いた一八八四、八五年頃から、政府は伊藤博文・井上馨を中心に積極的な欧化政策を推進し、鹿鳴館《ろくめいかん》時代と呼ばれる事態を現出させていた。福澤が戦略として説いた脱亜は、鹿鳴館での舞踏会に象徴される浮薄な欧化政策として実現したのである。むろんそれは福澤の本意とはかけ離れたものだったが、西欧のまなざしを意識して「脱亜」を自覚的に演出するという意図において両者は一致する。そして「保護色」として「欧化」を装うという戦略は、心理の裏面にナショナリティ（国体）の保存という欲求を内包していたから、前章で論じた「国体の創造」という点で両者が呼応しあったのも当然だったのである。

洋学紳士の登場

中江兆民は徳富蘇峰との親密な交流のなかで書いた『三酔人経綸問答《さんすいじんけいりんもんどう》』(一八八七年)で、登場人物のひとりである洋学紳士に、つぎのようなセリフを吐かせている。「(前略) 洋学紳士また云いけるは、およそ政事家を以て自ら任ずる者は皆政理的進化の神を崇奉する僧侶と謂《い》うも可《か》なり、果して然《しか》らば独り意を現前に注ぐのみならず、また心を将来に留むべきなり」(中江⑧一八四)。このように兆民が書いたとき、その前年に蘇峰が刊行して大成功を収めた『将来之日本』を念頭に置いていたことは、疑問の余地がない。兆民は『将来之日本』再版の際に序文を書いて、弱冠二三歳の蘇峰を絶賛するとともに、それに触発された自著で若き論客の姿を洋学紳士としてコミカルに描きだしたのだった。

『将来之日本』は、ハーバード・スペンサー『社会学原理』の「軍事型社会」から「産業型社会」への転換という図式を下敷にして、未来に向かっての日本の方向性を提示しようとしたものだった。蘇峰はスペンサーにならって、日本の将来の姿を「武備主義」と「生産主義」という対極的なふたつのイメージで提示する。つまり兵備の充実と国富の達成が二者択一の問題として設定されるのである。武備主義の社会では、政権は少数者に帰し(貴族主義)、富の分配は不平等、社会の結合は「強迫」的で軍隊がモデルになる(腕力主義)。他方、生産主義の社会では、政治は人民中心で(平民主義)、社会の結合は契約にもとづき平和が基調となる。つまり武備主義・貴族主義・腕力主義と生産主義・平民主義・平和主義は、二律背反で両立不可能な社会類型として提示される。そして前者から後者への転換を歴史の必然的な「大勢」ととらえ、その大勢にもとづいて、日本がいかなる選択をするべきかを説明するのである。

蘇峰によれば、武備主義と生産主義のいずれを採用すべきかは、外的な社会環境、社会内部の必然的な大勢、我国の特殊な環境、我国の現在の形

徳富蘇峰
(『徳富蘇峰集』より)

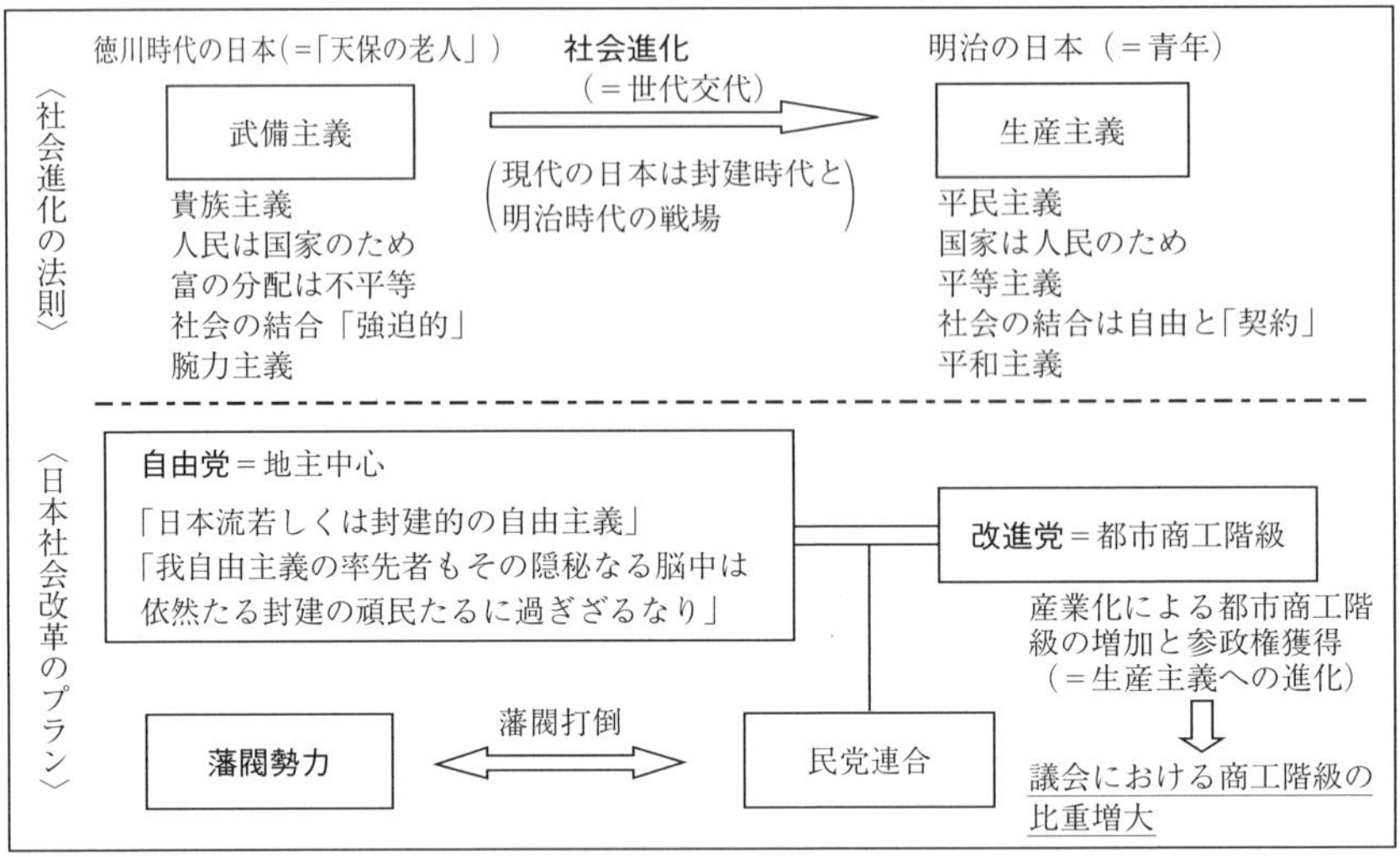

『将来之日本』と日本近代化のイメージ（米原作成）

勢という四つの要因によって決まる。このうち蘇峰が半分近いページを割いたのは「外的な社会環境」の部分で、欧米列強の動向が詳細に分析されている。その根底にあるのは、優勝劣敗の原理によってアジアに迫っている欧米は、一見すると武備主義のように見えるが、実は生産主義が凌駕しつつあるという認識である。結局、十九世紀の世界では富が兵を支配するのであり、両者は拮抗しているように見えるが、生産主義が最後の勝利を占めるのは必然だとされる。第二の「社会内部の大勢」の分析では、平民主義が政治・経済のあり方を一変しつつあるとされ、第三の「日本の特殊環境」の説明では、日本の歴史的・地理的環境が商業国（生産主義）に適合的だと分析される。最後の「日本の現状分析」は、蘇峰が全体の三分の一近くを割いた部分である。過去の封建社会における武備主義の優勢、封建社会内部での生産主義の成長による徳川幕府倒壊の必然性が説明され、現今の日本は過去の分子と未来の分子の戦場だとされる。自由民権運動に対しても、その自由主義は「日本流もしくは封建的の自由主義」で、「我が自由主義の率先者もその隠秘《いんぴ》なる脳中は依然たる封建の頑民」にすぎないとして、激しい批判が展開される（明治文学全集34、一〇七～八頁）。

このように現状を「新旧日本の戦場」ととらえる視点は、いうまでもなく世代交代の主張を含んでいる。歴史の必然性から説き起こされ、欧米列強の分析から始まった武備主義と生産主義の拮抗と盛衰という筋書は、前者が過去の原理として老人に、後者が未来の原理として青年に割り当てられる。そして「いかに為すべきか」の問題は、後者による前者の克服として説明される。最後は、新世代の青年による「天保の老人」への挑戦状として終わるのである。『将来之日本』の無類の大成功には、いくつかの要因があった。単純明快な二元論、歴史の必然性と「いかに為すべきか」の巧妙なすり替え、対句や言い換えを駆使した畳みかけるような華麗な文体など。しかしこれらが世代交代論に連動していなければ、その成功はありえなかっただろう。日本の将来は「青年の将来」と重ねあわされたのだった。

ところで『将来之日本』の叙述は、社会進化を掌《つかさど》る「造物主」に対するオプティミズムに満ちているが、根底には列強のアジア侵略に対する強い危機感があった。それは野蛮・半開・文明を社会発展の数直線上におき、「文明に前後あれば前なる者は後なる者を制し、後なる者は前なる者に制せらるるの理なり」（福澤④一八三）と喝破《かっぱ》した福澤の文明観を引き継ぐものである。蘇峰はそれを以下のように表現する。「今日に於て東洋諸国が欧州より呑滅せらるる所以《ゆえん》のものは他なし、ただ我は貧にして野蛮なる国にして、彼は富んで文明なる国なるが故なることを」（明治文学全集34、七五頁）。こうして文明と野蛮は貧富の関係に還元される。列強が誇る軍備は富の関数でしかない。優勝劣敗を決定するのは単なる腕力ではなく、むしろ「富と智力」である。だから日本の将来の成否は生産主義を採用するか否かにかかっている。もしこの「天地の大勢」に従わねば、わが国民は欧米人に駆逐され、日本にはアーリア人種による一大商業国が出現するだろう。

蘇峰の壮大な文章は以上のような叙述で終わる。蘇峰の才能を高く評価し、新世代の登場を歓迎しながら、社会

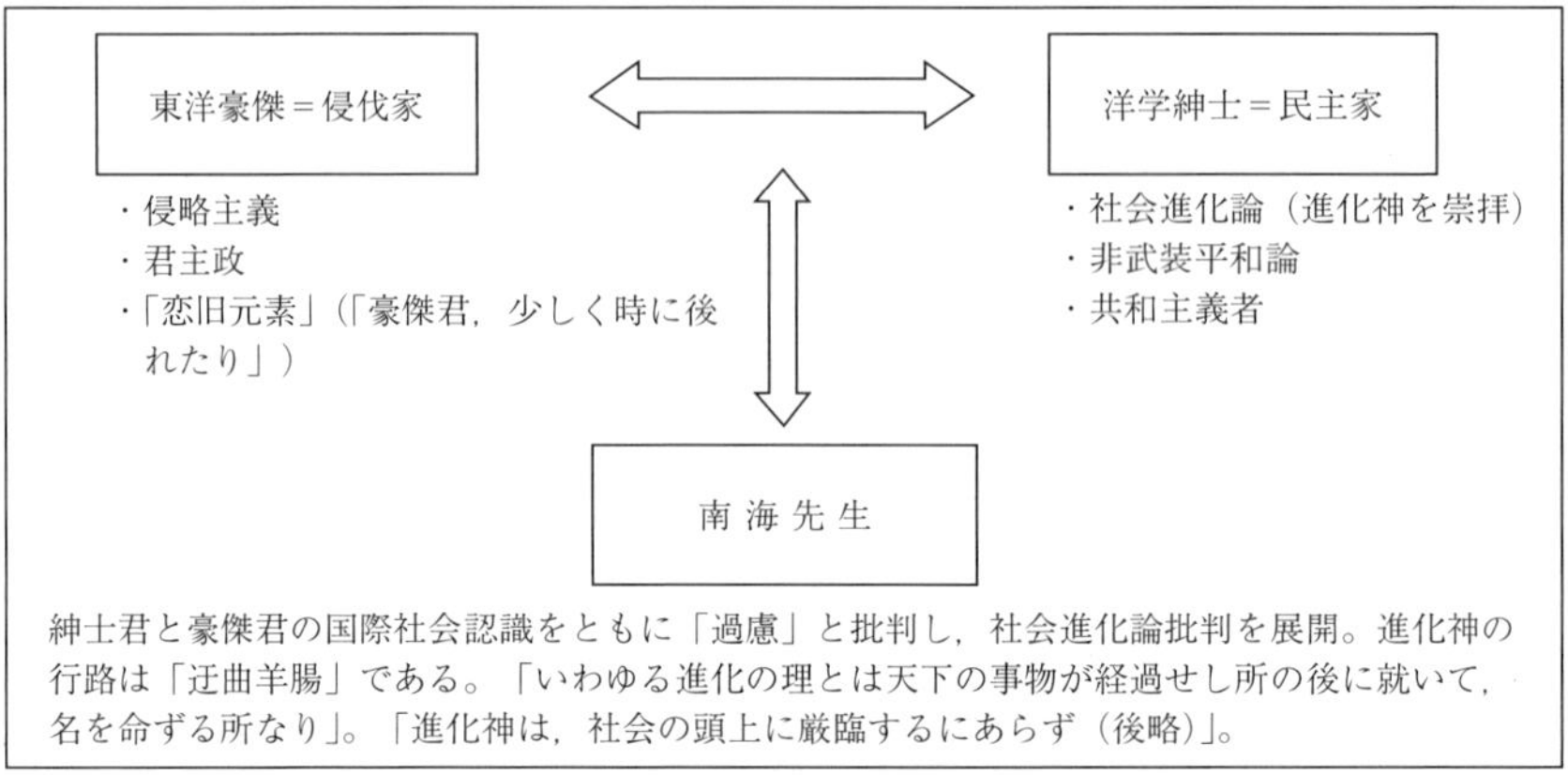
東洋豪傑＝侵伐家
・侵略主義
・君主政
・「恋旧元素」（「豪傑君，少しく時に後れたり」）
洋学紳士＝民主家
・社会進化論（進化神を崇拝）
・非武装平和論
・共和主義者
南 海 先 生
紳士君と豪傑君の国際社会認識をともに「過慮」と批判し，社会進化論批判を展開。進化神の行路は「迂曲羊腸」である。「いわゆる進化の理とは天下の事物が経過せし所の後に就いて，名を命ずる所なり」。「進化神は，社会の頭上に厳臨するにあらず（後略）」。

『三酔人経綸問答』の構図（米原作成）

進化論にもとづく論理構成の脆弱性にいち早く気づいたのは中江兆民だった。兆民の『三酔人経綸問答』は、洋学紳士と東洋豪傑というふたりの人物が、兆民自身と目される南海先生を訪問して議論をかわすという内容になっている。洋学紳士と東洋豪傑は、蘇峰のいう生産主義と武備主義をそれぞれ形象化したものだった。洋学紳士が崇拝する「進化神」は、蘇峰が振りまわした歴史の必然性という観念を揶揄したものである。兆民自身を体現する南海先生は、その熱弁の大半を社会進化論の批判に向けている。「進化論は社会の頭上に儼臨《げんりん》するにあらず、また社会の脚下に潜伏するにあらずして、人々の脳髄中に蟠踞《ばんきょ》するものなり」（中江⑧二六三）。これが兆民の社会進化に対する基本的考えかただった。兆民は蘇峰のいう「天地の大勢」に反対し、社会の進化を支配するのは「進化神」ではなく、人間自身の営みだと力説する。蘇峰が高唱した平民主義に強いインパクトを受けながら、兆民はその弱点を見抜いていたといえる（米原二〇〇二、一一六頁〜）。

さて『将来之日本』の成功で彗星のように言論界に登場した蘇峰は、それをバネに民友社を創立して雑誌『国民之友』を発行した。蘇峰と民友社にはふたつの仮想敵がいた。上からの欧化主義を推進する「貴族的急進主義」と、欧化主義に反発して国粋主義を唱えた政教社グループ（次節参照）である。発刊直後の『国民之友』は、まず貴族的急進主義を標的にしていた。創刊号の「あゝ国民之友生れたり」では、本来は平民的な西欧文明が、日本に輸入されると特権階級の占有物になっていると批判する。文明が「茅屋《ぼうおく》中の人民」に恩沢《おんたく》をもたらしていないことを指摘して、欧化主義のいびつさを指弾したのである。第二号の「外交の憂は外に在らずして内に在り」でも、洋服や西洋料理が必要なのは「額に汗して、自家の生を営む」労働者なのに、かれらは文明の恩恵を受けず、社会の改革はむしろかれらに苦痛をもたらしていると述べている。

蘇峰が前記の論説で暗に批判した井上馨は、まもなく外相を辞任した。井上の条約改正案に対する批判が、政府部内でもまき起こったためである。井上辞任直後の『国民之友』に、蘇峰は「保守的反動の大勢」（第一〇号）と「新保守党」（第一一号）を書いている。井上条約案の挫折の反動で、保守主義が台頭してくることを警戒したものである。これ以後の蘇峰は、むしろ井上に接近する。「在朝在野の間にわだかまる一種の勢力」（『国民之友』第二〇号）では、辞任した井上は十分な余勢をもっていると指摘し、貴族主義を脱して平民主義に近づくように説いている。この時期の書簡（阿部充家《あべみついえ》宛、一八八八年五月五日）では、井上邸で五時間も話しこんだと告白しており、別の日の書簡（同年五月二九日）では、蘇峰が「井上党」になったという噂が流れていると報じている。蘇峰の位置が推し測れるだろう。

2　国民主義の勃興——陸羯南

一八八八（明治二一）年四月、欧化主義の奔流に抗するふたつの言論機関が、ほぼ同時に旗揚げした。雑誌『日本人』と新聞『東京電報』である。『東京電報』は翌年の帝国憲法発布を機に『日本』と改称し、『日本人』とともに保守主義的ナショナリズムの大きな潮流を作りだした。中心となったのは、『日本人』を創刊した志賀重昂《しがしげたか》や

『日本』の社長の陸羯南《くがかつなん》である。かれらは「国粋保存」や「国民主義」をスローガンに、政府が主導した欧化主義や民友社が唱える「平民的進歩主義」に対抗する論陣を張った。

国粋保存

志賀重昂の唱えた国粋保存は、「『日本人』が抱懐する処の旨義を告白す」（『日本人』第二号）にもっとも端的に提示されている。志賀はここで、日本在来の「旧分子」を破壊して「泰西の新分子」にとって替える「日本分子打破旨義」や、外面だけを西欧の事物で「虚飾塗抹」する「塗抹旨義」を批判する。そして西欧の事物を拒否するのではなく、それを「日本国粋なる胃官」によって「咀嚼《そしゃく》」し「同化」するのが、かれらの立場だと説明する。志賀は「塗抹旨義」を批判するために、孔雀《くじゃく》に変装した烏《からす》が、孔雀にも自分の仲間にも相手にされなかったイソップの物語を想起している。この比喩は、札幌農学校のバタ臭い校風のなかで過ごした志賀が、同窓生に対して感じていた孤独な自尊心を示しているだろう。

しかし「国粋 Nationality」の内容が明らかにされなければ、志賀の主張は通俗の域を出ない。地理学者だった志賀は、この点についてつぎのように説明した。「日本の海島を環繞《かんじょう》せる天文、地文、風土、気象、寒温、燥湿、地質、水陸の配置、山系、河系、動物、植物、景色等の万般なる囲外物の感化と、化学的の反応と、千年万年の習慣、視聴、経歴とは、蓋《けだ》し這裡《しゃり》に生息し這際に来往し這般を観聞《とぶん》せる大和民族をして、冥々隠約の間に一種特殊なる国粋（Nationality）を剏成《しょうせい》発達せしめたる事ならん」（志賀①一）。いかにも『日本風景論』（一八九四年）の著者らしく、国粋の理念が自然・地理的環境と社会・歴史的環境を綜合したものとして説明されている。志賀は「千古万古」から存続してきた「大和民族」について語り、そこに「遺伝」し「化醇《かじゅん》」して当代に至るまで「成長発達」してきた事物は、それが保存されてきたがゆえに尊いと述べるのである。

志賀が「国粋」と翻訳した Nationality を、陸羯南は「国民主義」と呼んで政治的な次元で展開した。羯南が一貫して主張したのは、内における「国民的統一」と外に対する「国民的特立」である。この課題に応えるために、かれは政治と文化を峻別する。そして政治においては普遍性を認め、欧米の制度の積極的な導入を唱えるが、文化の面では断固として独自性の維持を主張する。この独自性なしに国民という観念は成立しえないというのが、羯南の確信である。「国民なる者は彼れその血族に於て我を観念し、言語に於て我を観念し、宗教に於て我を観念し、政体、文学、技芸、風俗、慣習に於て我を観念す」（「世界的理想と国民的観念」、陸②三七二）。文化の独自性こそ国民的自負心の根拠であり、それなしに政治的独立は不可能だと考えるのである。

立憲政などの西欧の政治制度は普遍性をもち、有機的な組織としての国民国家の統一に不可欠だと、羯南は考えている。しかし普遍的なのはあくまで「制度」としての外形であり、内容は固有の歴史に依拠しなければならない。憲法をはじめとする法は、習慣や風俗を立法化したものであるべきだと、羯南は主張する。後述のように、羯南らが大隈外相の条約改正案に激しく反対するのも、そこに領事裁判権廃止と引き換えに法典編纂が盛り込まれていたからだった。民商法の施行が政治問題となっていたときも、羯南は政府の法典編纂をつぎのように非難した。「彼等は世界普遍の道理と云うを主位に置き、国民固有の習慣をばほとんど付加物の如く見做《な》したり」（「法典是耶非」、陸③五一四）。

陸羯南（『陸羯南集』より）

このように歴史的に形成された文化の固有性と国家の政治的独立が緊密に結びつけられた結果、国民も国家も歴史のなかに埋め込まれた存在として意識される。いかなる国民も歴史的に発達してきた固有の性格をもっており、それを破壊すれば国民という観念は存立しえないと羯南は説く。「日本なるこの国は独り現存の吾人擅《ほしいまま》にこれを処断すべきにあらず。この国は吾人これを祖宗《そそう》に承《う》けてまたこれを子孫に伝えざるべからず。吾人は祖宗に対しまた子孫のために、これを保持および発育するの義務を負えり」（「偶感偶録」、陸②三三九）。こうして国家が「過去現在未来の三世」にわたる歴史的存在と意識される以上、国民個々人も共有された歴史から分離しては存立しえない。羯南からみれば、社会契約論は「各人を木偶《でく》の如く見做したるの説」で、到底、理論的な検討にたえない（「議会論」、陸②七六三）。草木のように歴史的に成長してきた「自然的国体」は、人為によって妄りに変革すべきではないということになる。

政教社と民友社

『日本人』と『東京電報』が創刊された直後の『国民之友』（第二〇号）の論説「現今の日は適用の時代なり、批評の時代なり」は、今は「古物を愛玩」しているような時ではないと述べて、国粋主義の論調につぎのように反撃している。「我が半開なる日本をして、文明なる欧州諸国と並び立たんがために、己より一歩を進みたる欧米の文明を、油断なく、猶予なく、間断なく」適用しなければならない、と。このような主張を取りあげると、両者にはまったく共通点がないようにみえるが、必ずしもそうではなかった。蘇峰が上からの欧化主義を貴族主義と批判したのと同じ趣旨で、羯南たちも平民主義を唱えた。在野の運動のリーダーシップが士族から豪農や実業家に移ることを期待し、自由民権時代のような観念的な政治理念の対立ではなく、日本の実情に合致した政争が行われるように提言した点でも、両者の問題意識は重なっていた。

羯南と蘇峰の対立がもっとも鮮明にあらわれたのは条約改正問題だった。井上馨外相が辞任した後をうけて、大隈重信が外相に就任するのは一八八八（明治二一）年二月である。蘇峰は大隈の政治手腕を高く評価するとともに、保守派が勢力をもつことを警戒していたので、大隈が入閣したことで政府部内に進歩派が橋頭堡を築いたことを歓迎した。大隈は改正交渉の内容を極秘にしていたが、八九年五月末から『日本』が『ロンドン・タイムズ』の記事によってそれを暴露したので、にわかに反対運動が活発化した。井上案よりかなり改善された内容だったが、外国人が被告になったときに備えて法典編纂を約束し、大審院に外国人法官を採用するなど、なお不平等で主権を侵害する規定が残っていた。『日本』はこの点を突いて、大隈案は井上案と大差なしと論断する。両案とも欧米流の法律を制定し、外国人を法官とすることを認めていた。外国への譲歩の度合は違うが、立法も裁判も欧米流にするという精神では、ふたつの案に大差なしというのが『日本』の主張だった。これに対して蘇峰は大隈案を支持し、この改正案は万全ではないが、現行条約よりかなり改正されているという事実を評価しないのは誤りだと力説する。賛成者は半月を満月と強弁し、反対者は半月を弦月と排撃する。蘇峰は改正の事実を評価して、有るものは皆無より優れていると説く。

ここには現実政治に対する両者のスタンスの違いが典型的に表出している。たとえば「現実的政治の弊」と題する『日本』の社説（一八八九年七月三一日）は、政治には現実主義と理想主義の両側面のバランスが必要だと述べて、現実との妥協の危険性を説いている。「現実的政治はただ成功を以て先《さ》きとするものなるが故に、その極は譾劣《せんれつ》卑陋《ろう》の弊に陥り、一国高尚の目的を忘却するに至るを常とす」（陸②一九〇）。いわゆるマキャベリズムの創始者であるマキャベリ自身にも、イタリアの独立を目的とするという理想主義の一面があったと羯南は指摘する。そして「現実的外政は成功の美名を博するに進歩的なり。国運の将来を謀るには退歩的なり」（陸②一九一）と、現実主義を論難している。

これは単に大隈条約案を否認するための口実ではなく、政治に対する羯南の基本姿勢だった。「国政の要義」という社説（一八八九年一一月三〇日～一二月三日）では、つぎのように述べている。「世徒《いたず》らに自然の趨向《すうこう》を取り必至の勢を以て唯一の大法と為し、単に優勝劣敗の説を唱えて人間理性の力及び自由の能を蔑如《べつじょ》する者あり。（中略）これ進取の名ありと雖《いえ》どもその実は諛従《ゆじゅう》姑息《こそく》、終に退守の極たるを免れ難きにあらずや」（陸②三二四）。羯南の立場は、日本の伝統的価値を保持するという志向において明らかに保守主義である。保守主義が「人間の理性」や「自由の能」に訴えるのは逆説的というしかない。しかし欧化が進歩主義の形をとり、社会進化が現実主義の相貌《そうぼう》をおびて出現するところでは、保守主義は理想主義によって対抗するしかない。この思想的な力学を羯南自身も自覚していた。政治における道理と慣例の関連について考察した論説で、進歩主義は道理優先、保守主義は慣例優先であると指摘した後、羯南は「慣例は従わざるべからず、然れども従い難きあれば道理を行わん」（「対外論の二派」、陸④二五一）というのが、自分のポリシーだと述べる。そして内政においては慣例を、外政においては道理を強調せざるをえないと正直に告白している。

国体の弁証　以上のような立場に立つ羯南は、明治憲法と教育勅語を機軸とする国家体制をどのように理解しただろうか。憲法発布を受けて書かれた「近時憲法考」で羯南は、天皇を国家諸機関の調整者として「執中権力」と呼んでいる。西洋諸国の憲法は人民の要求に応じて、君権を制限することで成立した。日本の場合はこれとは異なり、「天皇の大御心《おおみごころ》」にもとづくものであるから、その権力は臣民から制限を受けない。「皇権は臣民に向て無限にして皇祖皇宗《こうそこうそう》の謨訓《ぼくん》に対しては有限なりとす。故に日本天皇の大権は一方には泰西法理のいわゆる主権すなわち最上無二の権力にして、他の一方には立憲国の君権すなわち有限適度の権力たるを失わざるなり」（「近時憲法考」、陸①二二）。国民に対して絶対権力として現れながら、皇祖皇宗からの制約によって「有限適度の権力」になるという説明は、国家と国民（および天皇）を歴史のなかに埋め込まれた存在とする前述の国家観を前提にしないかぎり理解できない。統治権の総攬者としての天皇は皇統神話以外の何ものからも制約を受けないから、その権力は普通の意味での国家権力ではない。もし天皇の統治権が、議会や内閣と同じカテゴリーでの国家権力なら、天皇は最高の国家機関たる「世襲大統領」になってしまう（陸①二六）。「皇祖皇宗の謨訓」以外の何ものにも制約されない絶対者だからこそ、「執中権力」たりうるのである。この論理はやや極端な表現をとれば、つぎのように説明される。「我が日本に在りて国民の本心は　天皇を以て神と為し、臣民を以て宝と為す。神なり、故に侵すべからず。宝なり、故に軽んずべからず」（「憲法恪守論」、陸③二九七）。

羯南は憲法発布前から、皇室は「歴史上政治上の主権者」であるだけでなく「道徳上国民の宗家《そうけ》」であると述べていた。このことから当然、伊勢神宮もたんなる皇室の宗廟ではなく国家の宗廟であり、国民全体が敬意を表すべき施設とされる。むろん神道《しんとう》は「我国の国風を指称」（「布教条例、典礼と宗教」、陸②三八六）したもので、宗教ではなく日本独特の国家的典礼（「国礼」）である（「国風維持の要」、陸③四二五）。国民である以上、いかなる信仰の持主もそれに服従しなければならない。いわゆる「教育と宗教の衝突」問題についていえば、これはキリスト教がみずから随伴してきた「外俗」を捨てなかったために日本の「国礼」と対立したもので、その本質は教育と宗教の対立というより、むしろ「国礼と宗教との衝突」ということになる（「教育と宗教」、陸④二一九～二二七）。

　条約改正に反対して出された「国際論」では、国民が精神的に武装解除されることを「心理的狼呑《ろうどん》」や「心理的蚕食」の語で説明している。ここでもかれはキリスト教を警戒してつぎのように述べる。「外教はその国の言語及慣習を伴うもの、したがって国礼の上に衝突を来たすことは免れ難し。憲法は『信教自由』というを明記す。宜《よろ》しくその自由をして『国礼』を侵す無からしむるの計を為すべし」（陸①一五八）。

　歴史研究も自己規制されねばならない。「純粋潔白なる歴史上の感情」こそ国民的統一の基礎だから、それを阻害する言論

大日本帝国憲法の条文（抜粋）

第一条　大日本帝国ハ万世一系ノ天皇之ヲ統治ス
第二条　皇位ハ皇室典範ノ定ムル所ニ依リ皇男子孫之ヲ継承ス
第三条　天皇ハ神聖ニシテ侵スヘカラス
第四条　天皇ハ国ノ元首ニシテ統治権ヲ総攬シ此ノ憲法ノ条規ニ依リ之ヲ行フ
第五条　天皇ハ帝国議会ノ協賛ヲ以テ立法権ヲ行フ
……
第一一条　天皇ハ陸海軍ヲ統帥ス
……
第三七条　凡テ法律ハ帝国議会ノ協賛ヲ経ルヲ要ス
第三八条　両議院ハ政府ノ提出スル法律案ヲ議決シ及各々法律案ヲ提出スルコトヲ得
……
第五五条　①国務各大臣ハ天皇ヲ輔弼シ其ノ責ニ任ス
②凡テ法律勅令其ノ他国務ニ関ル詔勅ハ国務大臣ノ副署ヲ要ス

教育勅語（全文）

朕惟フニ我カ皇祖皇宗国ヲ肇ムルコト宏遠ニ徳ヲ樹ツルコト深厚ナリ我カ臣民克ク忠ニ克ク孝ニ億兆心ヲ一ニシテ世々厥ノ美ヲ済セルハ此レ我カ国体ノ精華ニシテ教育ノ淵源亦実ニ此ニ存ス爾臣民父母ニ孝ニ兄弟ニ友ニ夫婦相和シ朋友相信シ恭倹己レヲ持シ博愛衆ニ及ホシ学ヲ修メ業ヲ習ヒ以テ智能ヲ啓発シ徳器ヲ成就シ進テ公益ヲ広メ世務ヲ開キ常ニ国憲ヲ重シ国法ニ遵ヒ一旦緩急アレハ義勇公ニ奉シ以テ天壌無窮ノ皇運ヲ扶翼スヘシ是ノ如キハ独リ朕カ忠良ノ臣民タルノミナラス又以テ爾祖先ノ遺風ヲ顕彰スルニ足ラン

斯ノ道ハ実ニ我カ皇祖皇宗ノ遺訓ニシテ子孫臣民ノ倶ニ遵守スヘキ所之ヲ古今ニ通シテ謬ラス之ヲ中外ニ施シテ悖ラス朕爾臣民ト倶ニ拳々服膺シテ咸其徳ヲ一ニセンコトヲ庶幾フ

明治二十三年十月三十日

御名　御璽

はたとえ学問的なものであっても非難される（「伊勢の太廟、皇室と行政府との関係」、陸①五三三）。たとえば楠公父子の訣別は虚伝であると主張した重野安繹《しげのやすつぐ》の研究は、考証ではなく穿鑿《せんさく》にすぎない。「国民の史蹟中に於て吾人の光輝となすべき模範」なら、多少の誇張には目をつむって「これを庇保《ひほう》して吾人の国光を発揚」しなければならない（「歴史家及考証」、陸②四六三）。久米邦武《くめくにたけ》の論文「神道は祭天の古俗」も、「凡《およ》そ事の皇室に連《つら》なるものは吾人は臣民の徳義として公然とこれを問題とすることを慎まざるべからず」と、その軽率さが批判される（「神道論者の寄稿」、陸③四六四）。

羯南の意図は、天皇と皇統神話を政治的・宗教的な論争の埒外《らちがい》におくことによって、それを国民共有の歴史として定着させ国民的「特立」を確かなものにすることだった。これは前章で論じた福澤諭吉『帝室論』のねらいと一致する。しかしこうした議論は、結果として「国体」のタブー化に道を開いた。フロイトは『トーテムとタブー』で、神聖さと禁止という両義性がタブーの本質であると説いている。皇統神話に基礎づけられた国体論には、あきらかにこのような意味での両義性がある。天皇への密かな一体化の願望と、見ることや近づくことの禁止である。このような両義性が、心理的に儀式化と結びつくことは見やすい。儀式は時間と空間を超えた一体化の願望を実現するとともに、神聖さによる隔絶の感覚を表現する。教育勅語が儀式化したのはそのような心理的メカニズムの結果だった。つまり儀式によって斉一で静寂な空間を実現することで、国民の一体感と聖なる権力との距離を体感させたのである。

新聞『日本』の社説は、教育勅語に関連してつぎのように書いている。「夫《そ》れ父母に孝、兄弟に友、夫婦の和、朋友の信、及び皇室に対する忠、これ皆な日本国民の固有なる倫道なり、日本国民の歴史的慣習なり、日本社会の由《よ》りて建つ所の元素なり。これ学理の以て推究すべきものにあらずして、感情を以て断定すべきものなり」（「斯道《しどう》論」、陸②七五〇）。教育勅語が「国体の精華」と称したものを、羯南は「歴史的慣習」の名において弁証した。そしてそこから「学理」を排除することによって、結局、内面的確信を欠いた「空虚な儀式」（ルソー）の創出に荷担するのである。全国の学校でおこなわれた勅語奉読の儀式は、その典型的表現にほかならない。

3　初期議会から日清戦争へ

平民主義を唱えて論壇に登場した徳富蘇峰は、雑誌『国民之友』に続いて一八九〇（明治二三）年二月には『国民新聞』を創刊する。ふたつの言論機関をつうじて蘇峰が主張したのは、豪農と商工階層からなる「中等民族」（「中等社会」、「中等階級」とも呼称される）が社会のリーダーシップを握ることであり、帝国議会では民党連合によって藩閥を打倒することだった（九六頁の図を参照）。しかしこうした構想は一八九三年ころに行きづまり、蘇峰は条約改正問題をめぐって羯南が主張した条約励行《れいこう》論に同調するにいたる。この方向転換は蘇峰の個人的な「転向」の問題というより、日清戦争を契機とする日本政治の構造的変化に見合うものだった。この節では、一八九〇年に始動した議会政治とその後の日清戦争に対して、徳富蘇峰と陸羯南というふたりの言論人がどのような態度をとったかを検討する。

「中等民族」論

徳富蘇峰の『将来之日本』は、スペンサーの社会進化論とマンチェスター派の急進的自由主義とのアマルガム（融合物）だった。平民主義の担い手として、蘇峰が英国の穀物法反対同盟のリチャード・コブデンやジョン・ブライトに比定しうる政治家や党派の出現を予期していたことは疑いない。しかし英国を近代化のモデルと考えていたとしても、日本が英国とまったく同じ道筋をたどるとは、かれも考えていなかった。『将来之日本』の前に執筆された『明治廿三《にじゅうさん》年後の政治家の資格を論ず』（一八八四年）では、国会開設後の政治家は維新のときの「東洋流の創業家」や十九世紀英国の「立憲政治家」ではないとし、「改革政治家」と性格づけている。蘇峰のいう「改革政治家」とは学者と実務家を兼ねたもので、そのひとつの理想像がマンチェスター派自由主義を代表する政治家ブライトだった。

蘇峰はこの「改革政治家」のイメージを、まず「田舎紳士」論として展開した。「田舎紳士」とは country gentleman の訳語で、かれ自身の出自でもある豪農層が想定されていただろう。蘇峰の当初の認識では、田舎紳士は士族や商工階級よりも社会的リーダーとして適格だった。士族は政治的には治者の立場だが純然たる消費者であり、他方、商工者は生産者だが被治者の立場におかれてきた。両者の中間に位置する「半士半商」の田舎紳士だけが、治者のエートスをもった生産者なのである。

しかし新しい政治の出現のためには、田舎紳士だけでは十分ではなかった。『将来之日本』で予測したような産業型社会に転換するには、商工階級が社会の中心にならなければならない。蘇峰は、いずれ四、五年のうちには商工階級が成長し、田舎紳士と結びついて「中等民族」を形成するのは必然だと予想した。しかしこの予想はみごとにはずれた。衆議院議員選挙法で、直接国税一五円以上納付者に選挙権と被選挙権が付与されることになったとき、その該当者の九八パーセントまでが地租によるというのが、蘇峰の試算だった。つまり衆議院選挙の有権者の九八パーセントが地主だというのである。

蘇峰が期待した民党連合も、思いどおりには運ばなかった。第一回衆議院総選挙後に立憲自由党（後に自由党と改称）が結党したが、逡巡の末に改進党はこれに参加しなかった。初期議会では民党が藩閥政府と激しく対立したが、一八九二年末に政府が地租の軽減を趣旨とする地価修正案を提出したことで、転機がやってきた（法案は衆議院で可決、貴族院で否決）。地価修正案は地主の支持を期待する自由党を政府に引きつけ、民党内における都市と農村の対立を顕在化させた。『国民之友』（第一七五号）はこれを「海老で鯛を釣る」と評している。伊藤内閣が仕掛けた「海老」はすぐには効果をあらわさなかったが、星亨《ほしとおる》が指導した自由党は改進党との対決路線をとり始め、まもなく事態は政府の望んだ方向に進んだ。九三年四月下旬から自由党の方向転換に対する批判が『国民之友』『国民新聞』の紙面にあらわれ、激しい応酬の末、民友社は同年末についに自由党を「新吏党《りとう》」と呼ぶにいたる。『日本』の社説（一八九三年七月三一日）も、それまで通用した「民党」「吏党」という術語が、死語になりつつある状況を伝えている。民党連合による藩閥打倒という蘇峰が掲げた平民主義の理念は、これによって頓挫してしまった。

蘇峰が見通しを誤ったのは、かれの「中等民族」という概念に無理があったからである。「中等民族」は農工商の連合を意味するが、産業化の過程で、農と工商のあいだに対立が生じるのは不可避だった。前述の地価修正案が政治日程に上ったとき、『国民之友』は「市府同盟」と題する論説を載せて、税制や選挙権での農村偏重を批判している。マンチェスター派から学んだ蘇峰が、こうした対立の存在に無知だったとは思えない。『日本』の社説（一八九二年四月九日）も、「農民の味方たると同時に商民の味方とも為らんことは実際に於て出来得《できう》べからじ」（陸③四六二）と書いていた。両者の裂け目が露出し、民党の分裂が顕在化したとき、蘇峰は「将来の日本」への展望を見失ってしまうのである。

平民主義から「国民的同盟」へ

条約改正問題が再び重要な政治課題になったのは、一八九三（明治二六）年に入ってからである。前年一一月に日本の軍艦千島《ちしま》が瀬戸内海で英国船ラヴェンナと衝突して沈没し、日本人乗員七四名が殉職した（千島艦事件）。日本政府と英国の船会社との訴訟では、領事裁判権の不平等があらためて浮きぼりになった。九三年二月に条約改正上奏案が衆議院で可決され、これを受けて第二次伊藤内閣は、七月に内地雑居の容認・領事裁判権廃棄などを内容とする条約改正方針を閣議決定した。民間ではこの政府方針をめぐって賛否両論があり、とくに外国人の居住・旅行・遊歩を無制限に認める内地雑居には、経済的影響や風俗・宗教の混乱を理由に反対論がまき起こった。

『国民之友』は一八九三年三月から六月まで「条約改正論」と題する論説を連載し、政府の改正案が時を経るごとに後退してきたと批判している。これは大隈条約案に対するかつての肯定的な態度を覆《くつがえ》すものである。大隈案には、期限つきながら外国人法官任用や治外法権の存続の規定があったが、その当時は「これ尚《な》お忍ぶべし」と書いていたのである。他方、『日本』は四月に「国際論」（八月に『原政及び国際論』として刊行）を連載して、外国による侵略には政府による併合と個人による侵食の二種があり、侵略のレヴェルも「心理」「財理」「生理」（文化・経済・領土をさす）の三つがあると論じている。単に制度上の問題だけでなく、羯南が「国民的自負心」を重視し、内地雑居に対抗するには「国の精神的組織」を強化しなければならないと考えていたことがわかる。

内地雑居反対運動が本格化するのは、九三年一〇月に大日本協会が結成されてからである。『国民之友』の前述の論説は、内地雑居と交換に法権・税権の完全回復を主張し、非内地雑居論を「臆病」と批判していたが、大日本協会が結成されると、蘇峰はあらためて内地雑居は脅威ではないと強調し、日本は古来、外来の人種や文化を同化してきた歴史をもつと書いている。他方、『日本』は一一月に条約励行論を唱え始め、一二月には議会で「硬六派《こうろっぱ》」が同じ主張を展開して政府と衝突した。条約励行論は、現行条約に規定された外国人の旅行・居住・営業などの制限を厳格に実行して、外国に現行条約の不便を痛感させようという主張である。「硬六派」とは、自由党と政府の提携に反対する改進党と保守派が結成したもので、これによってかつての民党である自由党と改進党は「同志打ち」（蘇峰の表現）の状態になった。

窮した蘇峰は、九四年初頭に遂に羯南らの条約励行論に歩調を合わせる決断をする。『国民之友』は「藩閥同盟対国民的同盟」と題する論説を掲載し、条約励行論を唱える反政府側を「国民的同盟」と呼んだ。内治と外政を連動させて、「藩閥党は非責任内閣論者のみ、非自主的外政派のみ。国民的同盟は、責任内閣論者のみ、自主的外政派のみ」（『国民之友』第二二〇号）と述べ、自らを対外硬の側に位置づけた。蘇峰の自己評価に従えば、これは維新以来争ってきた「平民的進歩主義」と「国民的精神」が結合したことを意味し、「国民思想の分水嶺」をなすという。蘇峰の「転向」はこれによって完成したが、これは蘇峰と民友社のみに関わることではなかった。一八九四年は、蘇峰の意図をはるかに超えて「国民思想の分水嶺」となった。日清戦争を契機に、民党対藩閥という初期議会の対立図式が姿を消し、大陸への進出が国家目標としてすべての勢力に認知されるからである。巨視的に見れば、蘇峰の「転向」は日本近代史の重要な転換の一幕だったといえる

日清戦争と「文明の権」

朝鮮との外交関係は、明治維新以来つねに重要な政治課題だった。一八八〇年代に、壬午軍乱《じんごぐんらん》（一八八二年）と甲申事変《こうしんじへん》（一八八四年）を機にして朝鮮に対する清国の宗主権が強化され、日本の影響力は後退していた。政府にとって、日清戦争はこうした状況を打破して巻き返しを図る決意を込めた一歩だった。しかし当時の外相陸奥宗光《むつむねみつ》が『蹇蹇録《けんけんろく》』で語っているように、朝鮮問題は「名義上」の主題は朝鮮だが、つねに欧米列強の意向に配慮しなければならなかった。清国との戦争においても、陸奥らは列強の同情を確保することに腐心した。

日清戦争が勃発したとき、言論人は例外なくこの戦争に大義があると考えた。もっとも一般的だったのは、文明と野蛮の戦争という定義づけである。福澤諭吉が「日清の戦争は文野の戦争なり」を発表したのは、戦争勃発直後だった。日本は世界文明のためにその妨害者を打倒するのみと論じている。一カ月ほど後の『国民之友』（第二三三

号）には内村鑑三の英文 Justification of the Korean War が掲載され、次号にその翻訳「日清戦争の義」が載る。「支那は社交律の破壊者なり、人情の害敵なり、野蛮主義の保護者なり」と論じたものである。こうした考えが朝野を問わない定論だったことは、外務大臣だった陸奥も「西欧的新文明と東亜的旧文明の衝突」と表現していることでもわかる。

陸羯南の立場はもっと複雑である。戦争の前年に発表した「国際論補遺」で、雑居尚早論を批判する人びとに反論して、羯南は以下のように述べている。欧米が唱える「四海兄弟主義」は「彼らの自称せる文明世界」の外では適用されない「排他自衛の思想」である。欧米との「対等」を主張するものは、実は「欧米風を倣《なら》う」ことで「東洋国または東洋人たるの恥辱」を免れようとしているにすぎない（陸①二〇一）。同じく「排他自衛の思想」なのに、朝野の政治家は、欧米が唱えれば「開化」で日本が唱えれば「野蛮」だと考えるだけでなく、内心では「近似の人種なる支那人を排斥するの傾」がある（陸①二一〇）。さらに「日清の欧化主義」と題する『日本』社説（一八九一年七月一九日）では、日本の欧化が無原則なのに対して、清国での西欧文明の輸入は「実益を先にし虚形を後に」するという原則が貫かれていると評価している。羯南が「戦略としての脱亜」に批判的で、清国に同情的だったことがわかるだろう。

しかし戦争が起こると論調は一変する。清国は「東洋の一大野蛮国」ということになり、「王師《おうし》の大目的は東洋の中央に跋扈《ばっこ》する蛮人を駆逐する」ことである（陸④五七九～五八〇）。戦勝が確定した段階になると、日本の文明は「優に一等の域」に達したと自負し、憂えるべきは、欧米が「我を狎侮《こうぶ》するの意」があること、したがって「我文明を知られざる」ことだという（陸④六一五）。

欧化主義は、国家の独立を確保するには、西欧化によって国際的な地位を上昇させるしかないと考えた。しかし急速な欧化はアイデンティティの危機をもたらす危険があるだけでなく、西欧化しても欧米からふさわしい認知を得られないという欲求不満を亢進させることになる。日清戦争中に書いた論文をまとめた徳富蘇峰『大日本膨脹論』（一八九四年）は、こうした屈折した心理と自尊心の回復というテーマをみごとに表現している。たとえば「征清の真意義」では、ペリーによる開国を「強姦」に比すべき「屈辱」と断じ、「今日に到る迄、世界諸強国と対立して、我が膝の直《なお》からざるは、この汚点のためなり」（明治文学全集34、二六一頁）と主張している。ここに「強姦」と評されたペリーによる強制的開国の「屈辱」は、以後の蘇峰がくり返し立ち返る地点であり、近代日本のナショナリズムの原点だった。

強いられた開国の後に来たものは「軽侮」だった。世界は日本人を「猿猴《えんこう》に接近したる人類」か「人類に接近したる猿猴」としてしか見ていないと、蘇峰は痛憤する（「征清の真意義」）。欧米人が日本を自己と対等と見ていないことはいうまでもない。それどころか、日本は清国とすら対等と考えられていない。日清戦争はこのような屈辱を晴らす「好機」だった。戦勝は日本を中国より上位に位置づけることを可能にし、それによって日本は傷つけられた自尊心を回復できる。蘇峰がいうように「最大の戦利品は、大日本国民の自信力」だった。この「自信力」の根本は、何よりも欧米による認知である。その意味で、この戦争は「暗室」での格闘ではなく「世界の前」での決戦だった（明治文学全集34、二五三頁）。「吾人は清国に勝つと同時に、世界にも打勝てり。吾人は知られたり。故に敬せられたり、故に畏れられたり、故に適当の待遇を享《う》けんとしつつあるなり」（明治文学全集34、二六五頁）。

清国は「文明の敵」であり、戦争が「文明の義戦」であることは、蘇峰も強調した。「義戦」という言葉に疑問を呈した欧米の言論に対して、「何の権か」（『国民新聞』一八九四年九月九日）は、欧米諸国が文明の名において他国に干渉した例を挙げて、「野蛮なる国家を征するは文明の権なり」と反論する。そして「支那を征伐するまたこの権によるのみ。欧州強国の為したる事は、すなわち吾人の為さんと欲する所なり」と、欧米文明を逆手にとって自己正当化をするのである。

蘇峰の言葉には、欧米文明の欺瞞性に対する憤激がこめられている。しかし当時の日本知識人が、文明は戦争を正当化するための単なる口実だと考えていたと論断するのは、一面的である。陸羯南は前述の「国際論補遺」で、欧米が日本を「劣等」と見ていることに反発して、この「劣等」という「無礼的称呼を甘受せざるは我の義務」だと主張する（陸①一七二）。そして「欧人の家法」にすぎない国際法を「正理公道」にもとづく真の「世界の公法」にするのが、日本の使命だと論じている。三国干渉の後に『国民之友』（第二七五号）に発表された論説「世界に於ける帝国の使命」も、国家の生存は基本的要求であるが、「人情」や「文明」の実現はさらに「大なる要求」だと主張し、「吾人が今日に於て為すべき大計は日本帝国をして人情と文明の防衛者たらしむるに在り」と説いている。これから二カ月後に掲載された講演でも、蘇峰は日本国民が「世界の市民」である必要を説き、白人の特権を打破して「一大平等界を拓き、人類、人情、文明の進捗に向かって、その天職を尽したい」と語った（『国民之友』第二八四号）。立場を異にしていたふたつの言論機関が、日清戦争と三国干渉を契機にして、日本の国家目標を文明の普遍性のなかに位置づけようと努力している姿が見てとれるだろう。

政党政治と公共性のゆくえ

ここで一八九〇（明治二三）年に始まった議会政治の意味を検討しておこう。前節で述べた陸羯南の国体論は、かれの保守主義の重要な一面であるが、そのすべてではない。羯南の政論のなかでもっとも光彩を放っているのは、むしろ議会政治に対するかれの首尾一貫した姿勢である。憲法発布の前後から初期議会、日清・日露戦争までの激動期に、羯南はあらゆる党派から自立した立場を自覚的に選択し、政府と政党の政略から自由なところでその政論を展開した。蘇峰が民党に積極的に荷担して藩閥打倒を主張し、結局、自由党の方針転換に翻弄されたのと比較すると、羯南の政治的節操は際だっている。

第一帝国議会が開会された直後に、『日本』（一八九〇年一二月四〜七日）は「議会論」と題する社説を掲載している。ここで羯南は、十八世紀ヨーロッパに成立した議会制と日本の議会制との違いを三つあげた。それによれば、西欧では議会は国政の最高機関だが、日本の議会は天皇大権の下で行政・司法と並立した、輿論《よろん》を代表する機関である。第二に西欧の議会は君主の権力を制限するためだったが、日本の議会は政府と同じく天皇の下にある国家機関である。第三に西欧の議会は選挙人の利益の代理だが、日本では国民の利益を代表する。ここには十八世紀の古典的リベラリズムの政治観を排斥して、天皇大権の下で有機的に機能する「機関的国家」を構想する意図が、読みとれるだろう。羯南の表現によれば、日本の立憲政は「官民共治の政体」であり、西欧の立憲政は「詑《わ》び証文の政治」であり「私利紛争の政治」であるのに対して、日本の立憲政は「官民共治の政体」である（「立憲政体をして国を誤るの具とならしむ勿《なか》れ」、陸③二六八）。つまり羯南は、立憲政によって維新以後の藩閥割拠を克服し、君主の意志を輿論の代表である国会の意志と合致させて、「上下一致」の国家意志を実現するべきだと考えたのである。

このような立場に立った羯南が倦《う》まず説いたのは、立憲政治における議員のモラルだった。むろん立憲政治を積極的に肯定した羯南は、政治を道徳に解消するような議論を展開したのではない。かれは「政治家の資格」という論説で、政治家に必要なのは「気力」「才略」「徳義」だと説いているが、ここに「徳義」とは主義に対する誠実さと「一身国に許すの覚悟」をさしている（陸①三六八）。政治的信念への誠実さをもとめる態度は、行為に対する責任の意識につながる。品川弥二郎内相が毀誉《きよ》をかえりみずに選挙干渉を断行して引責辞職したことを、羯南が賞讃しているのは、政治における責任意識を重視した結果である（「品川子退職」、陸③四二八）。逆に民党政治家が世論《せろん》に媚《こ》びて「人望を博せん」とした態度は、「経国の志」がない点では、吏党政治家が政府に媚びるのと同じだと非難されることになる（「為政家は大為政家に期せよ」、陸③四七三）。

羯南は議員のあるべき姿をつぎのように描写している。「自己の信ずる所を執りて真摯《しんし》かつ謹重に言論を為し、互に討究して以て多数に決するときはその結果始めて輿論の結果たるを得べきなり。もし徒《いたず》らに世評を顧みてその心に是とせざるの議に同《どう》じ、故《ことさ》らに党勢を張りてその心に非とせざるの論を駁し、あるいは院外の依嘱に応じてその説を二三にするがごときあらば、その結果は決してこれを輿論公議の結果と云うべからず」（「誠心」、陸③九）。ここには意見の自由市場としての国会が理想的に構想されている。しかし議会政治においては、数が力の最大の資源だから、いずこにおいても政党の発生は不可避だった。羯南もそれを「自然の勢い」として認め、政党の存在が議会政治の阻害要因にならないように腐心した。しかし主義への誠実さを政治家の最高の使命と考え、世論や党勢を顧慮しないことが理想とされるとき、その政党観はきわめて狭隘なものにならざるをえないだろう。羯南は理想の政党をつぎのように表現している。「去る者は追わず、来る者は拒まず、我に同する者は相合し、我に異なる者は相離る、ただその人の自由に任せて敢えて拘束せず、ここに於てか政党の真相を見る」（「武断党派」、陸③二九）。

これは政治的信条にもとづく結合を重視したものだが、このような政党観に立てば、近代的な政党はすべて「争利の徒」ということになってしまう（「朋党の禍」、陸③一七一）。その結果かれは、藩閥政治は国政を「私有視」した幕府の旧政を相続したと批判する一方で、政党政治も国益よりも「党益」を優先させていると批判する。こうした思考の根底には、前述の国体論にみられるように、一致した利害をもつ均一な国民からなる共同体を理念とする国民国家観が横たわっている。創刊第二号の『日本』に掲載された「国民的の観念」という論説は、その国家観を「国民なる観念の上に安置されたる国家は、能《よ》く民権を重んじてこれを君権と衝突せしめず、能く貴族を容れて平民を凌《しの》がしめず（後略）」と表現している（陸②七）。あきらかに蘇峰の「平民」主義を意識して、「国民」主義を対置しているが、ここには国民国家を有機体とみる羯南の国家観がよく出ている。

しかし以上のような羯南の主張とは逆に、議会政治の成立は、いずこにおいても利益政治の発展と同義だった。ルソーからミルまで、およそ近代政治について考察した思想家が、いずれも政党の存在を否定したのは、それが政治共同体の一般的利益よりも特殊利益を優先することを本質とすると考えられたからである。議会は意見の自由市場として構想されたが、党派的利害の角逐《かくちく》の場となった。第一議会の予算案審議で自由党の一部が穏健派と妥協し

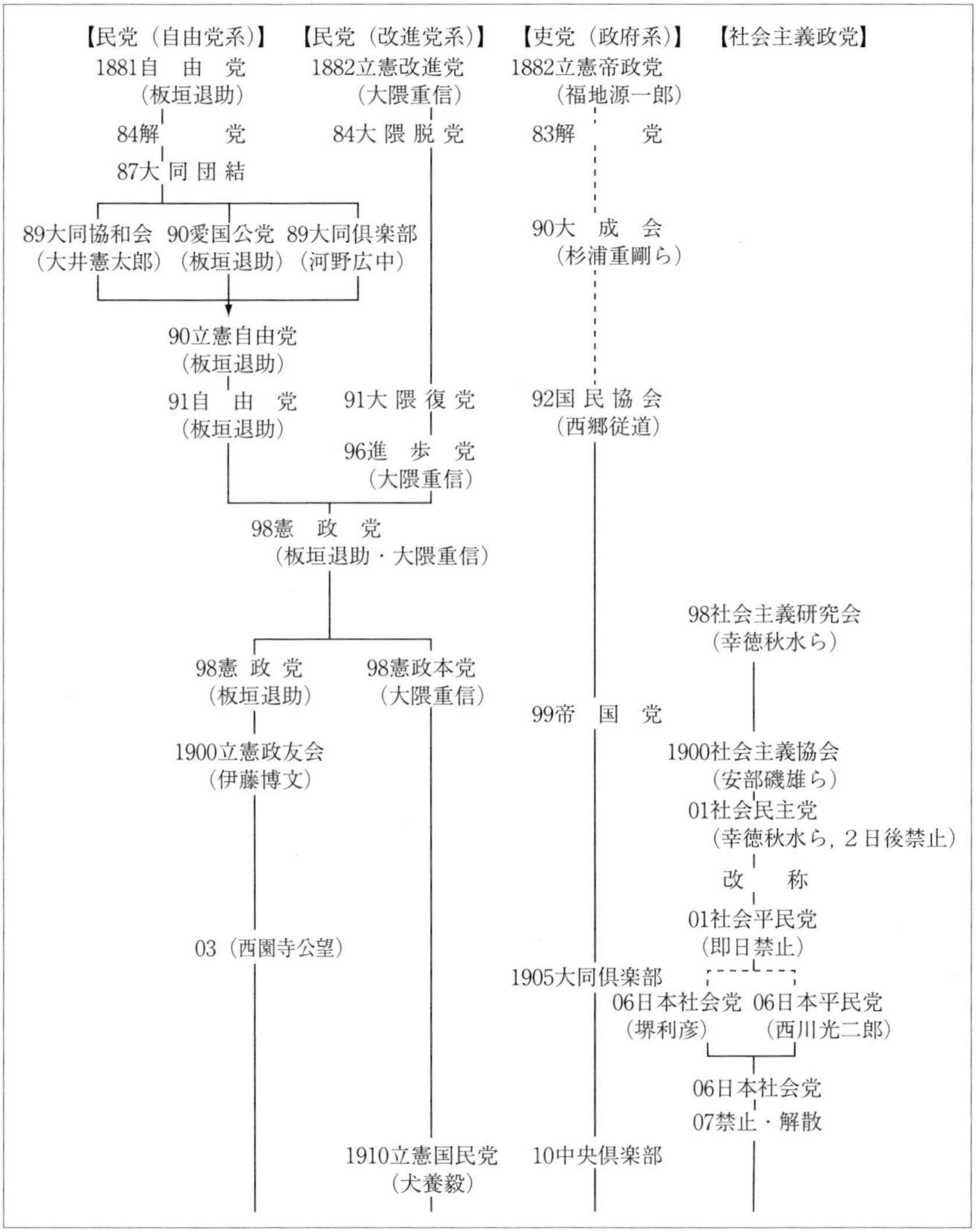

政党の変遷（明治期）（『ビジュアル日本史』による）

たとき、中江兆民は失望して議員を辞職し、数年後には政治そのものから遠ざかっていった。兆民よりタフな精神の持主だった蘇峰も、自由党と藩閥との妥協によって挫折を余儀なくされた。同じころ、羯南は「原政」と題する論説で政党政治を激しく批判している。「立憲政治は今の政界に於て政党政治と意味せらる。政党政治は多数政治なり、群犬政治なり、群虻政治なり」(陸①一三三)。政党政治は利益政治であり、それは人類が「利害心の奴隷」であるという哲学にもとづいていると、羯南は批判するのである。

議会政治は複数の政党の存在を前提にしている。そして複数の政党が存在する以上、個々の政党は部分的意志の代表であることを運命づけられている。政党政治の根本的ディレンマは、部分的意志の代表である政党が全国民の代表であることを証明しなければならない点にある。近代日本の政党は、この点において自らの正当化に失敗した。政党はつねに党利党略と不可分とされ、政党政治家は腐敗の代名詞だった。しかしだからといって、初期議会において民党と対立した藩閥政府が、自己の正当化に成功したわけではない。公共性を代表したのは、政党でも藩閥でもなく天皇だった。たとえば第四議会で軍艦製造費を否決して政府と全面対決した民党は、一八九三(明治二六)年二月に衆議院で内閣弾劾上奏案を可決した。この政府と民党の対立を解決したのは、内廷費下付などを条件に政府案の承認をもとめる天皇の詔書だった。民党も政府もともに、天皇が体現する公平な第三者という象徴に訴えたのである。天皇を「執中権力」と定義した羯南「近時憲法考」は、明治憲法下の立憲政治の本質をよく理解していたといえるだろう。

一八九三年一月の『日本』は、政府と民党の前記の対立を念頭において「和衷《わちゅう》共同」の必要性を説き、対立する両者に「尽忠至誠」の精神をもとめている。そして前記の詔書が出されると、「今の政府および議会が皆ともに本務を忘れ、徒《いたずら》に政権を争うの実は、事跡明証して掩《おお》うべからず。(中略)政府および議会の諸君は天を畏れずや」(「難兄難弟」、陸④六四)と両者を非難した。これは「天」(すなわち天皇)のみが公共性を代表するという構図をそのまま容認し、政党と政府は政権争奪に明け暮れる「私」にすぎないと批判したものである。

議会政治はつねに利益政治の側面をもつ。これが議会に代表される近代の公共性の必然的な一面である。政党による権力争奪のゲームを「本務を忘れ」たものと否定することは、天皇に公共性を預けることになり、議会政治を貶《おとし》める結果をまねくだけである。さきに政党は、政府と正面衝突したことが批判されたが、政府と妥協すればもっと手厳しい批判が待っていた。日清戦争後の政党と藩閥の妥協について、『日本』は後にその変化を以下のように回顧している。「戦争以前の政党は主義政見ともに明《あきら》かにして、その議会における言論毫《ごう》も政党たるに愧《はじ》ざりしかど、戦争以後の政党は漸次その主義を放棄し、ただ時の政府に阿附《あふ》するを能事とせり」（陸⑨五三五）。これが羯南の議会政治論から帰結する避けがたい結論である。田中正造《たなかしょうぞう》が鉱毒事件で天皇に直訴したとき、『日本』は「議会の価値の下落したるまた甚だし噫《ああ》」と嘆いた（陸⑦三二四）。しかしこれはかれが議会政治に対してとった姿勢の結果でもあったのである。

第5章　帝国主義と社会主義

ハンナ・アレントは有名な『全体主義の起原』の第二巻「帝国主義」で、一八八四年から一九一四年の三〇年間を帝国主義の時代と定義している。一八八四年を帝国主義の始期とするのは、ホブソン『帝国主義論』（一九〇二年刊）にならったもので、列強による本格的なアフリカ分割を画期としたものである。しかしアレントやホブソンの帝国主義観はヨーロッパの側からの観察によるもので、東アジアを中心に世界の変化をみるときには、むしろ一八九八（明治三一）年が問題の始まりだったと考えたほうが適切である。この年の三月にまずドイツが中国から膠州《こうしゅう》湾を租借すると、ロシアは旅順《りょじゅん》・大連《だいれん》を租借し、さらに南満鉄道敷設権を獲得した。続いて英国が九竜《きゅうりゅう》と威海衛《いかいえい》を租借して、中国は列強の餌食の様相を呈し始めた。高山樗牛《たかやまちょぎゅう》は「罪悪の一千八百九十八年」と題する小文で、帝国主義が「天下の大勢」を風靡《ふうび》していると指摘し、「人類歴史の最も惨憺《さんたん》たる齣場《こまば》はまさにこれより開かれんとしつつあるなり」と書いている（高山④五〇六）。

このような事態は、日清戦争による清国の衰退が生みだしたものだった。皮肉なことに、日本は戦勝によって、欧米列強の脅威をひしひしと感じる立場に置かれたのである。しかし日清戦争の結果はそれだけではなかった。戦勝は国内の資本主義化を加速して社会問題を醸成し、二十世紀初頭に社会主義思想が出現する契機を作りだした。

1　獣力時代の到来

陸羯南と徳富蘇峰――帝国主義をめぐって

ドイツが自国の宣教師殺害を理由に膠州湾を占領したのは一八九七（明治三〇）年一一月だった。陸羯南《くがかつなん》の新聞『日本』はこの事態をうけて、アジアが列強の「競争場」になり始めたと警告している（「列国の対清挙動」、陸⑤六四五）。そして翌年二月以降、ドイツをはじめとする列強の態度を批判する論説をつぎつぎ掲載した。「獣力進歩の時代」（二月五日）では、「獣力的侵略」は文明の退歩だと論じ、「東洋の文明国」たる日本はこの獣力時代の到来を歓迎すべきではないと主張している。さらに「欧人東侵の新態」（二月六、七日）では、欧米のアジア侵略は「文明の恩恵」を口実にしてきたが、今はただちに暴力に訴える方法に変わったと指摘し、膠州湾占領が「欧人東侵の様式を一変したる最初の号令」であると危機感を募らせた（陸⑥二二）。批判は列強だけでなく、その行動を黙認する国内の勢力にも向けられ、「我国の自称文明家は、欧州列国を文明国としてこれを崇拝するの極、その野蛮的行動をも正当視」していると激しく論難した（陸⑥六二）。

徳富蘇峰《とくとみそほう》が『国民新聞』に「帝国主義の真意」を掲載したのは、翌一八九九年一〇月である。蘇峰は「帝国主義」という語が政界で流通し始めたと指摘し、自らも帝国主義者であることを認めた後、帝国主義は侵略主義・排他主義・武断主義・浪費主義ではないと主張する。「帝国主義は、平和的膨脹主義なり、壟断《ろうだん》独占にあらざる意味においての膨脹主義なり。貿易をもって、生産をもって、植民をもって、一国の利益を拡充し、民族の発達を期するなり」（『蘇峰文選』四八一頁）。はたして蘇峰がこの字義どおりに信じていたか疑わしいが、列強と協調しながら大陸への膨脹政策をとるべきだと、かれは考えていた。これに対して翌日の『日本』はすぐに反論を掲載する。帝国主義が「尚武《しょうぶ》主義」であることは列強の行動からあきらかであり、蘇峰はその事実を偽って、軍拡論者と歩調をあわせるものだと、羯南は批判している（「帝国主義の解」、陸⑥二三九）。

両者の対立には伏線があった。蘇峰は三国干渉の翌年（一八九六年）から一年あまり欧米を歴訪し、日英同盟の可能性をさぐるとともに、対露戦争のための国論統一をめざしていた。羯南はこれとは逆に、日清戦争がまだ終わっていない時期からすでに北守南進論をとなえ、対露協調路線を方針としていた。羯南の帝国主義批判は、このような両者の違いを反映したものである。東アジアにおける帝国主義状況の進行で、北守南進論はあきらかに動揺するが、羯南は軍拡路線には一貫して反対した。また一九〇〇年の義和団の乱に際しても、軍の派遣には消極的だったが、この時期になると羯南の主張にも微妙な変化がみられるようになる。「国是談」（一九〇〇年三月六日）では、軍国主義には反対しながら、移民や工業生産品の販路の必要から、帝国主義を容認する口調になる。九月に対露強硬論の国民同盟会が結成されたころから、『日本』の論調も強硬論に傾斜し、翌年一月からは満州を占領したロシアに対する武力介入を主張し始めた。

『日本』が社論とした北守南進論を放棄せざるをえなくなったのは、東アジア状勢の急速な変化にともなって、世論が対露強硬論に傾斜し始めたからである。ロシアとの戦争を意識した日本の言論が強く懸念していたのは、日清戦後から徐々に顕著になっていた黄禍論《こうかろん》である。おそらく欧米歴訪中にそうした雰囲気を感じとった蘇峰は、帰国直後につぎのように書いている。「黄人種を率いて白人種に当ると云う。その論の痛快なる、固《もと》より多辞を要せず。（中略）しかもこの論にして、果して実行せらるる日には、我邦は世界を挙げて敵とするも、これ足らざらんとす、豈《あ》に寒心《かんしん》せざるべけん哉《や》」（「黄的悪感」、『国民之友』第三六一号）。蘇峰はこのように正しい見通しをもっていたのに、結局、後にかれ自身がこの「寒心」すべき方向に突き進んでしまうことになる。しかしこの時点で蘇峰が主張したのは、欧米の「憎黄的悪感」に対抗して「人種的猜疑心《さいぎしん》」を煽《あお》るアジア主義的立場ではなく、自らを西欧文明の側に位置づけることだった。同じ論説で蘇峰はつぎのように書いている。「彼、人種の相違を以て来らば、我は人性の共通を以てすべし。彼、宗教の異同を論ぜば、我は人道の一致を説くべし。彼、商業の競争を心配すれば、我は文明の普及を以て解釈すべし。これ我邦を世界に繫く所以《ゆえん》なり」。人種的偏見に対抗するために、西欧文明の普遍性に訴えるというのである。

黄禍論に神経を使った点では『日本』も同様だったが、羯南は日本人が黄色人としての自負心をもつことを説いた。「白人に対し白人の故を以てこれに隷属するは甚しき恥辱なり」（陸⑦二三九）との主張は、議論としては正論だが、論理の行きつくところはアジア主義的にならざるをえない。そうした議論の典型は『日本人』（一九〇三年二月二〇日）に掲載された「日本民族の将来、読者の高誨《こうかい》を促がす」（陸⑨五五三～）である。この文章は、「異人種と連結して同人種と競争する」のが日本外交の基本方針であることを認めつつ、この方針が今後も継続できるか疑問を呈し、むしろ日中提携を将来の方針として遠慮がちに提言している。しかしこうした議論は、当然、留保を含んだ口調にならざるをえない。列強による分割の危機にある中国が信頼すべき提携先にならないという判断は、否定しがたかったからである。ここには日露戦争後の日本の心理的孤立が、すでに仄《ほの》見えている。欧米との協調は人種論的に限界があるが、中国との提携では欧米に対抗できないというディレンマである。

国際社会が劇烈な生存競争だという感覚は、多くの知識人が共有したものだった。すでに一八九七（明治三〇）年の時点で、ロシアとの一戦は避けがたいという予感をもって、民友社出身の歴史家・山路愛山《やまじあいざん》（一八六四～一九一七）はつぎのように語っている。「人間最後の問題は攻撃と防衛となり、膨脹と衰滅となり。而《しこう》してこれを決すべきものは国民の力なり」（「戦国策とマキャベリを読む」、『山路愛山集』１、三七三頁）。愛山は、日本が「孤立し易い位置」にあることを深く危惧しながら、他方では軽率に攻守同盟を結ぶことを拒否し、「余《よ》は寧《むし》ろ日本国民の自ら自家の力を信ぜんことを希望す」と主張した（『山路愛山集』１、三八五頁）。そして日露の緊張が高まった一九〇三（明治三六）年になると、帝国主義でなければ生存できないと説いて、愛山は帝国主義の「信者」を自称した。帝国主義が侵略主義だと非難するものに対しては、健康な労働者が不健康な労働者を駆逐するのと同じく、それは社会の進化のための適者生存だと反論している（「余は何故に帝国主義の信者たる乎」、『山路愛山集』2、三二三頁）。要するに帝国主義の国際関係においては、国家の生存が何より優先すると考え、それを適者生存の名で正当化したのである。蘇峰が帝国主義を肯定する論説を発表する数カ月前に、民友社出身で当時は憲政党（旧自由党）の党員として活動した竹越三叉《たけこしさんさ》（一八六五～一九五〇）も、内に平民主義、外には帝国主義を説いて、軍備拡張論を鼓吹していたことも付言しておこう。

愛国心批判――幸徳秋水と内村鑑三

この時期に、以上のような国家戦略とは別の次元で、本格的な帝国主義論が書かれたことも銘記しておかねばならない。幸徳秋水《こうとくしゅうすい》（一八七一～一九一一）の『廿世紀《にじゅっせいき》之怪物帝国主義』（一九〇一年）である。秋水はこの書の冒頭で、当時の状況を「盛んなる哉《かな》いわゆる帝国主義の流行や、勢い燎原の火の如く然《しか》り。世界万邦皆その膝下《しっか》に慴伏《しょうふく》し、これを賛美し崇拝し奉持せざるなし」と書いている（幸徳③一一四）。秋水がこの本を脱稿したのは一九〇一（明治三四）年四月だったが、その着想は前年九月に『日本人』に発表された「いわゆる戦争文学」に遡ることができる。この小文で秋水は、ロバートソンの『愛国心と帝国』（John M. Robertson, *Patriotism and Empire*, 1899）を引用して、愛国心を「動物的獣心」と批判した。その後一一月から翌年二月にかけて愛国心・軍国主義・帝国主義にかんする連作を発表し、それを改稿して一書にまとめたのが『廿世紀之怪物帝国主義』である。

この書で秋水は、帝国主義の本質を「いわゆる愛国心を経となし、いわゆる軍国主義を緯となして、以て織りなせるの政策」と喝破《かっぱ》した（幸徳③一一七）。この観点は前記のロバートソンにもとづいており、叙述も基本的にそれに依拠している（宮本盛太郎一九八一、山田朗一九八四）。しかしまさに日本に帝国主義が誕生しようとしている時期に、それを根本から否定する著書が出されたことの意義はきわめて大きい。秋水はここで、愛国心の本質を「動物的天性」にもとづく「憎悪なり、侮蔑なり、虚誇なり」（幸徳③一三七）ととらえ、軍備拡張は政治家・軍人・資本家の功名心と利欲心にもとづくもので、帝国主義は「切取強盗《きりとり》」だと論難する。

秋水の議論は、東アジアにおける帝国主義の状況を、日本の国家目標から切り離して論じた点で画期的だった。秋水の帝国主義論が出る以前は、どの議論も列強による中国蚕食の状況に日本がいかに対応するかという観点から組みたてられていた。秋水の帝国主義批判は、これまでの議論とはまったく異なった地平を切り拓いた。もはや「愛国」は議論の余地のない崇高な感情ではない。むしろ「愛国心に駆使せらるる国民」は「世界人類の罪人」であり、列国を席巻している「帝国主義的ペスト」は、世界文明を破壊しつくしてしまうだろうと警告される（幸徳③一四一、③一九五）。秋水はこの本の末尾近くで、つぎのように呼びかける。「社会改革の健児《こんでい》として国家の良医を以て任ずるの志士義人は、宜しく大に奮起すべきの時に非《あら》ずや」（幸徳③一九五）。日本知識人は、ここにいたって、国家目標とは別の次元にある普遍的な価値への忠誠を、公然と唱えることができるようになったのである。

もちろん秋水は、最初からこのような地平に立っていたのではない。自由民権運動の影響下に成長した秋水は、もともとは自由党系の政治家をめざしていた。すでに一八九八年に片山潜《かたやません》（一八五九～一九三三）・安部磯雄《あべいそお》（一八六五～一九四九）・木下尚江《きのしたなおえ》（一八六九～一九三七）らと社会主義研究会を結成していたが、義和団事件に際しての秋水の発言は、むしろ帝国主義的な利権獲得を要求するものだった。たとえば政府が軍の清国派遣を決定した翌日の論説「列国協同」では、「協同」の原則に縛られずに「機に臨み変に応じて自家の利益と権勢を増進」せよと論じている（幸徳②三五三）。また満州や朝鮮におけるロシアの行動にも神経を使い、列強との角逐のなかで自国の利益を確保するためには、「巧妙なる外交的準備」とともに「戦争破裂を賭するの決心」が必要だと警鐘をならしていた（「外交的準備」、幸徳②三七三）。このように八月ころまで帝国主義の風潮に掉さす言論を展開していた秋水は、九月初めにロバートソンの影響で愛国心批判に転じ、帝国主義を全面的に否定する立場に急速に移行していくのである。

以上のような秋水の立場の転換は、日露戦争前後の日本社会の知的変貌を反映したものと考えてよい。日清戦争のとき戦争を正当化する英文を発表した内村鑑三《うちむらかんぞう》は、翌年書いた「何故に大文学は出ざる乎《か》」で、愛国心の養成が「兵隊的服従」のみを教えて独創的な見解を抑圧していると批判していた（内村③一七八）。かつての戦争肯定を反省していた内村は、愛国心が国家を超えた価値とつながりをもつ必要があると考えた。「博愛に基かざる愛国心」（内村⑦二一四）を排斥した内村が考えていたのは、キリスト教の信仰である。しかし国家目標より優越した価値にもとづいて偏狭な愛国心を否定した点では、アンチ・キリスト教の秋水と内村は通じるところがあった。『廿世紀之怪物帝国主義』のための序文で、内村は人類の歴史が「信仰と腕力の競争」だったと書いているが、内村のいう「信仰」は、秋水がこの本の末尾で言及した「正義博愛の心」をもつ「志士義人」でもよかったのである。

知識人が自己の活動を国家の命運と一体化させるのが当然だった時代は、終わりつつあった。与謝野晶子《よさのあきこ》が日露戦争に際して「君死にたまうことなかれ」と書き、一高生の藤村操《ふじむらみさお》が「万有の真相」は「不可解」との語を遺して投身自殺（一九〇三年）した有名なエピソードは、いずれもこうした状況を反映したものである。帝国主義は「生存」の要求であると説く山路愛山のような人がいたにもかかわらず、帝国主義国家になろうとしていた日本の社会は、「私」優先の思想を容れる余裕をもち始めていた。国家独立を絶対的課題とした幕末明治初期とは、決定的に異なった時代環境になりつつあったのである。愛国者を自認した内村は「我の日本は三百年後の日本なり」（内村⑦五八）と書き、それを目標に活動することが、当代の日本人によって「国賊視」されても、意に介さないと言い放っている。この悲壮な決意の表明には、逆説的ながら、国家に一定の距離をおいた成熟したナショナリズムを読みとることができるだろう。

日露戦争

義和団の乱に対処するために満州に出兵していたロシア軍は、平定後も満州占領を続けた。ロシアの影響力が韓国におよぶことを恐れた日本は、一九〇二（明治三五）年一月、日英同盟を締結してこれに対抗した。ロシアは同年四月に清国との撤兵条約を結んだが、翌年の第二次撤兵を実行しなかった。このため満州と韓国での権益をめぐって日露の対立が深まり、両国の交渉でも妥協が成立しなかったので、一九〇四年二月に開戦した。

日露戦争に際して、政府当局者がもっとも腐心したのは西欧列強の支持を取りつけることだった。桂内閣の事実上のスポークスマンだった徳富蘇峰の『国民新聞』の論調は、その点で非常に興味深い。開戦間近の一月一一日の論説「義戦の説」はつぎのように述べる。「吾人が露国と相争うは私争にあらず、公闘なり。一国のために戦うにあらず、世界のために戦うなり。正義もし我に与《くみ》せずんば、我は断じて剣を抜かじ。文明もし我に随わずんば、我は決して砲門を開かじ」。

自国の戦争行為が国益のためではなく、世界の公益のためだとの言辞は、古今を問わない戦争正当化のレトリックだろう。「正義」や「文明」への訴えもそれ自体は特別ではない。しかしここで意識されていたのは西欧の「同情」であり、それが西欧に対するコンプレックスの裏返しだったことは、以下の文章に明瞭である。「我が帝国なる、遠く極東に位して、我国の真相は、未だ充分に列国の了解する所とならざるの不利あり。加うるに、欧米の列国とは、人種において異なり、宗教において同じからず。日本が、文明国の仲間に繋がる所は、唯一の人道あるのみ」（「帝国の行動」、一九〇四年二月二七日）。

「世界の好意」を得るために、蘇峰が示した健気《けなげ》な配慮には、日本帝国が置かれた国際的地位がみごとに表現されている。蘇峰は日本の戦争行為を一貫して西欧文明と結びつけようとした。戦争を文明と野蛮の戦いとする正当化の方法は、日清戦争の場合と異ならない。しかしロシアとの戦争はアジア対ヨーロッパの戦いだから、単に「文明」を説くだけではロシアのほうに分があった。だから日露戦争では、以前にもまして日本が「アジア的」でないことを強調しなければならなかった。「わが国民の抱負」（同年四月一七日）は、それをつぎのように表現する。「お

旅順要塞司令官ステッセルと乃木希典らの記念写真
（『大連旧影』より）

よそ我が帝国および国民に対する一切の猜疑《さいぎ》、一切の嫉妬、一切の恐怖、さらに切言すれば、一切の嫌悪、すべて亜細亜的の文字に概括せらる。これ豈《あ》に危険千万なる断定にあらずや」。

「アジア的」という「概括的文字」のなかに日本が包括されることは、欧米から差別と偏見の目で直視されることを意味した。すでに福澤諭吉の「脱亜論」がそのような意図をこめて書かれたことは、前述したとおりである（第4章参照）。アジア諸国と同一視されるかぎり、日本は自己にふさわしい認知を得られない。これは福澤諭吉による脱亜論以後の共通した認識だった。日清戦争の勝利は中国との差異を証明したが、日本はなお「アジア的」という欧米からのまなざしを克服できなかった。蘇峰は相変わらず以下のように述べねばならない。「かれらはインドを見、安南、シャムを見、支那を見たる眼孔をもって、我国を見つつあり。かれらは日本人をもって、他の東洋人と同一視せり」（「日本人知り難からず」、同年四月二四日）。

以上の主張の裏には、欧米に対する激しい憤懣《ふんまん》が隠されている。「日露戦争の副産物」（同年五月一日）は、それを以下のように表現している。四海同胞主義はキリスト教の信条だが、それは白人にしか適用されていない。白人は異教徒や異人種を四海同胞主義の適用外だと考えている。従来、日本は「黒人の上、支那人の下」と考えられてきたが、日清戦争の勝利で「支那人の上」にランクされるようになった。しかし日本人は白人と同等に遇されていないし、四海同胞主義の適用対象とも考えられていない。日露の戦争は、日本人が欧米人と同等の実力を有することを実証する絶好の機会である。日本の勝利は、国際社会における日本の位置を一ランク上げるにすぎないが、日本の地位の上昇は、欧米人が固守する人種的・宗教的偏見を打破することを意味する。つまりかれらの閉鎖性を打破して、四海同胞主義の適用範囲を広げることで、人道の進化に寄与するのである。

日露戦争の勝利によって、日本は「世界列強の間に無理押しに押し入り」、その結果、「白晳《はくせき》人種以外の人種は劣等動物たりとの迷信」を打破することができる。これが世界における日本の歴史的使命だというのである。同じ論旨は「東亜の日本と宇内《うだい》の日本」（同年六月一九日）では、さらに積極的な形で展開され、日本の使命は「東西文明の墻壁《しょうへき》を撤し、黄白人種の割拠を去り、宇内共通文明の範囲を拡充する」ことだとされる。つまり西欧文明がまだタテマエとしてしか認めていない平等主義を体現することで、憎悪や猜疑を克服した真の文明への方向性を示すこと、具体的には、日本が「東西文明の融合者となり、黄白人種の調和者」にならねばならないという主張である。西欧文明の普遍性という理念にもとづき、日本は西欧文明をめざして、アジア的なものから脱出しなければならないというのが脱亜論である。この「脱亜」の主張が挫折すると、日本はアジアに回帰せざるをえない。脱亜論からアジアへの回帰を成し遂げるまでの中間形態が、東西文明融合論だった。それは「アジア的」でもなければヨーロッパ的にもなりえない日本の中途半端なあり方を、開き直って正当化しようとしたものといえる。

戦勝によって、意図されたことは実現しただろうか。否である。米大統領の講和勧告をロシアが受諾した直後に、蘇峰は「世界の同情」（一九〇五年六月一八日）と題する文章を発表している。「日本は欧米列強に伍《ご》するを得たるも、なおこれ旅烏《たびがらす》にすぎず。誰しも日本を無視せざれども、さりとて真心より日本を愛する者とては、ほとんど一人もこれあらず。人種といい、宗教といい、風俗といい、習慣といい、およそ無形有形の生活に関する、固有の紐帯《ちゅうたい》なるものは、彼我《ひが》の間に一も存在するものなきなり。日本は広き世界にありて、一個の異客たり。その孤独寂寥の感は、禁ぜんと欲してあたわざるなり」。ここで蘇峰が使っている「旅烏」という比喩は、日本の国際的孤立を示す表現として、その後のかれが頻繁に使う言葉になる。「アジア的」であることを拒否して欧米と同調しながら、他方で欧米からは自己にふさわしい認知を得ることができなかったとき、「旅鳥」の孤立感は必然である。福澤の脱亜論を引き継ぎ、蘇峰が歩んだ道は、最後はこのような隘路《あいろ》に行き着くことになった。

それから六年後の一九一一（明治四四）年七月、第三回日英同盟協約調印の直前の論説「醒覚か惰眠か」で、日本は「同盟を有し協約を有する一箇の孤立国のみ」と、蘇峰は断言している。国際関係では同人種、同宗教の間さえ利害関係しかあてにできない。「況《いわん》や異人種、異宗教の日本に於てをや」というわけである。第三回日英同盟協約は、米国を条約の対象から除外することを決めたものである。二十世紀に入って、米国は東アジアでの存在感を強めており、蘇峰は早くから日米の衝突を懸念していた。日露戦争後の日本の主要な関心が米国であるのに、米国を対象からはずした以上、この同盟は「蟬《せみ》の脱殼《ぬけがら》」にすぎない。こうした認識にもとづいて、同盟や協約は日本が実力を保有しているかぎりでのみ効力を期待できるのであり、固有の力を失えば即座に無力化してしまうと、蘇峰は警告する。数カ月後の「孤憤」（一九一二年二月四日）は、同じことをもっと強い調子で語っている。「大和民族は、世界に於ける民族中、殆んど孤立孤行の民族なり。親類もなければ、縁者もなし、いわば天地の一閑客のみ」。日本がロシアを退けて極東の一大帝国主義国として自立したとき、蘇峰は「我が力限り根限り雄飛するの他に、妙策あらざるなり」という悲壮な決意を固めるしかなかったのである。

2　初期社会主義の射程

日清戦争後の日本は、急速に資本主義への道を歩み始めた。石川三四郎《いしかわさんしろう》『日本社会主義史』は、戦後社会の変貌をつぎのように描いている。「日清戦争終結を告げて、社会運動の舞台は開かれぬ。いわく企業熱の勃興、いわく大工場の新建設、賃金労働者の激増、而《しこう》していわく軍備拡張、いわく租税増徴、いわく物価の騰貴、いわく細民労働者の困窮。労働問題は世に喧伝《けんでん》せらるるに至れり、社会問題は識者の意を注ぐ所となれり」（『資料日本社会運動思想史』2、三二六頁）。この叙述のとおり、桑田熊蔵《くわたくまぞう》らが社会政策の研究会を結成したのは一八九六（明治二九）年で（翌年、社会政策学会と命名）、翌一八九七年には樽井藤吉《たるいとうきち》らが社会問題研究会を設立した。同じ一八九七年には労働運動の宣伝・啓蒙を目的とする労働組合期成会が、高野房太郎《たかのふさたろう》・片山潜《かたやません》などを中心に結成され、年末に最初の労働組合である鉄工組合が結成された。さらにその翌年（一八九八年）には安部磯雄《あべいそお》・片山潜らが社会主義研究会を結成して、いわゆる初期社会主義が産声《うぶごえ》をあげている。社会主義研究会は一九〇〇年に社会主義協会に改組され、これを母体に翌一九〇一年に日本最初の社会主義政党・社会民主党が結党された（二日後に禁止）。

幸徳秋水『社会主義神髄』

社会主義思想の萌芽は、いずこにおいても、資本主義化にともなう伝統的な社会秩序の混乱に反発する社会正義の観念に根ざしている。日本の場合は、資本主義化による労働問題の発生、帝国主義による戦争の危機、軍備増強のための増税、政党政治の利益政治化による政治腐敗が、世紀の変わり目に一斉に吹き出した。さらに廃娼《はいしょう》運動や足尾鉱毒事件も、知識人の目を社会の底辺に向けさせる役割を果たした。日露戦争前後の初期社会主義思想は、とくに政治腐敗と戦争の危機に反応する形で成長した。そのプロセスをもっとも明快に示している例は幸徳秋水《こうとくしゅうすい》である。

秋水が最初に社会主義への関心を明示したのは「社会腐敗の原因とその救治」（一八九八年）である。ここで秋水は、金銭に対する過剰な欲望が社会の腐敗をもたらしていると指摘し、「社会組織」の改造を説いている。この観点は政治腐敗にも向けられ、資本家の跋扈《ばっこ》、富の不平等な分配がその原因だとされ、選挙法改正や工場法制定などが提言されている（「現今の政治社会と社会主義」）。別の論説では、人心の腐敗堕落は過度の自由競争が原因とされ、金銭万能の世界を根本的に改造する必要が説かれている（「革命か亡国か」）。しかしこの段階の秋水は、社会悪の原因を「社会組織」にもとめ「革命」の必要を説いているだけで、社会主義の中身については何も説明していない。秋水が社会主義の内容を土地や資本の私有禁止と定義するのは、一九〇〇（明治三三）年一月に発表された論説「金銭廃止の理想」と「金銭廃止の方法」だった。このふたつの論説で簡単に言及された内容は、「我は社会主義者なり」（一九〇一年四月）で初めて明快な形で表明されることになる。それは前述の『廿世紀之怪物帝国主義』の刊行と時期が重なっている。つまり帝国主義論の執筆によって、秋水は社会主義への知識と信念を深めていったのである。

同じ時期に、秋水やその周辺の人々の関心を社会主義に向かわせた社会運動があった。ひとつは理想団で、もうひとつは普通選挙運動である。理想団は『萬朝報《よろずちょうほう》』の社長・黒岩周六《くろいわしゅうろく》（涙香《るいこう》）が呼びかけたもので、黒岩とともに秋水・内村鑑三《うちむらかんぞう》・堺利彦《さかいとしひこ》などが発起人となって一九〇一年七月に結成された。政治思想や宗教の違いを超えて、人心の改良によって社会腐敗を是正しようとしたもので、秋水は「現在主義を排す」と書いて、理想をもって「時勢に抗する」ことを「天下有為の志士」に呼びかけている（幸徳③二七〇）。他方、普選の運動は、一八九七年に木下《きのした》尚江《なおえ》などが松本で始めたのが本格的な始まりで、一九〇二年に河野広中《こうのひろなか》らが法案を衆議院に提出して、一般的な注目を浴びるにいたった。この年の八月の総選挙には、木下尚江が軍拡反対・普選論などを掲げて前橋の選挙区から立候補している（落選）。

理想団も普選運動も、社会や政治の腐敗に対する救済策だった。しかし理想団の人心改良には限界があったので、秋水は普選の実現による「根本的の革命」しかないという信念を強めた。かれがそれを確信にまで高めたのは、マルクス主義についての初歩的な知識をもってからである。「社会主義に対する誤解」（一九〇二年一一月五日）と題する論説で、秋水は初めてマルクス・エンゲルスに言及して、社会主義は空想ではなく科学だと主張している。それによれば、社会主義とは「進化の理法」にもとづいて「高尚なる道義文明の域」に入ることだという（幸徳④一六二）。

秋水が社会主義についてまとまった知識を得たのは、トーマス・カーカップやリチャード・エリーなどの著書にもとづいている（Thomas Kirkup, *An Inquiry into Socialism.* Richard Ely, *Socialism and Social Reform*）。かれはそれをもとに『社会主義神髄』を一九〇三年に刊行した。土地や資本などの「生産機関」を地主・資本家が独占して、生産物を略奪しているために、富の分配の不公平が生じた。だから「生産機関」を社会の公有にすれば貧困を解消できると、秋水は説く。その説明の特徴は、まず第一に社会主義への革命を「進化的過程の必然の結果」と位置づけたことである（幸徳④五一一）。さらに秋水は、社会主義が実現して階級闘争が消滅すれば、貿易や富をめぐる闘争はなくなるから、世界平和が実現すると説いている。進化論では生存競争が社会進化の原動力だから、この社会主義論には矛盾があるようにみえるが、社会主義は資本主義社会における貧富をめぐる不平等な競争を廃止し、平等な条件のもとでの智徳をめぐる「高尚」な競争を実現するのだと説明される。

マルクス主義を基準にすれば、『社会主義神髄』で説かれた社会主義論に根本的欠陥があることはあきらかである。秋水は唯物史観を知らず、英文『共産党宣言』の一節「万国の労働者よ、団結せよ」を冒頭に掲げているにもかかわらず、階級闘争における労働者階級の役割も認識していない。しかし二十世紀初頭の日本の思想状況で、秋水が果たした役割はやはり画期的だった。秋水は不平等や貧困の原因を資本主義の経済システムにもとめ、それを人類史の一段階にすぎないとして相対化した。社会の矛盾を為政者や資本家の道徳問題に解消せず、資本主義が生みだす必然的悪ととらえ、その根本的変革のために「志士仁人」の奮起を促したのである。たしかに秋水は「革命は天なり、人力に非《あら》ざるなり。利導すべきなり、製造すべきに非ざるなり」（幸徳④五一二）と主張している。しかしこれは革命を自然的過程と理解したというよりも、むしろ「志士仁人」の歴史的使命を強調したものである。

日本の知識世界は、『社会主義神髄』によって日本という国家を歴史的に相対化する視野を得た。かつて福澤諭吉の文明論や徳富蘇峰の『将来之日本』も、歴史的なパースペクティブで日本国家をとらえていた。しかし秋水がかれらと決定的に違っていたのは、国家目標とは別次元で理想の社会の姿を語ったことである。秋水は戦争を資本主義国家と不可分なものととらえ、社会主義は「偉大なる世界平和の主義」を意味すると論じた（幸徳④五〇九）。『社会主義神髄』が出ていなければ、日露戦争の非戦論はもっと弱々しいもので終わっていただろう。義和団事件が勃発したとき、日本の対外進出に何の疑問も感じていなかった秋水は、『廿世紀之怪物帝国主義』によって当時の国家目標に疑問を呈し、さらに『社会主義神髄』にもとづく非戦論で、圧倒的世論によって支持された日露戦争を否認することになるのである。

平民社

非戦論の中心となった平民社は、一九〇三（明治三六）年一一月に結成された。平民社の社員は社会主義者である点ではほぼ一致していたが、労働運動から出発した片山潜・西川光二郎《にしかわこうじろう》、キリスト教社会主義の立場に立つ安部磯雄・木下尚江・石川三四郎、『萬朝報』の記者だった秋水・堺利彦など、思想的背景や関心はさまざまだった。弾圧、財政難、内部対立などによって週刊『平民新聞』は一九〇五年一月で終刊となり、平民社自体も同年一〇月に解散した。平民社の活動期間はきわめて短いが、現在にいたるまで日本の社会主義者が一致して行動した唯一の例である。草創期であったことと、圧倒的な対露強硬論のなかで身を寄せ合うしかなかったという事情が働いたのである。

平民社の非戦論には幅があった。幸徳秋水のような社会主義者は、戦争は金融資本家の利害を反映したもので、労働者や大多数の国民にとって戦勝は何ら得るところがないと論じた（「和戦を決するもの」、「社会党の戦争観」など参照）。他方、同じく社会主義者を自称しても、木下尚江は「国の滅亡は社会の滅亡に非ざるなり」と述べて、「世界を家とするの大道念」の見地から「亡国」を恐れるに足らずとした（「戦争人種」、木下⑯八二）。別のところで木下は、「一家族、一民族、一市府以外」の観点に立って、「人は人なり」の境地で問題を考えるべきだと論じている

平民社（『大逆事件アルバム』より）

（「恋愛中心の社会問題」、木下⑰一〇一）。国家などの人為的秩序や道徳によって、人間本来の「埋没せる真相」が抑圧されることを指摘し、「永劫《えいごう》不易《ふえき》なる人生要求の真諦《しんたい》に復帰する」ことを説いたものである（木下⑰一〇三）。このような論理の徹底性は木下特有のものだが、帝国主義の世界状況において「膨脹」という国家目標を拒否するには、秋水のように階級論に依拠するのでなければ、木下のような一種の「世界市民主義」（マイネッケ）に立つしかない。秋水の立場を徹底すれば、「戦争を内乱へ」（レーニン）という階級闘争の論理になる。木下の場合は、独特のキリスト教信仰にもとづいて、最終的には「政治の否定」に赴くことになる（清水靖久二〇〇二、三〇一頁）。

四面楚歌に近い状況下での平民社の言論活動には、追いつめられていたがゆえの透徹した論理が展開されている。たとえば『平民新聞』第一〇号は、ロシアの満州占領と日本の台湾支配を同じレヴェルでとらえ、横暴はロシアだけではないと論じる。そして「小日本なる哉《かな》」では、大国をうらやまず「小国を以て甘んずる」ことを国是とすべきだと主張している。このように帝国主義的な領土拡張を否定する論理は、当然、朝鮮にも向けられる。大石誠《おおいしせい》之助《のすけ》は第二一号の論説で、日本の対韓政策を「文明の強売」と評し、暗に「侵略的膨脹」をめざすものと批判している。木下尚江「敬愛なる朝鮮」（『平民新聞』第三二号）は「朝鮮国民の立場」から立論し、日清・日露の戦争は日本・中国・ロシアの「権力的野心が朝鮮半島てう空虚を衝ける競争」にすぎないと断罪した（木下⑯二七五）。秋水も「朝鮮併呑《へいどん》論を評す」（同第三六号）で、徳富蘇峰や海老《えび》名弾正《なだんじょう》を例にあげて、かつて朝鮮独立を呼号していたものが、今は「領土保全」や「合同」を主張している事実を指摘し、結局、かれらは「ヨリ大なる日本帝国」をめざしたにすぎないと批判した（幸徳⑤一七四）。

帝国主義への批判は、その背景をなす愛国心にも向けられる。石川三四郎（一八七六～一九五六）は「小学教師に告ぐ」（同第五二号）でつぎのように述べる。「国家は国民のためにその人民を教育せんとするも、人類としてこれを教育せんと欲せず、一国の民を造らんことを欲するなり、世界の子を造らんことを欲せず」（石川①一九八）。この論説は筆禍《ひっか》事件をひき起こしたが、石川はそれに屈せず、『平民新聞』の後継紙『直言』（第二巻第七号）でつぎのように書いている。「もし「国」を愛することが「人」を害するに至るならば、社会主義者は「国」を棄て「人」のために尽さねばなりません」（「社会主義者の愛国心」、石川①二一八）。石川の主張は、前述の木下が述べた「人は人なり」と同じことを述べたものであり、いずれも「国賊」の汚名をあえて引き受けることを覚悟したときに到達しえた境地を示している。それは国家や愛国の心情を人間存在にとって二義的なものにすぎないとして否認し、根源的な自己の観点から、思考を再出発させたものだった。

平民社の活動は社会的に孤立したものだったようにみえるが、それまで当然と考えられてきた国家による公共性の独占に重大な疑問符を投げかけた。初期社会主義の運動自体は大逆事件によって逼塞《ひっそく》したが、その十数年後に展開した大正デモクラシーは平民社の遺産を抜きにして考えることはできない。

国体論批判の諸相（1）——木下尚江の場合

石川三四郎や木下尚江が表明した国家との距離の感覚は、かれらなりの社会主義の理念に裏打ちされていたが、根底ではやはり時代の雰囲気を感じとったものである。徳富蘇峰の『国民新聞』は、日露戦争中の青年層にひそむ戦争への無関心をしきりに嘆いている。たとえば「青年の風気」（一九〇四年九月二五日）は、明治の青年が「個人的自覚」を得るとともに「国家的自覚」を喪失したと論じ、「熱個人、冷国家」の風潮が広がることを警戒して、憂うべきは非戦論者ではなく「無戦論者」だと述べている。戦時体制の下にあった国民のなかに、ごく一部とはいえ「無戦論者」と呼ばれる青年層が登場したことは、逆説的ながら明治国家の成熟を示すものである。もはや「国家的自覚」だけに訴えて国民を動員するのは無理だと、感じられ始めていた。青年層の「冷国家」の風潮を懸念する『国民新聞』に応えて、木下尚江が「愛国心欠乏の原因」と題する文章を書いている。木下によれば、青年が「愛国の熱情」に乏しいのは、「国家」を「鵜呑《うの》みにする」ことを命じて「咀嚼《そしゃく》する」ことを教育しなかった政府の教育方針の結果だという。鉱毒地の見学は禁止され、人生に煩悶するものは無気力と罵倒される。国家の目的は論じられず、「神道的感情」に抵触すれば国体を毀損するものとして国賊視されて、青年はただ「懐疑の霧中」に迷っていると、木下は論難する（木下⑰一七～）。「革命の無縁国」（『飢渇』所収）でも、「君主神権の信仰は日本国民遺伝の熱烈なる感情なり」と、木下は強烈な皮肉を書く（木下④三四九）。そして国民がこの「感情」の根拠を求めているのに、学者は「教訓」するだけで説明せず、質問されると「革命の挑戦」と受けとって「戦慄《せんりつ》」していると指摘した。少し後になるが、蘇峰はあたかも木下の批判を裏書するかのように、「旧式なる忠君愛国一天張りの教養」は通用しないとしてつぎのように書いている。「吾人が祖先は、国体論について、未だ何故《なにゆえ》との疑問を発したるものなかりき。今日の青年においては、殆んどその疑問を発せざるものなきなり」（『時務一家言』、明治文学全集34、二八五頁）。

頭ごなしの教育勅語の注入では、もはや国民教化は困難になりつつあるというのは、立場の相違を超えた共通認識になっていたのである。国体論はあきらかに綻《ほころ》び始めていた。それは単に青年たちが「何故」という疑問を発するからではない。何より植民地帝国になった日本では、血族集団による祖先崇拝という国体神話は通用しない。木下が『荒野』で、「それは今までの大八州《おおやしま》だけを統一守護するには恰当《こうとう》の権威であったろうが、民族信仰の違う朝鮮満州を包括するには、何分にも風呂敷が小さい」（木下⑦二七三）と批判したのは、あまりにも当然だった。木下

木下尚江
（『木下尚江集』より）

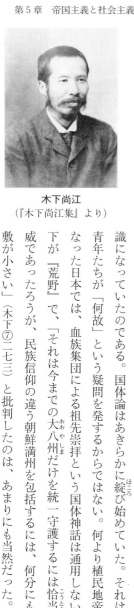

によれば、万世一系の皇統神話や祖先崇拝は「野蛮蒙昧《もうまい》時代の記念」にすぎず、立憲主義の時代精神には受けいれがたいものだった（「『忠君愛国』の疑問」、⑬二六四）。一八九八（明治三一）年の大隈内閣（いわゆる隈板《わいはん》内閣）の成立や一九〇〇年の伊藤博文を総裁とする立憲政友会の成立も、本格的な政党内閣の成立を予期させるもので、天皇大権を基本としたこれまでの政治環境は大きく変わりつつあった。

国体論者の代表といってよい穂積八束《ほづみやつか》が、この時期に書いた論文「立憲制の本旨」や「憲法の精神」などで、政体と国体の峻別を説いているのは、こうした事態をふまえたものだろう。それによれば、国体は主権の所在にかんする概念で、その国の固有の歴史によって決定されるのに対して、政体は統治権行使の形式にかんするもので憲法の規定によるという。「歴史の成果」としての国体は不変だという穂積の主張は、国体を聖域化することによって、政党政治の影響を議会の内部に封じ込めようという底意を感じさせる。巨視的にみれば、穂積の国体・政体の峻別論は、政体論という枠組によって、国体論の忌避にふれる恐れのない政治的言論空間を作り出し、穂積自身の意図とは別に、天皇大権のもとでの政治的民主化の可能性を生んだ。大正デモクラシー期の民本《みんぽん》主義はその典型である。しかし他方で、それは政党勢力の伸張にともなう政治的民主化の要求を政体論のレヴェルに限定し、国体を不可侵の領域とすることになった。だから国家的危機に立ちいたったとき、国体論の神聖性というタテマエが政体論レヴェルでの自由主義を押しつぶし、「顕教による密教征伐」（久野収・鶴見俊輔一九五六）という事態を生みだすことになる。

木下は「君主観」（一九〇三年）と題する論説で、天皇には政治、国法、道徳、宗教の四つの面からの位置づけがあると指摘している。政治的には天皇が権力を失った時期があったことは明らかであり、法的には国家主権説と天皇主権説が争っている。しかしこうした学説上の異論にもかかわらず、「国民の情感」のうえでは道徳的、宗教的な天皇観が支配的なために、国家主権説の天皇観も結局は「異邦学者に模倣せる論理上の智識」にとどまり、「熱気ある思想の発動」にはなりえていないという（木下⑯一八九）。このように学者も国民も国体論のまえで「恐怖逡《しゅん》巡《じゅん》」する状態は、「宗教的君主観」を「解剖」しないかぎり克服できないと、木下は主張する。明治憲法における統治権の総攬者《そうらんしゃ》としての天皇と、教育勅語の道徳・宗教的な天皇像は相互に支えあっており、後者の側面をカッコに包んだまま、天皇主権を棚上げにして自由主義化しようとしても挫折する。木下はこのように説いているのである。天皇機関説による自由主義的憲法解釈の限界を指摘し、一九三〇年代の「国体明徴」運動の熱狂を予示していたものといえる。かれは問題の本質をみごとに見ぬいていた。

国体論批判の諸相（2）
——北一輝の場合

木下の国体論批判は執拗だったが、かれは筆禍をおそれて「宗教的君主観」の中身に踏みこむことを慎重に避けた。その限界を超えて果敢に国体論のタブーに挑んだのが、若き北一輝《きたいっき》の『国体論及び純正社会主義』（一九〇六年）である。北は国体論による言論の閉塞状況をつぎのように描いている。「これ（国体論のこと）あるがために新聞記者は醜怪《しゅうかい》極まる便佞阿諛《べんもうあゆ》の幇間《ほうかん》的文字を羅列して恥じず。これあるがために大学教授より小学教師に至るまで凡《すべ》ての倫理学説と道徳論とを毀傷汚辱《きしょうおじょく》し、これあるがために基督《キリスト》教も仏教も各々堕落して偶像教となり以て交々《こもごも》他を国体に危険なりとして誹謗し排撃す」（北①二〇九）。帝国主義的な国際環境を重視した北は、非戦論を認めなかったが、平民社の社会主義から影響を受けていた。そして進化論に依拠して、北は明治維新をフランス革命と同じ近代への転換点と位置づけ、独特の国家社会主義（北の表現では「純正社会主義」）を構想した。そこでは維新以後の国家は「公民国家」とされたので、天皇の神権に依拠した国体論は中世への復帰を企図する「復古的革命主義」と批判されることになる。

北は明治維新までの天皇の歴史上の位置を三つの段階に区分して、国体論の天皇観を根本から否定する（北①三一六～）。第一期は天皇一族が近畿地方を中

北一輝
（『北一輝と日本の近代』より）

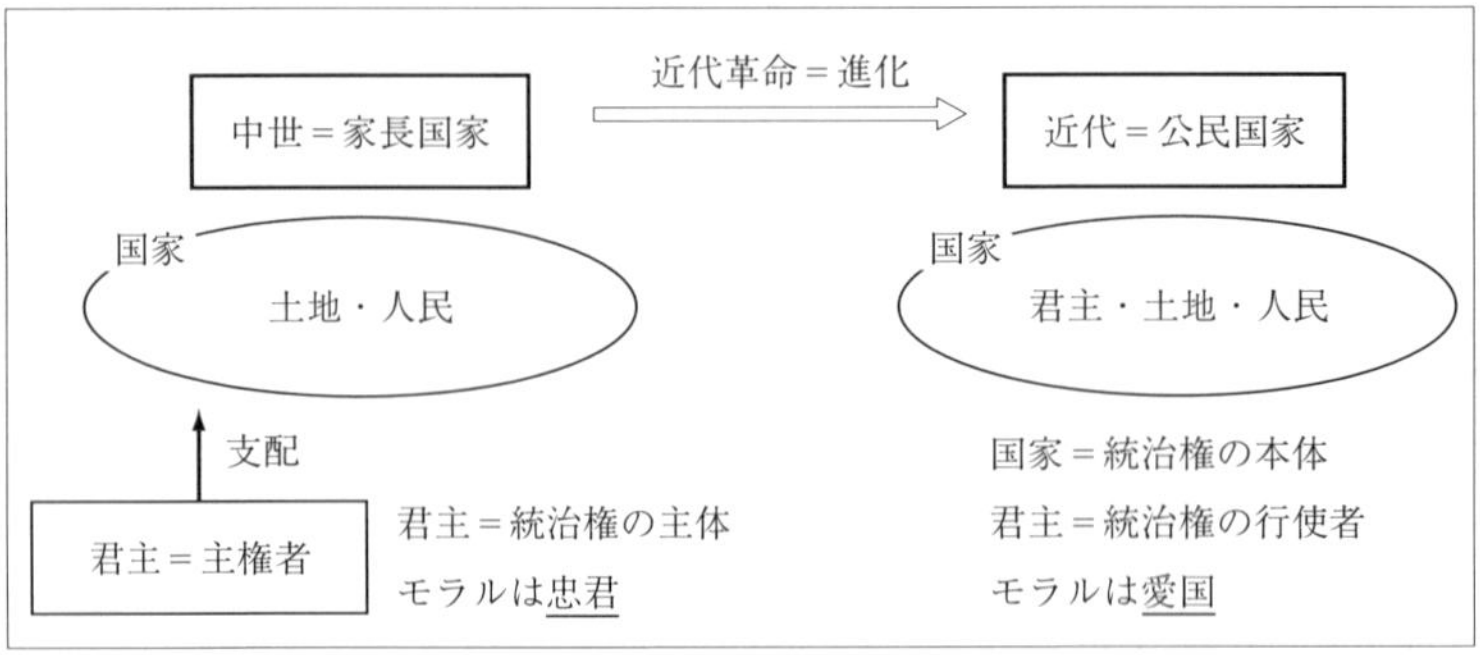

『国体論及び純正社会主義』の「公民国家」の概念図（米原作成）

心に支配した「原始的生活時代」で、天皇は一族の家長として祖先を祀る際の祭主だった。第二期は「家長国体」の時代で、前半は藤原氏滅亡までの「君主国時代」、後半は鎌倉幕府から明治維新までの「貴族国時代」である。第二期をつうじて天皇は「法理上」は国土と人民の所有者だったが、後半の「貴族国時代」には、土地と人民の実質的所有者たる全国の「家長君主」（すなわち大名）に対して、天皇は「神道《しんとう》の羅馬《ローマ》法王」だったにすぎない。そして「君主国時代」は藤原氏が、「貴族国時代」は全国の「家長君主」が「乱臣賊子」となって天皇を迫害したが、天皇は無力のままそれに堪えるしかなかった。したがって曲りなりに「万世一系」が継続したのは、天皇が簒奪《さんだつ》するに値しないほど無力な状態におかれた結果にすぎない。

　万世一系の皇統神話は系統主義、忠孝主義、神道の信仰という三つの要素からなると、北は指摘する。そして系統主義は天皇と同じ系統に属する大名らがみずからの権威づけのために利用し、忠孝主義もかれらが被支配者を動員するのに利用した。したがってそれは皇室の系統や皇室への忠誠を意味するものではなく、皇室は衰えつつある神道の信仰によってわずかに「神道の羅馬法王」として存続しただけだった。以上のような説明で、北は教育勅語のいう「克《よ》ク忠ニ克ク孝ニ」の「国体ノ精華」を微塵に粉砕してしまう。

　前述のように、明治維新によって日本は「公民国家」になったと、北は考えた。それ以前は、名目上にせよ天皇が統治権の主体であり、土地と人民は統治の客体にすぎなかった。「公民国家」においては、統治権の主体は国家自体になり、君主は国家の一機関として統治権を行使するにすぎない。こうして北の社会進化論では、近代において生存競争の単位が個人から国家（社会）に移り、国家が自己目的化して、その存立のために国家の分子をみずからの機関として作動させるにいたる。つまり中世の「家長国時代」の道徳は「君主の個人的利己心」への忠誠としての「忠君」であるが、「公民国家」の道徳は国家の「社会的利己心」への忠誠としての「愛国」になる（北①三四五）。ここでは忠君は前代の遺物とされ、愛国とは明確に分離される。君主主権説が否定されるのみならず、教育勅語の根幹たる忠君と愛国の一体論も否定されるのである。

国体論批判の諸相（3）
——河上肇の場合

木下尚江と北一輝は、ともに社会主義の信念に依拠して国体論を批判した。しかし一方はキリスト教、他方は国家を生存競争の主体と考える社会進化論を基礎にした独特の社会主義だった。幸徳秋水は木下にむかって、「君、社会主義の主張は、経済組織の改革じゃないか。国体にも政体にも関係は無い。君のような男があるために「社会主義」が世間から誤解される。非常に迷惑だ」（『神・人間・自由』、木下⑪一四）と難詰したという。このエピソードでわかるように、「経済組織の改革」を社会主義と考える正統派の社会主義者からは、国体論批判が出てこなかったのは興味深い。

河上肇（『河上肇全集』より）

河上肇《かわかみはじめ》（一八七九～一九四六）も早くから社会主義に関心をもっていたが、信念としてそれを語るのはかなり後になってからである。河上は社会主義の周りをぐるぐる回りながら、社会の改良か個人の改良かの選択で長いあいだ逡巡していた。『読売新聞』に一九〇五（明治三八）年一〇月から連載されて評判になった『社会主義評論』でも、社会主義は「我国体と国家」に適さないと論難した（河上③二〇）。河上は熱烈なナショナリストであり、すでに『日本尊農論』（一九〇五年）で、日本の産業化が農業の衰退を招き、それが「国家転覆の原由」になるのではないかと強く危惧していた。この不安は、かれをダブル・バインドの状態に置いた。河上の認識によれば、帝国主義の国際状況で日本が生き残るには産業化が不可欠であるが、他方で、産業化による農業人口の減少は強兵の減少、服従心の喪失、愛国心の減退、奢侈《しゃし》の増進などを引き起こす。それは結果として「建国の基礎たる或る精神」を崩壊させてしまうだろう（「国情一変せん乎」、河上④三一九）。河上をとらえていたのは「吾が国の歴史に於いて最も異彩を放ちし武士道と忠君愛国の思想と国家主義と家族主義」（河上④三二一）が激変しつつあるという危機感だった。

同じ危機感は、一九一〇年末に執筆された『時勢の変』でもっと詳細に展開されている。大逆事件の公判渦中のことである。かれはここで再び産業化が社会に及ぼす深刻な影響について説明する。都市化による商業の発達と農業の衰退は「軍人気質の衰退」を招き、貧富の懸隔は社会主義の勃興をもたらす。思想界においても、進化論、物質主義、破壊主義の傾向が顕著になり、古い道徳観が廃《すた》れていく。「国、国として強きは、その国民に能《よ》く共同の思想を存すればなり。その共同の思想が能く共同の感情、共同の信仰と化し、したがって一朝《いっちょう》事ある時は、すなわち能《よ》くいわゆる挙国一致の実を挙げ得るがためなればなり」（河上⑤一六三）。しかし交通手段や教育の発達によって「古来の感情信仰」が破壊されてしまうので、「共同の思想」を維持するのはきわめて困難になるという。いうまでもなく、「共同の思想」という語によって河上が意識していたのは国体論である。大逆事件について、かれはあきらかに政府の態度に理解を示していた。しかし強圧的手段によっては、もはやそれが維持できないと考えたのである。

『時勢の変』脱稿の約二カ月後の一九一一年二月、河上は「日本独特の国家主義」と「政体と国体」を脱稿している。この二カ月の間に、河上は国体論に対する評価をアンビヴァレントな姿勢から明快な批判へと急変させた。

「政体と国体」で河上は、政治の目的が国家にあるか個人にあるかによって、国体は「国主国」と「民主国」に分かれると主張する。いうまでもなく、これは政治の目的が国家の存続と強大化におかれ、個人がその手段視されることへの批判である。「国主国にあっては君主は往々にして国家と同一視され、（中略）人民そのものが国家の機関たり君主の道具たるべきものと観念せらるるなり」（河上⑥一一二）。

河上によれば、国体の差異は「民族の信仰」にもとづく。信仰である以上、「是非善悪可否得失の論題」たりえない（河上⑥一一三）。しかし河上の国体二分論は、西洋と日本の異質性をきわだたせ、いわゆる国体論が普遍的に通用しえない異様なイデオロギーであると印象づけている。しかも国体の基礎となる信仰は「古き智識の集積凝固して感情と為りしもの」である以上、「新らしき智識の刺激」によって変化しうるから、「政体のみ独り変ずべく、国体は万古に亘つて不変」とするのは誤りだと指摘される（河上⑥一一三）。国体論が前提とした国体の不変性は、明快に否定されたのである。

「日本独特の国家主義」は、「政体と国体」の内容をさらに直截に説いたものにほかならない。さきに「国主国」と呼んだものを、ここで河上は「日本は神国なり。国は即ち神なりということ、これ日本人一般の信仰なり」（河上⑥一二一）と表現する。河上が読みとったのは、西洋のキリスト教に対応する「民族宗教」と評しうるような日本人の「国家至上主義」だった（河上⑥一三一）。このように国体論を批判することで、河上はナショナリストであることをやめたのではない。国家存立のために産業化が必要なことは自明であり、機械文明を取り入れるには個人主義の精神が必要だと、河上は考えた。だからそれを阻害する「国家教」と呼ばれるような極端な国家中心主義を、かれは非難したのだった（河上⑥一三三）。「国家至上主義」を是正して「自己に立脚するの個人」を育成しないかぎり、日本は遠からず滅亡するという痛切な危機感が、河上を突き動かしていたのである（「吾人の悲願」、河上⑤四四六）。

国体論批判の社会的背景

木下尚江、北一輝、河上肇の国体論批判は、問題の立てかたも動機もそれぞれ異なる。しかしかれらの立論の背景には、国体論によっては包摂しきれない個人が出現し始めたという社会状況の変化があった。日露講和に反対する群衆が引き起こした日比谷焼き討ち事件は、ナショナリズムが政府の制御を超える実例を示した。別の表現をすれば、国家と社会のあいだに裂け目が生じ、国家がもはや公共性を独占しえない状況が生まれ始めていた。そのとき木下は国家が正義や道徳を僭称することに我慢できず、個人の信仰や良心が国家によって掠《かす》め取られることに異議を唱えた。

木下とは異なって、北は内における社会主義、外に対する帝国主義を唱えた。それのみが帝国主義の国際状況で日本が生き残る道だと考えたからである。北が構想した国家では、「天皇は国民の総代表」であり、天皇も国民も国家のための一機関にすぎない（『国家改造案原理大綱』、北②二二二）。その「公民国家」では、天皇は神聖性を剝ぎとられ、国民は平等化される。その結果、「日本帝国は宗教団体にあらず」（北①二五三）として、国家は宗教や道徳から解放されて中立化し、天皇も国民も信教の自由を確保するのである。

北と同様に、河上も国際的な弱肉強食状態を無視できなかったが、かれはそれが道徳の要求と一致することを願った。河上自身は国体論が前提とする道徳共同体を居心地がよいと感じていたが、産業化の進展によってそれが崩壊するのは必至だと洞察していた。社会主義や個人主義の風潮が強まるなかで、河上は旧来の道徳的共同体が個人の「創造力」を包容しうる共同体に軟着陸することを模索した。河上はあきらかに大逆事件とその被告の死刑に衝撃を受け、国家主義の「画一主義」によっては「時勢」に適応できないことを悟ったのである。

第6章　デモクラシーからマルクス主義へ

年号の変化が時代思潮に影響を与えるとは思えないが、大正という時代の到来（一九一二年七月）とともに、「大正維新」という言葉が使われるほど時代の雰囲気が変わった。吉野作造も「明治の末から大正にかけて段々新しい傾向が著しく起り初めた」と書いている（「大正政界の新傾向」、吉野③一一四）。

変化のきっかけは、二個師団増設問題をめぐる軍部の横暴と、第三次桂太郎内閣成立（一九一二年一二月）における藩閥勢力の強引な政治手法だった。桂の組閣とともにジャーナリストや政党政治家が「閥族打破・憲政擁護」をスローガンとする憲政擁護会を結成し、これを都市の大衆が支持して反政府運動が高揚した。その結果、桂内閣は政友会を中心とする政党勢力と民衆の反対に抗しきれず、二カ月足らずで総辞職する。民衆運動による藩閥内閣の打倒は、直接には政党内閣に結びつかず、桂の後継は政友会に支持された海軍の山本権兵衛《やまもとごんべえ》だった。しかし山本内閣もシーメンス事件（海軍の収賄事件）の発覚によって、野党と民衆運動の激昂を買って一年ほどで退陣することになった（第一次護憲運動）。

「デモクラシー」という語が喧伝《けんでん》されたのは一九一〇年代の後半だけに終わり、二〇年代になると、ロシア革命のインパクトを受けて、知識人の関心はマルクス主義に向かった。しかし国際的な社会主義運動の潮流は、普通選挙制（一九二五年成立）の導入を促し、二〇年代半ばから三〇年代にかけての短期間ではあるが、二大政党制のもとでの西欧的な立憲政を実現させた。普選と政党内閣という形で実現した日本の自由民主主義は、国体論（具体的には治安維持法）という根本的な制約をもち、一九三二（昭和七）年に五・一五事件のテロであえなく頓挫した。しかし大日本帝国憲法と教育勅語によって成立した一八九〇年以後の明治的立憲政は、日露戦争前後の平民社による非戦という名の反国家主義運動と、一九一二（明治四五／大正元）年以後の憲政擁護という名の自由主義運動によって風穴を開けられた。それは短期間のひ弱な経験だったので、一九三〇年代以後のファシズムに抗することができなかったが、それでも第二次世界大戦後の日本政治に、貴重な遺産を残したことはあきらかである。

1　大正デモクラシー

一九一二年から一四年にかけての反政府運動の高揚は、知識人に自信を与えた。大正デモクラシーの論客として活躍した吉野作造《よしのさくぞう》（一八七八～一九三三）、大山郁夫《おおやまいくお》（一八八〇～一九五五）、長谷川如是閑《はせがわにょぜかん》（一八七五～一九六九）らは、いずれも第一次世界大戦前にヨーロッパに渡航した経験をもち、そこでの民衆運動や立憲政治の実態を見聞していたので、民衆運動による二度の内閣倒壊は、かれらの言論に絶好の機会を提供した。とくに一九一六年以後の「民本主義」の主張は、天皇主権という憲法の制約によってもデモクラシーへの潮流を押しとどめえないことを世論に知らしめ、紆余曲折の末、一九二四年の護憲三派内閣の成立を導いた。

留学以前の吉野作造　吉野作造は第二高等学校（仙台）時代に受洗し、東京帝大在学中は、海老名弾正《えびなだんじょう》が主宰する本郷教会のメンバーとして活躍した。一九〇四（明治三七）年から翌年にかけて、本郷教会の雑誌『新人』に日露戦争を支持する論説を発表している。また海老名が一九〇五年一月に『新人』に発表した論説をきっかけに、平民社とのあいだに起こった論争で、吉野は海老名の後を受けて木下尚江《きのしたなおえ》とわたりあった。まずこの論争によって、吉野の政治思想の特色を探ろう。

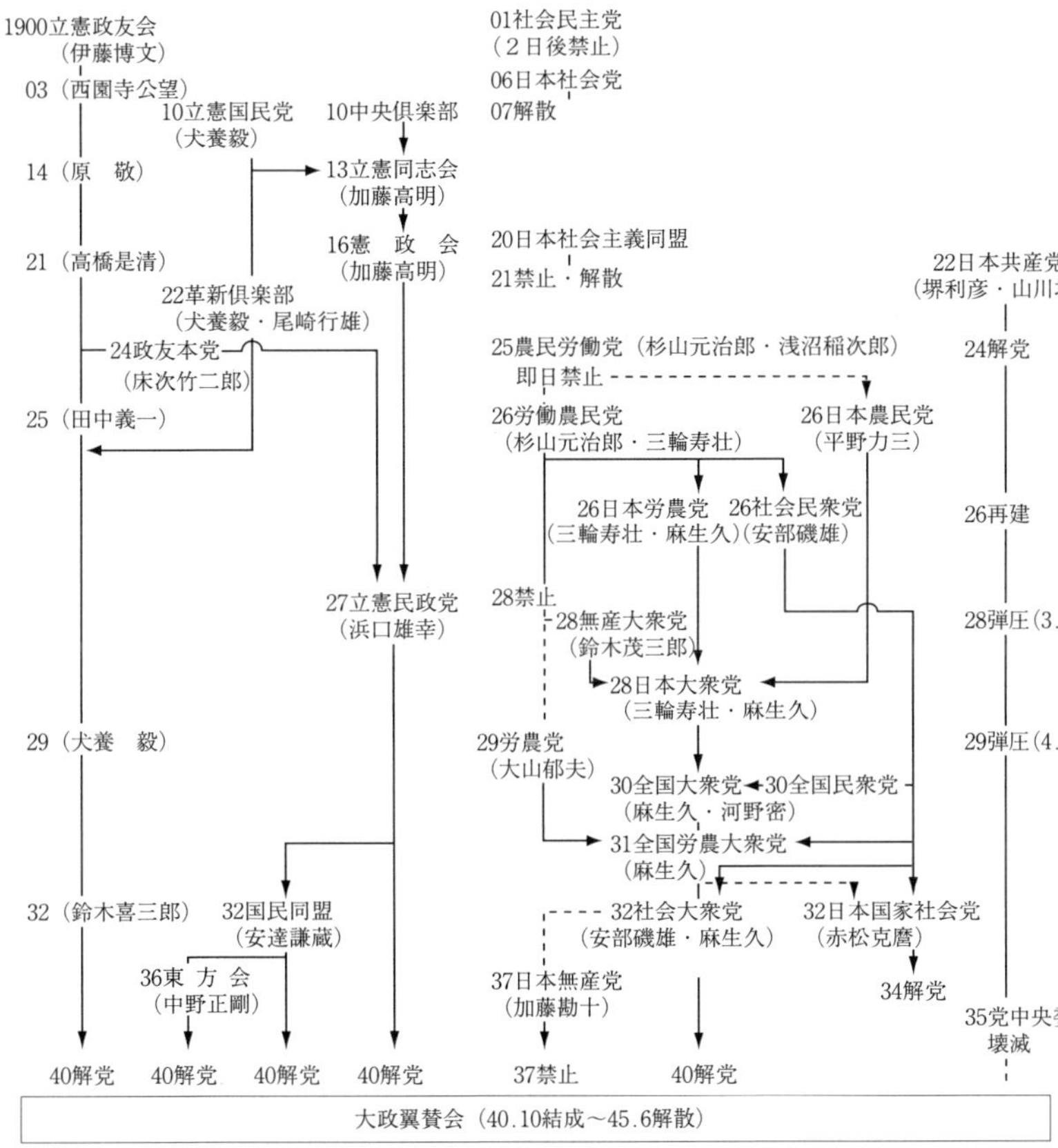

政党の変遷（大正～昭和）（『ビジュアル日本史』による）

問題の海老名の論説は「日本魂の新意義を想う」と題するもので、日本帝国を指導している歴史上の偉人たちは、実は「大日本魂」に啓発指導されたものだと論じ、さらに大日本魂は「宇宙魂」で、大日本帝国はいずれ「神の国として霊化」すべきものだと主張したものである（吉野①三七〇）。日露戦争を神聖化し、大日本魂が「世界魂」として世界を「大融合」するという過大な希望と理想を語ったものといえる。これに対して『平民新聞』でこの論説を取りあげた幸徳秋水《こうとくしゅうすい》は、海老名の論説は政教一致体制をめざすものだと批判し、これがキリスト教の本義に合致するものか否かを

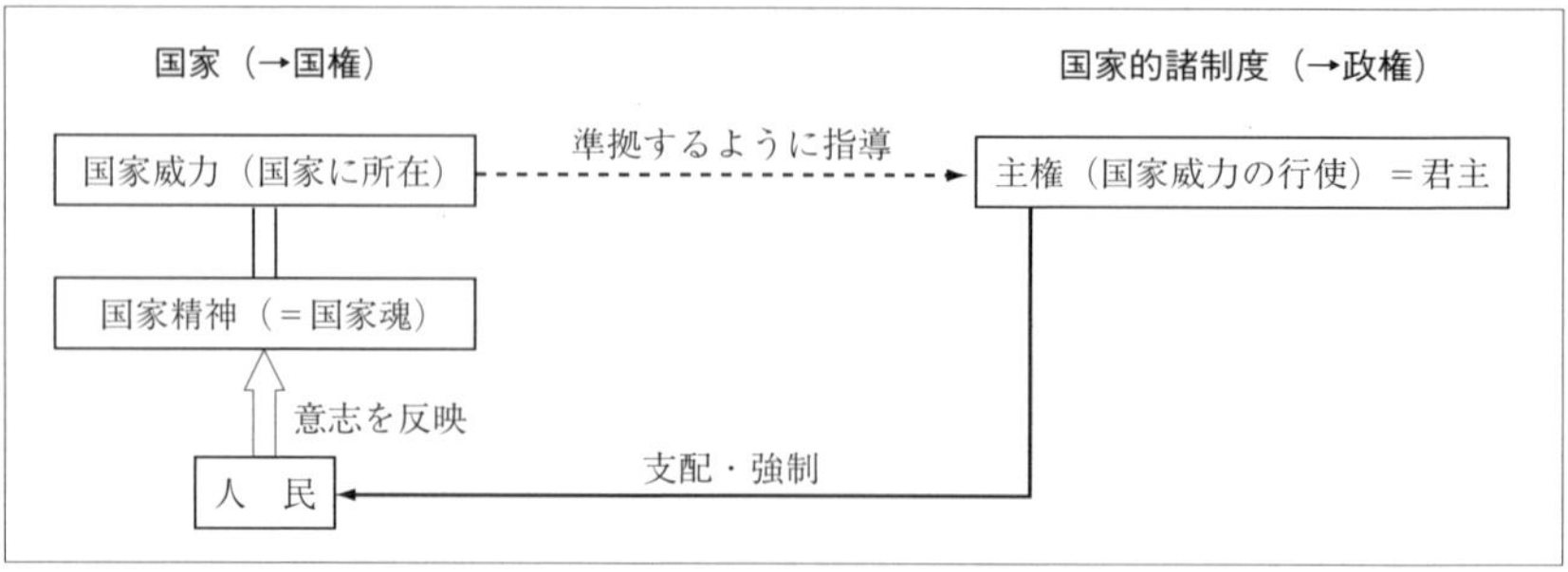

吉野作造における「国権」と「政権」の概念図（米原作成）

キリスト教徒に問いかけている。秋水の批判に答えたのが吉野の「国家魂とは何ぞや」である。吉野はここで巧妙に議論の位相を切り換え、ヘーゲル法哲学にもとづいて「国家魂」を国法学の議論へと転換する（ヘーゲルとの関係は後述参照）。そして国家魂（あるいは国家精神）を国民各人の最上の規範たる「団体の意志」と定義し、近代国家では国民各人は「受働的に国家精神の統御に服する」だけでなく、「自働的に国家魂を作る」ものだと主張している（吉野①七八）。すなわち国家魂は、国民各人にとって単なる「外部的規範」ではなく「一種の精神的規範」であり、それを「体認」していない個人に対しては強制的に発現するという。

　吉野の論説に対して、今度は木下尚江が「『新人』の国家宗教」を書いて、海老名の国家魂は国家宗教だとあらためて反論し、日本のキリスト教徒は国家の歓心を買うことに汲々としていると批判する。そして吉野の主張は木下の「宿論」である民主主義と合致するが、民主主義は一般には「国体の精華を毀損《きそん》する」と非難されていると指摘し、吉野に対して「書斎の窓を開いて実社会を看よ」と説いている（木下⑰二一～二二）。

　これに対して、吉野は「木下尚江君に答う」を書いて再反論し、木下が「国権」と「政権」を混同していると指摘する。吉野の見解によれば、国家精神すなわち「国家威力」は国家全体に存するが、「国家威力」の行使（＝政権）を担当するのは主権者である。木下が「国家」と呼んでいるものは、じつは政権の所在すなわち主権者のことだと、吉野は指摘する。さらに翌月の『新人』に吉野は「平民社の国家観」を書き、木下の反論を待ったが応答がなかったとして、さらに追い討ちをかける。平民社の人々は社会悪の原因をすべて社会組織の原因にしているが、吉野はまず個人の教化が重要だと主張し、「真正の国家観を説いて大に愛国心を鼓吹」しなければならないと説いている（吉野①九一）。

木下と吉野の論争は、論点がほとんど交わることがないために、かえって両者の関心の違いを明示していて興味深い。吉野の論説「木下尚江君に答う」の直後に、木下は「明治時代の政教史」と「露国革命の淵源」を発表していた。前者は維新以来の政教関係を概観し、文部省の国民教化策を批判するとともに、キリスト教が「自ら屈して国民化せんと努力」していることを論難したものである（木下⑰四一）。また後者では、ロシアにおける帝権と教権の「結託」が革命の原因だと示唆し、そこに「無限の教訓」を読みとるべきだと説いている（木下⑰五五）。このふたつの論説はともに政教一致体制を批判したもので、『新人』の国家宗教」の続編であることはあきらかだろう。「平民社の国家観」の筆致から推して、吉野はこのことを無視したのではなく、自分に対する反論だとは気づかなかったのだろう。吉野が木下の提出した論点にいかに無頓着だったかを示している。

吉野は木下が執拗にこだわった国体論に対して何の危惧も抱いていない。国家主義的キリスト教にもとづくほとんど戯言《たわごと》に近い海老名の論説を、吉野は国権と政権の二分論によって国法学の議論にすりかえ、国家魂＝国家精神＝国家威力を等号で結んで、それを「共通意思」の表現だと主張する。そして主権者は「国家威力を顕表する最高の機関」として、この共通意思にもとづいて国民各人を支配強制するとともに、主権者自身も「国家威力の指示する所に準拠」しなければならないと説いて、「主民主義」（民主主義）の原理に立つのである（「国家威力」と「主権」との観念に就て」、吉野①九五）。しかし木下が強調したのは、吉野が説いた民主主義的国法論は「主権者に対する国民の宗教的崇信心」（木下⑰二四）によって無化されてしまい、国家精神が国体論として顕現している現実である。木下が吉野に向かって「実社会」を見よと切言したのは、この事実だった。

吉野は以上の一連の論説を発表するまえに『へーゲルの法律哲学の基礎』を公刊していた。法哲学には最後の部分で言及しているにすぎず、むしろへーゲルの哲学体系の概説というべき内容である。海老名の「日本魂の新意義を想う」は吉野の本とほぼ同時に出ていて、「宇宙魂」をロゴスと言い換え、ロゴスの展開を説いていることにみられるように、あきらかに吉野のへーゲル論から着想を得ている。その後、吉野がおこなった論争も、基本的着想はへーゲル『法の哲学』にもとづいたものである。前述のように、吉野の主張の根幹は、「国家威力」の所在とその行使を峻別し、「国家威力」は近代国家では多数者に存するが、それを行使するのは主権者たる君主だと主張する点にある。これはへーゲル『法の哲学』の以下のような叙述に見合っている。「(国民が)内部的に発展した真に有機的な総体として思惟される場合には、主権は全体の人格性として存在するのであり、そして人格性はその概念に適った実在性においては君主の人格として存在する」(へーゲル『法の哲学』第二九七節)。

へーゲルの有機体的国家では、国家は国民の精神としてあらわれ、国民を貫く規範であると同時に、国民個々人の「習俗であり意識」であると考えられている(『法の哲学』第二七四節)。つまり国家権力(吉野は「国家威力」という)は国民個々人が作り出すものであるとともに、国民を規制する「掟」であり、それを「人格性」として表現するのが君主だということになる。国家とは「一大民族精神」であり、各個人が受動的にその統御に服するだけでなく、「自働的に国家魂を作る」のだと主張する吉野のモチーフは、このようなへーゲルの国家論である。へーゲルと同じことを、吉野はつぎのような言葉で語っている。「然《しか》り、国家の権力は主権者を通して人民を支配強制す。国家の権力を表するが故に人民は主権者の命令に従う。主権者が永久に能《よ》く主権者たるを得る所以《ゆえん》は一に国家の権力を着実に顕表するの点に存せずんば非ず」(吉野①八〇)。

吉野のいう「国家精神」や「国家威力」は多数者の意志が反映したものとされ、主権者たる君主も、事実上それによって制約されると考えられている。この側面を強調すれば、吉野の国家論は君主の主権を棚上げして、人民主権の論理（「主民主義」）に近づく。しかしこの時期の吉野にはヘーゲル的な有機体論の影響が顕著だったので、それは近代的な立憲主義の論理に立ちながら、容易に「宗教的君主観」（木下尚江）と癒着する構造になっていた。しかも木下と異なって、キリスト教信仰の面で吉野は、信徒であることと忠君愛国の要求のあいだに何の緊張も感じていなかった。たとえば「教育界に於ける基督教の圧迫を難ず」（一九〇九年五月）で、「予《よ》自身の意識においても、忠君愛国の赤誠において、あえて基督教徒たらざる多くの友人に劣るとは夢にも思って居ぬ」（吉野③四）と断言しているのは、吉野のキリスト教の国体論的性格を明示している。吉野が前述の木下の反論に気づかなかったのも、両者のこうした落差によるものである。木下は「『新人』の秀才」の弱点をよく洞察していたといえよう。

政治観の転換

ヨーロッパ留学から帰国後、吉野の思想にはふたつの面で顕著な変化が現れる。第一の変化は民衆運動に対する積極的な評価である。たとえば「民衆的示威運動を論ず」（一九一四年四月）では、護憲運動での民衆の役割を「受働的」で「煽動されたような気味」があると指摘しながら、しかも従来の藩閥政治のような「暗室政治」を打破するには、民衆の力によるしかないと論じる。ここで吉野は、「少数専門家の政治」は最善のものでも、「民衆政治《デモクラシー》」より劣っていると断言する。「寡人政治」の閉鎖性は、デモクラシーの公開性に及ばないというのである。人は権力を握れば独占したくなる。民衆の支持を得た権力でも、民衆の監視がなければ外から「窺い知ることのできないもの」（吉野③一二）になる傾向があるというのである。つまり閉鎖的な権力ほど腐敗しやすく、腐敗を防ぐことができるのは「民衆の勢力」だけだと、吉野は考えた。

むろん以上の議論は、民衆に対する手放しの楽観にもとづいているのではない。日比谷焼き討ち事件以来の日本の民衆運動には、ふたつの欠陥があると、吉野は指摘する。ひとつは反政府という以外の具体的目標をもっていないこと、もうひとつは受動的で煽動に乗りやすいことである。こうした判断の裏には、西欧で見聞した民衆運動が明確な主張を掲げて自発的に起っているという認識があった。日本の民衆も経済的に安定し、適切な政治教育を施せば、西欧のような自発性をもったものに成長するという見通しを、吉野はもっていただろう。しかしその場合でも、民衆運動の高揚はつまるところ「憲政の失敗」を意味するというのが、吉野の認識だった。その意味で、かれは民衆の政治的能力には、終生、懐疑的だった。最良の政治は「民衆政治を基礎とする貴族政治」だというのが、吉野の信念である（吉野③三三）。だから吉野は二大政党制は強く支持したが、「かの有象無象《うぞうむぞう》が自ら政友会員たり憲政会員たるを誇るがごときは、言語道断の沙汰」と述べる（吉野④五五）。無産政党時代になってもその姿勢は変わらず、民衆の政治的役割を政治家の監視に限定し、民衆が、直接、政党活動に参加することには反対した。

以上に示された外からのコントロールがない権力は腐敗するという政治観は、吉野がヘーゲル的な国家観から完全に離脱してリベラリズムに接近したことを意味する。こうした政治観と、民衆の政治能力は限定的だという信念が結合したとき、吉野の民本主義の骨格ができあがった。吉野が設定した目標は明快である。普通選挙制の導入による「寡人政治」の打破であり、政党内閣制のための二大政党制の確立である。政権党が失敗したときに、それにとって代わる有力な野党が存在しなければ、桂内閣と政友会が政権をたらい回しした時代（桂園時代）を再現することになると吉野は考えた。だから政友会に対抗する野党の結集に、かれは大きな期待をかけた。言い換えれば、吉野が普通選挙によって期待したのは政策の選択ではなく、民衆が候補者の「人格」を判断することだった。政治学的にいえば、これは普通選挙・小選挙区制・二大政党制をセットとするエリート・デモクラシー論ということになる。

個人中心主義——吉野作造と石橋湛山

留学後の吉野の第二の変化は、国家主義に対して否定的になったことである。ヨーロッパを見聞した吉野は、ドイツの政治に対して「ビスマークは独逸の国家を偉大ならしめたれどその個人を縮小せり」という一般的評価に賛同する（「精神界の大正維新」、吉野①一〇五）。世界大戦の勝敗が未確定だった段階から、かれはドイツ政治には共感を示さず、日本の状況がドイツを「髣髴《ほうふつ》」させると警告した。日本は維新以来の国家の発展によって「東洋の覇権」を握るようになったが、「国家の偉大」と逆比例して「国民の縮小」が起こっているというのである（吉野①一一二）。

吉野の観察によれば、こうした結果を生みだしたのは「青年子弟の思想感情を一定の鋳型より打ち出さんとする」国家主義教育である（吉野①一一一）。自由民権期に「活気横溢」していた青年たちは、日露戦争前後からその気風が一変して、今や「柔弱なる官吏候補者」や「会社員志願者」となってしまったと、吉野は慨嘆する。こうした認識は吉野だけのものではない。すでに日露戦争当時、徳富蘇峰が「青年の風気」を書いて、青年たちの「国家的自覚」の喪失を嘆いていたことは前述した（第5章参照）。従来の国家主義的な忠君愛国の教育が、ただ嚥下《えんか》されるだけの「忠愛の素通り教育」になっているという認識でも、両者は大差がない。吉野が前記の論説を書いたのと同じ時期に、蘇峰は『大正の青年と帝国の前途』を出版して、「国家と没交渉」な青年たちを「模範青年」「成功青年」「煩悶《はんもん》青年」「耽溺《たんでき》青年」「無色青年」などと形容して批判している。

しかし同じ認識を共有したふたりは、是正策においてまったく逆の方向にむかう。蘇峰の方針は国民の「献身的精神」の養成である。『大正の青年と帝国の前途』の末尾に近い箇所で、蘇峰はつぎのように述べる。「大正の青年をして、忠君愛国の理想を、鮮明、確実ならしめ、献身的精神をして、横溢《おういつ》、緊張せしむるより、急なるはなし」（近代日本思想大系8、三三一頁）。

これに対して、吉野はこの本の書評で「我々の現在の思想には関係のない、まるで違った社会の産物」という感想を書き、「時代を解せざる老翁の繰言《くりごと》」と酷評した（「蘇峰先生の『大正の青年と帝国の前途』を読む」、吉野③一七五〜）。蘇峰とは逆に、吉野は国家主義の過剰を批判し、個人中心主義の観点から国家中心主義を是正するべき時期だと強調する（「国家中心主義個人中心主義　二思潮の対立・衝突・調和」、吉野①一四六）。吉野はかつて「国家の発展」の必要性を説き、平民社を批判して、国家を個人の幸福のための手段とする国家観は幼稚だと諭していた。平民社の非戦論から一〇年経って、吉野は国家主義の弊害を指摘するようになったのである。この点では、吉野は平民社に比べれば一周遅れだったのだが、それは世論の成熟と見合うものだった。日露戦争前後に芽生えた個人の意識は、第一次世界大戦期には一般化し始めていた。この国家目標に包摂されない広汎な知識青年たちが、周回遅れでやって来た吉野をオピニオン・リーダーに仕立て上げたのである。

むろん社会のこうした変化に気づいたのは吉野だけではない。たとえば石橋湛山《いしばしたんざん》（一八八四〜一九七三）は、大逆事件後の厳しい言論環境のなかで、くり返しつぎのような考えかたを説いている。「人が国家を形造り国民として団結するのは、人類として、個人として、人間として生きるためである。決して国民として生きるためでも何でもない」（「国家と宗教及び文芸」、石橋①七三）。平民社のなかでもっとも若い世代だった石川三四郎は、日露戦争当時の論説「小学教師に告ぐ」で、「国家は国民のためにその人民を教育せんとするも、人類としてこれを教育せんと欲せず」と政府を批判していた（第5章参照）。大逆事件によって平民社につらなる人びとの運動は逼塞し、石川自身も一九一三年に密航という形でヨーロッパに亡命する。しかし平民社によって提起された問題はそのまま放置されてしまったのではなかった。湛山の文章は、平民社の言論が大正デモクラシーの精神に引き継がれていったことを示している。

湛山は別のところではつぎのようにも説いている。「真理の闡明《せんめい》は各個人が銘々その色彩を鮮やかにし、自由討議の精神の発揮に待つの外はない。（中略）先帝の崩御を悲しんで哀悼慟哭《あいとうどうこく》の声は国の四隅に響き亘《わた》ったが、しかし単音同声、何処にも個人が見えない」（「思慮なき国民」、石橋①七九）。こうした批判の背景には、「自我」を根底にすえた湛山の独特な人間観がある。この論説に先だってかれは、日本人の特徴は「没我主義」だという論者を批判してつぎのように説いている。いかなる人種や国民でも伝習や粉飾を取り除けば、最後に残るのは「ただ一つの自我」であり、「この一点を出発点とし、立脚点として、人は一切の理想を懐き、一切の行動をとる」（「没我主義とは何ぞや」、石橋①一八一）。

「個人が見えない」という批判や、理想と行動の立脚点としての「自我」という観点は、この時代が求めていたものを端的に表現している。人びとはこれまでの社会と政治のあり方に行きづまりを感じていた。何かが根本的に変わらなければならない。湛山がルソーにちなんで「本然の性に反《かえ》れ」と唱え、明治維新は「自然に反れ」の実践だったと論じたのはこうした問題意識を反映したものだろう（「自然に反れの哲学」）。このような精神状況では、立憲制下の寡頭政治を「哲人政治」や「善政」の名によって正当化することは、もはや不可能である。多くの人がデモクラシーを時代の声として聞いた。「勃興し来りたる民衆主義は固《もと》より政界のみに止まるべからず、やがては経済界にも入り、社会制度にも入り、あらゆる方面に於いて国民の生活を改進せずんば已《や》まざるべし」（「経済界と民衆主義」、石橋①三四〇）。政治の世界にとどまらない根源的な胎動を、人びとは感じとっていたのである。

民本主義の理論構造

吉野作造が民本主義の記念碑的論文「憲政の本義を説いて其有終の美を済《な》すの途《みち》を論ず」を発表したのは、『中央公論』一九一六年一月号だった。そこで吉野は民本主義を以下のように定義している。「いわゆる民本主義とは、法律の理論上主権の何人《なんぴと》に在りやということは措《お》いてこれを問わず、ただその主権を行用するに当って、主権者は須《すべか》らく一般民衆の利福並びに意向を重んずるを方針とすべしという主義である」（吉野②三〇）。いうまでもなく、この説明の最大の特徴は国法学上の主権に関する議論をバイパスして、政治権力の実質的な運用原理としてデモクラシーを位置づけようとした点にある。つまり天皇主権という制約のもとで、政権運用の原理としてのデモクラシーを基礎づけることが、吉野の基本的課題だった。しかし吉野は天皇主権説の側からの反発を警戒して、弁明のために非常なエネルギーを割かねばならなかった。この論文が必要以上に長いのは、こうした事情にもとづいており、それは論旨の明快さを犠牲にしたといわざるを得ない。

吉野は民本主義の内容をふたつに要約している。ひとつは政権運用の目的が一般民衆のためであること、第二は政権運用の最終的決定が一般民衆の意向にもとづくことである。このふたつの原則が天皇主権と調和するには、天皇が独自の意志をもたないことが前提になる。換言すれば、天皇の意志が国民の「利福」や「意向」と予定調和していなければならない。現実政治においては、国民の利福や意向がいずこにあるかは自明ではないから、この議論は国民の意志を代弁する機関の存在と、その機関による国政のコントロールを要求する。それは議会以外のものではありえないが、制限選挙による議会は「一般民衆」の意向を代表するとはいえないから、結局、この主張の具体的目標は普通選挙制の導入と責任内閣制の実現に帰着する。

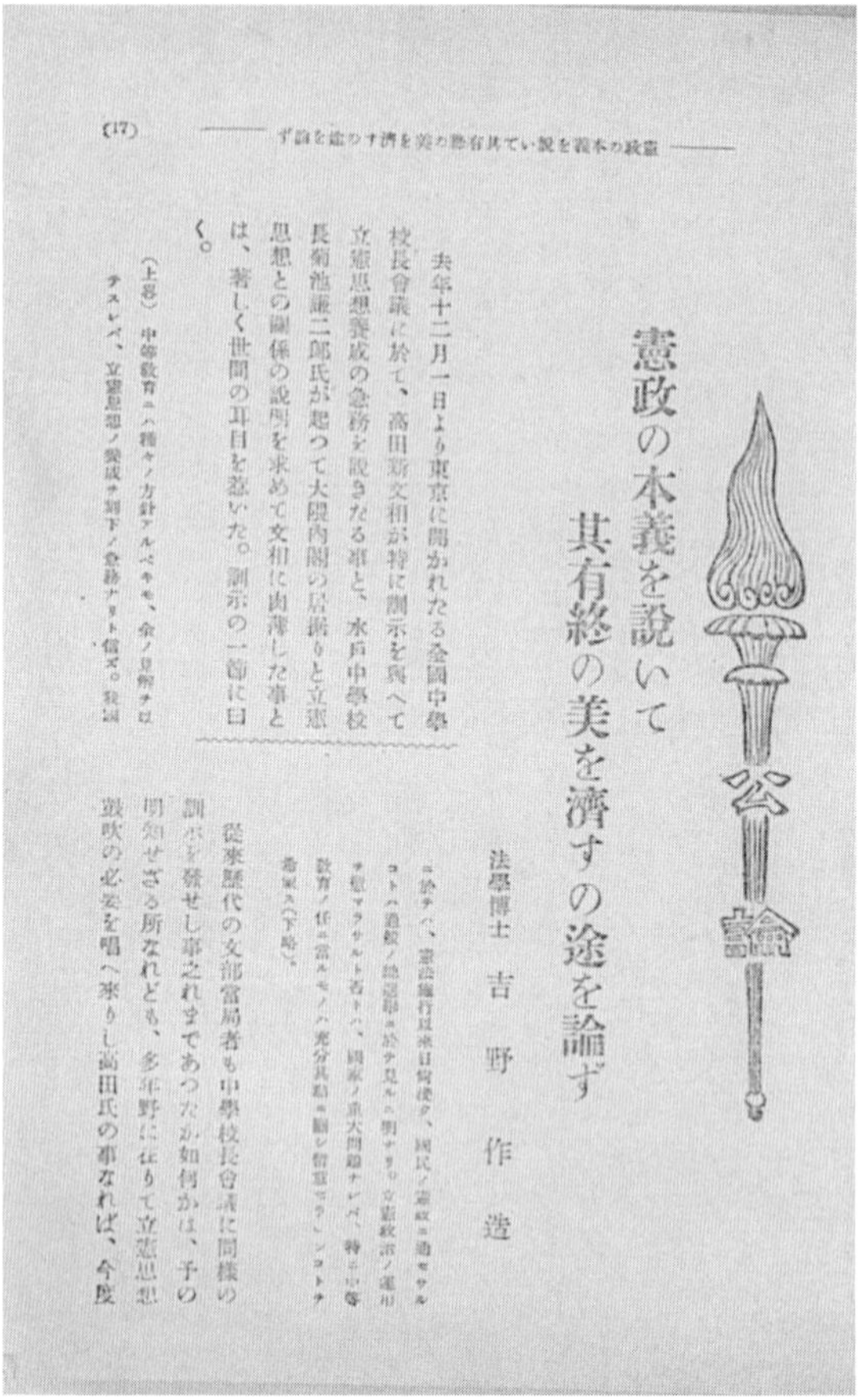
憲政の本義を說いて其有終の美を濟すの途を論ず —— （17）

憲政の本義を說いて其有終の美を濟すの途を論ず

法學博士　吉野作造

去年十二月一日より東京に開かれたる全國中學校長會議に於て、高田新文相が特に訓示を與へて立憲思想養成の急務を說きたる事と、水戶中學校長菊池謙二郎氏が起つて大隈內閣の居据りと立憲思想との關係の說明を求めて文相に肉薄した事とは、著しく世間の耳目を惹いた。訓示の一節に曰く。

（上略）中等教育ニハ種々ノ方針アルベキモ、余ノ見解ヲ以テスレバ、立憲思想ノ養成ヲ刻下ノ急務ナリト信ズ。我國ニ於テハ、憲法施行以來日尚淺ク、國民ノ憲政ニ通セザルコトハ[illegible]ニ於テ見ルニ明ナリ。立憲政治ノ運用ヲ[illegible]ナラサルトキハ、國家ノ重大問題ナレバ、特ニ中等教育ノ任ニ當ルモノハ充分其點ニ留意セラレンコトヲ希望ス（下略）。

從來歷代の文部當局者も中學校長會議に同樣の訓示を發せし事これまであつたか如何かは、予の明知せざる所なれども、多年野に在りて立憲思想鼓吹の必要を唱へ來りし高田氏の事なれば、今度

吉野作造「憲政の本義を説いて其有終の美を済すの途を論ず」
（『中央公論』1916年１月号）

しかし吉野の民本主義論は、このような単純な論理構成になっていない。たとえば吉野は、民本主義の「一般民衆のため」という原理は、封建時代の「お家のため」という思想を否定したものであると説明しながら、他方で、「皇室のため」という要求が、「一般民衆のため」という目的論と対立したらどうなるかと問題提起する。そして「陛下の御為めには水火もこれを厭《いと》わずというのは、日本国民の覚悟である」と述べ、どういう態度をとるかは「国民の道徳的判断に一任する」と書いている（吉野②三九）。ここには、国体論の制約による曖昧さが露出している。

民本主義を普通選挙制の要求に具体化させ、その論理を吉野より明快に説いたのは大山郁夫「政治的機会均等主義」（一九一六年二月）だった。大山はそれを「参政権の開放」と呼び、つぎのように説明している。「立法の方面に於ては、選挙権及び被選挙権を一般人民間に平等に分配せんことを要求し、行政司法に於ては、為政者を有効に監視する権利を留保し、また為政者の地位をある特権階級の独占に帰せしむることなくして、これに就く機会を一般人民に公開せんことを要求するものである」（大山①一二六）。民衆に参政権を「開放」するという大山の要求は、民衆への全面的信頼にもとづいているわけではない。吉野の「憲政の本義」論と同時期に公表された大山の「街頭の群集――政治的勢力としての民衆運動を論ず」は、民衆運動がもつ政治的影響力に着目するとともに、適切な政治指導がなければ群集は「大暴戻《だいぼうれい》」をなすと警告したものである。だから大山は政治的リーダーが民衆の意志を体現しうる制度を求めたが、民衆がみずから「国政の枢機」に参与するのはデモクラシーの要求ではないと述べた。参政権を開放して、国民を政治の客体から「間接の主体」に変えることによって「国家の倫理的基礎」を強固にしなければ、帝国主義的国際環境に対応できないと考えたのだった。

大山の「政治的機会均等主義」と比較すると、吉野の「憲政の本義」論は天皇主権説との摩擦をひどく気にかけているのがわかる。その原因は、やはり吉野自身が天皇主権説に与していたことにあるだろう。前述のように、吉野はヘーゲルの国法論にもとづいて「国家威力」を国家全体に帰属するものとし、その権力を具現し行使するのが主権者＝天皇であると考えていた。天皇を主権者と規定しても、天皇は独自の意志をもたず、議会の意志が天皇の意志であるという立場にたてば、民本主義と矛盾する可能性はない。しかし前述の「皇室のため」と「一般民衆のため」の対立という想定でもわかるように、吉野は議会の意志が天皇の意志であると断言するところまで、論理を徹底できなかった。

一九一六年の「憲政の本義」論からちょうど二年後、吉野は「民本主義の意義を説いて再び憲政有終の美を済すの途を論ず」を発表して民本主義を再定義する。先の「憲政の本義」論では、民本主義には政治の目的（一般民衆のため）と政権運用の方法（一般民衆の意向にもとづく）というふたつの内容があると説明していたが、ここで吉野は前者を「相対的の原則」にすぎないと主張し、民本主義を政権運用の問題だけに限定することになる。

「憲政の本義」論には多くの批判が寄せられた。なかでも立憲主義を推進する側に立つ論者が、政治の目的を「一般民衆の利福」とする吉野の説明を批判している。たとえば植原悦二郎は、いかなる統治者も吉野のいう「一般民衆の利福ならびに意向を重んずる」ことを否定したものはないとし、とくに「一般民衆のため」という政治目的論は立憲政治の十分条件ではないと批判している（「吉野博士の憲法論を評す」、太田一九七一、三六五頁〜）。また河《かわ》上肇《かみはじめ》も、多数の利益を目的とする政治が民本主義なら、それは昔から存在したと述べ、民本主義とは統治者の進退が多数者の信任にもとづき、輿論による政治がおこなわれることであると主張している（「民本主義とは何ぞや」、河上⑨四四三〜）。いずれも責任内閣制を民本主義の中心理念としたものである。吉野はこうした批判を受けて、政治の目的をめぐる多様な理念の「神々の闘争」を避け、民本主義を現実に対する有効な改革論の提起に限定しようとした。「我々は、白い米が何故赤い血になるかという理論上の説明を納得し得ずとも、とにかく飯は喰わねばならぬ」（吉野②一一三）。抽象的な原則を高く掲げるよりもアドホック（時宜的）な改革論のほうが、政治においてはしばしば有効であるという政治観が吉野にはある。このプラグマティズムこそ吉野の民本主義の本領だった。

2　マルクス主義へ

ロシア革命の勃発によるボルシェヴィキ（「過激派」と呼ばれた）政権の成立と第一次世界大戦の惨禍によって、ヨーロッパの知的状況は一変した。日本は戦争の被害を受けることなく「一等国」の地位を獲得したが、それでも知的雰囲気の変化は激しかった。たとえば大山郁夫は「社会改造の根本精神」（一九一九年八月）で、その変容ぶりを以下のように描いている。「一時あれほどまでに我国の読書社会の注意を鍾《あつ》めていたデモクラシーの思想が、その論点が未だ討究し尽くされもせず、またそれに対する理解が徹底もしなければ、普及もしない間に、早くも既に幾分流行《はや》り廃《す》たりの気味となり、時として嘲弄の材料としてさえ用いられるようになり、「改造」とか「解放」とかいう別の標語が、それに代用せられんとしているような模様が見える」（大山③一〇）。ここで言及された「改造」「解放」はともにこの年に発刊された月刊雑誌のタイトルで、大正デモクラシーの中心的論客も執筆したが、雑誌の内容は『中央公論』などより急進的色彩が濃かった。

いうまでもなく、こうした思潮を代表したのが、マルクス主義とそれにもとづく共産党である。日本共産党は、堺利彦《さかいとしひこ》（一八七〇～一九三三）や山川均《やまかわひとし》（一八八〇～一九五八）を中心に一九二一（大正一〇）年頃から準備され、翌二二年に正式に結党したとされる（第一次共産党）。しかし党の存在は当局に察知され、かれらは治安警察法で逮捕された（第一次共産党事件）。その後、関東大震災時に社会主義者の虐殺があったことなどから、一九二四年に自主的に解党したが、コミンテルンの指令で二六年一二月に再建された。再建共産党の理論を率いたのは福本和夫《ふくもとかずお》（一八九四～一九八三）だった。

本節ではまず、デモクラシーの急進化の傾向に同調していなかった大山が、まもなくマルクス主義に接近していくゆえんを考察する。つぎに民本主義に対する激しい批判を展開した山川均が、一九二〇年代の日本マルクス主義形成に果たした役割について述べる。

「民族」から「階級」へ
——大山郁夫

吉野作造の民本主義についての記念碑的論文が出た翌月、大山郁夫は「政治的機会均等主義」（一九一六年二月）を発表した（前述）。大山のデモクラシー論は、吉野より直輸入的色彩が濃いが、参政権拡大（普通選挙）の要求・政治的リーダーの必要・民衆の政治参加の限定という点で、吉野の民本主義と一致している。その背景には、国民が国家に対して「共同的利害休戚の感」をもち、「個人即国家という理想の境涯」を実現しなければならないという使命感があった（「輿論政治の将来」、大山①三四四）。大山は国民国家の帝国主義的膨張を当然視し、そのための「国民的精神統一」には明確な国家目標が必要だと説いた。だから日本の帝国主義が明確な国家目標をもたないことを、以下のように批判するのである。「知らず我国の帝国主義の目標は如何《いかん》。東洋の神秘主義と西洋の機械文明の調節融和か。白人の人種的偏見の打破か。亜細亜州の衰亡諸民族の復興か」（「政治を支配する精神力」、大山①二〇六）。

大山の考えによれば、民族は客観的なものではなく、歴史的産物としての「主観的実在」である。したがって民族の境界線は流動的で、台湾や朝鮮の「コンパトリオッツ」（同胞）もいずれ大和民族と歴史や文化を共有する同一民族を形成するにいたるだろうという（「デモクラシーの政治哲学的意義」）。このように述べることによって、大山は必ずしも国体論を擁護したのではない。藩閥官僚が意図的に利用した皇室をめぐる「神秘主義」は、大和民族という強固な「倫理的結合」にとって、むしろ阻害要因だと大山は考えていた。

大山が倦まず説いたのは、デモクラシーとナショナリズムとの結合である。帝国主義の国際状況で確固とした地位を確保するには、国民意識の一致が必要だった。それは政府による上からの「均一化」ではない。従来の「強制的均一化」は国民の自発性を殺《そ》ぎ、結果として、環境に対する国家の順応力を減退させてしまうことになる（「国民意識と国家政策」）。過度な国家主義を排して、国民が個人としての意識をもち、自由な意志にもとづいて国家の「共同文化」を支持する状態をつくり出すことが、大山の課題だった。かれはそれを国民の「共同利害観念」と表現する。「共同利害観念」とは歴史的伝統、宗教的信念、言語、風俗、習慣などを共有するという意識である（「国家生活と共同利害観念」）。これが大山のいう「精神力」であり、人間の営みは人間の生存の必要とこの「精神力」が結合したものと理解されていた。

　前述のように吉野作造は、主権の所在や政治の目的など、意見が割れる問題をカッコに入れ、選挙権拡大による政治改革を当面の目標とした。「政界において所信を貫くというは必ずしも推奨すべきことではない」という吉野の発言は、かれの立場をみごとに表現している（「主観的真理の強説か客観的真理の尊重か」、吉野④五〇）。逆説的だが、このようなプラグマティズムによって、吉野は状況の変化に大きく左右されることなく、着実な改革路線を歩んだ。

　吉野とは異なって、大山の政治思想は理想主義的である。大山は国民国家を単位とする政治体の精神的向上が政治の目的だと主張していた。国民国家の階級的亀裂が露わになれば、この主張が貫けなくなるのは当然だろう。初期の大山は帝国主義をやむをえざる前提としたが、ロシア革命が勃発しウィルソンの十四カ条が公表されると、他民族を抑圧する「不自然な民族主義」は否定され、国際主義を強調し始めた。そして国内でも労働問題の重要性に着目して、労使対立をブルジョア文化と「民衆文化」の対抗としてとらえるようになる。大山によれば、文化は「時代精神の表現」であり、眼前の現実は資本家と労働者による「新旧の時代精神」の劇烈な闘争だった（「民衆文化の世界へ」）。民衆の服従を説く道徳・法律

大山郁夫
（『大山郁夫伝』より）

などの社会的制度はブルジョア文化の一面であり、これに対して特権階級の廃止を主張する労働者の声は、「平等」にもとづく「民衆文化」の表現と理解された。

このブルジョア文化と民衆文化の争いにおいて、大山が強調したのは知識人の役割だった。資本と労働の対立において、中間の立場は可能だろうか。「我等は日毎に、一の立場を取るのでなければ、他の立場を取れと、だれかから命ぜられているのを痛感する」と大山は告白している（「知識階級の自覚ということ」、大山③一四九）。大山が自らに課した選択の内容がわかるだろう。かつて説いた「国民文化」や「民族文化」は虚構であり、「現代の世界を横断している時代精神のふたつの主流」、すなわち「ブルジョワ精神」と「民衆精神」こそ現実であると、認めざるをえなかったのである（「民衆文化主義と自分」、大山③二五〇）。

大山がこのような変貌を遂げるのは一九一九（大正八）年後半から一九二〇年にかけてだが、この時点ではまだマルクス主義の「極端なる唯物史観」には反対し、一方では「人心改造」の必要性を説いていた。しかし国民国家内の階級分裂を自明の前提とし、文化をその階級対立の表現と理解した以上、唯物史観を全面的に受け入れることになるのは時間の問題だった。事実、一九二一年初めに大山は、理想と呼ばれるものの内実は階級支配を正当化するための口実にすぎないと述べ、「マルクス派社会主義の唯物史観」を受け入れると宣言することになる（「社会思想に於ける理想主義の弱点」）。かつて国民国家の理念を追求した大山は、その理想主義のゆえにマルクス主義に接近する。それは河上肇や山川均のようにマルクス主義を仔細に研究した結果ではないが、時代思潮の変化を忠実に反映した結果だった。

民本主義批判から マルクス主義へ――山川均

「空気はこれを圧搾すれば液体となる如く、民主主義はこれを圧迫すれば民本主義となる。彼は物理の法則であって、これは幾百年間の屈従に馴《な》らされたる人民の心理である。如何《いか》なる政治学者の、如何なる理屈によって着色せられようとも、歴史的に見れば、民本主義という用語が、民主主義に対する国体論上の襲撃に応ずる保護色として、一部の政論家によって用いられたものであったことは否《いな》むことのできない事実である」（吉野博士及北教授の民主主義を難ず――デモクラシーの煩悶」、山川①四五一）。これは山川均が「無名氏」の筆名で『新日本』に発表した民本主義批判のひとつである。山川はすでに堺利彦の売文社から出ていた雑誌『新社会』に、民本主義批判の論説を書いていた。しかし一般の総合雑誌に登場したのはこれが最初だった。辛辣《しんらつ》だが、吉野の民本主義の核心をとらえた評である。

山川の民本主義批判は、大山郁夫「国家生活と共同利害観念」を批判した「沙上に建てられたデモクラシー」（一九一七年三月）に始まる。大山のいう「共同利害観念」は、支配階級の階級的利害を国家の名において強制するにすぎないと批判し、大山を「権力階級の代弁者」と論難したものだった。その延長上に書かれたのが「民衆と離れた民衆的政論――大山郁夫氏の民主主義を評す」（一九一八年九月、後に「ロビンソン・クルーソーの政治哲学」と改題）である。大山の「民主主義の政治哲学的意義」がルソーの一般意志論に言及した点をとらえて、実在する個々人の意志から構成された「社会意志」（すなわち一般意志）は、個々の意志から独立して強制権力になると、山川は指摘する。「初めには人が観念を作り、後には観念が人を支配する。単に観念上の存在物を客観的の実在物であるかのごとくに繰り返している間に、この観念は一個の拝物教の神体となる」（山川②二四～五）。

山川均
（『山川均全集』より）

おそらくここに、初期マルクスの自己疎外の概念の影響を読みとっても不当ではないだろう。しかしむしろ注目すべきは、すでにここに思想家としての山川の特質が早くも表出していることである。山川は、生涯をつうじて、思想や観念の物神化に敏感で、それが現実に果す役割を重視した。その点では、吉野作造と相似た資質の持主だったといえる。マルクス主義は強い体系性を特徴とし、体系性は思想の物神化を生みやすい。四〇年近いマルクス主義者としての山川の活動は、マルクス主義の物神化との闘いだったといってもよい（後述参照）。ともあれ、山川の民本主義批判は一九一七（大正六）年から一九一九年までの二年間にわたり、その本数は一〇本を優に超える。そのなかでとくに精彩を放ったのは大山批判だった。大山は西欧政治理論を直輸入的に展開することが多いため、思想のイデオロギー性を暴露する山川の手法がとりわけ有効だったのである。

山川のマルクス主義への言及は一九一九年後半から始まるが、重要な展開は「普通選挙と無産階級の戦術」（一九二〇年三月）を契機とする。ここで山川は、「無産階級運動が議会主義によって去勢せられる危険」があるとして、普選運動や無産政党の選挙への参加を否定し大衆的棄権戦術を主張した（山川④二一二）。議会を階級闘争の舞台にするには、政治的デモクラシーが十分発達している必要があるが、日本資本主義の特殊な性格によって、ブルジョアジーはデモクラシーを完成させることなく、むしろますます反動的になると理解したのである。

日本におけるブルジョア・デモクラシーにかんするこうした理解は、その後も山川のなかで保持されたが、棄権戦術はまもなく撤回される。その第一歩は四カ月後に発表された「無産階級運動の方向転換」である。ここで山川はこれまでの運動をつぎのように揶揄している。「（前略）まず一〇人か二〇人のご定連《じょうれん》が集まって、革命の翌日を空想して気焔《きえん》をあげるか、巡査を相手に『革命的』の行動に出て、一晩の検束をうけて大いに『反逆の精神』を満足させるくらいが関の山である。資本制度を否定はするが、実際においては、かえって資本制度そのものには、小指一本もふれてはおらぬ。かような消極的の態度をとっているうちは、社会主義運動が思想的に純化すればするほど、それは無産階級の大衆とは離れてくる」（山川④三三九）。こうして山川は、ブルジョアジーと闘うために、「政治の否定」ではなく、プチブルの利害をも包括した無産階級政党の結成を訴えるようになる。ブルジョアジーが中途で放棄したデモクラシーを、プチブルとの「共同戦線」によって徹底させることが無産政党の任務だと主張するのである。

このように山川は、政治的自由の拡大と民主化が、無産階級の階級的成熟の条件であると考えるようになり（『日本におけるデモクラシーの発達と無産階級の政治運動』）、デモクラシーの徹底化を目的とする単一無産政党を構想する。それは「大衆的包容的の政党であり、いっさいの反資本主義的勢力の間の、協同戦線の特殊な一形態」である（「無産政党はいかなる綱領をもつべきか」、山川⑥二一七）。しかしこのようなさまざまな要素を包含した単一政党の結成が困難なことは、容易に想像できよう。そこで山川は、資本主義の本質や無産階級の任務にかんする「原則綱領」と、行動のプログラムを規定した「行動綱領」を区別し、「原則綱領」を厳密に確定しなくても、「行動綱領」を策定することは可能だと主張する。両者は原則と応用の関係にあるが、小原則は大原則からみれば応用だが、さらに小さな原則からみれば原則ということになる。これが山川の説明だが、いかにも融通無碍《ゆうずうむげ》である。ここに吉野作造が民本主義に対してとったのと似通った思想態度を見出せないだろうか。山川は民本主義批判によって論壇に登場したが、無産政党時代の言論活動は、デモクラシーの位置づけをみてもわかるように、あきらかに大正デモクラシーの遺産を継承したのだった。

福本イズムと山川均

「カール・マルクスの名が、今日ほど日本で、もてはやされたことはない」と山川が書いたのは、一九一九年七月のことである（「マルクスとマルクス主義」、山川②二一六）。マルクス主義は、日本の社会主義思想にそれまでになかった体系性と実践的性格を付与した。体系性とは、社会を経済構造、国家形態、イデオロギーからなる総体として理解し、その相互連関を考察の対象としたことをさす。マルクス主義は生産様式における階級構造が、社会全体を貫いていると考える。ここでは支配服従関係は一元的で構造的である。だから経済的な不平等に端を発する現存社会への批判は、政治的支配とイデオロギー構造への批判にまで連動せずにはいない。つまりマルクス主義による社会主義の主張は、改良主義を排した妥協の余地のない革命論として展開される。

マルクス主義が日本社会主義に与えた第二のインパクトは、政治的実践の位置づけである。マルクス主義には理論と理念の相即性という特徴がある。資本主義の生産構造に内在する矛盾の分析は、社会主義への移行の必然性を説明する。理論的分析が社会主義という理念の正当性を基礎づけるのである。ただしここでの必然性は社会進化論的な必然性ではない。唯物史観とか弁証法的唯物論と呼ばれる考えかたが、理論と理念の必然的連関を説明する。資本主義生産の矛盾は階級対立を生み出し、労働者の階級的自覚から革命への実践的活動が生じてくる。社会主義への移行は必然的だが、それは待機主義ではない。理念の実現には政治的実践が不可欠なのである。ここに理論・実践・理念の三位一体が成立する。

政治的実践の中枢は共産党という革命党であり、ロシア革命以後の各国共産党の活動を指導したのはコミンテルンだった。理論と理念のあいだに強度の予定調和が想定され、コミンテルンと各国共産党のあいだに不可侵のヒエラルキーが存在した。こうした環境のなかでは、不可避的に正統と異端の関係が発生する。社会主義という理想の実現は、「正しい」理論にもとづく「正しい」実践によらねばならない。理論と実践における「正しさ」を決定するのは組織のヒエラルキーの頂点であり、それに反する理論・実践はただちに「異端」の烙印を押される。しかも理論・実践・理念は三位一体なので、この三つのいずれかのレヴェルでのわずかな差異も他の部分に波及し、激烈な異端糾弾になりやすい。マルクス主義の体系性はこうした弱点と背中合わせなのである。

草創期の日本共産党の理論的指導者は福本和夫だった。一九二四（大正一三）年九月、二年半のヨーロッパ留学を終えて帰国した福本は、すぐに理論活動を開始し、雑誌『マルクス主義』一二月号に最初の論文「経済学批判のうちにおける「資本論」の範囲を論ず」を発表した。その後コミンテルンの「二七年テーゼ」で山川とともに批判されるまでの約二年半が、福本イズムの時代である。福本は短期間に膨大な著作を残したが、前衛党をめぐる問題では主として山川を、『資本論』や唯物史観の解釈をめぐっては河上肇などを批判した（米原二〇〇二、二〇六頁〜）。ここでは山川批判にごく簡単にふれるにとどめる。

福本が山川を批判した代表的論文「『方向転換』はいかなる諸過程をとるか、我々はいまそれのいかなる過程を過程しつつあるか」（一九二五年一〇月）は、「無産階級の方向転換」以後の山川を批判したものだった。山川は「大衆のなかへ」と叫び、無産政党は「協同戦線」なので、共産党のように「純一」なものではあってはならないと説いた。これに対して福本はレーニンの前衛党論を念頭において、まずマルクス主義的要素（すなわち階級意識をもった前衛的部分）を「分離」し「結晶」させねばならないと主張する。ふたりの理論のあいだに妥協の余地はなく、山川は長く沈黙をまもった後、二七年テーゼが発表される直前に「私はこう考える」を発表して反論した。大衆から分離し、実践運動から乖離したところで獲得されたマルクス主義の理解には、限界があると述べたものである。山川はここで、マルクスやレーニンから学ぶとは、それを暗記することではなく、かれらが発見したことを「われわれ自身がその努力によって、ある程度までは、われわれ自身のためにもう一度新たに発見すること」だと説いている（山川⑧九）。理論の正当性は原典と照合すればわかるが、その「具体的な把握」の正しさは実践を介してのみ証明できると、山川は主張する。理論は実践によって媒介され、その実践のなかから新たな理論が形成されるというのである。

山川らが雑誌『労農』を創刊したのは一九二七（昭和二）年一二月だった。コミンテルンや日本共産党とは異なった方針によって、社会主義革命をめざすという宣言だった。山川はその創刊号に「政治的統一戦線へ！」を発表した。この論文は「方向転換」論以来のかれの立場を再確認したもので、その後の労農派の方向性を決定した。この論文で山川は、政治闘争の対象を帝国主義的ブルジョアジーの政権とし、これに反対するあらゆる勢力を動員した「共同戦線党」の結成を訴えている。山川によれば、この「共同戦線党」の目標はプロレタリア政権の樹立ではなく、「ブルジョアジーの反動的な支配に対する政治的自由獲得の闘争」（山川⑧一四三）である。つまり後の講座派のような絶対主義に対するブルジョア民主主義革命という路線と、ブルジョア政権に対する社会主義革命という路線をともに否定して、「反動的・帝国主義的ブルジョアジー」に対する「民主主義獲得」の闘争としたのである。ここに平民社の初期社会主義から出発して、大正デモクラシーを潜りぬけたマルクス主義者の姿をみることができる。民本主義の時代に山川が批判したのは、吉野、大山、北昤吉《きたれいきち》、室伏高信《むろふせこうしん》などだが、室伏を除いて反論することはなく、かれらとの論争は生じなかった。しかし山川のなかでかれらとの格闘がなかったら、そのマルクス主義はこのような形をとらなかったのではないだろうか。

3　アジア観の諸相

一八九八年以来、列強の簒奪に脅かされていた中国では、一九一一年一〇月に武昌《ぶしょう》（現在の武漢《ぶかん》の一部）での蜂起が成功して、翌年中華民国が成立した（辛亥革命《しんがいかくめい》）。臨時大総統には孫文《そんぶん》（一八六六〜一九二五）が就任したが、まもなく清朝の軍人だった袁世凱《えんせいがい》に譲位せざるをえなかった。第一次世界大戦が勃発すると、大隈内閣は袁に対して、山東省の旧ドイツ利権の継承、満州の利権の期限延長、日本人顧問の採用などを内容とする二十一カ条要求を突きつけて認めさせた。一九一九年のパリ講和会議では山東権益が日本に譲渡されることになったので、反日の五・四運動が燃え上がり、従来の中華革命党は中国国民党に改組され、さらに翌年には共産党も結党された。

第一次大戦後の東アジアでは米国の進出が著しく、一九二一年から翌年にかけて開催されたワシントン会議では、門戸開放を主張する米国の前に、日本は主要な山東権益の返還を余儀なくされた。中国では、その後、数次にわたる北伐《ほくばつ》によって、一九二八年に国民党政府による中国統一が、一応完成した。この間、日本政府は北伐を妨害するために、一九二七年から翌年にかけて二度にわたる山東出兵をおこなった。また満州介入の口実をねらって、日本軍の影響下にあった奉天軍閥の張作霖《ちょうさくりん》を爆殺し（一九二八年）、息子の張学良《ちょうがくりょう》が国民党に合流すると、一九三一年に満州事変をひき起こして、中国侵略への道を突き進むことになる。

一九一一年の辛亥革命に始まる中国の統一国家への歩みは、曲折に満ちたものだった。それは一九四九年の中華人民共和国の成立によって一応完成したが、最後の勝敗を決したのは中国ナショナリズムの動向だった。中国への本格的介入が始まった義和団事件（一九〇〇年）以来、日本の支配的言論は、列強と協調しながら中国での利権獲得を主張した。それは時には「支那保全」論として、状況が変われば露骨な侵略論として展開されたが、その内容は単色だったのではない。満州事変に始まる大日本帝国の破綻への道は、中国ナショナリズムを理解しそこなった点に根本原因があった。近代中国の始期である辛亥革命から満州事変までの状況の変化を、当時の日本知識人がどうとらえたかを一覧しておこう。

亜細亜モンロー主義（1）——徳富蘇峰の場合

脱亜論によって始まった徳富蘇峰《とくとみそほう》のナショナリズムは、欧米から自己にふさわしい認知が得られないことによって、一九一一年ころからアジアへの回帰を始める。きっかけは第三回日英同盟によって、同盟の適用範囲から米国を除外したことである（本書第5章参照）。これによって日本が「孤立孤行」の「旅烏《たびがらす》」であることを覚悟した蘇峰は、一九一三（大正二）年に『時務一家言《じむいっかげん》』を発表して、日本の置かれた状況をつぎのように描いている。「（前略）前に露国あり、後に米国あり、側には騒乱恒《つね》なき支那あり。吾人が国運を賭して贏《か》ち得たる第一等国の位置を保持せんには、内には重税に苦しまざるを得ず、外には国債の利子及び元金、その他軍事費として、約一億円の正貨を払わざるを得ず。（中略）しかも世界が第一等国として我を敬重するに先だち、我は蚤《はや》くも既に、猜疑嫉妬の標的となりつつあり」（明治文学全集34、一八八頁）。

「一等国の面目」は、この時期の蘇峰がしばしば使った言葉だった。「五大国」の末席に数えられた日本の自意識を端的に表現している。問題は、こうした自意識にふさわしい「敬重」を、欧米が日本に与えていないと感じられたことだった。この時期に蘇峰の心をとりわけ逆《さか》なでしたのが、カリフォルニアにおける移民問題である。日本人移民に対する規制は、一九〇六年の日本人学童隔離事件に始まり、移民の土地所有を禁止する排日土地法を経て、一九二四年の排日移民法によって完結した。学童隔離事件とは、サンフランシスコ市教育委員会が日本人学童を米国人学童が通う公立学校から、インド人・中国人・モンゴル人が通う東洋人学校に転学させる決定をした事実をさす。さらに一九一三年の排日土地法は「帰化資格のない外国人」の土地所有を禁じたもので、西欧の主要国は帰化が認められていたから、この法律は西欧と日本を明確に区別し、日本を「その他大勢」のなかに分類したものだった。学童隔離事件では日本人がインド人・中国人・モンゴル人と同じ扱いを受け、排日土地法では西欧諸国と区別されたことが、屈辱だったのである。『国民新聞』の論説「米国の土地法」（四月九日）はその感情を「日本帝国の地位は、特立独歩にして、他の亜細亜《アジア》人と全くその科を異にする」と、正直に告白している。

数次の日本人移民に対する差別的規制の後、一九二四年に「帰化資格のない者」の入国を禁止する法律が連邦議会で可決され、七月一日に施行された。これが排日移民法と呼ばれるものである。法案が可決したとき、蘇峰はつぎのように書いた。「米国の上下両院は、我が日本国民にむかって三斗の熱鉄汁を飲ましめた。（中略）吾人は恥を知ると同時に、恥を忍ばねばならぬ。恥を忍ぶと同時に、いかにして恥を雪《そそ》ぐかを、熟図せねばならぬ」（『大和民族の醒覚』二二一～二四頁）。

欧米に対する鬱屈した感情は、アジア観と相関関係にある。辛亥革命以後の中国の動きに高い評価を与えることができれば、「亜細亜人」という「汎称」を屈辱と感じないですむはずだった。しかし蘇峰は中国の変動をポジティヴにとらえることができなかった。武昌で辛亥革命の狼煙《のろし》があがった一カ月後、かれは「隣邦の教訓」を書いて、清国の問題は革命党が強大なことではなく、政府軍が弱すぎる点にあるとした。そして中国人には「家族的観念」はあるが、「国家的観念」はきわめて脆弱だと指摘している。

日清戦争以来、蘇峰の中国観には明確な一貫性があり、それは近代化の進展によっても変わることがない。中国には家はあるが国家はなく、孝はあるが忠は存在しない。国家としての中国は恐れるに足りぬが、人種としての中国人は繁殖力がある。中国人は利害には長けているが、文弱・虚飾で、言論は得意だが実行力がない。革命後の立憲政化に期待をかける言論を嘲《あざわら》うように、蘇峰はつぎのように書いている。「支那のいわゆる革命党なるものは、その過半はただ放言、高論の書生にあらざれば、無責任、無経験の空想家、理屈屋のみ。（中略）彼等に向って、経世済民の見識と手腕とを求むるは、恐らくは無理の注文ならん。吾人は支那の革命について、何らの希望を有する能わざりしなり」（『世界の変局』三八三頁）。

中国は国家としては滅亡するしかないという見通しと、欧米に対する屈折した感情が結合したとき、どのような国家目標が生まれるかは容易に想像がつく。蘇峰はそれを『時務一家言』で「白閥打破《はくばつ》」と表現した。白閥打破とは「白人同様の待遇」を要求することだが、それは白人排斥を意味するのではないと、蘇峰は弁明口調で語っている。「誤解するなかれ、吾人は他の有色人種を統率して、白人種と争うにあらず。（中略）吾人は口惜《くや》しながら、亜細亜の代表者となりて、白皙《はくせき》人種と抗衡するの野心なし」（明治文学全集34、三三三頁）。白閥打破は「国民としての人格」を認知してもらいたいという要求だが、欧米と対立することはまだ予期していなかった。

「白閥打破」のその後の展開をみよう。一九一五年に出た『世界の変局』では、「亜細亜人のための亜細亜主義」について語っている。しかしここで日本とともに「亜細亜主義」を唱えるアジアの諸勢力とは、インドの英国、シベリア・満州のロシア、ベトナムのフランス、フィリピンの米国であり、これら諸国とともに「我が近隣の支那を誘掖《ゆうえき》」して「東洋の平和を支持する」ことが「亜細亜人のための亜細亜主義」なのである（『世界の変局』三三一〜三三二頁）。列強を排除したアジア主義は「存立すべき見込み」がないと、蘇峰はきわめて冷静に判断していた。しかしここで構想されている「アジア主義」は、はたしてその名に値するだろうか。「白閥打破」といい「亜細亜人のための亜細亜主義」といい、言葉は勇ましいが、内実は欧米帝国主義との協調である。『時務一家言』で「口惜しながら」と告白したように、ここには欧米から認知されないことによる傷ついた自尊心と、列強とは敵対できないという冷静な状況判断との葛藤が映しだされている。

蘇峰がさらに一歩前に進んだのは『大正の青年と帝国の前途』（一九一六年）においてである。世界大戦の長期化によって、列強の圧力がアジアから後退したことが、蘇峰の言論に微妙な変化を与えたのだろう。この本の末尾で「大正青年の責任」と題して、蘇峰はつぎのように語る。「白閥を打破し、黄種を興起し、東西洋における人種的、民族的の不平等を救治し、その均衡を回復せしむるは、実に我が日本帝国の使命にして、大和民族の天職なり」（近代日本思想大系8、三二七〜三二八頁）。蘇峰はこうした主張を「東洋自治論」あるいは「亜細亜モンロー主義」と呼んだ。それはアジアのことをアジア人によって処理することを意味するが、この任務に耐えるのは日本人以外にないので、「亜細亜モンロー主義は、すなわち日本人によりて、亜細亜を処理するの主義」ということになる（近代日本思想大系8、三三〇頁）。この場合も蘇峰は、アジアから「白人を駆逐する」という意味ではないと断っている。しかしここにいう「亜細亜人」には、もはや植民地の列強が含まれていない。「亜細亜モンロー主義」を実行するには、東洋人から「敬愛」され、白人からは「畏憚《いたん》せらるべき位置」を占めねばならないと書いているところに、一年前の「亜細亜人のための亜細亜主義」からさらに踏み込んだ蘇峰の心境が表明されている。

亜細亜モンロー主義（2）
——北一輝の場合

蘇峰とまったく同じ時期に「亜細亜モンロー主義」の語を使って、非常に異なった主張を展開したのが北一輝《きたいっき》『支那革命外史』（一九一五〜一六年執筆、一九二一年刊）だった。かねてから中国の革命派と知遇があった北は、辛亥革命が勃発すると中国にわたって宋教仁《そうきょうじん》らを支援した。帰国後、革命派に冷淡な日本政府を批判する目的で執筆したのが『支那革命外史』である。

北が『支那革命外史』でまず批判したのは、袁世凱を支持する「支那通《しなつう》」だった。北の認識では、辛亥革命の成果を横取りする形で大総統になった袁世凱は「亡国階級」であり、今後の中国を決するのが革命党だった。北は以下のように論じる。もし日本がこの新しい「興国階級」である革命党とともに「支那保全主義」をとるなら、日中両国の最大の敵は英国である。英国こそ中国に利権をもち、半植民地化している元凶だからである。したがって日英同盟のもとで、中国に資本侵略する英国と共同歩調をとることは、「支那保全主義」に反する行為である。日本がアジアの安全と自立を保持するために亜細亜モンロー主義をとるなら、まず日英同盟を破棄せねばならない。

日中の協力体制を築くために、北は中国の統一について独特な提言をする。それは大総統による「東洋的共和政」で、専制的な大総統が国内では武断主義、対外的には軍国主義を採用して、中国を強力な陸軍国家に改革する。日中は同盟を締結し、中国はロシアと、日本は英国と戦って両国をアジアから追放する。これが北のいう亜細亜モンロー主義である。

この本の末尾では、日中提携によるアジア支配の誇大な構想が披瀝されている。まず日本はドイツと提携して英国を打倒し、ドイツは英仏のアフリカ植民地を手に入れ、日本は仏領インドシナ、豪州、英領諸島などを獲得する。大戦中の今こそドイツと提携して英国を打倒しておかないと、英独が妥協して中国分割に向う恐れがあるというのだ。他方、米国は中国に対して投資以上の意欲がないと想定されており、日米が経済同盟を締結して、中国の軍備や鉄道建設を推進する。もし米国が英国と同様な野心をもつ場合は、日中の兵力を背景に資産を没収するという。こうしてインドは独立し、米国はカナダを領有、中国は蒙古を獲得する。いかにもムシがいいのは、日露戦争の獲得物として、日本が南北満州を領有するとされていることである。

『支那革命外史』の附録として収録された「ヴェルサイユ会議に対する最高判決」でも、北は日本が不併合・非賠償を支持して英仏伊などの列強を孤立させるべきだったと述べ、山東省の権益に固執した政府の態度を批判している。北の構想の特徴は、中国の強大化を期待し、日中同盟によって英独仏露の帝国主義列強をアジアから放逐して、アジアに新しい秩序を形成しようとした点にある。その後の日本は中国を侵略し、米国と衝突した。この点では、日米衝突を深く危惧していた蘇峰の望ましくないシナリオが実現してしまったのである。しかし満州はもちろんのこと、東南アジアからオーストラリアまでの広大な領域を勢力圏におき、アジアの新秩序を唱えた北の「亜細亜モンロー主義」は「大東亜共栄圏」を予示していた。蘇峰と北は、期せずして、相補的に日本の未来を予言した形になったのである。

北の構想とは逆に、日本政府の政策は日中提携ではなく、欧米との協調を基軸にしたために、かれの危機感は先鋭化した。とくに五・四運動によって中国民衆が明確に反日に転じたとき、日本の根本的革命以外に対中政策を変える術はないと考えて、北は『国家改造案原理大綱』（一九一九年）を執筆する。後に二・二六事件の青年将校たちが聖典視した書物である。そこで北は「開戦の積極的権利」に言及して、つぎのように述べる。「国家は自己防衛のほかに不義の強力に抑圧さるる他の国家または民族のために戦争を開始するの権利を有す」（北②二七二）。これは具体的には、インドの独立と「支那の保全」のために開戦する権利があると説いたものである。さらに北は「国家は国家自身の発達の結果、他に不法の大領土を独占して人類共存の天道を無視する者に対して、戦争を開始するの権利を有す」（北②二七二）と述べる。オーストラリアや極東シベリアを獲得するために、日本は開戦する権利があると説いたのである。

北一輝は、帝国主義の国際環境のなかで日本がどのように生き残るかを、もっとも真剣に考察した思想家のひとりだった。その構想は誇大妄想の気味があり、国際状況の判断は一面的との批判を免れないが、その偏頗で誇大な恐るべき構想を、後に現実の大日本帝国が実演してみせることになる。

帝国主義から国際民主主義へ――吉野作造

内におけるデモクラシーの充実と外に対する帝国主義の政略は、大正デモクラシーの論客だけでなく、大正期の政治論のかなり共通した主張だった。帝国主義者を自称し、デモクラシーに批判的だったかに思える徳富蘇峰も、「国勢を外に張らんと欲せば、国力を内に充実せざるべからず」

（『時務一家言』、明治文学全集34、三二八頁）という観点から、「外に向っては帝国主義、内においては平民主義」と唱えて、普通選挙制導入の必要を説いていたのである（「大勢」、『蘇峰文選』一三七四頁）。

大正デモクラットのなかで、比較的まとまったアジア論を展開したのは吉野作造《よしのさくぞう》である。一九三三年に死去した吉野の中国論は、日本政府の対中国政策との関係では、支持から批判へと変化するが、基調は一貫していた。それは二十一カ条要求の交渉過程を論じた『日支交渉論』（一九一五年）では、つぎのように表現される。「日本の対支政策の根本的理想は、支那を援《たす》け、支那と提携し、支那も日本も共に東洋の強い国として、あらゆる方面に勢力を張り、以て世界の文明的進歩に貢献するに在り」（吉野⑧一三四～一三五）。吉野は、中国が自力で強国化し、日中が提携して列強の分割を阻止するのがベストだと考えていた。しかし目下の情勢ではそれが不可能なので、日本が中国の強国化を援助するのだという。しかし日中の力が均衡していない状況下で、日本が中国を援助するのは中国にとって「屈従」と映る。大隈内閣による二十一カ条要求も中国の主権を侵害し、その面目をつぶしたような点があるが、日本からみれば「大体において最小限度の要求」だという（吉野⑧一五四）。

二十一カ条要求には、行財政・軍事面での日本人顧問の雇用など、日本政府が欧米にひた隠しにしようとした露骨な内政干渉の項目が含まれていた。それでも吉野は、その要求を当然の権利と考えたのである。そこには「支那保全」がベストだが、帝国主義的な利権獲得も「列国競争の勢いに促されて」やむを得ないとする基本姿勢がある（吉野⑧一五五）。しかしこの場合でも吉野には、いずれ中国は革命派の青年たちの手に帰し、将来、利権回収の動きに出るだろうという見通しがあった。その運動が日本にのみ厳しくなるなら「用捨」はしないが、「確実なる国運の進歩発展を自力にて謀らんとするもの」なら「歓迎援助」すると、吉野は明言している（吉野⑧一六四）。

一九一六年に書かれた「対支根本策の決定に関する日本政客の昏迷《こんめい》」（後に『第三革命後の支那』に収録）では、最終的には「青年支那党」が勝利を占めることを見通したうえで、「事実上の実権」を握っている袁世凱を無視すべきではないと主張する。袁世凱を無視すると、袁と結んだ列強に先を越される恐れがあると考えたのである。こうして「右においては青年党と何らかの交渉を保ちつつ、左においては袁世凱と事を共にするという巧妙なる措置」をとるべきだというのが、吉野のこの時期の提言だった（吉野⑦一七〇）。日中提携という基本姿勢に立ちながら、状況によって対応を変化させる巧妙さと柔軟さをもとめたのである。民本主義の主張においてそうだったように、吉野は状況に真正面から抗するよりも、プラグマティックな態度で立ち向かったのだった。

吉野がこのような考えをとる背景には、かれのオプティミスティックな人間観、ひいては国際社会観があったと考えられる。「国際競争場裡における最後の勝利」（一九一四年一二月）で、吉野は「歴史的に世界の大勢を観察すれば国際相互の関係が、個人と同様に道徳律に支配さるる方向に向いつつあるは掩《おお》うべからざる事実」だと指摘している（吉野⑤八四）。だから白人による有色人種への差別が道理に反するように、日本が朝鮮、台湾の人々を「継子《ままこ》扱い」するのも誤りで、外交政策は「道義一点張り」というわけには行かないにしても、「利己的政策のみ」では駄目だと、吉野は主張する。しかし国際社会における道義を強調したからといって、吉野が中国に対する日本の特殊権益を否定したわけではない。インドに対する英国、中南米に対する米国と同様に、極東における日本の「特殊地位」の要求は「正当」なもので、むしろこの点では従来の日本は「第三国に遠慮しすぎ」だったという（「新日露協約の真価」、吉野⑤一六一）。「協調主義」や「平和主義」への傾向を歴史の大勢として読みとりながら、現下の政策として、帝国主義的利権の必要性を否定しなかったのである。

こうした吉野の姿勢に明確な変化が見え始めるのは、一九一八（大正七）年ころからである。この年の一月、米国大統領ウィルソンによる十四カ条提案によって、吉野は利害を超えた「公明なる正義」に向う世界の動向を読みとった。そして一年後の一九一九年には、内政における民本主義と外政における国際的平等主義が世界の大勢だと宣言する（「世界の大主潮と其順応策及び対応策」、⑥一四～）。さらに朝鮮における三・一運動と中国の五・四運動の発生によって、吉野の姿勢は植民地放棄の方向にむかう。対朝鮮政策についていえば、すでに「満韓を視察して」（一九一六年六月）や「朝鮮統治策」（一九一八年一〇月）で、同化政策は困難でいずれ自治や独立を認めるしかないと、吉野は説いていた。この時点での吉野の具体的な主張は、かけ声にすぎなかった「一視同仁」政策を文字どおり実行し、一定の自治を認めることだった。しかし一九一九年になると、吉野は同化政策の廃棄を要求するとともに、朝鮮人の独立運動には道徳的に大義があると主張するようになる。対中国政策についても、排日運動は従来の侵略政策に反省を迫るものだととらえ、五・四運動の青年たちは日中の両政府を改良するための「頼もしき友人」だと説くにいたる（「日支国民的親善確立の曙光」、吉野⑨二六六）。台湾についても、台湾人の文化的独立は当然の要求と受けとめている（「『台湾青年』発刊への祝辞」、吉野⑨二九二～）。

以上の主張は、いずれも真正面から帝国主義的権益や植民地の放棄を説いたものではなかった。しかし国際関係を支配するのは「至道的原理」（吉野⑨二七二）だと説いて、日本の権益は法的には正当でも「道徳的権威」がないと理解すれば、中国による利権回収の要求は当然であり、日本はいつまでも「帝国主義の甘夢」に酔っているべきではないということになる（「日支条約改訂問題」、吉野⑨三一一～）。日本の従来の対外政策は「国防本位」で、他国との「協同」の精神に欠けているというのが、一九一八年以後の吉野の基本的視点だった。それは当然、山東出兵や満州での張作霖援助という政府の政策に反対という結論を導く。また中国の国家統一に悲観的見通しが強かったなかで、吉野が一九二四年にいち早く中国人の自治能力を評価し、いずれ国家統一が実現するという見解を公表していたのも注目してよい（「支那の将来」）。日本の特殊権益は中国の混乱によるやむをえない措置というのが、吉野の従来からの見解だったから、統一が実現すれば利権は返還するのが当然ということになる。

こうして吉野は一九二七（昭和二）年に、「支那は諸君の力によってすでに立派な形を整え始めており、我々はまた断然侵略主義を棄つるに決意した」と述べて、特殊権益の放棄を宣言する（「無産政党に代りて支那南方政府代表者に告ぐ」、吉野⑨三三七）。すでにその前年に書かれた「満州動乱対策」で、「古き利権」の放棄が「将来に大なる利益を得るの種」となると説いて、吉野は対中国政策の「一大転換」の必要を力説していた（吉野⑨三三〇）。翌年、政府が第二次山東出兵に踏みきり、満州で陸軍が張作霖爆殺事件をひき起こすと、中国統一は避けがたいと見通して、つぎのように書いている。「新たに前清朝の遺孤を奉じて独立帝国を建つると云うが如きは、到底大勢が許さないと思う」（「支那の形勢」、吉野⑨三五三）。吉野は満州事変以後の展開を予期していたのである。

一九二九年、吉野は『東洋経済新報』に「支那と日本」と題する長い論説を連載し、翌年、加筆したものを『対支問題』として公刊した。日清戦争以後の日中関係をたどり、日本の官民が辛亥革命に助力したにもかかわらず、革命後は日中が乖離・対立していった事情を回顧したものである。それによれば、中国革命党に対する日本の援助は、清朝への牽制をねらったもので、満蒙への勢力拡大という意図に根ざしたものだったから、革命党の成長とともに両者の対立は免れなかった。革命派の青年と支那浪人の離間が顕著になったのは第三革命（一九一五年）のころからである。それに先だつ二十一カ条要求は目的を達したかぎりでは「成功といえぬこともない」が、「支那青年の反感」を著しくそそって、両国関係を「窮地」に陥れることになったという。ここに、二十一カ条要求を正当なものと評価した自著『日支交渉論』への反省を読みとることもできる。

たしかに外交は現実の勢力を相手とするが、将来への洞察力をもとめられる。吉野は早くから革命党の青年たちが中国の将来を担うことになると見通していたが、政府の政策をそれに合致するように転換できなかった。満州事変と満州国建国の後をうけて書かれた「リットン報告書を読んで」は、言論の制約によって政府批判の論調を殺《そ》がれているが、日本の国際連盟脱退を不可避と見ている。自身の病状の悪化も手伝って、晩年の吉野はきわめてペシミスティックだったことがわかる。

「一切を捨つるの覚悟」――石　橋　湛　山

吉野とは幾分違った観点から、吉野とほぼ同じ主張をもっとラディカルに説いたのが、『東洋経済新報』の石橋湛山《いしばしたんざん》だった。湛山を特徴づけるのは、自由貿易主義と小日本主義である。たとえば米国の排日移民法（本書一七〇頁以下を参照）に関連して書かれた「我に移民の要なし」（一九一三年五月一五日）で、湛山は当時当然視されていた過剰人口の問題を「根拠なき謬想」と否定する（石橋①三五七）。湛山は工業の振興によって食料不足を解消できると判断していたので、大陸進出などの帝国主義的政策は不要だと考えたのである。こうした湛山の発想は大正初期から一貫したものである。それによれば、もはや「虚栄的帝国主義」の時代は終わり、世界は内治優先の経済主義に変わりつつある。英国では小英国主義と大英国主義の争いがあったが、日本では小日本主義を唱える政治勢力が存在せず、軍備拡張策ばかりが幅をきかしていると湛山は危惧した。そしてすでに一九一二年に「満州放棄論」を書いて、満州を日本の勢力圏とする考えかたを批判し、国際的な保障体制の下におくという提言を支持していた。

湛山の考えかたの特徴は、「まず功利主義者たれ」（一九一五年五月二五日）によく出ている。行動の基本を「功利」におき、自己利益を指針とすれば、必然的に相手の利害も考慮せざるをえず、むやみに衝突することはないと説くのである。この主張は、帝国主義の時代環境下で自由貿易主義の考えかたを徹底させたもので、楽観的すぎるという批判もありうる。しかし湛山はこうした観点に立って、日本の帝国主義政策を一貫して批判した。まず第一次世界大戦の勃発で、日本がドイツに宣戦して青島を占領すると、湛山はすぐに「青島は断じて領有すべからず」などの論説を書き、青島の領有は中国の反日感情と列強の嫉妬を生み、結果として日本が軍備拡張せざるをえなくなるだけだと論じた。また二

石橋湛山
（『石橋湛山日記』より）

十一カ条要求の噂《うわさ》がながれると、満州併合が「朝野大多数の強大なる感情」だとしても、こうした感情に身をゆだねるのは国家の存亡に関わると反対した（「第二の露独たるなかれ」、石橋①三九九〜）。そして日本の要求が認められたことを知ると、「できれば一時も早く」返還したほうが、日本の利益につながると説いている（「日支新条約の価値如何」、石橋①四一四）。

シベリア出兵も湛山が執拗に反対した問題だった。湛山はレーニンやトロツキーを「浮浪人」のように考えるのは誤りだと説き、日本が望むべきことは、ロシアが秩序を回復して、日露のあいだに「有利な商工的関係」を築くことだという（「過激派政府を援助せよ」、石橋②二三二）。ボルシェヴィキ政府を援助して、ロシアに民主的政府が確立すれば、侵略の野心をもつ隣国がなくなって、日本の国益につながるというのである。一九一九（大正八）年、朝鮮で三・一独立運動が起きると、一民族として固有の言語や歴史をもっている朝鮮人に、日本の統治下でいかなる善政を施しても無駄だと説き、以下のように主張する。「鮮人は結局その独立を回復するまで、わが統治に対して反抗を継続するはもちろん、しかも鮮人の知識の発達、自覚の増進に比例して、その反抗はいよいよ強烈を加うるに相違ない」（「鮮人暴動に対する理解」、石橋③七八）。いうまでもなく、自治を認める以外に反抗を抑える方法はないという湛山の主張は、そもそも植民地の領有自体に無理があるという信念にもとづいている。

湛山の主張の背景には、植民地と本国との経済的関係で、植民地から得る利益より本国からの持ち出しのほうが大きいという観察があったと考えられる。このような理解は、たぶんホブソン『帝国主義論』の影響によるだろう。さらに湛山を特徴づけたもうひとつの論点は、米国との関係である。米国はすでに二十世紀初めまでにハワイやフィリピンを植民地化していたが、中国については新参国として門戸開放を主張した。むろん湛山は、米国の門戸開放論が帝国主義的な意図をこめたものであることを認識している。しかし米国の主張は、植民地や特殊権益を否定して互恵主義による自由貿易を説いた湛山の主張と、波長があう。米国の主張のほうが世界の将来の方向を示していると、湛山は感じていただろう。日本政府の政策はこれと対立するものだったから、湛山は米国との対立を早くから危惧することになったのである。湛山が「日米衝突の危険」（一九二〇年一月二四日）を書いて、中国のナショナリズムと米国が結合することを警戒した事情が理解できるだろう。「もし一朝《いっちょう》、日支の間に、いよいよ火蓋が切られる時は、米国は日本を第二の独逸《ドイツ》となし、人類の平和を攪乱《かくらん》する極東の軍国主義を打倒せねばならぬと、公然宣言して、日本討伐軍を起し来りはせぬか」（石橋③一一二）。

むろん中国で帝国主義的な侵略行為をおこなっているのは、日本だけではない。しかし同じく「悪童」なら、「体の小さく力の無い奴が馬鹿にされる」のは当り前である（「袋叩きの日本」、石橋③八八）。来るべき日本の苦境を洞察した湛山が、ワシントン会議をひかえて、起死回生の手段として提起したのが有名な「一切を捨つるの覚悟」だった。満蒙や山東の利権を捨て、朝鮮や台湾の独立を認める覚悟をすれば、列強よりも道徳的に優位に立つことができ、利権を追求する米英を追いつめることができるというのである。「一切を捨つるの覚悟」への批判を想定した続編の「大日本主義の幻想」で、湛山はその主張の根拠を以下のように説明している。朝鮮、台湾、関東州などとの貿易は少額にすぎない事実から判断して、植民地なしには日本が自立できないと考えるのは誤りである。また国防の点では、これらの地は日本にとって防壁ではなく、むしろ「危険な燃草」である（石橋④一九）。要するに交通通信手段の発達によって、かつて有利な政策と考えられた帝国主義は不可能になっている。アイルランドやインドがいずれ英国の支配から脱するのが不可避であるのと同じく、朝鮮や台湾の独立・自治の要求、中国や満州における排日は日本の将来を予言している。「吾輩は断言する、これらの運動は、決して警察や、軍隊の干渉圧迫で抑えつけられるものではない」（石橋④二四）。

一九二三（大正一二）年、中国が二十一カ条廃棄、旅順・大連回収を要求したとき、湛山はつぎのように書いた。日本が享受してきた満州などでの利権は、もともと国際関係のうえでは「不自然な事柄」であり、これまで維持できたのは「支那国民の無自覚」による。今やかれらがその「国民的自覚」の域に達した以上、日本がどれほど頑張ってもかれらの自覚に抗することはできない。二十一カ条要求は本来提出すべきものではなかった。誤りを自覚したら直ちに撤回し、利権を放棄して「支那国民を真に我友たらしめよ」（石橋④一六〇）。その翌年、米国で排日移民法が成立すると、湛山は「米国は不遜日本は卑屈――我国民は友を亜細亜《アジア》に求めよ」（一九二四年四月二六日）を書いた。従来の移民法がアジアのなかで日本人だけに特権を与えていた事実を指摘し、「支那人はどうあっても、朝鮮人はどうあっても、日本人さえ、白人の間に同等の待遇を受くれば満足なりとする心は利己的であり、卑屈である」（石橋⑤一〇八）と述べたものである。

以上のように湛山は、日本が侵略主義政策を放棄してアジア諸国と結ぶことで、列強の帝国主義に反省を迫ることを、単刀直入に主張し続けた。しかし一九二八（昭和三）年以後、北伐が進行して、中国政府が不平等条約の廃棄を迫るようになると、かれの主張にも微妙な陰影が生じるようになる。「支那はまずその実力を養うべし」（一九二八年七月二八日）や「駄々《だだ》ッ子支那――軽薄なる列強の態度、我国は特別利益を棄てよ」（同年八月四日）は、中国が自力では実行不可能なことを列強の支援を得て要求し、日本を苦しめていると批判したものである。むろんここでも、日本は利権を放棄すべきだという従来の主張がくり返されている。しかし日本の利権放棄が列強の侵出を促すのではないかという危惧は、湛山といえども否定しきれなかったのである。

湛山のために弁ずれば、ワシントン会議の前に書いた「一切を捨つるの覚悟」は、何より放棄の「覚悟」について論じたものだった。もしそのとき最終的にすべてを放棄する「覚悟」をして中国に譲歩していれば、中国が列強を味方につけて日本と対決するという最悪のシナリオは避けられたはずだと、湛山は考えただろう。だが今や事態は、かれが早くから危惧した「日米衝突の危険」のほうに向かっていた。一九二八年以後、日中関係は悪化の一途をたどったが、その元凶になったのが軍部や一部政治家が唱えた満蒙独立論である。湛山はそれを、他人の女房を自分のものにするとはいわないが、離婚を援助すると公言するのと同じだと批判した（「満鉄社長の満蒙経済解放論」）。しかしかれが「引っ込みのつかぬ夜明けの幽霊」と揶揄した帝国主義的政策を、政府も国民も放棄できなかった。一九二九年に田中内閣が倒れ、浜口内閣のもとでいわゆる幣原《しではら》外交が展開されたが、既得権益については田中外交と「間一髪《かんいっぱつ》の相違にすぎない」と評するしかない状態だった（「対支外交は益々困難期に入る」、石橋⑦三九五）。

第7章　総力戦下の政治思想——満州事変から「大東亜戦争」へ

日露戦争によって日本が獲得した満州（中国東北地方）の特殊権益は、二十一カ条要求によって強化されたが、第一次世界大戦後に顕著になった中国ナショナリズムの標的になった。一九二八（昭和三）年、関東軍による張作霖《ちょうさくりん》爆殺事件を契機に、軍部が独走を始め、一九三一年に満州事変をひき起こした。満蒙特殊権益に固執する軍部の行動に、大半の言論機関や国民も支持を与え、政府もそれに追随した。翌年、軍部が傀儡《かいらい》国家・満州国を建国すると、政府もこれを承認した。しかし満蒙を中国本土から分離して日本の支配下に置くという方針は、国際連盟諸国の承認を得ることができず、一九三三年に日本は連盟を脱退した。そして日本の対中国政策は、中国ナショナリズムとの対立をますます深め、一九三七年の盧溝橋《ろこうきょう》事件を契機に、日本と中国は宣戦布告なき全面戦争に突入していった。

国際状勢は複雑をきわめた。中国については、共産党に親近感をもつソ連と国民党を支援する英米が、満州支配を既成事実化しようとする日本と対立した。ヨーロッパでは第一次大戦後のベルサイユ体制に不満をもつドイツとイタリアが、一方では英米仏と、他方ではソ連と対立したが、孤立を恐れるソ連とポーランド侵略をねらうドイツとの利害が一致して、独ソ不可侵条約が締結された（一九三九年）。国際連盟から離脱した日独伊は、三国防共協定（一九三七年）で相互に接近し、一九四〇（昭和一五）年に三国同盟を締結した。これを推進した松岡洋右《まつおかようすけ》外相には、独ソ不可侵条約を媒介にして日独伊ソの四国が英米と対抗し、中国での譲歩をひき出すという構想があった。これにもとづいて日ソは一九四一年四月に中立条約を結んだが、六月に独ソ戦が始まって、この構想は根底から崩壊した。日本は一二月八日に真珠湾を奇襲して米英に宣戦布告し、これを大東亜戦争と命名して、戦争目的を「大東亜新秩序の建設」とした。

1 「東亜協同体」の虚実

盧溝橋事件による日中戦争の勃発を、蠟山政道《ろうやままさみち》（一八九五〜一九八〇）は「来るべきものが遂に来たという一種の運命の宣告」だったと表現し、さらに日本は戦争の不拡大を望みながら、「同時に拡大もまた止むを得ないという諦観を伴って、重大時局の発展に総動員態勢をとって立ち上がった」と説明している（日本国際協会太平洋問題調査部一九三九、一九頁）。日中戦争が勃発したのは、第一次近衛文麿《このえふみまろ》内閣が成立した一カ月後のことだった。近衛内閣は戦争の拡大を阻止できず、翌一九三八年一月に抗日運動を展開する国民政府を和平の交渉相手としないという声明（第一次近衛声明）を出し、さらに同年一一月に「日満支三国」の提携による「東亜新秩序建設」をめざすとの声明（第二次近衛声明）を発表した。こうした近衛内閣の方針を支える昭和研究会の知識人たちによって展開されたのが、「東亜協同体」論である。

「東亜協同体」の語は日中戦争に端を発するが、その発想は満州事変以後、日本・満州・中国（「日満支」）三国の提携という形で構想されており、戦争の拡大にともなって、後には「大東亜共栄圏」論として展開された。したがって、それは政策論としては、日本の中国侵略を正当化するイデオロギーにすぎない。しかし欧化主義（欧米協調）とアジア主義（興亜論あるいはアジア・モンロー主義）との葛藤は、幕末以後の日本ナショナリズムの主題だったから、「東亜協同体」論は、欧米に抗して興亜論に傾斜した日本ナショナリズムの最後の光芒でもあった。

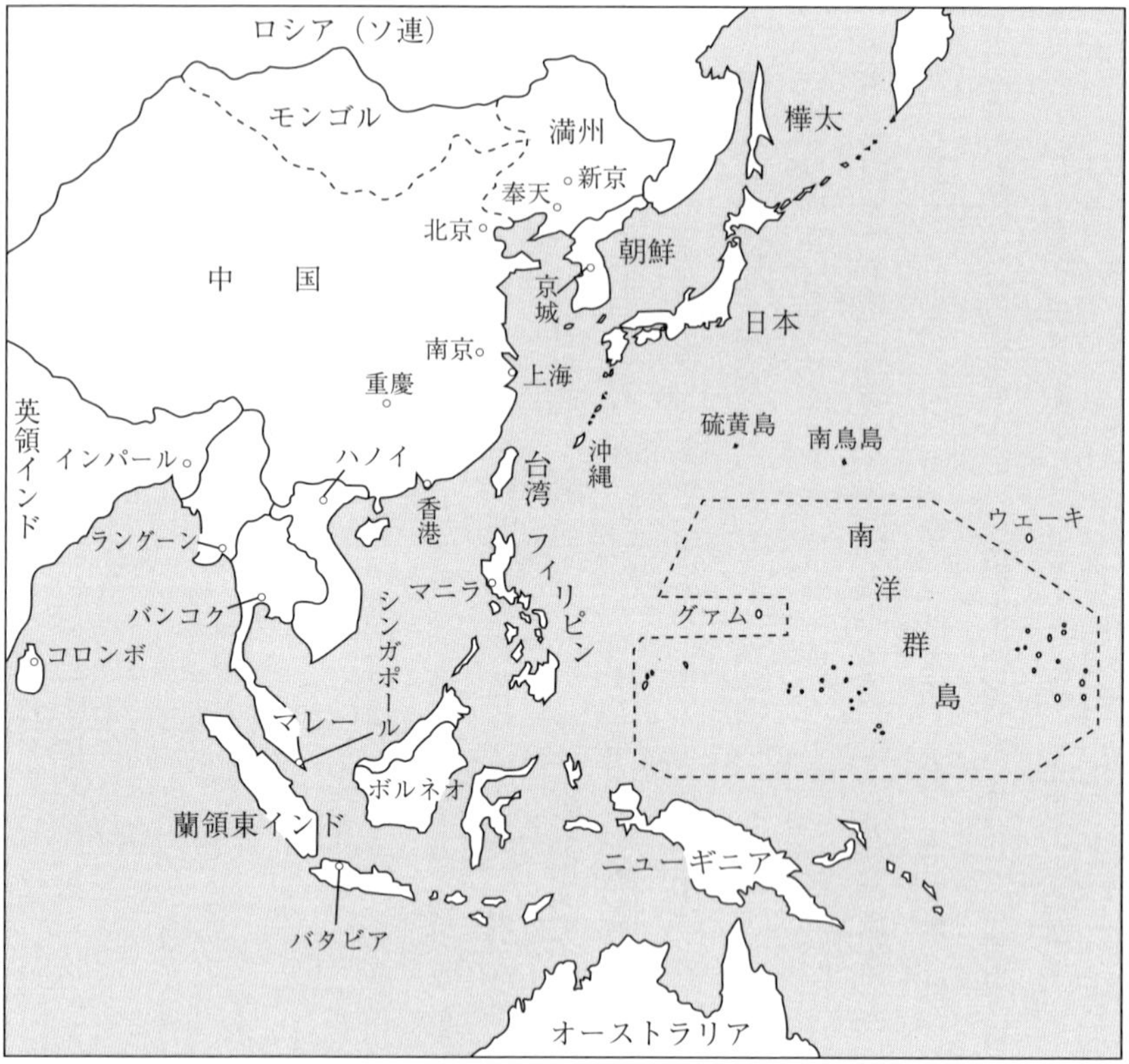

大日本帝国とアジア

大正デモクラシーの余韻

国家《ネイション》とは区別された、固有の意味での「社会」という概念が知識人のあいだで共有され始めるのは、一九二一年のことだったという（飯田泰三一九九七、二〇六～二〇七頁）。この年、吉野作造《よしのさくぞう》が「現代通有の誤れる国家観を正す」を書いて、国家と社会を同一視する「国家権力一元説」を批判し、社会学者の杉森孝次郎《すぎもりこうじろう》は「社会の発見」と題する文章を発表している。同じ年、長谷川如是閑《はせがわにょぜかん》も名著『現代国家批判』を刊行し、英国の「実験的国家観」を援用して、「国家は社会に発生したいろいろの制度の一つ」にすぎないと論じた（近代日本思想大系15、二〇二頁）。如是閑はここで、国家と社会の関係を、人間の営みにおける闘争と互助の関係として説明している。生物の進化は互助と生存競争の二要素にもとづいており、互助が生物の本質的状態で、これが「生活体」としての社会だというのである。国家はこの生活体の「安全保障」のための制度として発生しながら、「観念化」して「超越的存在」となり、「個人や集団の生活に対する桎梏《しっこく》」となってしまう（近代日本思想大系15、二一八頁）。つまり如是閑の認識によれば、制度は本来、「共同の目的」を達成するために作られた「機関」であるが、物神化されて「一種の無機的固形物」と化して、人間を拘束するにいたるのである。

以上のような如是閑の国家論は、この時期に盛んに読まれたクロポトキンのアナキズム、グンプロヴィチの集団闘争論、G・D・H・コールのギルド社会主義、H・ラスキの多元的国家論などを背景にもっている。議会政治の欺瞞性が暴かれ、政党は「階級的利害」の代表で、議会は「一部階級の代表者」による討議にすぎないと批判される。さらに議会政治の欠陥を是正する方法として、「政治的争奪」を廃棄すること、すなわち「政治の否定」が主張されているのも、こうした文脈で理解されるだろう。大正デモクラシー期の言論では、理想主義の傾向が強かった大山郁夫《おおやまいくお》が、「社会思想に於ける理想主義の弱点」を発表したのも一九二一年二月のことだった。大山は同年九月発表の「征服国家から国際社会まで」でさらにその議論を発展させ、グンプロヴィチやオッペンハイマーの名を出して、優勝群による劣弱群の征服によって国家の発生を説明し、現代国家の支配関係も「原始国家の征服の進化した形式」にすぎないと論じた（大山③四二三）。

これに対して、国家と社会を峻別するという点では、如是閑や大山と問題意識を共有しながら、「国家思想に関する近時の論調について」（一九二二年七月）を書いて、こうした新思潮を批判したのが吉野作造である。吉野は征服国家説については、理論的根拠が薄弱で、たとえ国家の起原が征服によるとしても、それが存続するには別の根拠が必要だと述べる。またアナキズムの政治否定にも明確に反対し、政治や国家の存在は人類の本質的要求にもとづくと説く。そして多元的国家論は国家の役割を過小評価しているとして批判し、ギルド社会主義における職能という観念に対しても、生産者としての職能を超越した「市民的立場」こそ政治の本質だと主張した。この観点から吉野は、比例代表を政治の本質に反すると考え、小選挙区制による国民代表を説くとともに、普通選挙制の導入による政党政治の改革を執拗に唱えた。

以上のように、第一次世界大戦後の日本では欧米の言論との時差がなくなり、普通選挙制によるデモクラシーの拡充が課題とされながら、他方ではそれをもはや「陳腐」とする言論が論壇の注目を浴びていた。この新しい思潮の特徴は、政治現象を国家から分離し、社会を基盤として考察したことだった。こうした環境のなかで学業を終え、若き政治学徒として出発したのが蠟山政道である。蠟山は一九二二年に東大に設置された行政学講座の最初の担当者となり、一九二五年に『政治学の任務と対象』を刊行する。そこで蠟山は、政治とは「人間結合または協力に対して高次的秩序をもたらすための組織的行為である」（二六七頁）と定義し、その属性として強制的、利益搾取的、共同社会的の三つを挙げている。前記の新思潮を巧みに取り入れ、政治をもはや国家固有の現象とはとらえていないことがわかるだろう。

それは国際関係の理解にも反映し、蠟山は従来の国家中心の「外交政策」とは区別された「国際政治」の概念を提唱する。そしてこの概念を成熟させるには、国民国家を超えた視点、国家間の利害の共通性への着目、その利害を測る具体的尺度が必要だと述べている。ここにも第一次世界大戦後の国際組織の発達を、認識枠組のなかに取込もうとする姿勢がうかがえる。このような問題意識は、その後『国際政治と国際行政』（一九二八年）でもっと詳細に展開され、国際政治は「国際社会」という全体社会を基礎に作りだされた国際政治組織の相互作用として理解されることになる。

蠟山が大正デモクラシーから引き継いだのは、政治概念だけではない。一九二〇年代には、デモクラシー論はすでに「流行遅れ」とみなされていたが、蠟山はこうした風潮を批判する。そして日本の政党政治はデモクラシーの精神を体現していないと述べ、当今の日本では「組織ある労働者階級を先頭とする一般民衆の熱心なる要求」によってのみデモクラシーが実現でき、またこうしたデモクラシーの実現なしには社会主義が要求する制度も実現できないと論じている（『日本政治動向論』九〇頁）。そこで蠟山が具体的に要求するのは、普通選挙制の徹底（婦人参政権など）と、その下での無産階級政党と既成政党との二大政党制の実現である。しかし無産政党は分裂していて、二大政党制を担うにはほど遠い状態だったので、無産政党が「階級的利益の自覚」をもった国民政党になることを、蠟山は提言する。つまり国内問題のみに拘泥せず、外交や国際問題において日本国民全体を代表する政策をもつように努力すれば、無産政党はその弱点を克服できると考えたのである。

以上のような蠟山の議論の背景には、労働党が二大政党の一翼を形成し始めた英国の政党政治をモデルとする考え方があったと想定してよいだろう。だが蠟山が普通選挙制と無産政党に希望を託して、議会政治の改革を構想していた一九二〇年代後半から三〇年代初めは、その期待に反して、すでに政党政治の危機が深まりつつあった時期だった。現に蠟山自身も、議会政治における無産政党の役割への期待を説く一方で、ソ連やイタリアにおける一党独裁の出現に「議会主義の危機」を感じとっていた。そして「議会政治はどこへ行く」（一九三二年）などで、議会の権限強化・猟官の禁止・レフェレンダムなどの導入による公民教育の必要を説いている。

しかし蠟山が政党政治の擁護に熱意を示したのはこの時期が最後だった。一九三二年一月の論文では、軍部の政治的影響の増大にふれながら、軍部がクーデターなどの手段に訴えず、「国民的輿論《よろん》の背景の下に最後まで立憲的手段に出る」だろうと観測して、政党政治から「立憲的独裁」へという時代の流れを肯定的にとらえた（「憲政常道と立憲的独裁」、『日本政治動向論』四七四頁）。さらに一九三五年の論文「政治的統一の諸理論」では、政治的統一の概念を ⑴連合的概念（多元主義）、⑵全体的概念（ファシズム）、⑶協同的・有機的概念に分類し、⑶を「個人ならびに集団の個別的な目的的要素と全体的な有機的要素との両者を満足せしむる」理論として、好意的に説明している。ここには多元主義とファシズムをともに拒否しつつ、時代に即応した形で立憲主義の原理を修正していこうとする蠟山の姿勢が顕著に出ている。満州事変の勃発と五・一五事件による政党政治の崩壊は政治状況を根本的に変容させ、蠟山もその波に飲み込まれていったのである。

「東亜協同体」論（1）——蠟山政道の場合

蠟山は『日満関係の研究』（一九三三年）の「序」で、満州問題は日中両国にとって囲碁の「劫《こう》」のようなものだと書いている。その帰趨《きすう》が全体の死命を決するほど重要な意味をもっているので、容易に譲ることができず、他の局面で新たな手（囲碁でいえば劫《こう》ダテ）をうって、局面を打開するしかないというのである。満州の特殊権益を手放すことはありえないが、ここで一手を誤れば大日本帝国の存亡につながるという危機感が理解できるだろう。

蠟山はこの本を執筆する前に、一九一九年、二九年、三二年の三度、満州への調査旅行をし、この地での日中対立を肌に感じていた。二九年の渡満の際には「必然的に来るべきキャタストローフ」を危惧して、国際平和機構との協調の重要性を説いたが、現地の日本人には「断の一字」あるのみという声が強かったという。このエピソードでもわかるように満州事変は、日露戦争で獲得した関東州の利権保護という日本側の要求と、中国の国権回復のナショナリズムが衝突したものだった。満州事変を契機に、日本は露骨な帝国主義的侵略に手をつけ、抜きさしならない泥沼にはまり込んでいくのである。

蠟山がこの本を執筆した時点で、すでに日本は満州国を単独承認し、リットン調査団の報告書も出ていたが、国際連盟との対立が不可避だと考えられていたわけではない。蠟山は連盟との妥協が必要なことを力説し、満州国建国を既成事実として承認させるとともに、その特殊性を強調することで、連盟構成国（とくに小国）の反発を和らげるよう提言している。換言すれば、日本の自衛権を強調するよりも、満州国承認と否認のいずれが国際的安全保障に寄与するかを問いかけ、もはや満州国独立以外に極東の平和確立の方法がないことを、国際社会に説明するべきだと説くのである。こうした脈絡で蠟山は、日満関係をアジア・モンロー主義や日満経済ブロック論によって説明する議論を批判し、太平洋地域における平和機構や経済発展のなかで位置づけるべきだと主張している。満州事変はアメリカの門戸開放政策を具体化した九ヵ国条約と抵触するから、日米対立は緊迫の度を深めたが、この時点の蠟山は両国の協調にそれほど悲観的ではなかった。

第一次近衛内閣（一九三七年六月〜三九年一月）のブレーン・トラストとして有名な昭和研究会が活動を開始したのは一九三三（昭和八）年で、蠟山は当初からその中心メンバーだった。昭和研究会の活動が社会的な注目を浴びるのは、一九三六年秋の設立趣意の発表と翌年の近衛内閣成立後である。内閣成立の一ヵ月後に盧溝橋事件が勃発して、日中は全面戦争に突入した。満州事変の処理では国際協調を説き、限定的ではあれ、政府の政策に批判的だった蠟山も、これ以後、否応なく政策形成の中枢に身を置き、激変する状況に対処していかねばならなくなる。

盧溝橋事件の翌月に発表された「支那事変の背景と東亜政局の安定点」（『世界の変局と日本の世界政策』所収）で、蠟山はつぎのような趣旨のことを述べている。後発資本主義国としての日本は、欧米の帝国主義とは異なり、国家的発展のためにつねに「自衛的―攻撃的」という両面の性格を持たざるをえなかった。ワシントン体制下で日本が欧米との協調を維持してきたのは、辛亥革命とロシア革命のインパクトがまだ顕在化していなかったからである。この二国が東亜において現状変革の動きに出た以上、日本はもはや欧米主導の国際体制下に安住しえない。東亜の不安定は、日本・中国・ソ連の三国間に自律的な関係が構築されていず、欧米的国際関係にもとづく第三国が介入することによって生じている。だからこの状態は、東亜に安定した枢軸が形成されるまで続くだろう。

以上のような考察は、必然的に、日本・満州・中国の協調体制の必要性という主張につながっていく。一九三八年初頭に出された「国民政府を対手《あいて》とせず」の第一次近衛声明は昭和研究会にとっても予想外のことだったらしいが、蠟山はこの声明を受けて「長期戦と日本の世界政策」を書き、事態の性格をつぎのようにまとめている（『世界の変局と日本の世界政策』三〇一頁〜)。⑴この戦争は東亜だけでなく、世界秩序全体にかかわる問題である。⑵戦争はたんなる国家間戦争ではなく、「生活共同態の地域的再編成の運動」である。⑶この運動の目標は、「地域的連関と文化的接触と技術的建設を根幹」とする新帝国制である。⑷それは列強の既存の権益と衝突するので、新たな世界政策を必要とする。

この論文には、前年に成立した日独伊の防共協定に象徴される「持つ国」と「持たざる国」という分極化と世界秩序の再編成、東アジアにおける地域共同体の形成という課題が明示されている。さらにこの論文の末尾で、官僚・資本家・労働者などの対立を超えた「横断的団結」が、ナチスのような独裁政党ではなく、「日本独特な民本的な仕方」で実現されねばならないと論じられているのも興味深い。先に言及した「政治的統一の諸理論」の考察が具体化し、後の「近衛新体制」(一九四〇年)がすでに予期されているのである。

論文集『東亜と世界』(一九四一年)は、一九三八年から四一年にかけて書かれた論文を集めたもので、蠟山が東亜協同体論に注いだ情熱の結晶といってよい。冒頭に掲載された「東亜協同体の理論」(一九三八年九月)は、蠟山の東亜協同体論の嚆矢《こうし》であり、東亜新秩序建設を明らかにした第二次近衛声明(同年一一月)に先だつものだった。ここで蠟山は東亜協同体を「地域的運命協同体」と説明している。蠟山によれば、それは西欧中心の世界秩序に対して「東洋が東洋として覚醒」し、「世界史的使命を自覚」することから生じる。もっと具体的にいえば、「東洋民族の生存と復興と向上とが、その特定地域における平和と建設とに懸かっているという生活本能の関知する運命意識」によって生成するものだという(『東亜と世界』一七頁)。

しかし岡倉天心《おかくらてんしん》『東洋の理想』を引用したり、理論は「詩人や芸術家の直感」から生まれるなどという論述には、蠟山のこれまでの政治学的営為からの逸脱を感じないわけにはいかない。蠟山はこの協同体の特質を、民族の共存協力による連合体制・各民族文化の異質性の尊重・新たな地域的文化統合体の建設・帝国主義経済ではなく共同経済などにまとめている。しかしこうした理論構成の目的は、日本の大陸発展が帝国主義ではなく「防衛または開発のための地域主義」であり、国防地域の建設によって「その地域に居住する住民の生活向上をなし得る基礎条件」を設定することができると論じることにあった（『東亜と世界』一七〜二〇頁）。要するに、経済開発の促進による東アジアの発展につながるという理由で、満蒙地域への日本の軍事的侵略を正当化し、「抗日」という形であらわれた中国の「誤れる」ナショナリズムを制御しようというのである。

蠟山は、東亜協同体論の基礎にある地域主義の概念を、初めて満州旅行した一九一九（大正八）年に着想したと述べている。しかし蠟山の当初の地域主義の理念は、ワシントン条約を基本とする相互依存関係と、太平洋問題調査会のような地域的機構の重層的連携によって、東アジアに安定した国際関係を創造することをめざしたものだった。東亜協同体論で展開された地域主義は、日本の軍事的侵略を既成事実として正当化し、中国政府にそれを承認させるために援用されたにすぎない。「東亜協同体の理論」と対をなすと考えられる「国民協同体の形成」（一九三九年四月）では、日本国民の政治的形成の原理は「国体」に内在すると主張し、「若かりし日、特に政治学研究に従事しながら、この日本政治の形成原理の研究に不徹底であったことを恥じなければならぬ」と述懐している（『東亜と世界』五五頁）。既成事実の後追いは、結局、理論そのものの存立を困難にし、神話や直感に訴えるという逸脱行為につながってしまった。

『東亜と世界』の末尾に収録された論文「大東亜共栄圏の地政学的考察」は、第二次近衛内閣が一九四〇年七月に決定した「基本国策要綱」にもとづく「大東亜共栄圏」を、地政学の観点から考察したものである。大東亜共栄圏には仏領インドシナ・蘭領インドなど、「東亜協同体」が想定したのとは異なる領域が包含されていた。地政学の常識では包摂できない異質な領域を、ひとつの地域に結合しようとする「国策」をまえに、蠟山はあきらかに当惑している。しかしかれは国策にしたがった理論作業をやめず、自然・交通・経済を主とする地政学の静的考察で

尾崎秀実
（『尾崎秀美著作集』より）

はカバーできない側面を、「動的な歴史的運動」からなる地域秩序として論じる必要があると説いた。

清沢洌《きよさわきよし》は戦時中の日記に、親しかった蠟山が「こんな国に生まれたのが不幸だった！」という嘆声を発したことを書き留めている（一九四四年三月一四日の記述）。「国策」の理論化を自己の使命としながら、自身の理念が政策に反映することなく、逆に政権から疎外されていった知識人の悲鳴を読みとることができる。

「東亜協同体」論（2）
——尾崎秀実の場合

ゾルゲ事件で知られる尾崎秀実《おざきほつみ》（一九〇一～四四）の東亜協同体論について述べよう。朝日新聞記者だった尾崎は一九二八年に上海支局に派遣され、そこでソ連の赤軍第四部に所属するスパイのリヒャルト・ゾルゲと知り合い、その情報収集に協力した（ただし尾崎は、ゾルゲをコミンテルンから派遣されたと考えていた）。尾崎は一九三一（昭和六）年に帰国したが、その後日本に派遣されたゾルゲと一九三四年に再会し、ゾルゲのスパイ活動に協力する。尾崎は中国にかんする見識を評価されて、一九三七年に昭和研究会に参加した。翌年には朝日新聞を退社して近衛内閣嘱託となり、近衛内閣の倒壊後は満鉄調査部嘱託だったので、第一級の機密情報がゾルゲに伝えられた。かれらの活動は対米英戦争勃発直前の一九四一年一〇月に発覚し、ゾルゲと尾崎は治安維持法・国防保安法などの違反の罪に問われて、一九四四年一一月七日、ロシア革命の記念日を期して死刑に処された。

尾崎は、一九三六年に起こった西安《せいあん》事件にかんする論説によって、一躍脚光を浴びることになった。西安事件は、満州の軍閥だった張学良《ちょうがくりょう》が西安で蔣介石《しょうかいせき》を監禁して、国民党の方針を共産党との内戦から抗日に転換するよう要求したもので、翌年の第二次国共合作の伏線となった事件である。尾崎は事件が伝えられた日に執筆した「張学良クーデターの意義」で、南京の国民党政権の危機はけっして日本に有利な状況が生じたことを意味せず、むしろ軍閥の張学良をこのような行動に走らせた中国民衆の抗日意識の高揚を、深刻に受け取るべきだと論じた（尾崎①一三五〜）。この議論の背景には、前年（一九三五年）に広田弘毅《ひろたこうき》外相が発表した日中提携三原則（排日停止・満州国黙認・赤化防止）の「防共」の意図が、国際的な反ソ共同戦線であることに着目し、中国が反共になるか容共になるかは、日ソ両国にとって重大な意味をもつという認識があった（「防共問題の多面性」、尾崎①八四〜）。つまり西安事件は、ナショナリズムの高揚によって、国民党が容共に傾斜することを意味するという洞察を暗に披瀝したものである。

尾崎の中国論にはふたつの特色があった。ひとつには、中国政治の動向を根本的に規定しているのはナショナリズムであり、国民党政府はそれをリードしたり、コントロールする能力をもっておらず、「一歩を誤ればその波頭から叩き落される」状態にあると、かれが認識していたことである（「支那とソ連邦」、尾崎①四七）。つまり満州をめぐる日中交渉は、このナショナリズムを満足させないかぎり解決できないこと、したがって国民党に実行不可能なことを要求したり、実効性のない政権を作って和平工作をしても無駄だということを、早い時期から警告していたのである。

第二の特色は、日本資本主義の発展が、中国において列強との対立を不可避にすると確信していたことである。このことは、矢内原忠雄《やないはらただお》が西安事件直後に書いた「支那問題の所在」への批判に明瞭にでている。矢内原はこの論文で、中国は民族国家としての統一途上にあるとし、国民党が民族資本を代表していることを強調するとともに、「支那の民族国家的統一を是認しこれを援助する政策のみが、支那を助け、日本を助け、東洋の平和を助くるものである」と論じた（矢内原④三四〇）。これは中国のナショナリズムの標的は領土的侵略であって、資本輸出とは両立しうることを説いたものである。これに対して尾崎は、日本資本主義の中国進出の実態を分析しながら、それが

現在の盧溝橋

大陸政策と不可分であると論じ、帝国主義段階にある資本主義の活動が資本輸出だけに限定されることは困難だと批判した（「日支経済提携批判」、尾崎①九〇）。日本の大陸政策が中国ナショナリズムと、国民党政府と結んだ列強資本の両方から挟撃されることを、尾崎は見通していたのである。

一九三七（昭和一二）年七月に盧溝橋事件が起こったとき、尾崎は「とうとう来るべきところへ来てしまった」と感じた（『国際関係から見た支那』、尾崎①一八四）。そして事件直後の論文で、それがいずれ「世界史的意義をもつ事件」として展開することになるとくり返している（「北支問題の重大化」、「北支問題の新段階」など）。逮捕された後の尋問調書によると、尾崎はこのとき第二次世界戦争の勃発を予期したという（「検事尋問調書」、『ゾルゲ事件』2）。おそらくこれは後知恵ではないだろう。尾崎は、日中戦争がもはや武器の問題ではなく、「広汎な民族的の体当り」だと論じている（「支那事変と列国」、尾崎②七四）。戦争の進行とともに、中国ナショナリズムの運動はますます左翼化し、日本が軍事的に勝利した後には、中国をめぐる列強の角逐が激化すると見てとったのである。もちろん軍事的敗北の後も、中国における国家統一への趨勢《すうせい》は終息することはなく、それは「非資本主義的な発展の方向」をとる可能性が高いと、尾崎は考えていた（「敗北支那の進路」、尾崎②八七）。

中国の社会主義化を見通した尾崎は、泥沼に足を突っ込んだ日本もまた、体制転換が不可避だろうと感じていた。武漢占領を間近にひかえた一九三八年九月に、尾崎は「漢口戦後に来るもの」を書き、その末尾に「日本国民、日本社会は底深いところから深く動かされつつある」と記した（尾崎②一一八）。これは直接には「近衛新党」などへの動きを意識しながら、その底にもっと根本的な体制転換を予感したものだったのだろう。近衛首相が「東亜新秩序建設」を内容とする声明を発表したのは、この年の一一月三日だった。これを受けて尾崎は、翌年一月に「「東亜協同体」の理念とその成立の客観的基礎」を発表した。尾崎によれば、東亜協同体論は日中戦争行きづまりの産物だった。つまり日満支ブロック論が中国の「国運を賭しての民族戦」と衝突し、もはや中国民衆の積極的協力なしには大陸経営が成立しない状況が認識されたのである。しかし理念としての東亜協同体は「大理想」だが、蔣介石がこれを批判したことでもわかるように、実態は「惨めにも小さい」（尾崎②三一四）。この東亜協同体が真に実質をともなったものとして発展するためには、日本自らを「再編成する必要」があると、尾崎は説いている（尾崎②三一八）。

尾崎が近衛内閣に深くコミットしたのは、おそらくスパイ活動の便宜のためだけではなく、この内閣（とくに一九三七年六月から三八年末までの第一次）の「革新」性に強く期待した結果だったと考えられる。尾崎が満鉄の『東京時事資料月報』第一八号（一九四一年一月）に書いた「現状維持勢力下の一時的安定」は、そのことを示唆していて興味深い（尾崎・今井一九九四、所収）。この論文で尾崎は、「資本陣営の馬」と「革新陣営の馬」の二頭立てだった第一次近衛内閣では、「革新」を形成すべき国民運動が形成されず、それが革新官僚・軍・翼賛会などによって代替されたために失敗に終わったと評し、第二次近衛内閣は「革新陣営の馬」の手綱を放してしまったと、突き放した見方を披瀝している。

尾崎が言及した国内体制「再編成」の意図は、公然と表現できる性質のものではなかった。しかし一九四〇年代に入って米英との対立が顕著になり、第二次近衛内閣が「大東亜新秩序」を口にするようになると、尾崎は東亜諸民族の「自己解放運動」を踏み込んだ形で唱えるようになる。「東亜共栄圏の基底に横たわる重要問題」（一九四一年二月）で尾崎は、抗日のために米英への依存を深める国民党政権の動向を危惧して、中国社会の「半封建性」が中国の植民地性を強化するとし、農業革命の必要性を説いた。これは事実上、中国共産党の路線が中国民衆の解放の道であることを、公然と認めたものといってよい。さらに尾崎は、類似した農業生産に依拠する日本も同じ課題を抱えていると示唆し、「半封建的農業社会の解体による農民の解放」が東亜新秩序建設の前提であると説く（尾崎③二一二）。農業革命の実行による日中両国の結合は、当然、中国を半植民地化している英米資本主義と衝突する。インド、ビルマ、仏領インドシナ、蘭領東インドなどの南方諸国でも、世界の帝国主義的秩序を打破しようとする民族主義的な独立運動が発生する。このように植民地化されたアジア諸地域から帝国主義列強を放逐し、これらの国々が自立することが東亜新秩序の建設である。「東亜共栄圏」の建設とは、このような目的のために日中両民族が解放と自立を通じて協同することだと、尾崎は説くのである（尾崎③二二三）。

以上の文章では、尾崎はまだ自己の信念のすべてを論じていない。逮捕後の調書によれば、東亜新秩序の建設は「世界革命の一環」をなすものと考えられていた。尾崎の構想によれば、日中戦争の進行によって、日本が米英と衝突するのは不可避だった。それは日独伊と米英の世界戦争をひき起こし、その結果、日本に革命が起こる。しかし革命勢力が脆弱な日本で革命を成功させるためには、共産党が主導権をもつ中国やソ連との提携が不可欠だと、尾崎は考えていた。したがって転機は中国革命によって生じると考え、日中戦争はそのための決定的な契機になると想定したのである（「特高警察官意見書」、「検事尋問調書」、『ゾルゲ事件』2）。逮捕前に公表された文章では、日中を軸とするアジア諸国の提携は説かれていたが、中国共産党は明示されていず、ソ連については慎重に隠されていた。だから蠟山政道などの東亜協同体論との差異は、一目瞭然というわけにはいかなかった。

ともあれ日中ソ三国が共同して、英米仏蘭から解放されたインド、タイ、フィリピン、仏領インドシナ、蘭領東インドと提携し、さらに蒙古・回教・朝鮮・満州などの諸民族が参加する協同体が、尾崎の構想した「東亜共栄圏」だった。むろんこの構想には、現実から飛躍したロマンチックなところがある。尾崎をそこまで追いつめ、かれの思考を根本的に規定したのは、マルクス主義の世界観ではなく、むしろアジア主義の心情だったと思える。尾崎は、地裁判決前に書いた「上申書」（二）で、自分が「国際主義者」であると同時に「日本民族主義者」であると語り、そのことに矛盾を感じないと書いている。尾崎は世界革命を目指していたが、日本国家の苦境を冷然と観察していたのではない。盧溝橋事件直後に重要閣議が開催されると聞きつけた尾崎は、首相官邸に駆けつけて、日本の態度いかんで世界戦争につながると風見《かざみ》章《あきら》書記官長に切言したという（「検事尋問調書」）。ナショナリスト・アジア主義者・マルクス主義者が、その論理的関係を突きつめることなく、尾崎のなかで同居していたのである。

取調べの最後に心境を尋ねられた尾崎は、つぎのように表白した。「劇《はげ》しい人類史の転換期に生れ、過剰なる情熱を背負わされた人間としてマルクス主義を学び、支那革命の現実の舞台に触れてより今日に到る迄、私は殆《ほとん》どかえり見もせず、驀地《ばくち》に一筋の道を駆け来《きた》ったようなものでありました。世界の現実の動きを鉄の格子の一角から眺めながら、静かにまた自分の走り来った道をも振り返って見たいと思っております」（「検事尋問調書」、『ゾルゲ事件』2、二九〇頁）。これが、みずからの愛国心を祖国への裏切りという形で表現した稀有《けう》なジャーナリストの、闘いを終えた後の心境だった。

2　戦時下の自由主義

対中国強硬策を展開していた田中《たなか》義一《ぎいち》内閣は、張作霖《ちょうさくりん》爆殺事件（満州某重大事件）に連座して総辞職し、一九二九（昭和四）年七月に浜口《はまぐち》雄幸《おさち》・民政党内閣が成立すると、ふたたび外相に就任した幣原《しではら》喜重郎《きじゅうろう》は、田中内閣時代とは対照的な国際協調路線に復帰した（幣原外交）。しかし浜口内閣成立直後に、ソ連の管理する中東鉄道を、国民党が強制回収するという事件が発生したことでもわかるように、中国の利権回収の動きは、いずれ日本の南満州鉄道にもおよぶのではないかと懸念された。満鉄を中心とする日本の利権は、武力で維持するのでなければ、早晩、放棄せざるをえなくなると、軍部や現地日本人が危惧したのは自然だった。

満州事変はこのような追いつめられた状況下でひき起こされたものであるが、これによって軍部が外交の主導権を握っただけでなく、国内の政治秩序を戦時体制に転換することになった。国家総動員法によって法的な総力戦体制が整うのは一九三八年だが、すでに満州事変以後、言論機関に対する規制が格段に強化されていた。それはアカデミズムの世界にも波及し、京大瀧川《たきかわ》事件（一九三三年）や天皇機関説事件（一九三五年）にみられるように、自由主義的な言論は厳しい制裁を覚悟しなければならない状態になった。この節では、こうした制約の下で、自由主義的立場を堅持しようとした石橋湛山《いしばしたんざん》と河合榮治郎《かわいえいじろう》（一八九一～一九四四）の言論を検討する。

満州事変後の石橋湛山

第6章**3**で述べたように、石橋湛山は辛亥革命以後の日本の対中国政策を正面から批判し、基本的に満蒙の特殊権益放棄を唱えていた。満州事変の勃発に際しても湛山は、満蒙が日本経済に不可欠と考えるのは誤りだと従来の見解をくり返している（「満蒙問題解決の根本方針如何」）。しかし問題を困難にしたのは、軍部の行動だけではなく、むしろ国民世論の動向だった。世界恐慌と金解禁政策の失敗によって国内経済は疲弊し、政友・民政両党の党派争いは政党政治への不信感をつのらせていた。満州事変の前後に湛山は、「国を挙げて非合法化せんとす」や「非合法化傾向いよいよ深刻化せんとす」などの論説を書いて、内政における国民の不満が外交をも危機に陥れていると論じている。国際連盟での日本軍撤退決議を受けたもので、政府の秘密主義が国民に誤った観念を与え、「無謀な排外思想を激成」して、外交政策がそれに引きずられることを危惧したものである（「警戒すべき国内事情」、石橋⑧三二）。

しかし湛山が特殊権益放棄論を正面きって論じることができたのは、ここまでだった。一九三二（昭和七）年二月の論説「支那に対する正しき認識と政策」では、満蒙は中国人の領土であるとの見解に固執しながらも、かれらが自治できない場合は、日本が「助力」するのも「おせっかい」ではないと書いた（石橋⑧五七）。この論説の力点はあきらかに、満蒙は「支那人の国土たる外あり得ない」と論ずることにある。しかし「保疆安民《ほきょうあんみん》」以外では、中国人の絶対的自治を認めるべきだと主張する前提として、湛山は「我国の既得権益は、この際もちろん強固に確保するが宜しい」と述べるのである（石橋⑧五九）。

この論説の複雑な構造は、権益放棄論の撤回が湛山の思想自体の後退ではなく、むしろ戦術的な譲歩だったことを示している。しかし譲歩した内容は湛山の従来の主張の根幹だったから、その後のかれの主張はすべてこの譲歩によって制約されることにならざるをえない。満州国建国宣言（一九三二年三月一日）の直前の論説「満蒙新国家の成立と我国民の対策」では、満州国が日本軍部の「息がかか」った「急造の国家」だと評し、その「不自然」性を強調しながら、「乗りかかった船なれば、今さら棄て去るわけには行かぬ」と述べる（石橋⑧六六）。この場合でも、軍を撤退させて警察力に変え、強制を排して、人ではなく資本の輸出を提言している。しかし満州国を既定の事実とすることで、湛山の主張は軍部の行動を追認する結果になっている。半年後の「天下を順《したが》わしむる道」でも、列国は満州での日本の地位をやむをえず容認するかもしれないが、満州問題はけっして武力によっては解決できないと論じる。そして満州人の利益のために治安を維持し、産業を育成することが、最終的に日本の利益につながると説いている。湛山の主張が、限定的な抵抗になっているのがわかるだろう。

自由貿易にもとづく互恵主義の開放的な世界経済が、湛山の終始変わらぬ理念である。第一次世界大戦後のウィルソン的理想主義の時期には、それが小日本主義として展開された。一九三〇代になって言論の自由が失われ、日本の大陸政策に対する批判が制約されると、湛山の批判は列強の帝国主義のほうに向けられる。リットン調査団の来日を機に発表された「日支衝突の世界的意味」では、英米は広大な領土を自己の「縄張り」にしており、現在は領土拡張を企図していないとしても、他の利用を阻んでいると批判される。そして日本による大陸政策は是認できないとしながら、湛山はその理由を、「列国の尻馬《しりうま》」に乗って帝国主義政策をとるのは不利だからだと説明する。

同じく「悪童」なら、弱小なほうが馬鹿にされるのは当然だと、湛山はかつて「袋叩きの日本」（一九一九年）で説いていた。かれの主張は、一三年前から変わっていないようにもみえる。しかしかつて大陸政策を批判した主張が、ここでは日本の侵略行為に対する弁明になってしまっている。日本の大陸政策と列強の帝国主義への批判は、湛山の言論ではセットになっており、かつては前者に対する批判が優先していたが、大陸政策への批判が制約された言論状況で、列強批判が強調される結果を生んだのである。

中国の排日政策を批判した「支那の対日政策」（一九三五年）は、こうした変化の延長上に書かれた論説といえる。湛山はここで、中国に日本の既得権益を尊重する度量がなかったために、幣原外交は挫折したと述べ、日本の自由主義を苦境に陥らせたのは中国であり、その背後にある列強だと批判している。この論法は身勝手なようにもみえるが、米英の「驚くべき利己主義」に対する批判の裏返しにほかならない。ルーズベルト米国大統領が自由貿易主義を説いた演説に関連して、湛山は植民地での特恵関税や輸入割当などを廃止せよと要求している（「如何にして国際平和を齎すべきか」、石橋⑩九三～）。要するに「門戸開放」を、中国だけでなく既存の植民地にまで適用すべきだという主張である。その後に書かれた「世界開放主義を提げて」（一九三七年九月一九日）や「米国は先ず自からその門戸を開放せよ」（一九三八年一一月五日）でわかるように、米英への批判は日本も東亜独占主義を放棄するべきだという主張と対をなしていた。東亜協同体などの地域主義《リージョナリズム》にも、湛山は根本的な批判をもっていたが、その批判は控えめにしか表現できなかった。湛山の思考においては、日本の大陸政策への批判は、列強の帝国主義への批判と表裏をなしていたから、前者が制約されると、後者が浮かび上がってしまう構造になっていたのである。

湛山は米英の帝国主義を批判したが、ドイツ・イタリアなど「持たざる国」との同盟に賛成したわけではない。日独の接近が顕著になった一九三六（昭和一一）年には、世論に抗して日英（米）の提携を説いている（「日英両国提携の必要」など）。前述のように、湛山は中国の抗日政策を批判する論説を発表したが、蔣介石《しょうかいせき》や国民党が中国ナショナリズムの正統な担い手であることを見誤ったことはなかった。「国民政府を対手とせず」の近衛声明については、交戦中の敵国政府を相手にしないのは前代未聞だと批判し、日中戦争は少数の「知日派」によっては「どうにも動かし得ない大勢」に動かされたもので、日本軍が国民党を奥地に押し込んでも、状況が打開できるとは思えないと、湛山は講演で述べていた（「長期建設の意義と我経済の耐久力」、石橋⑪二九〇）。

国内政治についていえば、言論の自由の必要・議会主義の擁護・軍部の政治容喙《ようかい》への批判は、執拗で一貫したものだった。共産党摘発事件では、「共産主義にも、ファッショにも、軍国主義にも、平和主義にも、その他あらゆる思想に、思いのままの勝手の議論をさせるがよい」と論じた（「言論を絶対自由ならしむる外思想を善導する方法は無い」、石橋⑨五）。自由な市場での言論の競争が、その言論の正否を決定すると考えるのである。独ソ不可侵条約の締結で、反ソ・親独路線の日本外交の一面性が露呈した時、失敗の原因は自主的精神を喪失した「媚態《びたい》外交」にあると論じ、批判能力と「均衡を得た輿論」のためには、言論と報道の自由が必要だと力説した（「独逸の背反は何を訓えるか」、石橋⑪一〇二〜）。近衛新体制についていえば、日中戦争下の日本政治はリーダーシップの欠如とセクショナリズムで閉塞感に陥っていたので、それは一般には好感をもって迎えられたが、湛山は「政党無き議会は、いわば雑然たる群衆を一堂に集めた」だけで、「無意味の会合」か「始末の悪い紛然たる討論場」になってしまうだろうと批判している（「議会制度の効用」、石橋⑪一六六）。

世界大戦と湛山の言論活動

『東洋経済新報』は歴代の内閣に対して一貫してフリーハンドを保持し、批判的関与のみが言論機関の取るべき道だという哲学を持していた。しかし一九四〇年に日独伊三国同盟が成立したとき、日本には米英と対峙する以外の選択肢がなくなった。一九四一年以後の湛山の論説には、悲壮な決意がみなぎり、それとともに批判的なトーンが後退する。「記者は（中略）、我が国は先ず如何《いか》なる犠牲を払うとも、独伊を援助し、この両国をして欧州の戦場に勝利者たらしめねばならぬと、提唱する。もちろん我が国は東亜におい

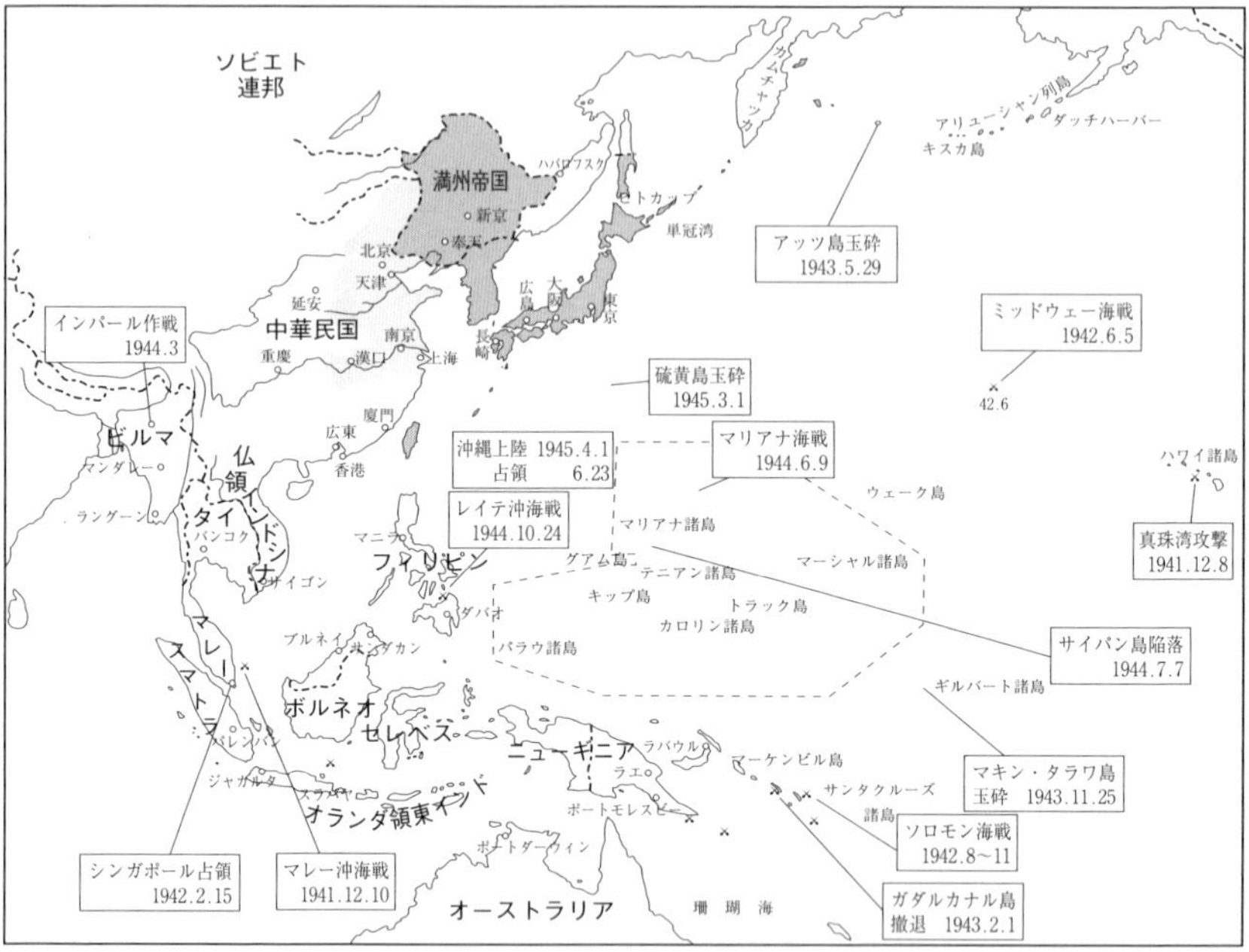

太平洋戦争関連地図

て現に戦争を続けている。場合によっては、さらに大なる戦争をも辞し得ないであろう。しかしそれ故に、もし独伊を援けることができず、万一にも欧州においてこの両国が敗戦の憂目を見るに至ったら、その結果はどうなるか」（「独伊援助に邁進《まいしん》すべし」、石橋⑫一一）。この文章は言論の制約だけでは説明できないと思う。危機意識が亢進して、心理的な余裕が失われている。四一年六月に独ソ戦が始まると、湛山の危機感はさらに深まった。世界は二大陣営に分裂し、「食うか食われるかの死闘」を演じている。独ソ戦によって独逸との連絡を絶たれた日本は「自力独往」で行くしかなく、それは「茨《いばら》の途」をいく「血みどろの行進」になると、湛山は予言する（「自力独往の日本」、石橋⑫六一〜）。そしてこうした苦難の行く先に湛山が期待したのは、「共存共栄の楽を共にする（中略）八紘一宇《はっこういちう》の理想」だった（「今次大戦の思想的背景と将来の世界」、石橋⑫一〇五）。むろん湛山は、ドイツや米英の世界政策を批判するとともに、世界経済から孤立したブロック経済圏の構想を批判することも忘れていない。「八紘一宇」などの表現は当局に対するリップサービスだろうが、この論説に「大東亜共栄圏」の理念に対する批判的ニュアンスを読みとるのは、やはり至難だといわねばならない（なおこの点について、戦後の弁明として「公職追放に対する弁駁書」（石橋⑬二八六～）を参照）。

しかし湛山がまるで呪縛されたように、こうした文章を書いたのは、長くみて一九四一年から翌年末までの二年ほどだった。四三年になると、湛山の論説は、あきらかに政府に対する距離をおいた姿勢を取りもどしている。この年の一一月、『東洋経済新報』の創刊四九周年で演説した湛山は、「一年半か二年前」に情報局から睨《にら》まれて、『東洋経済新報』が潰《つぶ》されるのではないかという噂が流れたと告白している。それは湛山の論説が精彩を失った時期とほぼ相応している。日独伊三国同盟と独ソ戦の勃発で、世界戦争の不可避を見通した湛山は、命運を賭した戦争に全力を尽すしかないと断念したのだろう。しかし一九四三年になって戦況が明確に逆転したとき、かれは敗戦を覚悟した（新聞がガダルカナル島などでの苦戦を伝え始めたのは、一九四三年二月初めだった）。湛山の言論の屈折は、かれ自身の愛国心と新報社に対する権力からの圧迫が複合したものだったように思える。

一九三八年九月以後、新聞・雑誌は用紙の制限をうけていた。制約されたのは報道内容だけではなかったわけだが、湛山の雑誌は発行停止を免れ、戦時を切りぬけた。一九四七年五月に、湛山はGHQから公職追放指令を受けたが、それに対する弁駁書には、戦時中の言動に対するかれの満腔の自信のほどが窺える。無傷だったとはいえないが、言論界を蔽《おお》った厳しい制約を考慮すれば、激動の時代を時流に迎合せずに生きぬいた精神の軌跡は鮮やかである。

河合榮治郎

一九三〇年代には、アカデミズム内部でも、著書の発禁処分や出版法違反に問われるマルクス主義者や自由主義者が続出した。そのなかで検察当局ともっとも果敢に闘ったのが河合榮治郎《かわいえいじろう》である。

河合は英国に留学してT・H・グリーンに傾倒し、一九三〇年に『トーマス・ヒル・グリーンの思想体系』（全二巻）を出版した。河合が唱えた理想主義・自由主義の骨格は、この事実上の処女作にすべて著されているといってよい。河合は、一方ではマルクス主義、他方では軍部の台頭によって顕著になった全体主義の傾向を、歯に衣着《きぬ》せぬ筆鋒で批判した。そして一九三八年に著書『ファッシズム批判』などが発禁にされ、さらに翌年に出版法違反に問われた。河合は法廷でもひるむことなく持説を展開したが、一九四三年に有罪が確定した。

河合の主張の特徴は、以下の三つに要約できる。ひとつは、グリーンにならって「人格の成長」を最高価値とし、理想主義を唱道したことである。河合のいう理想主義は、個人の道徳的完成を強調する点で、一方では国家主義と、他方では物質的利益を重んじる利己主義と対立する。第二の特徴は自由主義の理解にある。河合は、自由主義が経済の自由放任の主張から出発して、資本主義の欠陥の是正を唱える社会改良主義（J・S・ミルやグリーン）を経て、第三期の段階に入ったと主張する。河合が「第三期の自由主義」で念頭においているのは、英国労働党の社会主義である。河合の主張によれば、それは理想主義的個人主義に立脚する点で国家主義や唯物論と対立し、個人・団体の自由を尊重する点で暴力革命やプロレタリア独裁と対立する。河合の考えでは、マルクス主義の唯物論はキリスト教やヘーゲルの観念論が強固な土壌では意味をもったが、日本のように国家主義と利己的個人主義の伝統しかないところでは、「袖手傍観《しゅうしゅ》と道徳的頽廃《たいはい》」を生みだすだけだという（「現代に於ける自由主義」、河合⑪三八二）。ここに河合の思想におけるモラリズムの根をみることができる。

河合の思想の第三の特徴は、多元的国家論にもとづく独特の国家論にある。河合は国家を部分社会ととらえる。しかしこの部分社会としての国家は、社会の秩序維持を任務とする state としての側面をとらえたもので、歴史や文化を共有する nation としての国家は全体社会だと、河合は考える。このように国家概念をふたつの側面に区分することによって、強制権力としての国家を制限する自由主義者と、国民国家の存立を重視するナショナリストが、河合の思想のなかで共存するのである。

満州事変以後の「非常時」において、河合の関心はまず左右の全体主義の批判に向けられた。五・一五事件や二・二六事件で表面化した軍部独裁への志向、赤松克麿《あかまつかつまろ》などの国家社会主義、マルクス主義がその対象だった。しかし河合の議論はいずれの場合も率直で簡明だが、深みに欠ける。たとえば議会政治や経済不況に対する国民の不満が、軍部のクーデターの背景にあることは認識されているが、河合の議論は「直接行動」に対して「国民の同意」を対置するだけの公式論に終わっている。またマルクス主義の唯物史観の理解はきわめて表面的で、道徳の欠如と運命論という批判が浴びせられるにすぎない。そして「第三期の自由主義」の内容とされた社会主義については、ほとんど何も語られないままである。

他方、河合のナショナリストの側面が顕著になるのは、とくに日中戦争以後である。「日支問題論」（一九三七年一一月）で、河合はアジア・モンロー主義や経済ブロック論などの戦争肯定論を批判して、日中戦争の正当性を日本の自由と独立にもとめている。それによれば、満州は義和団事件の際にロシアが占領して、中国はそのとき権利放棄したもので、日本はロシアから獲得した。したがって満州利権の回収を主張する中国の要求は不当であり、日貨ボイコットなどの反日行為や赤化による脅威から自国を防衛するのは、日本の権利だという。国家の目的は個々人の「人格の成長」を保障することであるが、中国がそれを阻害していると、河合は説くのである。しかしたとえ満州の位置づけを認めたとしても、中国の行為が日本国民個々人の「人格の成長」を妨げているというのは、かなり苦しい言訳である（日本の行為が中国人の「人格の成長」を妨害しているではないか）。

日独伊三国同盟が締結され、日米戦争の危機が迫った一九四一（昭和一六）年、河合は『国民に愬《うった》う』を執筆した（発行前に発禁処分）。その「はしがき」で河合は、危機の本質は「結局は国民の道徳的の問題」であるとの認識をあきらかにしている。対外的危機を道徳問題に解消したとまでいわないが、河合のモラリズムはこの時代を席捲した精神主義（「欲しがりません、勝つまでは」）と十分調和するものだった。この著書で河合は、日本が第一次大戦のドイツの道をたどらないようにするには、「我々の前進を男らしく継続すること」だと訴える（河合⑭二九二）。満州事変以後の道は「引き返すには余りに遠く来過ぎた」（河合⑭二九一）から、「一旦《いったん》決行したことは、あくまでも貫徹せねばならない」（河合⑭二九五）。国民を代表する政府が戦争遂行を決定した以上、それに反対だった国民も「男らしく快活に」服従するべきで、蔭で不平をいうのは「卑怯であり卑劣」だ（河合⑭三〇九～一〇）。

河合はこのように説いて、武士道や「自己犠牲の精神」を称揚し、他方で「左翼の煽動」による国民の分裂を警戒した。マルクス主義は自由意志を否定するので、「道徳による厳粛なる義務の感覚」がなく、虚言を吐いたり、「手段を目的のために正当化」することを恥じないと警戒したのである（河合⑭三一七）。同時期に、河合が自己の著書の正当性をめぐって検察当局と争っていたことは、こうした主張と何ら矛盾しない。河合はしばしば「戦闘的自由主義者」と称されるが、その戦闘性はかれの政治思想自体ではなくモラリズムにあった。河合が『国民に愬う』で「男らしさ」を強調したのは、かれの思想の質を如実に示している。

モラリズムは、理想主義に付随しがちなものである。しかし河合は、自己の理想主義の核心であるはずの「人格主義」の中身についてほとんど論じることはなく、内容の空虚さを補うかのように、理想主義はもっぱら唯物論批判のために援用された。理想との結合を欠いたモラリズムが「男らしさ」や「自己犠牲の精神」に帰着するのは、自明であろう。言い換えれば、河合のモラリズムはかれの思想体系そのものに内在するのではなく、むしろそのパーソナリティに付随したものだった。河合の思想は、第二次大戦後、「民主社会主義」を唱える人びと（蠟山政道や関嘉彦など）に引き継がれたが、当然ながら、そのモラリズムは霧散した。「民主社会主義」が、マルクス主義左翼に対してのみ「戦闘性」を発揮することになったのは、当然のなりゆきである。

3 「近代」をめぐって

第一次世界大戦の終結は、世界に大きな転換をもたらした。まず第一は「西欧の没落」である。それまで無名だった歴史学者シュペングラーは、このタイトルの著書（全二巻、一九一八年と一九二二年に刊行）によって世界史に名を残すことになった。西欧帝国主義の覇権にとって代わったのは米国であるが、日本も二十一カ条要求によって中国での利権を獲得し、まもなく中国ナショナリズムと抜きさしならぬ対立関係にはまり込んでいった。

世界戦争は社会意識にも大きな変化をもたらした。よく知られているように、ハンナ・アレント『全体主義の起原』（第三巻）は、この戦争が respectable な階層からなる社会を崩壊させ、大衆社会を招来することで、全体主義への第一歩となったと論じている。日本では、大戦が資本主義化を加速して、都市化による大衆社会化を促進し、関東大震災がその傾向に拍車をかけた。また都市と農村の格差は、一九三〇年代の不況による農村の荒廃を際《きわ》だたせ、農本主義的なファシズム思想の温床となった。むろんファシズムは広汎に存在した危機意識を極端な形で反映したものである。一九三〇年代の危機は、日本では、経済恐慌による内政の混乱と中国との戦争という二重の形で出現した。こうした事態に対応して、日本が直面した二重の危機を「西欧の没落」という歴史転換と結合させて理解し、明治維新以来の近代化＝西欧化への自省と日中戦争（後には日米戦争）の正当性を、同じ環のなかで説明する試みがなされることになった。

「近代の超克」　大正から昭和前期に広く読まれた評論家・室伏高信《むろふせこうしん》は、夥《おびただ》しい著書のひとつ『日本論』（一九二五年）で、西欧化＝資本主義化による日本の「進歩」は、結局「野獣的近代化」であり、それによって出現した「新日本」はたんなる「舶来品」にすぎないと嘆いてみせている。室伏の叙述にはほとんど論理性がなく、ただ直感的な文章がテンポ良く積み重ねられていくだけだが、そこにこの時代の社会的雰囲気を読みとることができる。「日本の理想」と題する章から引いてみよう。「私たちはかくして新日本を購《あがな》った。文明を、帝国を、法律を、デモクラシイを、そして資本主義と社会主義とを購った。われわれの文明はすでに最高の文明である。われわれの国家はすでに世界帝国の第一線にと進みでた。奇跡！　近代の文明における最大の奇跡！（中略）反省の時がきた。われわれ自らを反省し、そしてわれわれの日本を反省するの時が遂にきたのである」（『日本論』二〇七～二〇八頁）。

室伏は、雑な表現ながら、日本の近代化を「故郷」喪失ととらえ、ますます進行する資本主義化に対して「商工日本」の存立の不可能性を論証しようとする。そして映画（当時の表現ではキネマ）とラジオによって象徴される米国の最新文化を「霊魂喪失」と表現し、「不安と不満足」の近代文明の時代は終わりつつあるとして、かれは「アジアの再評価」を訴えた。それから十数年後、室伏は日中戦争を横目に見ながら、西洋文明輸入の時代は終わり、「ヨオロッパが教える時ではなくして、日本が、東方が教える時が来た」と論じている（『革新論』二五三頁）。

室伏ほど単純ではないとしても、多くの知識人の危機意識も同じ方向にむいていた。三木清《みききよし》（一八九七～一九四五）は、「二十世紀の思想」（一九三八年七月）と題する短い文章でマックス・シェーラーに言及しつつ、来るべき時代を「融合の時代」と特色づけている。世界大戦による「ヨーロッパ主義の没落」は、世界史の統一的理念を放棄した歴史的相対主義と、他方での「東洋主義」の謳歌を生んだが、三木はこの両者に反対して、世界史の統一的理念を再興しなければならないと主張する。三木は蠟山政道や尾崎秀実などとともに、昭和研究会の有力メンバーだったので、その思索は東亜協同体論に向けられていた。ここにいう世界史の理念も、「東洋の統一」を日本の世界史的使命ととらえたもので、日本的特殊の称揚によっては、この使命を達成できないという主張を含意している。「東亜思想の根拠」（一九三八年一二月）では、東亜協同体の建設が東洋の統一と資本主義の克服を目標としていると位置づけている。東洋の統一とは、西欧中心の世界史を打破して真の世界史を構想することである。西欧の「近代」は民族と国民を単位としたが、東亜協同体によって示される世界秩序は、民族主義を克服した新しい世界主義でなければならないということになる。

以上の三木の議論が「時局」の必要にもとづいていることは明らかである。しかし個々の民族と国家が「個性、独立性、自立性」（三木⑮三一〇）を確保した協同体を形成するという三木の理念の背景に、西欧中心主義に対する批判と、西欧近代の産物である帝国主義の克服という思想課題がふまえられていたことも、看過すべきではない。この課題意識は、日米戦争という崖縁に立たされた状況でさらに先鋭化した。対米英戦争を契機として、一九四一（昭和一六）年から翌年にかけておこなわれたふたつの座談会は、その表現である。ひとつは、いわゆる京都学派の高坂正顕《こうさかまさあき》・西谷啓治《にしたにけいじ》・高山岩男《こうやまいわお》・鈴木成高《すずきしげたか》の四人による「世界史的立場と日本」で、真珠湾攻撃直前の座談会記録は、翌年一月の『中央公論』に掲載された（後に続編の座談会「東亜共栄圏の倫理性と歴史性」と「総力戦の哲学」を合冊して、『世界史的立場と日本』として刊行）。もうひとつは一九四二年七月に開催されたシンポジウム「近代の超克《ちょうこく》」で、『文学界』同人の呼びかけで文学者・哲学者・歴史学者・芸術家など一三名が参加した。参加者たちの議論は明確な像を結んでいるとはいいがたいが、かれらの発言が「開戦一年の間の知的戦慄《せんりつ》」（呼びかけ人の河上徹太郎《かわかみてつたろう》の表現）を色濃く反映していることは否定できない。乾坤一擲《けんこんいってき》の戦争で熱に浮かされた発言と思われるものもある。しかしかれらを一様にとらえていたのは、ヨーロッパ中心の近代世界像が崩壊期に入ったこと、それをモデルにした日本近代は「喜劇」にすぎないこと、日本人の自己回復の必要性などの想念だった。

「世界史的立場と日本」や「近代の超克」は、ともに談話という形式のためもあって雑駁の感を免れず、日本の戦争行為に対する論理的な意味づけは十分におこなわれていない。この点で、当時の知識人が戦争をどのように意味づけようとしたかを示して興味深いのは、高山岩男『世界史の哲学』（一九四二年）である。高山によれば、第一次世界大戦後の世界史は、欧米中心の世界秩序の代表者だった米英が、それへの対抗勢力だった日本を「防圧」しようとした歴史だった。満州事変は、日露戦争による日本の権益を中国が蹂躙《じゅうりん》したために発生した「日支間の些細《ささい》な紛争」にすぎなかったが、米英は国際連盟を率いて日本を圧迫するにいたった。したがって国際連盟からの脱退という日本の行為は、欧米中心の旧世界秩序を否認し、「近代世界史の趨勢《すうせい》」に弔鐘《ちょうしょう》を打つ意味をもったという。

では日中戦争はどう諒解されたのだろう。高山によれば、欧米の東亜支配を阻止するのが日本の使命である。そのために本来は日中提携が必要だった。しかしその後進性ゆえに、日本は欧米と同様に中国に対する特殊権益を求めざるをえなかった。つまり日本は「世界史的使命の実現のために却《かえ》って欧米とある程度の妥協を必要とせざるを得ず、日支の親密な提携を必要としながら、それが実現し得なかったところに、日本のディレンマと苦衷《くちゅう》とがあり、またひいて東亜の悲しき運命が存した」（『世界史の哲学』四四二頁）。しかしヨーロッパにおける独伊の台頭によって日独伊三国同盟が締結され、日中戦争は「大東亜戦争」へと拡大して、戦争の性格は単純化され、「現代世界史の趨勢《すうせい》」がそのまま反映するにいたったという。つまり第二次世界大戦は、帝国主義的な旧世界秩序を打倒して、新たな道義にもとづく新世界秩序を構築する戦いだというのである。

以上の高山の説明は、当時の知識人にとって日中戦争がいかに納得しがたい戦争だったかをよく示しており、対米英戦争によってかれらが溜飲《りゅういん》を下げた事情が理解できる。この問題を論じた竹内好《たけうちよしみ》（一九一〇～七七）の論文「近代の超克」（一九五九年）も、日中戦争が侵略戦争であることは当時の知識人の「通念」だったと指摘し、対米英戦争の勃発がかれらにカタルシス（精神的浄化）として作用したことを、多くの引例によって証明している（竹内⑧二五～）。

竹内によれば、日本の戦争行為は「二重構造」になっていた。侵略戦争という側面と、欧米帝国主義からの東亜の解放という両面があったというのである。この指摘は、あきらかに、京都学派から強い影響を受けていた一九四二年当時の竹内の実感にもとづいている。対米英戦争の勃発に際して、竹内は自ら主宰していた雑誌『中国文学』四二年一月号に、「大東亜戦争と我等の決意」という文章を掲載した。「率直に云えば、われらは支那事変に対して、にわかに同じがたい感情があった。（中略）わが日本は、東亜建設の美名に隠れて弱いものいじめをするのではないかと今の今まで疑ってきたのである。（中略）われらの疑惑は霧消した。美言は人を誑《たぶら》かすも、行為は欺くを得ぬ。東亜に新しい秩序を布《し》くといい、民族を解放するということの真意義は、骨身に徹して今やわれらの決意である」（竹内⑭二九五～二九六）。

第二次大戦後の竹内は、「大東亜戦争」の大義を信じた戦中の自己から再出発し、「近代の超克」は「日本近代史のアポリアの凝縮」であり、問題の提出のしかたは正しかったと述べる（竹内⑧六四～）。竹内のいう「アポリア」（難問）とは、日本にとって西欧への従属から脱する道は、自らが帝国主義国になることによって拓かれたことをさす。つまり「大東亜戦争」における侵略と解放という二重性が十分に腑分けされなかったために、「近代の超克」は戦争の公的イデオロギーの解説に堕してしまったというのである。

たしかに「近代の超克」という問題設定は、この時代の矛盾を凝縮していた。列強の植民地主義は、帝国主義国家間の勢力争いと第一次大戦後の民族自決のナショナリズムによって、あきらかに限界に達していた。その意味では、「東亜の解放」もこの時代の課題だったのであり、「大東亜戦争」がそのような意味づけをされたのは偶然ではなかった。それを侵略戦争として切って捨ててしまうことでは、対米英戦争の大義を信じようとした多くの知識人の心情が掬《すく》い取れないと考えた竹内の心情も理解できる。しかし反植民地主義を政治課題として明確に意識していたのは、マルクス主義者と一部の自由主義者だけだった。「近代の超克」の周辺に集まった知識人は、西欧中心主義を否定するという名目で国策を後追いし、自国の帝国主義政策には批判の目を向けようとしなかった。そこには半ば自覚的な自己欺瞞があったといってよい。

満州事変以後、言論への制約は日を追って厳しくなり、とくに東条内閣（一九四一年一〇月～四四年七月）の下では、知識人だけの小さな集まりにおいてすら、ホンネを吐露することが憚《はばか》られる状態だった（その有様は清沢洌『暗黒日記』に活写されている）。このように政府に対する批判的言辞が、ほぼ完全に封殺された状況下では、公にされた言論が「協力」だったのか「抵抗」だったのかを、一義的に判定するのはきわめて困難である。一九三〇年代末から敗戦までに発表された文章には、「協力」を装った抵抗の精神なのか、屈服した「抵抗の精神」と評すべきか迷うものがある。その例として、まず戦時経済について論じた大河内《おおこうち》一男《かずお》（一九〇五～八四）を取りあげてみよう。

生産力理論と「近代」――大河内一男

大河内は東大で河合榮治郎の講座を継いだ社会政策学者だが、河合とは異なってマルクス主義の影響を受けていた。戦中から戦後の経済学史研究に大きな影響を及ぼした『スミスとリスト』（一九四三年）で、大河内は英国資本主義の理論的代表者アダム・スミスと、後進資本主義国ドイツのフリードリヒ・リスト（一七八九～一八四六）を対照して、国民生産力の構造を経済倫理の観点から位置づけた。議論の背景にある問題意識は、いうまでもなく、日本における近代的な国民生産力形成の問題である。『スミスとリスト』に先だって、大河内が刊行した『社会政策の基本問題』『戦時社会政策論』（ともに一九四〇年）は、国家の生産力増強の要求と社会政策との緊密な関係を論じたものである。たとえば『戦時社会政策論』に収録された論文「戦時社会政策の基本問題」で、大河内は社会政策の本質について以下のふたつの説を批判する。ひとつは資本主義経済における労働力商品化の弊害を矯正するためという倫理的説明であり、他は資本主義経済に対する階級的な反対運動の成果と考える社会民主主義の立場である。大河内によれば、このふたつの説明は、社会政策を資本主義機構にとって外在的なものととらえるので、戦時経済と社会政策との密接な関係を説明できないという。第一次世界大戦などでの実例によれば、戦時経済への転換が社会政策を強力に推進することはあきらかだから、先の二説とは異なった説明がもとめられたのである。

大河内は、社会政策の本質は労働力の保全であり、それは経済社会の再生産の必要性から生じると論じる。したがって平時には健全な労働力の確保しか意識されないが、生産力増強が必要になると、労働力をその目的に沿って再配置することが必要になる。だから戦時経済では、軍需産業拡充の必要から労働力の保全と再配置が不可欠になり、社会政策がいっそう推進されるという。労働力保全の必要は労働時間や賃金の適正化への意識を生み、生産力増強のために労働者の積極的な協力や理解が必要になるからである。

大河内はこのように論ずることで、戦時経済の合理的運営と社会政策の必要性を説いた。戦後の大河内は、このときの自分の議論を「乱暴で合理性のない精神主義」を克服するためのものだったとし、「まわりくどい形での合理主義の貫徹」だったと総括している（『暗い谷間の自伝』）。確かに当時の日本では、戦場でも生産現場でも非合理な精神主義が幅をきかせ、前線での玉砕はもちろん、勤労動員においても「一億総討死の決意」が呼号されていた。大河内の生産力理論は、社会政策を「労働者政策」ではなく「労働力政策」と位置づけ、総力戦に必要な「人的資源」の合理的配置と活用を説いており、それはたしかにファナティックな精神主義への批判を含意した。しかし他面では、効率的な生産組織は総力戦がもとめるところでもあるから、生産力理論はその要請に応えたものであり、戦争自体への「抵抗」を意味するわけではない。『社会政策の基本問題』の「増訂版への序」（一九四三年）によれば、「国民の正しい在り方」とは「「人的資源」としてその職場の労働に徹する」ことだという（大河内⑤一四）。この考えかたが、産業報国会などの翼賛《よくさん》体制につながっていることは見やすい。

たとえば『スミスとリスト』に「補論」として収録された「「経済人」の終焉——新しい経済倫理のために」で、大河内は「現在求められているのは、経済に対して「上から」または「外から」与えられる倫理ではなく、むしろ経済そのもののうちにその場所を持ち、経済そのもののためにあるところの倫理でなければならない」と論じている（大河内③四一四～五）。これは戦時経済における上からの官僚統制を批判し、経済倫理を経済の「中から」形成することで、すなわち「自発性の動員」をめざすものだった（大河内③四一二）。それは統制経済の非効率な側面を批判することで、生産力の増強を意図したもので、戦後の経済再建につながっていくだろう。事実、翼賛体制が一九五〇年代以後の高度経済成長を準備したことは、多くの研究者によって指摘されている（猪口孝一九九三、雨宮昭一一九九七）。この事実は、資本主義生産の合理性の追求が、思想として何をもたらしたかを雄弁に語っている。

生産力とエートス——大塚久雄

「戦後啓蒙」の代表的思想家の一人・大塚久雄《おおつかひさお》（一九〇七〜九六）が、戦中にマックス・ヴェーバーに関連して書いたいくつかの論文も、大河内の生産力理論と同じ文脈で理解できる。たとえば「経済倫理と生産力」（一九四三年）の冒頭で、大塚は大河内が論じたリストに言及し、歴史的に形成された国民の「精神的資本」が生産力の発展に果す役割に着目する。そして資本主義に結実する「近代に特有な著しい生産力拡充」を導いたエートスは営利心ではないとし、ヴェーバー『プロテスタンティズムの倫理と資本主義の精神』を引証する（大塚⑧三二〇〜）。ここで強調されているのは、「近代的生産力の拡充」の基礎となったエートスを究明した「愛国的パトス」の持主としてのヴェーバーである。

末尾に「サイパン島激戦の報を耳にしつつ」と付記された「最高度〝自発性〟の発揚」（一九四四年）では、経済倫理としての「生産責任」が論じられる。資本主義では、個々人の利潤追求の動機に媒介されて、全体に対する「生産責任」が果たされるが、統制経済下では、営利を介さずに、直接に全体へのつながりが意識されねばならない。大塚によれば、この新しい状況下で必要とされる責任意識は、ふたつの性格をもたねばならないという。ひとつは、それが流通や消費ではなく、何より生産力拡充に寄与するものでなければならないこと、他は「自発性」と「目的合理性」をもったものでなければならないことである。ここで大塚は、「自発性」は欲望追求ではなく、「不断の禁欲的訓練」によって養成されると強調している。プロテスタンティズムの禁欲精神と資本主義のエートスの関連は、統制経済下での「欲しがりません、勝つまでは」に転轍され、生産力増強という総力戦の論理と結合されている。

第二次大戦後の大塚は、「近代的人間類型」の創出に大きなエネルギーを注ぐことになる。戦中の大塚は「近代の超克」に言及していたので（たとえば「経済倫理と生産力」）、一見すると、かれの関心はまったく逆向きになっているかにみえる。しかし戦中の議論は、「近代の超克」の名で近代精神の「継承」の必要性を説いていたから、大塚の課題意識に変化はない。戦後の大塚が指摘するのは、日本の民衆的基盤における「近代人に特有な内面的自発性」「市民社会特有の「公平」の特性」「近代科学成立の基盤たる合理性」などの欠如である（「近代的人間類型の創出」、大塚⑧一七二）。これは総力戦下で「生産責任」という語で説明されたものの内実と同質だと考えてよい。「ロビンソン・クルーソーの人間類型」（一九四七年）でも、「近代的生産力」の「主体的要因」として、「近代的人間類型」に定礎された労働力の必要性を強調し、それが資本主義の限界を超えて継承されていくと論じている（大塚⑧二二〇）。戦中戦後を通じて、大塚は一貫してヴェーバーが論じた近代的な資本主義の（単なる営利中心ではない）エートスの実現をめざしている。

むろん何も変化しなかったのではない。戦後の言論で端的に変化したのは、一九四五年までの日本社会が「封建的絶対主義」と認識されたことである。いうまでもなく、これは講座派マルクス主義の影響であり、大塚自身が「常識的」と書いているように、この時代の支配的見解だった。大塚の独創は、マルクスとヴェーバーを独特な形で結合して、この見解を補強した点にある。それは大雑把にいえば、歴史的な発展段階論では主としてマルクスに、近代と近代以前（あるいは西欧とアジア）の類型的把握ではヴェーバーに依拠したといえる。講座派マルクス主義による日本社会の「半封建性」批判が、ヴェーバーの〈西欧・近代・合理的・内面道徳〉対〈アジア・伝統・呪術的・外面道徳〉のような類型論と共鳴して、戦後啓蒙としての大塚の位置を際だたせることになった。戦中の大塚は、日本精神に訴える非合理主義や無意味な玉砕には反対だったが、おそらく熱心に戦勝を望む愛国者だったのだ

丸山眞男
（『丸山眞男戦中備忘録』より）

ろう。戦後の大塚は、無謀な戦争に訴えた日本社会を「半封建的」ととらえて、その「半封建性」の克服を訴えたのである。

丸山眞男と「近代」

丸山眞男《まるやままさお》（一九一四～九六）は、戦中に「近世儒教の発展における徂徠学の特質並にその国学との関連」（一九四〇年、以下「第一論文」と表記）、「近世日本政治思想における「自然」と「作為」」（一九四一～四二年、以下「第二論文」と表記）、「国民主義理論の形成」（一九四四年、後に「国民主義の「前期的」形成」と改題）の三本の論文を発表し、戦後これをまとめて『日本政治思想史研究』（一九五二年）として公刊して、日本政治思想史というディシプリンを樹立した。第一論文と第二論文は荻生徂徠《おぎゅうそらい》をテーマにして、近世日本における近代的政治意識の形成を論じたもので、「近代」をめぐる戦後の議論に決定的な影響を与えた。論文の概要は以下のとおりである。

第一論文では、山鹿素行《やまがそこう》・伊藤仁斎《いとうじんさい》・貝原益軒《かいばらえきけん》・荻生徂徠などの言説の分析をつうじて、朱子学的思惟の解体が論じられる。朱子学の「理」が自然法則と道徳規範の両面を含意していることに着目し、両者が分離していく論理的過程を追跡したものである。人間と自然を貫通し、「物理」であると同時に「道理」でもある一元的な「理」のなかに、法則と規範の乖離が意識されると、日本儒学は、一方では「理」を規範に一元化するとともに、他方では人間における「自然性」としての欲望を容認する方向にむかう。素行から仁斎・益軒を経て徂徠へと継受された朱子学批判は、このふたつの方向性を徹底させていく過程だったと、丸山は考えた。

この分析は、西欧の中世自然法が自然法則と規範としての近代自然法とに分解していく様を分析したボルケナウ『封建的世界像から市民的世界像へ』を下敷にしている。しかし圧巻をなす徂徠論の部分では、独特な分析が展開される。徂徠は朱子学を批判して自らの学問を古文辞学と称し、六経《りくけい》中心主義を唱えて、「道」は先王が創造したものであると主張した（この点については、本書第1章を参照）。丸山はこの点をとらえて、徂徠において「道」はもはや道徳的当為ではなく、「治国平天下」という政治性を帯びると指摘する。そして聖人によって創始された「道」（＝唐虞三代の制度文物）は神聖視されるが、その制度の創造が一回的で歴史超越的性格をもちえないために、徂徠において歴史的個体への関心が生まれたという。こうして徂徠において、「道」は「公的＝政治的なもの」に「昇華」され、規範が人間にとって「外面化」したことで、「私的＝内面的生活」が解放された（丸山①二二九）。丸山はこの公私の分裂の意識を「近代的なもの」の「標徴」として取りあげ、朱子学的思惟の解体の末に生まれた徂徠の政治的思惟のなかに、限界をもちながらも近代的意識の誕生を読みとったのである。

第二論文は、第一論文の結論をうけたものである。丸山はここで、既存の社会秩序を自然秩序のアナロジーで理解する思考が、徂徠において決定的に破壊されたと述べる。徂徠は朱子学的な先験的「理」の存在を明確に否定し、宇宙的自然（「天命」）を不可知の領域に押しやるとともに、「道」（規範）とは先王の「作為」による制度文物であると規定した。聖人によって「作為」された「道」は時間の推移によって衰退するから、新しい社会秩序は「その代の開祖の君」による「組立」に依存する。ここに明快に示された各時代の支配者の「主体的作為」による秩序形成は、原始的な封建秩序への復帰という徂徠の意図に反して、ゲゼルシャフト型の社会を明示しているという。

しかし徂徠によって形成された「主体的作為」の論理は、作為的人格が聖人とそのアナロジーとしての後代の支配者に限定されていたところに、決定的限界があった。丸山は、徂徠によって切り拓かれた「作為」の論理が、安藤昌益や本居宣長を経て、幕末の思想家にどのように継受されたかを論じ、「主体的能動性」が大多数の庶民に認められることはなかったと結論する（丸山②一〇七）。明治初期には、西欧思想の流入によって「主体的作為の思想」はいったん隆盛をきわめたが、それはまもなく「巨大なる国家《レヴァイアサン》」のなかに呑みこまれた。「徳川時代の思想が決して全封建的ではなかったとすれば、それと逆に、明治時代は全市民的＝近代的な瞬間を一時も持たなかった」

（丸山②一二四）。これが丸山の結論である。

丸山が戦後最初に発表したのは「近代的思惟」と題する短文だった（一九四六年一月）。それは「私はこれまでも私の学問的関心の最も切実な対象であったところの、日本における近代的思惟の成熟過程の究明にいよいよ腰をすえて取り組んでいきたいと考える」（丸山③三）という一文で始まる。そこで丸山は、近代をたんなる過去の物語として「超克」の対象とした数年前の「時代的雰囲気」を批判し、「我が国において近代的思惟は「超克」どころか、真に獲得されたことすらない」（丸山③四）と断言している。この傲然たる姿勢は、自らの立場が戦中戦後をつうじて動じることがなかったという丸山の自負のほどを示している。

第一高等学校の生徒だった一九三三（昭和八）年に、丸山は唯物論研究会の講演会に出席して拘引され、その後、東大の助教授になるまで特高の訪問や憲兵隊への召還を受けたという。父・丸山幹治《かんじ》やその友人の長谷川如是閑《はせがわにょぜかん》、東大での師・南原繁《なんばらしげる》などのオールド・リベラルの思想的影響を受けながら、他方では早くから講座派マルクス主義の理論に親しんでいた。そのような知的背景から、ルネサンス以後の西欧における近代的政治意識の生成、テンニースやヴェーバーが定式化した近代と前近代の類型、日本社会の「半封建性」という講座派の規定などにもとづいて、日本の近世・近代の歴史的アウトラインを描き、それに沿って徂徠を中心とする近世儒学の作品を読みこんだのが、丸山の処女作だった。

丸山と同様に、戦中の大塚久雄も近代的「主体」について論じた。しかし大塚が一貫して論じたのは国民的生産力のための「経済倫理」であり、戦後の政治的民主化のための「主体」論も、基本的に「近代的生産力」の育成という観点からなされている。だから総力戦のため経済倫理の確立という観点から、政治的民主化のための「近代的人間類型」へのシフトは、大塚のなかでは大した抵抗感なしにおこなわれたのである。大塚と丸山は、戦後ともに「近代主義」の名で他称されたが、戦中のかれらの問題設定にはかなりの溝があったと考えねばならない。だから丸山による徂徠の読解は、その後の研究でほぼ完全に論破されたが、二本の徂徠論によって提示された近代像は簡単に色あせることがなかったのである。

丸山の思想的立場の根本的転換は、「近代的思惟」（一九四六年一月発表）の執筆後に生じた（米谷匡史一九九七）。その変化を画するのが「超国家主義の論理と心理」（一九四六年五月）である。ここで丸山は、国家が個人の内面的価値に関与しない西欧近代国家の原理を、カール・シュミットに倣《なら》って「中性国家」と性格づけ、真善美の価値基準が「国体」によって規定されていた近代日本の特異性を、「倫理と権力との相互移入」と批判している（丸山③二五）。この論文の理論的枠組は、現在からみれば雑駁の観を免れないが、発表当時、大きな反響を呼んだ。天皇制下の心理構造が、軍隊経験にもとづいて、「抑圧の移譲」などの語で巧みにえぐり出されており、マルクス主義の社会経済的分析に比べて圧倒的な説得力があったからである。

おそらくこの論文は、丸山にとってふたつの意味をもっていた。ひとつは、近代的「主体」創出という目的意識が、天皇制批判にまで深化したことだった。前述したように、戦

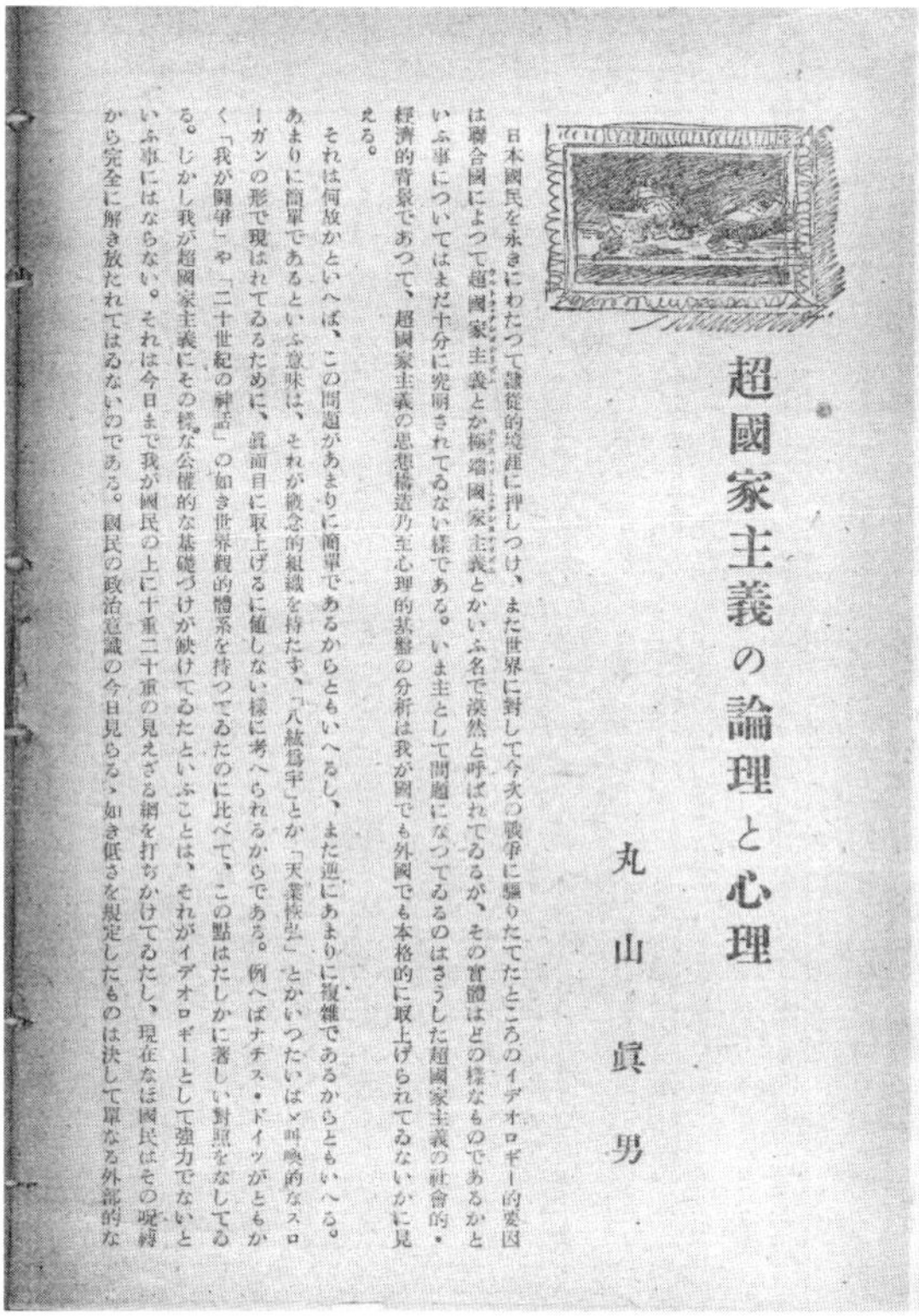

超國家主義の論理と心理

丸山眞男

日本國民を永きにわたつて隷從的境涯に押しつけ、また世界に對して今次の戰爭に驅りたてたところのイデオロギー的要因は聯合國によつて超國家主義とか極端國家主義とかいふ名で漠然と呼ばれてゐるが、その實體はどの樣なものであるかといふ事についてはまだ十分に究明されてゐない樣である。いま主として問題になつてゐるのはさうした超國家主義の社會的・經濟的背景であつて、超國家主義の思想構造乃至心理的基盤の分析は我が國でも外國でも本格的に取上げられてゐないかに見える。

それは何故かといへば、この問題があまりに簡單であるからともいへるし、また逆にあまりに複雜であるからともいへる。あまりに簡單であるといふ意味は、それが概念的組織を持たず、「八紘爲宇」とか「天業恢弘」とかいつたいはゞ呼喚的なスローガンの形で現はれてゐるために、眞面目に取上げるに値しない樣に考へられるからである。例へばナチス・ドイツがともかく「我が鬪爭」や「二十世紀の神話」の如き世界觀的體系を持つてゐたのに比べて、この點はたしかに著しい對照をなしてゐる。しかし我が超國家主義にその樣な公權的な基礎づけが缺けてゐたといふことは、それがイデオロギーとして強力でないといふ事にはならない。それは今日まで我が國民の上に十重二十重の見えざる網を打ちかけてゐたし、現在なほ國民はその呪縛から完全に解き放たれてはゐないのである。國民の政治意識の今日見らるゝ如き低さを規定したものは決して單なる外部的な

丸山眞男「超国家主義の論理と心理」（『世界』1946年５月）

中の丸山はオールド・リベラルの線に近く、国体論そのものへの根本的批判に行きつくまでにかなりの時間を要した（「昭和天皇をめぐるきれぎれの回想」、丸山⑮三五）。その点で、「折たく柴の記」と題されたノートの一九四五（昭和二〇）年一〇月二九日付の断片は興味深い。「民主政が民のための政治たるよりも、民による政治を必須要件とする以上、天皇が大権の下に政治的決断を最後的に決定するのでは（中略）如何《いか》にしても民主制の根本原則に反する。もし天皇から一切の実質的政治参与を取りのぞいた場合、天皇のレーゾン・デートルはどこにあるか。結局それは国民の情的結合のシンボルとしてしか考えられない」（『自己内対話』八頁）。驚くべきことに、翌年になって政治的に実現していく象徴天皇制への動きが、すでに丸山に予感されている。GHQが民主化指令を出し、総辞職した東久邇《ひがしくに》稔彦《なるひこ》内閣の後をうけた幣原喜重郎内閣が憲法問題調査委員会を設置した直後のことである。このとき丸山は、天皇がもはや統治権総攬者としては存続しえないと見通したうえで、なお象徴天皇に存在理由があると考えた。天皇制への批判はまだこの時点では限定的だったのである。

丸山は「超国家主義の論理と心理」において、ようやく戦後の出発点に立った。この論文のもうひとつの意義は、マルクス主義の方法論との差異である。丸山の天皇制分析が当時の読者に新鮮に映ったのは、下部構造の規定性というマルクス主義の方法論から離れて、丸山が天皇制の「論理と心理」の構造を叙述したからだった。戦中に発表された三本の論文には、思想構造の説明の背景として、つねに社会構造の分析が添えられていた（両者は必ずしもうまく関連づけられていないが）。戦中の三部作と「超国家主義の論理と心理」の方法意識の差は明白だろう。こうして天皇制批判とマルクス主義の方法論への批判が、その後の丸山にとって主要なモチーフになっていく。かれが後に生涯の課題とした「正統と異端」問題や「古層」論は、天皇制批判をつきつめていったときに出てきた問題だった。

コラム　日本政治思想への誘《いざな》い（2）

わたしは「団塊」とか「全共闘」とか呼ばれる世代に属する。「日本政治思想への誘い（1）」で書いた回想は、ある程度までわたしの世代に共通な体験だと思う。しかし大学闘争が全国的な流行現象だったからといって、全共闘が学生の多数派だったわけではない。われわれはやはり圧倒的少数派だった。「あんな石頭は、一度デモに連れていって、機動隊に頭を二、三発どついてもらったら、もっと物分りがええようになるやろ」。わたしの友人は、秩序派の学生を指して時々こんなことを言って人を笑わせた。

街頭でデモをしたこともなく、ましてアジびらを作ったり、学生大会で怒鳴りあった経験はとてもなさそうな人が、政治について誰の耳にも入りやすい話をしているのを見ると、わたしは心のどこかでその人を軽んじてしまう。そんなことで人を判断するのは、よくないことだと思いながら……。

日本では、街頭でデモ隊に出くわすのは稀であり、ましてデモがあったことをマスコミが報道することはほとんどない。衛星放送でフランスのニュースをみていると、ひしゃげた鍋を叩いたり、顔に彩色して爆竹を鳴らして歩くデモ隊や、殺人事件などに抗議して喪服を着た人びとが黙々と歩いている姿が、しばしば報道される。

わたし自身もフランスでデモに参加したことがある。交通整理の警官がまばらにいるだけで、デモ隊は道路いっぱいに広がって歩く。日本のように機動隊がデモ隊をサンドイッチにして、街路の隅に押しやってしまうことはない。もちろん大渋滞になるが、憤懣がデモ隊にぶつけられることはないようだ。日本のように、「ご通行中のみなさま、こちらは○○警察です。ただいまデモ隊が通過しているため、交通がたいへん混雑しています。しばらくご辛抱ください」などというアナウンスが流されることもない。日本ではデモ隊は完全に厄介者あつかいだが、フランスでは高校生から老人まで街頭で意思表示をし、それをマスコミがきちんと伝えているように思う。

一九九五（平成七）年の秋、わたしはパリ郊外に滞在していたが、一カ月ほどのあいだパリや主要大都市の交通がマヒ状態になった。政府の年金法案に抗議して、公共交通の労組がストをしたためである。パリ市内に通勤する隣人は、電車なら三〇分ほどで行ける距離を、自家用車で数時間かけて通っていた。パリ市内はもちろん、市内と郊外をつなぐ道路も早朝から深夜まで渋滞で麻痺した。テレビニュースは、見知らぬ人同士が相乗りで事態を切り抜けようとしている姿を報じていた。さすがにパリでは、長引くストに対する支持率が五〇パーセントを切ったが、全国平均では、ストを支持する人が最後まで多数派だったと記憶している。現在の日本では、もはやどんな労組もスト権に訴えることができない状態に追いつめられている。彼我の違いはなぜこれほど甚だしいのだろう。

閑話休題。わたしがいくらか事情に通じている外国の第一はフランスである。かつてルソーを中心にフランスの政治思想を一心に読んだことがあるし、会話力を身につけるためにかなり多くの時間を割いた。フランス語会話のために費やした時間を英語のために使っていたら、国際会議で自由に発言できるのに……と考えることもある。しかしフランス語会話を身につけ、まったく異質な外国の事情を知ることによって、視界が広がったと実感することがある。フランスやベルギーの図書館で、躊躇や不便を感じずに資料調査ができたのも、カウンターでのやり取りに不自由を感じずにすんだからである。

政治思想を本格的に学ぼうとするなら、英語以外の外国語も身につける必要がある。日本の政治思想研究では、欧米と日本の比較はかなり本格的に研究されてきた。しかし中国や韓国との交流や比較はまだきわめて不十分な状態である。日本の政治思想の研究者で、中国語やハングルを自由に操ることができるのは、中国人や韓国人の日本研究者以外にはほとんどいない。中国・韓国・日本のそれぞれの政治思想の研究者が意見を交換するには通訳を介するか、英語によるしかない。もし三つの言語で学術交流ができるようになれば、相互理解が格段に深まるだけではなく、日本政治思想は東アジア政治思想の一分野になって、研究の地平が大きく広がるだろう。野心をもった若い研究者が多数出現することを期待したい。

シャンベリにあるルソー博物館の前で

第Ⅲ部　戦後政治とその変容

60年安保闘争（時事）
国会に乱入する全学連のデモ隊。

大日本帝国が維新期に形成された自由主義と国体論の両面から規定されたように、第二次世界大戦後の日本政治は占領下に構築された統治体制と国際的冷戦によって規定された。「国体護持」を最優先した統治エリートは占領軍による憲法制定を受けいれ、米国主導の国際体制と協調することで独立を獲得した。非武装主義の空洞化と米国への従属を危惧した左翼は、平和主義と中立を唱えて政府と対立し、ここに保守と革新の五五年体制が形成された。

第8章は、新憲法における象徴天皇制と第九条をめぐる議論を紹介して、五五年体制の形成を跡づけた。単純化すれば、保守勢力は戦前への回帰派と米国との協調派のアマルガムで、革新勢力はマルクス主義と日本社会の「半封建性」を批判する近代主義とのアマルガムだった。戦前への回帰は世論が容認せず、また経済の高度成長による先進国化は、米国への従属や近代主義の観点を掘り崩した。

第9章では、経済成長による日本社会の変容の結果、左翼の側では「戦後革新」の思想が空洞化して説得力を失い、市民社会の成熟による新たな社会運動の形態として市民運動が叢生してくる状況を説明する。他方、保守の側では、経済的自立にもかかわらず、変わらぬ外交安全保障面での米国への従属が屈折した心理とフラストレーションを生んだことを指摘する。

第10章は、冷戦終結とその後の日本政治の大きな変化を歴史的に位置づける。まず「「終わり」の時代」では、「社会主義」の価値観や「戦後」と呼ばれる時代が終わったという意識を跡づけ、「「国際化」の時代環境」では、一九八〇年代からの「国際化」や経済のグローバル化のインパクトが、日本政治とその思想にどのような変貌をもたらしたかを検討する。最後に、戦後の保守主義思想とは面貌を著しく異にした、新たな右派勢力の大衆的勃興の意味について考え、テロとの戦いや市民の安全を重視する施策が、十分な自覚のないまま自由民主主義の見えない危機を深めていると指摘する。

第8章　戦後政治体制の成立

一九四一（昭和一六）年一二月八日の真珠湾攻撃で始まった米英に対する戦争は、政府によって「大東亜戦争」と命名され、緒戦の勝利によって東南アジアから南太平洋まで戦線が拡大した。しかし翌年六月のミッドウェー海戦後、日本は敗北に敗北を重ね、一九四五（昭和二〇）年八月のポツダム宣言受諾によって、満州事変に始まる一四年間の戦争はようやく終結した。敗戦によって、明治期に入念に構築された「国体《こくたい》」は最大の危機に直面した。しかしＧＨＱ（連合国軍総司令部）の主導によって、非武装主義と象徴天皇制を最大の特徴とする憲法が作成され、「統治権の総攬者」から「日本国民統合の象徴」に姿を変えることで、天皇制は存続する。

すでに第二次世界大戦末期に始まっていた米ソの冷戦は、世界全体を両陣営に分割する事態に発展した。中国の内戦における共産党の勝利と中華人民共和国の成立（一九四九年）や朝鮮戦争（一九五〇年）の勃発によって、東アジアも極度の緊張関係のなかに置かれた。こうした状況下で締結されたサンフランシスコ講和条約と日米安保条約は、米国の主導によって、東アジアを冷戦に対応する体制に再編成することを意図したものだった。日本の戦争は、アジア太平洋諸国に甚大な人的・物的被害をもたらしたが、冷戦を意識した米国の意図によって、賠償責任は曖昧にすまされ、日本は早期に戦後復興の道を歩むことになった。しかし講和条約は戦後憲法の非武装主義を無化するものだったので国論を二分し、後に自由民主党と日本社会党の対峙によって特徴づけられる五五年体制の構造的原因を作りだした。

1　象徴天皇制

清沢洌《きよさわきよし》は『暗黒日記』のなかで、敗戦後の革命の可能性にたびたび言及している。「日本の革命は必須《ママ》である。その革命は封建主義的コンミュニズムであろう」（一九四三年七月九日）、「革命はもはや必至である。時期はそんなに遠くあるまい」（一九四四年七月四日）などという調子である。立場は違うが、近衛文麿《このえふみまろ》も一九四五年二月一四日の有名な上奏文で、将来に対する深刻な危惧を表明した。「つらつら思うに我国内外の情勢は、今や共産革命にむかって急速度に進行しつつありと存じ候」（矢部一九五二（下）、五二九頁）。このような危機感は、明治憲法下の政治体制を支持していた多くの軍人・政治家・知識人に共通なものだったと想定してよい。辛亥革命やロシア革命、さらに第一次世界大戦を契機とするヨーロッパ諸国の君主制の倒壊を間近に見聞した人びとにとって、それはきわめて自然な反応だっただろう。

事実、連合国の世論を参照するかぎり、敗戦直後の天皇制は廃滅の危機に直面していた。中国をはじめとするアジア諸国、オーストラリアやソ連はいうまでもなく、占領統治の主導権を握った米国でも、昭和天皇の責任を問う声が強くあがっていた（『ワシントン・ポスト』が報じるギャラップ世論調査によれば、昭和天皇の処置について、処刑・三三パーセント、裁判で決定・一七パーセント、終身刑・一一パーセント、追放・九パーセントなどとなっていた。武田清子一九七八）。しかし一方では占領統治における天皇の存在価値を顕示し、他方では占領軍と巧みに妥協することによって、天皇制はその危機を乗りきった。

空前の大戦争の期間、国権の頂点に位置した人物は、戦争責任を追及されることなく、その後の半世紀近い年月を「象徴天皇」として君臨し天寿を全うした。この驚くべき事態の原因を完全に説明するのは容易ではないが、と

昭和天皇とマッカーサー（時事）
（1945年９月27日，米国大使館）

りあえず以下のような事情を指摘できる。まず日本の世論の圧倒的多数は天皇制存続を望んでいた。占領軍の中心をなす米国は、こうした世論を背景に、天皇制を利用することで占領統治をスムーズに遂行する道を選んだ。そして「国体護持」を至上命令と考えた昭和天皇と統治エリートたちは、マッカーサーを中心とする占領当局に協力することによって、その影響力を保持するというしたたかな戦略をとった。その結果、実現したのが「天皇制民主主義」（ジョン・ダワー『敗北を抱きしめて』）と評される日米合作の政治体制だった。

「国体護持」をめぐって

ポツダム宣言受諾をめぐる最大の争点は、「国体護持」が可能か否かだった。連合国側は天皇制存続を約束しなかったが、「終戦の詔書」（八月一四日）は一方的に、「朕《ちん》はここに国体を護持し得て、忠良なる爾臣民《なんじしんみん》の赤誠《せきせい》に信倚《しんい》し（後略）」と宣言した。これは自信というより、期待の表明だったと考えられるが、いずれにせよ、「国体」の中身について十分な思慮がなされていたわけではない。天皇の統治権にどの程度の制約を加えねばならなくなるかは、誰にも見当がついていなかったのである。

東久邇《ひがしくに》首相は九月五日の施政方針演説で、「原則として天皇の国家統治の大権」は変更しないとの諒解を前提に、ポツダム宣言を受諾したと述べている。天皇を「統治権の総攬者」とする原則を堅持すると公言したわけである。満州事変以後に出現したような軍部の専横を阻止できるようにすれば、明治憲法に根本的欠陥はないというのが、当時のかなり一般的な考えだった。最初の変化は、ＧＨＱが政治犯釈放・思想警察の廃止などに関する覚書を発表（一〇月四日）したことによって表面化した。これは国体の変革を意図する言論・結社を禁じた治安維持法などの廃止を命じるもので、翌日、東久邇内閣は総辞職を余儀なくされた。これを契機に、明治憲法に対する何らかの改正は、もはや不可避と考えられるようになる。そして近衛文麿国務相や政府の憲法問題調査委員会（委員長・松本烝治《まつもとじょうじ》）など、日本側のイニシアティブによる改正案作成の試みがなされたが、明治憲法の骨格を維持した憲法案はＧＨＱの支持を得られなかった。一九四六（昭和二一）年二月、マッカーサーは日本政府による改正案作成に見切りをつけ、自らの三原則にもとづいて民政局が作成した憲法案を日本政府に手交した。政府はこのＧＨＱ案をほぼそのまま採用して日本政府案とし、三月六日に発表した（佐藤一九六二、江藤一九八〇、古関一九九五）。

マッカーサー三原則（『日本国憲法制定の過程』Ⅰ、による）

1
天皇は、国の元首の地位にある。
皇位は世襲される。
天皇の職務および権能は、憲法に基づき行使され、憲法に示された国民の基本的意思に応えるものとする。

2
国権の発動たる戦争は、廃止する。日本は、紛争解決のための手段としての戦争、さらに自己の安全を保持するための手段としての戦争をも、放棄する。日本は、その防衛と保護を、今や世界を動かしつつある崇高な理想に委ねる。
日本が陸海空軍をもつ権能は、将来も与えられることはなく、交戦権が日本軍に与えられることもない。

3
日本の封建制度は廃止される。
貴族の権利は、皇族を除き、現在生存する者一代以上には及ばない。
華族の地位は、今後はどのような国民的または市民的な政治権力も伴うものではない。
予算の型は、イギリスの制度にならうこと。

新憲法の最大の論点は、「統治権の総攬者」としての天皇の地位の変更だった。帝国議会での憲法案審議は、「国体護持」をめぐる当時の思想状況を如実に伝えている。たとえば金森徳次郎《かなもりとくじろう》国務相は、日本の国体とは天皇を「憧れの中心」として国民が統合されていることだと定義し、その意味で国体は変更していないと論じた。これを受けた芦田均《あしだひとし》（衆議院憲法改正特別委員会委員長）も、西欧の君主制とは異なり、日本の天皇は「君民一体」であり、主権は天皇を含む「国民協同体」にあると述べた。そして「国体」を、主権の所在によって類別する「政体」から峻別して、「天皇を憧れの中心として国民全体が結合」する日本の国体に変化はないと、芦田は主張した。

天皇制を「君民一体」や「君民一如」と特徴づけ、西欧（とくに英国）の君主制と同視できないとする考えは、憲法改正にかんする議論のなかに頻出する。それは「国体護持」を擬装しようとした吉田茂《よしだしげる》首相をはじめとする政府関係者だけの政治的呪文ではなく、高木八尺《たかぎやさか》や南原繁《なんばらしげる》などの明治憲法下のリベラルたちにかなり広くみられるものである。かれらは天皇の地位の変更をともなうような憲法の改正には基本的に反対で、旧体制との連続性を維持することに腐心した。一般に天皇の「人間宣言」と呼ばれる「新日本建設に関する詔書」（一九四六年一月一日）も、天皇を「現御神《あきつみかみ》」とする神話的天皇観を否定する一方で、「五箇条の誓文《せいもん》」を冒頭に引用して、明治維新と「新日本」の国是の連続性を強調し、「至高の伝統に恥じざる真価」を発揮することを説いたものだった。

このように旧体制との連続性を説く見解に対して、立場のいかんを問わず、象徴天皇への変更を体制の根本的転換ととらえる疑義が相次いだのは当然だった。衆議院の質疑では、北浦圭太郎《きたうらけいたろう》のように、天皇に形式的権限しかないことを悲憤して、花は咲くが実がならない山吹《やまぶき》の木に譬《たと》え「山吹憲法」と論難するものもあった。他方、有識者の多い貴族院では、新憲法制定を、英国の一六八八年に比すべき「光栄ある革命」（板倉卓造）、「肇国《ちょうこく》以来の大革命」（南原繁）、「学問的意味」では「革命」というべき「超憲法的な変革」（宮沢俊義）などと形容する見解が目立った。宮沢は、治安維持法にかんする大審院判決（「我が帝国は万世一系の天皇君臨し、統治権を総攬し給うことを以てその国体となし（下略）」）を引証して、国体の変更を認めることを政府に迫った。融通無碍な国体概念によって、「水は流れても川は流れない」（衆議院での答弁）などと遁辞を重ねていた金森も、治安維持法に規定されたような意味での国体は変更したと認めざるをえなかった。しかし金森は国民主権について、過去に「潜在的」に国民に存した主権が、新憲法において「顕在的に顕われた」にすぎないと強調することを忘れなかった。

佐々木惣一・和辻哲郎論争

同種の論争は、議会外でも展開される。きっかけは佐々木惣一《ささきそういち》「国体は変更する」（『世界文化』一九四六年一一月号、後に『天皇の国家的象徴性』に収録）だった。佐々木は国体観念を、政治の様式からみた国柄と、国家の共同生活に浸透した精神的倫理的観念のふたつに分類し、前者の意味での国体は新憲法によって変更すると指摘した。そして政治の様式からみた国体観念が変更する以上、精神的意味での国体観念も不変ではありえないと、金森国務相の答弁を批判している。

これに反発したのが和辻哲郎《わつじてつろう》（一八八九～一九六〇）の「国体変更について佐々木博士に教えを乞う」である（『世界』一九四七年三月号、後に『国民統合の象徴』に収録）。和辻は、まず統治権の所在は国体ではなく、政体の問題であると主張する（前述の芦田均と同じ見解）。そして天皇が統治権の総攬者だったのは、古代を除けば明治以後のことにすぎず、それは天皇という存在の本質ではないと指摘する。天皇は「日本国民の全体性を対象的に示す」ものであり、これこそ国体の本質だと、和辻は説くのである（和辻⑭三六四）。かれの議論はさらに以下のように展開される。新憲法第一条（「天皇は、日本国の象徴であり日本国民統合の象徴であって、この地位は、主権の存する日本国民の総意に基く」）は、国民主権を規定したものではなく、天皇が「主権的意志の象徴」であることを明示したものである。天皇が「主権的意志の表現者」であるなら、統治権は天皇の一身において表現されていることになるから、天皇は統治権の総攬者ということになる。つまり佐々木のいうように、国体を統治権の所在によって定義するとしても、なお国体の変更は生じなかったことになる。

ふたりの応酬はその後も続くが、論旨は以上でほぼ尽きている。要するに佐々木は、大正デモクラシーの国体・政体二分論にもとづきながら、国体は主権（統治権）の所在、政体は主権行使の様式を意味するととらえ、新憲法による国民主権の規定を国体変更と認識した。これに対して和辻は、天皇を国民の文化的な統一の具現（その思想的表現が尊皇思想）ととらえ、その意味での国体は不変だと説いたのである。

両者の論争には、興味深い点がふたつある。まず佐々木が、日本の過誤は天皇の協力機関である軍部・政府・議会の責任だと考え、統治権の総攬者たる天皇の地位の変更に、強く反対していたことである。一九四五年秋に、近衛文麿を中心におこなわれた内大臣府の憲法改正作業で、佐々木は近衛の依頼で改正案起草に従事しており、翌四六年の国会での憲法審議では、貴族院議員として、国体変更を理由に新憲法案に反対の意志を明示した。論文「国体は変更する」は、もともと貴族院でおこなった委細をきわめた質疑の内容を一般に広く訴えたもので、「名あって実なし」の象徴天皇制に悲憤したものだった。

さらに佐々木は、和辻との論争で、統治権の総攬者としての天皇の地位を古代から一貫したものととらえ、武家政権はそれを侵害した違法行為だったと説いている。新憲法での断絶を強調したにもかかわらず、万世一系の天皇の統治権にたいする「伝統的感情」（貴族院での発言）を重視すると述べたもので、和辻の立場との内面での親近性を示している。貴族院の憲法改正特別委員会の質疑で、佐々木は、天皇が「（日本という）継続した国家団体の中心」であるとの確認を迫っている。天皇の地位の本質は単なる「世襲」ではなく、アマテラス以来の皇祖皇宗に属することを意味すると、佐々木は強調する。だからなぜ「万世一系」の語を削除したのかと、詰問するのである。

帝国議会の質疑や佐々木・和辻の論争は、明治憲法下でリベラルな立場をとった知的・政治的リーダーたちのあいだの対立だった。だから表面上の対立とは対照的に、天皇制のありかたについては暗黙の基本的合意があったと考えてよい。国体の変更を認めるか否かにかかわらず、ホンネの部分での着地点をかれらは共有していた。その内容は、南原繁・東大総長が一九四六年の天長節（四月二九日）におこなった演説の一節に、明快に示されている。「日本国民統合の象徴としての天皇制は永久に維持されるでありましょうし、また維持されねばなりませぬ。これはわが国の永い歴史において民族の結合を根源において支え来たったものであって、君主と人民のおのおのの世代の交替と、君主主権・人民主権の対立とを超えて、君民一体の日本民族共同体そのものの不変の本質であります」（南原⑦五八）。

象徴天皇制にかんする論争は、明治憲法に規定された国体の評価をめぐるものであり、したがって明治以後の日本近代に対する論者の評価を試すリトマス試験紙になった。伝統的な国体の根本的否認は、帝国議会では共産党の少数の議員によってしか表明されなかった。しかしマルクス主義（とくに講座派）の影響が強かった戦後の知的世界では、むしろ国体論的な天皇制の否認が急速に主流になっていった。第7章**3**で述べた丸山眞男「超国家主義の論理と心理」は、そうした傾向の最初のもっとも鮮やかな表現だったのである。

2　憲法第九条と平和主義

憲法制定当時、戦争放棄の条項をめぐる議論は、象徴天皇制に比べるときわめて低調だった。帝国議会での質疑に限れば、第九条の問題を正面きって取りあげたのは、野坂参三《のさかさんぞう》（共産党）と南原繁《なんばらしげる》だけだったといっても過言ではない。その後、保守・革新の対立軸となっていく争点が、憲法制定当初、なぜ大した反対論なしに受け入れられたのかは、象徴天皇制との連関のなかでしか理解できない。ポツダム宣言受諾時に示されたように、統治エリートたちは、天皇制の存続さえ確保できれば、いかなる譲歩も受忍するしかないと考えていた。その断念としたたかさは、結果として国民の側の厭戦気分とうまく調和し、「平和国家」というキャッチフレーズと象徴天皇制をセットにした新憲法を作り出した。

大熊信行《おおくまのぶゆき》「精神の革命とはなにか」（一九四六年）は、当時の状況をつぎのように叙述している。「「あつものに懲りてなますを吹く」という諺がある。（中略）国家は国民の好まぬ戦争を敢えてし、しかも梯子酒《はしござけ》のように戦争をかさねてしまったあげく、地べたに打ちふせて、もう懲《こ》りた、酒は一生のまぬ、と誓っているのが、いまの恰好《かっこう》である」（大熊一九八一、一八頁）。むろん「国家」と「国民」をこのように対照的に描くのは単純すぎる。しかし多くの国民が、長期の困難な戦争に対して二日酔いの気分を実感しており、平和主義はそうした漠然たる雰囲気に支えられた。したがって冷戦の顕在化と講和条約による国家の自立が課題となったとき、平和主義は初めて政治的思考の回路に入ってきて、試練を受けることになる。

戦争放棄条項をめぐって

新憲法案を審議する衆議院本会議の質問で、共産党の野坂参三は自衛戦争と侵略戦争を区別し、自衛のための戦争は「正しい戦争」であると述べた。そして戦争放棄は、憲法に規定しただけでは達成できず、軍事的・政治的・経済的・思想的な諸原因を根絶しなければならないと指摘している。いうまでもなく、これはレーニン主義的な帝国主義の概念を念頭におき、社会主義体制に移行しなければ、戦争の原因は根絶できないことを含意したものである。野坂の質問に対する答弁で吉田首相は、戦争の多くは自衛戦争の名で行われてきたので、「正当防衛権」の容認は戦争を誘発する原因になると反論し、野坂の議論を「有害無益」と論断した。

野坂の衆議院での質問は、激しい野次と嘲笑につつまれた。保守派の議員で野坂の議論に同調するものはなく、自衛権の放棄に憤慨するものは見当たらない。一九八〇年代になって、保守派の論客の江藤淳《えとうじゅん》は、第九条を「主権制限条項」（江藤一九八〇）と呼んだが、憲法制定の時点で、江藤のような認識を明示したものはいなかった。敗戦直後の状況で、保守派ナショナリズムが天皇制護持をいう形でのみ発現し、旧敵国で占領者である米国に対する抵抗を組織できなかったことは、「天皇制民主主義」の実態を反映している。これによって、戦後の保守勢力は基本的に親米路線をとり、冷戦の進行とともに日米安保条約を外交の基軸とすることになる。それに対抗する左翼勢力が、米国への軍事的・経済的従属への危惧から、安保反対・中立を唱えることになるのは必然である。このように五五年体制の対立軸は、冷戦が顕在化する以前の統治エリートの政策選択に起源を発するものだった。

憲法制定について、政府の政治責任にまで遡って追及したのは南原繁だった。一九四六（昭和二一）年二月初めに発表された憲法問題調査委員会の改正案（松本案）と三月六日発表の政府の憲法改正草案要綱は、根本的に相容れないものだったので、南原がその原因を追及したのは当然だった。南原の後年の述懐によれば、かれは新憲法の政府案がＧＨＱによって作成されたものであることを、米国の新聞記者をつうじて知っていた（『日本の理想』、南原⑨一二二）。政府が客観的情勢に見合った改正案を自主的に策定できなかったために、ＧＨＱから憲法案を押しつけられる結果になったことを、南原は「国民の恥辱」だと評し、激しく政府の責任を追及した。そのうえで南原は、自衛権は「普遍的な原理」であると説き、いかなる国家も自衛権を放棄して「無抵抗主義を採用する道徳的義務はない」と強調する（南原⑨二九）。

自衛権の放棄は「国家としての自由と独立」の放棄につながるという南原の主張は、かれが唱道した理想主義からすれば、意外の感を与えるかもしれない。しかしこの主張が、政府の対米追随の姿勢を批判する文脈で説かれていることを考慮すれば、南原が一貫して国民的自立性を根幹に据えていることが理解されるだろう。他国の善意や信義に依頼するのは「東洋的諦念主義」であり、「血と汗の犠牲」を払って世界平和に貢献すべきだと、南原は主張する。ここには国民的自負心に訴える南原の熱烈なナショナリズムを読みとることができる。

貴族院本会議での質問演説から二カ月あまり経った一一月三日、南原は新憲法発布の式典で演説した。ここでかれは、自衛のための軍備や交戦権の放棄を積極的に評価し、それは過去の戦争への「国民的贖罪《しょくざい》」であり、人類の理想にむけての日本民族の決意表明であると論じている（南原⑦八六）。成立した以上、憲法を文言どおりに順守するという方向に態度を転換したのである。結果的には、それは吉田茂など統治エリートの立場に合流したことを意味する。しかし吉田らの姿勢が米国との協調の必要性を動機としたのに対して、南原の場合は、所与の憲法に依拠して、理想主義を純化したものだった。だから米国の対日政策が転換すれば、両者の乖離は不可避だった。政府は日米安保条約のもとで、限定的ながら再軍備への道を歩み、南原をはじめとする反対派は軍備そのものを平和主義に反すると主張した。こうして保守と革新の対立は、軍備か平和かという非政治的で原理主義的な二者択一の構図として出現することになる。

平和問題談話会

講和条約への動きが本格化したのは一九四九（昭和二四）年後半からである。中国では人民解放軍の勝利が確定し、翌年二月には中ソ友好同盟相互援助条約が成立して、さらに六月に朝鮮戦争が勃発した。こうした状況下で、吉田内閣は米国への軍事基地提供、西側陣営のみとの単独講和、米国からの再軍備要求拒否の方針を固めたが、マッカーサーによる警察予備隊創設・海上保安庁増員の指令は、一般には再軍備の始まりと受けとめられた（五十嵐武士一九八六）。

単独講和に対する反対運動の動きは早かった。「講和問題についての平和問題談話会声明」が発表されたのは一九五〇年一月である（『世界』三月号に掲載）。全面講和・中立・軍事基地提供反対を基調としたもので、署名したのは、主に東京と京都の大学の教員五六名だった。前年、ユネスコの声明「平和のために社会科学者はかく訴える」に刺激を受けた『世界』編集長の吉野源三郎《よしのげんざぶろう》の呼びかけで、かれらは「戦争と平和に関する日本の科学者の声明」（『世界』一九四九年三月号に掲載）を発表していた。談話会のメンバーは安倍能成《あべよししげ》（一八八三～一九六六）・和辻哲郎・大内兵衛《おおうちひょうえ》（一八八八～一九八〇）・丸山眞男などで、政治的にはオールド・リベラルから労農派マルクス主義者まで、年齢の面では三十歳代から六十歳代までを含んでおり、実に多彩だった。後に丸山眞男は、かれらを結集させた心理を「悔恨共同体《かいこん》」と呼んでいる（「近

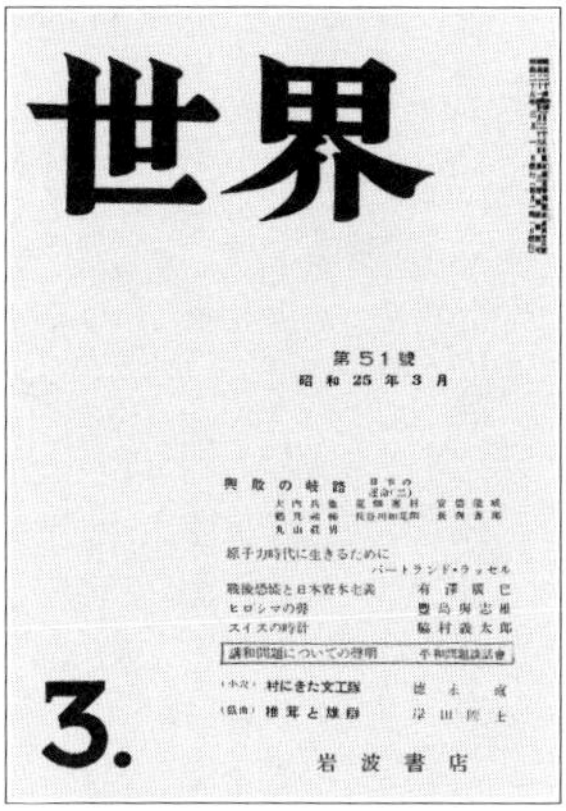

『世界』（1950年３月号）

代日本の知識人」、丸山⑩二五四）。「戦前は社会科学者の協力がなくて各個撃破された、こんどこそ社会科学者が協力しなければならない」という反省が、かれらの活動の動機となったのである（「「平和問題談話会」について」での丸山眞男の発言、『世界』創刊四〇周年記念臨時増刊号、一九八五年七月）。

平和問題談話会の講和問題にかんする声明が『世界』の誌面に出たころ、南原繁も、東大の卒業式で単独講和論を激しく批判していた（「世界の破局的危機と日本の使命」、南原⑦三一八～）。また朝鮮戦争の勃発によって、人びとは戦争の現実的な危機を実感せざるをえなくなっていた。大きな影響を与えた「三たび平和について」が発表されたのは、こうした状況下だった。これまでの二度の声明とは異なり、全四章からなるかなり本格的な論説で、とくに丸山眞男が執筆した第一章と第二章は味読に堪える内容だった。丸山はここで以下のような趣旨のことを述べている。まず第一に、核兵器の出現によって戦争の破壊性が巨大なものになり、もはや武装による安全保障は非現実的になり、平和を求める理想主義こそ現実的になったという。そして「問題提出の仕方によってその処理の方向が変化する」と指摘して、多面的な現実をどのように理解するかが、問題の解決方法を規定することを強調する（丸山⑤一二）。第二章では、「二つの世界」の対立の様相を、⑴イデオロギーとしての自由民主主義と共産主義の対立、⑵米ソを中心とするふたつの国家群の対立、⑶米ソ両国の対立、の三つに分類し、その対立の様相は多義的で、いずれの面でも武力衝突の必然性はないと主張する。

以上の主張は、その後の歴史を知っているものからみれば、通常兵器の役割を過小評価したことなど、誤りもある。しかし丸山がここで何より批判したかったのは、かれが戦中の政治にみた状況追随主義である。丸山が「超国家主義の論理と心理」で指摘したのは、「何となく何物かに押されつつ、ずるずると国を挙げて戦争の渦中に突入した」という政治的決断意識の欠如と無責任だった（丸山③三二）。また「軍国支配者の精神形態」（一九四九年）では、戦争指導者たちにとって、「現実」は「作り出され行くもの」ではなく「作り出されてしまったこと」であり、したがって「現実はつねに未来への主体的形成としてでなく過去から流れて来た盲目的な必然性」と理解されていたと指摘している（丸山④一一九〜一二〇）。丸山の主張はこうした戦中の過誤を意識したもので、「現実」を可塑的なものととらえ、政治を「現実」のなかに潜在する可能性を追求する技術《アート》とする意図にもとづいたものだった。

「三たび平和について」は、世代と政治的立場の相違を超えた「悔恨共同体」の蜜月の終わりを飾るものになった。冷戦の激化は、かれらに共産主義という踏絵をせまり、その対応をめぐって「共同体」は分裂していった。米国ではマッカーシー旋風が吹き荒れ、日本でもレッドパージが始まっていた。この時期に、丸山が書いた「ある自由主義者への手紙」（一九五〇年）や「「現実」主義の陥穽《かんせい》」（一九五二年）は、そうした状況を背景にしながら、「戦後革新勢力」が形成される様を側面から描きだしている。ここでは「ある自由主義者への手紙」だけを紹介してみよう。丸山は、「平和や自由」など「誰も文句のつけようのない「言葉」の下に、それぞれ「下心」を秘めた人々を結集させて表面のつじつまをあわせる」ような「共同戦線」の時期は終わったと明言する（丸山④三一八）。そして自由主義者は右の全体主義と同様に、左の全体主義とも戦わねばならないと説く公式的自由主義者に対して、抽象的イデオロギーによって「天降《あまくだ》り的」に現実を裁断するのではなく、「具体的な政治的状況における具体的な役割」によって事物の是非を判断するべきだと反論している（丸山④三三三）。つまり西欧的民主主義の実現が課題であると意識された当時の日本において、「相対的に左」の勢力に荷担することがその目的に合致すると、丸山は説いたのである。

「戦後革新」の形成

講和条約に対する反対運動の過程で「悔恨共同体」は解体し、オールド・リベラルの多くが反共的保守主義に合流する一方、戦後のリベラルは社共（とくに労農派に起源をもつ社会党左派）と合流して、両者が対峙するという五五年体制の構図ができあがった。共産党がコミンフォルムの批判で内部対立して昏迷する一方、日本労働組合総評議会（総評）の労働者によって支持された社会党左派は、全面講和・中立・軍事基地提供反対・非武装のスローガンで勢力を伸ばした。折から講和問題を扱った『世界』の特集号（一九五一年一〇月）はこうした労働者に支持され、通常の発行部数が三万部弱だったのに、五刷されて一五万部売れたという（「平和問題談話会とその後」での緑川亨の発言、『世界』創刊四〇周年記念臨時増刊号、一九八五年七月）。一九四五年一二月に創刊されたばかりの『世界』（一九四六年一月号）は、安倍能成や和辻哲郎が執筆者の中心にいて、「自由党左派」と揶揄された（吉野源三郎一九七六）。しかし『世界』は平和問題談話会の活動とともに左傾化し、戦後平和主義の中心的言論機関としてのアイデンティティを、この時期に確立していった。前述の『世界』講和特集号には、労農派の総帥・山川均《やまかわひとし》の論文「非武装憲法の擁護」（翌年、山川均『日本の再軍備』に収録）が掲載されており、両者の連携を象徴している。後に社会党の党是となっていく非武装中立論は、講和をめぐる論争のなかで、『世界』に依拠した知識人と社会党左派の論客が、相互に影響を与えながら形成されたものだった。山川の議論を中心に、その成立の経緯をたどってみよう。

全面講和か単独講和かの問題は、政治的プラグマティズムに深く関わっている。論理的には、全面講和が望ましいことは議論の余地がない。しかしもし部分講和の選択肢を完全に排除し、全面講和に固執すれば、占領状態が半永久的に続く可能性もあった。山川均が「万やむをえなければ」部分講和もありうると述べたのは、全面講和を望まない国が講和を引きのばすこともありうると危惧したからである。占領状態が長く続けば、国民のあいだにナショナリズムが嵩《こう》じ、それはいずれ反動勢力の利用するところとなることは必至だと、かれは説いている。むろん山川は吉田内閣の「お妾根性《めかけ》」の単独講和論には反対なので、それに対抗する「政策的な意味で、少くとも現在は全面講和一本やりで進むべきだという議論なら、それには十分意味がある」という考えだった（「講和・中立・再武装――KとYとの対話」、山川⑰二一〇）。

この議論にあきらかなように、全面講和論は、当初、望ましくない形の講和を牽制する戦術という側面があった。

この山川のプラグマティックな姿勢は、その後の非武装中立論でも一貫している。たとえば山川は、ダレスの「真空」論を批判して、非武装状態によって生じるかもしれない共産勢力の侵入という危険性と、再武装によって生じる対外的・国内的危険性を、「冷静に比較判断」すべきだと論じる（『日本の再軍備』、山川⑰三六二）。ソ連共産主義の世界革命構想が侵略的性格をもっていることを、かれは否定しない。しかしボルシェヴィズムが輸出されるのは、「真空」の国ではなく、むしろ国内対立で火薬が詰まっている所だという。山川によれば、中国が共産化したのは、そこが「真空」だったからではない。民主主義国が、共産勢力の侵入を防ぐために反動的勢力を援助し、「歴史の車輪を逆さまにまわす」ようなことをおこなったからだった（山川⑰三六九）。つまり共産勢力の侵略を口実にした再武装によって、国内反動勢力が再び息を吹き返す危険が大きいと主張するのである。当然のことながら、これはいかなる状態になっても、軍隊はもつべきではないという絶対的非武装論ではない。「げんざいの段階とげんざいの情勢」では、軍隊をもつことの危険性が、もたない危険性より大きいと判断したのである（山川⑰三八四）。

以上のような判断にたって、山川は非武装中立論を展開する。それは具体的には、国連が日本を非武装地域とし、侵略に対しては国連による集団的安全保障を約束するよう要求することである。ここでもかれは「中立」という言葉に安易に寄りかかることを厳しく戒める。「われわれは、中立という言葉に心酔したり、幻覚を描くことなしに、世界平和の維持という見地から、冷静に評価しなければならぬ」（山川⑰三七二）。こうして特定の国を敵国としたり、あるいは特定の国を敵国とするような結びつきを第三国ともつことは中立政策に反すると、山川は説く。山川の議論が、前述の丸山眞男の論文「ある自由主義者への手紙」と同じ構造になっているのがわかるだろう。丸山はそこで「絶対的な真理」を認めず、「具体的状況における具体的な役割によって是非の判断を下す」べきだと述べていた。丸山と同じく、山川も抽象的原理によって現実を裁断するような流出論的思考を誡《いまし》め、政治におけるプラグマティックな判断を信条とした。

ところで、前述の平和問題談話会の声明「三たび平和について」にかんして、坂本義和《さかもとよしかず》は「内政についての「現実主義」的状況判断が、国際政治についての「理想主義」的発言の形で表現」されたものと評している（「日本における国際冷戦と国内冷戦」、坂本一九九〇、一六〇頁）。山川の講和・中立・非武装にかんする議論にも、そうした配慮が強く反映していた。山川は「なにがなんでも」非武装・中立が理想だと主張したのではなかったが、山川の精神はその後の革新勢力のなかで継承されず、五〇年代後半以後の社会党は、中立・非武装論に込められた戦術論としての側面を忘却していったのである（社会主義国を平和勢力と規定（平和勢力論）したり、「アメリカ帝国主義は日中両国人民の共同の敵」と述べた一九五九年の社会党訪中団の声明は、その顕著な例である）。

そもそも講和運動以後の社会党（左派）を支えた浮力は、さまざまな要素の複合体だった。清水慎三《しみずしんぞう》はそれを、冷戦に対する平和、対米従属に対する独立、政治反動に対する民主主義、独占資本に対する生活擁護の四つに要約している（清水一九六六、二三頁）。「生活擁護」は、むしろ社会主義の理念と言い換えたほうが適切で、全面講和・再軍備反対の運動の時点ですでにもっともマイナーな要素だった。対米従属も政治的・軍事的な側面より、経済的な点に主たる関心があった。だから経済成長が始まっていた六〇年安保では、すでに独立と社会主義の理念は、運動の大きな浮力にならなかった（「平和運動における心理と論理」、坂本一九九〇、一七五頁）。つまり革新陣営が後々まで理念として抱きつづけた六〇年安保の運動は、戦犯容疑者だった岸信介《きしのぶすけ》首相の強権的手法に対する危機感と五〇年代の平和運動の遺産によるものだったのである。保守政治が岸から池田勇人《いけだはやと》にバトンタッチされた六〇年代には、「民主主義」に対する危機意識は薄れたので、革新運動のよりどころはもはや「平和」しか残されていなかった。したがって革新の運動象徴で最後まで残った「平和」が色あせたとき、あたかも浮力を失った紙飛行機のように社会党が失速したのは当然だった。

「現実主義」の系譜

全面講和論を契機に形成され、戦後の平和論をリードするようになった知識人たちは「進歩的文化人」と呼ばれ、一九五〇～六〇年代の論壇の主流を占めた。かれらを集約したのは憲法第九条を根拠にする理想主義的平和論だったので、これに反発する保守派の知識人は「現実主義」を名のることになる。その最初の動きは福田恆存《ふくだつねあり》「平和論にたいする疑問」（一九五四年）だった。福田はこのエッセイを「あらゆることに原因と理由を指摘でき、意見を開陳」できる「文化人」という存在への不信の表明から始めている（福田③一三～）。福田の意図は、平和論が時代への便乗にすぎないと批判することだった。福田のエッセイは平野義太郎《ひらのよしたろう》、清水幾太郎《しみずいくたろう》、中島健蔵《なかじまけんぞう》らとの論争をひき起こしたが、福田の論敵の多くは戦中も言論機関でそれなりに活躍していた人びとだった。当然ながら福田には、かれらの平和論が時代への迎合と映った。平和運動をつき動かしていた戦争に対する反省も、福田からみれば共産主義者に対する劣等感のあらわれにすぎない。世界的にみれば、軍備か平和かという二者択一で提示された日本の平和論はあきらかに例外的であり、冷戦という世界状況で非武装を説くのは、共産主義への荷担を繕うための隠れ蓑にすぎないと勘ぐられたのである（後述のように、「非武装中立論」にはたしかにそのような一面があった）。

福田のもうひとつの論点は、憲法第九条を理想の表明ではなく、戦争に対する謝罪にすぎないと理解することである。少し後になるが、「平和の理念」（一九六四年）で福田はこの観点を展開し、憲法における理想主義の闡明《せんめい》が国民の罪悪感や敗北感を糊塗する役割を果たしたと論じ、さらに日本の平和運動は、被爆国という「特権意識」を「殉教者的使命感」に変えることで成立していると非難した（福田⑤二二三～）。

福田の表現には、「進歩的文化人」に対する「台所覗き」に類する悪意や、平和運動を「利敵行為」とするイデオロギー暴露の側面があるが、第九条を戦争の反省のうえに立つ平和主義の表明とはみず、敗戦にともなう権力政治のひとつの表現とみる点で「現実主義」の性格をよく示している。それは理想主義的平和論が基礎にした道義的根拠を否定し、平和を国際的な権力政治のメカニズムのなかに位置づけるので、平和とは「冷たい平和」しかありえないという認識をみちびく。平和問題談話会の流れに立つ人びとは「冷たい平和」は平和ではないと考えるから、もはや両者のあいだには対話は成り立たない。一方は軍事力の保持が戦争に直結すると説き、他方は軍事的な勢力均衡による戦争の防止が平和だと主張する。両者はまったく異なった「平和」のイメージをもって対峙することになった。

講和後の日本は再軍備の道を歩み始めたので憲法との矛盾はあきらかだったが、憲法改正の企図は挫折した。ホンネとタテマエの亀裂を埋めようとする努力は、「理想主義」と「現実主義」の両方の側からなされた。平和問題談話会の流れをくむ坂本義和の「中立日本の防衛構想」（一九五九年）は、「理想主義」の側からする理想と現実の架橋の試みである。ここで坂本は、日米安保条約が日本の安全にとって有益でないばかりか、むしろ「錯誤による破滅」の危機をもつことを力説する（坂本一九九〇、三頁～）。そして中立を維持しつつ憲法の平和原理に従う方策として、中立諸国の部隊からなる国連警察軍の日本駐留を提案している。

この坂本構想を批判したのが高坂正堯《こうさかまさたか》の「現実主義者の平和論」（一九六三年）である（高坂①九～）。高坂はまず坂本の議論を二つの点で批判する。ひとつは、核戦争の可能性は通常兵器による防衛を無意味にするものではないこと。第二に、安保条約は極東の勢力均衡を作りだし、平和に貢献していること。このように批判したうえで、高坂は平和主義者の中立論が国際政治に価値の問題を導入した点では評価できるとしながら、平和＝中立という「飛躍した方程式」が理想主義的な平和論から活力を奪っていると説く。つまり硬直した中立至上主義によって、極東の緊張緩和による漸進的な平和への取り組みを放棄し、政府との間でも妥協の余地のない対立関係に陥っていると批判するのである。

半年ほど後の論文「外交政策の不在と外交論議の不毛」で、高坂は社会党の非武装中立論を俎上に載せているに、社会党はその能力がないために非武装中立論に過度の重要性をおき、ますます政権から遠ざかる結果を招いている（高坂①二七～）。社会党が政権をとれるのは、国民生活について社会主義の具体的イメージを提示できるときなのと分析したものである。高坂は「戦後革新」が陥ったディレンマを的確に洞察していたといえる。平和運動は絶対平和の理念に固執することで現実との乖離を深め、その乖離がもはや埋めようがないほど広がったとき、運動としての浮力を完全に喪失していった。

高坂と同様な見地に立って、もっと精緻な議論を組み立てたのは永井陽之助《ながいようのすけ》だった。永井は一九六五年から翌年にかけて三本の論文を『中央公論』に発表し、それを『平和の代償』（一九六七年）としてまとめた。折からベトナム戦争がエスカレートした時期にあたり、アメリカの戦略と中国・ソ連の対応、そして日本外交のあり方が問われた。永井は日本の状況を「一種の孤立主義のムードに閉塞している」（永井一九六七、六四頁）ととらえ、非武装中立論を「丸いトウフ」と同じ形容矛盾だと批判する。永井によれば、防衛は単に自国のためだけではない。「自らの力で、周囲の善意ある第三者に対して、最小限度の安全感を与えるだけの政治的安全性と抵抗力を培養することは、現代のすべての国民に課せられた平和への最低限度の義務である」（永井一九六七、六六頁）。

このような議論の根底にある認識は、言うまでもなく勢力均衡論である。もし日本が丸腰状態になれば、米国はいうまでもなく、ソ連にとっても中国にとっても、日本は危険この上ない存在になる。他国が日本を侵略すれば、米中ソいずれも防衛、国際戦略のうえで致命的な打撃を受ける。「他国が侵略するまえに」という疑心暗鬼が戦争を勃発させるというわけである。だからちょうど若い女性が身だしなみを整えるのがエチケットであるように、日本も適度の自衛力をもつ必要があると、永井は説く。

この考えかたは、前述の高坂と同様な社会党批判につながる。永井の言葉を使えば、革新勢力は、外交や国際政治の分野で「ラディカリズムのリップ・サービスに明け暮れ、いたずらにナショナル・コンセンサスの創造を阻害」しながら、国内政治では十九世紀的思考の枠組にとどまって「いちじるしく退嬰的」で「現実主義的」である。もちろん永井は、どんな政権ができても選択肢が限られている外交では「現実主義」的で、内政面でこそ真に革新的でなければならないと主張しているのである（永井一九六七、一〇五頁）。

中立論も同じ観点から批判される。永井の認識の基礎にあるのは、日本が基本的に「現状維持国」だということである。日本がアメリカとの同盟から離れることは、アメリカの国際戦略に打撃を与えるだけでなく、現在の米中ソ三国のバランスを崩すことになる。「平和とは、現状維持勢力たる米ソの共存体制を確認し、その「冷たい同盟」をもりたて、人類の一大転換期を切り抜けること以外に道はない」（永井一九六七、一三四頁）。これが永井の結論だった。

福田や高坂が戦後平和主義に対する異論を書いたとき、論壇における圧倒的少数派だという自覚があった。かれらの論調には孤立感と悲壮感がただよっている。永井が『平和の代償』の三本の論文を書いた六〇年代半ばには、すでに雰囲気は変化していた。永井はＤ・リースマンの語を援用しながら、日本の進歩派が「本格的な右派の挑戦を受けていない」と指摘している（永井一九六七、六二頁）。実際、この時期の非武装中立論にもとづく平和主義は、理論的な創意や発展がないまま、全面講和論以後の平和運動の遺産を食いつぶしていたといってよい。そして六〇年代末には、大学闘争のあおりで「進歩的文化人」は完全に権威を失墜させ、それとともに論壇自体もかつてのような世論への喚起力を失ってしまうのである。

講和条約の遺産

サンフランシスコ講和条約は、朝鮮戦争勃発で激化した東西対立の下で、米国の強いイニシアティヴによって推進された。米国の意図はアリューシャン列島から日本、台湾、フィリピンに至る反共の防波堤を築くことであり、講和条約の内容は徹底してこうした意図によって貫かれた。講和条約と同じ日に調印された日米安保条約では、日本が「漸増的」に「直接および間接の侵略」に対処する自己防衛の責任を負うことが「期待」されている。それは三年後のＭＳＡ（相互防衛援助）協定によって具体化され、自衛隊が発足した。

吉田茂に代表される「保守本流」の統治エリートたちは、天皇制存続と引き換えにＧＨＱ原案の憲法を受けいれ、つぎには占領終結後も米軍の駐留を容認し、さらに自衛隊を米軍のアジア戦略の従属下に置く決断をしたのである。それは戦後政治を特徴づける以下のような結果を招いた。まず戦後の保守勢力は、旧敵国で占領者だった米国の庇護をうけたことによって、少なくとも直截的な形ではナショナリズムの担い手になる資格を失った。保守合同によって成立した自由民主党の政綱は、「独立体制の整備」と題して、「現行憲法の自主改正」と「占領諸法制の再検討」を唱えている。しかし一九五〇年代の日本ナショナリズムは、自主憲法の制定という方向にはむかわず、むしろ砂川や内灘に典型的にみられるように、米軍基地に対する反対闘争の形をとった。ナショナリズムは革新勢力を押しあげたのである。社会党左派のいわゆる「左社綱領」（一九五四年）が、日本独占資本はアメリカ帝国主義に従属していると規定し、「民族独立と平和のための闘争」が社会主義実現の前提であると述べたのは、保守側のナショナリズムの脆弱性を物語っている。

サンフランシスコ講和条約調印式
（1951年９月８日，サンフランシスコのオペラハウス）
（毎日フォトバンク＝PANA）

こうして五〇年代後半に社会党左派を伸張させた「革新ナショナリズム」の運動象徴は「平和」であり、その内実は戦争に「巻き込まれる」ことへの忌避だった（「革新ナショナリズム試論」、坂本一九六七）。しかし世論調査によれば、半数近い国民が自国の安全保障を自衛隊や米軍に期待していたから、「平和主義」がただちに自衛隊や米軍の否認を意味したわけではなかった。つまり一方では、憲法改正による再軍備の道が阻まれ、他方では安保や自衛隊の廃棄も多数の支持を得られない状態だった。

この手づまり状態は、憲法第九条をめぐって、保守と革新の双方に自己欺瞞や思考停止を生んだ。一方は「戦力」ならぬ軍隊を保有するための「解釈改憲」の道を歩み、他方は実現可能性を無視した非武装中立論に軍拡への「歯止め」をもとめることになった。保守の長期政権が既成事実の積み重ねで第九条を空洞化させるに応じて、革新側の非武装中立論が自己欺瞞とマキャベリズムに堕してしまったのは当然だっただろう。山川均の死後、社会党左派の総帥となった向坂逸郎《さきさかいつろう》（一八九七〜一九八五）によれば、米ソの対立は社会主義世界体制と帝国主義諸国の対立であり、日本が社会主義になれば社会主義陣営に属するのは「当然」である。中立政策とは、アメリカ帝国主義の社会主義包囲網の一角をくずす反米闘争であり、ソ連が「平和共存」を説いている以上、中立政策によるアメリカの後退は世界平和への前進を意味するという。結局、向坂が説く「積極中立」とは親ソ（中）政策であり、「社会主義国と同じように社会主義体制に所属せよ、というスローガンでたたかうとすれば、意識のおくれた労働者、小市民、農民を広汎に動員することはできない」という戦術的配慮から、「中立」という言葉が使われたにすぎないのである（向坂一九六三）。

向坂の中立論は、講和論争期に山川均が説いた中立論と言葉は同じでも、内実は別物である。中立論は米ソ対立という「特殊な国際関係」に対応するものと、山川は考えていた。米ソ対立は、少なくとも資本主義国には「侵略的」にみえるソ連の世界政策とアメリカ帝国主義との対立が生み出したもので、米ソ双方に責任があるから、日本はいずれにも荷担せず、当面は中立政策をとるべきだと考えたのである。山川には、ソ連の体制イデオロギー（社会主義）と国家戦略とを峻別する思考があったが、向坂はソ連＝「平和愛好勢力」＝善玉ととらえ、中立政策をアメリカ帝国主義打倒の戦術と位置づけた。中立を実現するための真剣な思索がなされなかったのは当然だろう。

講和条約が、冷戦に対応する米国の戦略に根本的に規定されたことは、もうひとつの重大な結果を生んだ。講和条約第一四条ａ項は、賠償について日本の「存立可能な経済」という条件を明記し、ｂ項は連合国の賠償請求権の原則的放棄を謳っている。社会主義陣営に対抗するために、日本の安定が最優先され、賠償責任を大幅に軽減したのである。当然ながら、日本の侵略を受けた諸国は反発したが、結局、米国の圧力の前に妥協するしかなかった。日本賠償の軽減は、日本の早急な経済復興を可能にしただけでなく、脱植民地化の課題を免除することになった。日本の領土は講和条約第二条と第三条に規定があるので、植民地放棄は敗戦のやむをえざる結果として受けとめられたので、植民地支配や侵略戦争の加害責任が人びとの意識に上ることはまれだった。「悔恨共同体」を形成した人びとの意識も、基本的にこうした状況と相即していた。もともと国体論は、植民地を統合するイデオロギーとしては、「風呂敷が小さい」（木下尚江）と指摘されていた。猥雑な「外地異種族」が日本から切り離され「純粋日本に立ち帰った」とき、オールド・リベラルたちが「君民一体の日本民族共同体」（南原⑦五八）が形成できるという安堵の思いを懐いたのは自然だった。

天皇制についてオールド・リベラルとは異なった意識をもつ丸山眞男も、この点では根本的に違ったところに立っていたわけではない。デモクラシーとナショナリズムの結合の必要性を論じた「陸羯南――人と思想」（一九四七年）の末尾を、丸山は以下のように結んでいる。「五十七年前の『日本』新聞を開くと、右上隅の日本という題字に日本地図の輪郭が書かれているのが目にとまる。その地図は本州、四国、九州、北海道が載せられているだけだ。日本はいまちょうどこの時代から出直そうとしている」（丸山③一〇六）。ここには、植民地支配という心理的負荷から解放された知識人の「戦後」への抱負を読みとることができる。植民地の切り離しが、自然現象のように自己責任の意識なしにおこなわれたのである。こうして日本は冷戦の最大の受益者となったが、冷戦によって封じ込められていたツケが、冷戦終結後に戦後補償問題として一気に噴出することになったことはいうまでもないだろう。

第9章　五五年体制とその変容

「五五年体制」という語は、升味準之輔《ますみじゅんのすけ》「一九五五年の政治体制」（『思想』一九六四年六月）に由来するという。升味はここで社会党の左右統一と保守合同によって成立した保守と革新の「二大政党制」が、実は得票率二対一の「自民党支配の体制」であることを明らかにした。五五年体制成立後、日本は高度経済成長をはじめとする劇的な社会変動を経験し、戦前からの支配構造は急速に消滅しつつあった。この時期に書かれた一連の論文で、升味は、一方では社会変動による投票行動の変化や、自民党・官僚機構・利益団体による「三位一体」の支配構造に、早くも着目している。しかし他方で、升味が自民党支配の持続を「政治的奇蹟」と呼び、「かつて社会党の進出におびえて合同した自民党は、現在では自己の無能におびえているようにみえる」と評しているのは興味深い（升味一九六九）。

自民党政権は、その後一九九三年まで持続し、升味の直感をはるかに超える「政治的奇蹟」を演じた。なぜ自民党の一党支配がこれほど長期間持続したのかは、簡単に説明できない。しかし保守政権の持続はその支配構造だけから説明されるものではなく、対をなす社会党の側からも説明されるべきものであろう。升味の五五年体制の説明では、国際的冷戦や自社両党のイデオロギー対立の側面は捨象されている。ここでは戦後革新の思想を概観することで、保革対立の別の側面を描写しておこう。

1　「戦後革新」の思想

「戦後革新」の中心をなしたのは、労農派の流れをくむ社会党左派と論壇の主流をなしたオピニオン・リーダーである。その思想的立場はマルクス主義から「近代主義」まで多様だったが、前章で論じた憲法第九条にもとづく平和主義がかれらの共通項になった。この節では、まず社会党左派の革命理論を取りあげ、それが硬直化していく様を概観する。つぎに戦後を代表する政治学者たちが、こうした状況に対してどのような思想的営為を展開したかを一瞥する。

日本型社会民主主義の革命理論

一九四七（昭和二二）年五月に始まる社会・民主・国民協同の三党連立内閣が失敗に終ったため、社会党は四九年の総選挙で惨敗し、議席を約三分の一に激減させた。しかし講和条約をめぐって左右に分裂した後、一九五二（昭和二七）年と五五年の総選挙で左右両派が躍進して、政権をねらう左派の主導で五五年一〇月に統一大会が開催された。このときの党綱領の特色は、「平和革命」と「民族独立闘争」を結合したことである。先進資本主義国と同様に、議会における絶対多数獲得によって社会主義革命が達成可能であると規定するとともに、アメリカ独占資本に従属する資本家階級に代わって、「労働者階級を中核とする広汎な勤労大衆」が民族独立闘争を担当すると説いたので

社会党統一大会
（1955年10月13日，東京・神田の共立講堂）
（『資料日本社会党50年』より）

ある。

社会党が自らの任務ととらえたふたつの課題のうち、「民族独立」の契機は六〇年安保までの「革新ナショナリズム」の根拠となったが、高度成長による日本経済の自立によって自然に影が薄れていった。他方、「平和革命」論のほうは、日本型社会民主主義の中心概念として機能し、社会党が西欧型社民主義に転換するための芽を摘みとる「左翼バネ」となった。社会党左派の中核をなす労農派マルクス主義は、早くから日本を先進資本主義国と同じ枠組で理解し、社会主義への道の多様性を説いて、ロシアや中国の革命と距離を置いていた。かれらが構想した「平和革命」論に潜在した問題の核心は、選挙で議会の多数を獲得した後、社会主義への移行をどのように実現するかにある。政権党になって国有化などを実行しても、次の選挙で敗北すれば元に戻ってしまうから、革命のためには何らかの措置が必要になる。この問題を扱ったのが「過渡的政権」（「日本における社会主義への道」の表現、一九五四年の「左社綱領」では「過渡的段階の政府」）という概念である。

一九五〇年代末から六〇年代初めにかけて、共産党と社会党では「構造改革論」が盛んに議論された。共産党では、構造改革派が路線論争に敗れて離党したが、社会党では六〇年初頭にいったん党の路線として採用されながら、結局、左派によって否定された。構造改革論とはイタリア共産党によって提起されたもので、選挙で権力を獲得した社会主義政党が、経済構造の変革をつうじて社会主義革命への突破口を切り拓くとする先進国革命論である。構造改革論が改良主義に堕する危険性をもつことはあきらかであるが、「左社綱領」から「日本における社会主義への道」までの文脈のなかにこの理論を置けば、「過渡的政権」を本格的な革命への通過点として積極的に位置づけたものであることがわかる。向坂逸郎《さきさかいつろう》ら左派の論客は、改良主義への変質を警戒していたので、「過渡的政権」の意義を肯定的に捉えた構造改革論を葬り去ったのである。

しかし一九五〇年代半ばまで労農派の理論的指導者だった山川均《やまかわひとし》の移行期政権論は、このような硬直したものではなかった。おそらく「左社綱領」を敷衍《ふえん》する意図をこめて書かれた『社会主義への道』（一九五五年）で、山川はこの政権を「中間段階的な政府」と呼び、「社会主義政党に投票したいろいろの社会層の共同戦線の意味をもった政府」（山川⑳五六）と特徴づけている。具体的には、資本主義の枠内でも可能な「部分的な改良の政策」を実行して社会各層の支持を固め、「将来の社会主義政権の基礎」を築くのが目的である。むろん改良主義に堕することは厳しく戒められている。しかし山川の構想では、「中間段階的な」政府は「一回とか二回とかには限らない」（山川⑱一三三）。むしろ「一回また一回と」政権を継続し、資本主義の枠内で可能な政策を積み重ね、国民の支持を拡大強化して、社会主義樹立の基礎を固めるのである。社会主義の建設は「資本主義の遺産」を継承するもので、アメリカ資本主義の下での「社会保障の制度」や「生活水準の高い労働者階級」も、「社会主義体制の材料」である（山川⑱二四八）。山川の比喩によれば、「中間段階的な」政府による資本主義の枠内での「小出し」の改革は、社会主義実現の材料となる「レンガ」を造っているのだという。これは後年の構造改革論に通じる議論である。構造改革派の象徴的存在だった江田三郎《えださぶろう》は、「アメリカの生活水準」を肯定的に述べた江田ビジョン（一九六二年）を発表して左派の袋叩きにあったが、山川と江田ビジョンの発想にそれほど大きな距離はない。

歴史の「法則性」――向坂逸郎

山川の死後、労農派の理論的リーダーとなった向坂逸郎と山川のあいだには様々な対立があった。戦後すぐに両者のあいだで「平和革命」と「プロレタリア独裁」をめぐる私的な論争があったことは、向坂自身が告白している（「ブルジョア国家権力の平和的移行の問題」、向坂一九七四）。その結果、発表されたのが向坂の「歴史的法則について」（『世界文化』一九四六年九月）という論文である。向坂がその膨大な著作で倦まずに説いたのは、歴史の必然的な「法則性」だった。たとえば高沢寅男《たかざわとらお》との対談「マルクス主義と理論闘争」（『社会主義』第一四四～一四五号、一九六三年一〇～一一月）で、向坂はまるで呪文のように歴史の「法則性」という言葉をくり返している。この文章の末尾のみを引いてみよう。「（前略）それはいつまでも資本主義の法則のもたらすままになっているということで、資本主義の中でぬくぬくと生活できる側の人には一番楽しいでしょうからね。社会主義を忘れています。資本主義は、必ず労働者を圧迫してくるという法則をもっています。だから、労働者が抵抗するということも法則です。この法則を見ないと社会主義を実現するということになりません」。

こうした「法則性」への寄りかかりは、ふたつの結果を生む。ひとつは、現実に対する驚くべき鈍感さと、「待機主義」と形容するしかないようなオプティミズムである。「人間は一切を歴史にまかせておけば安心だと思います。(中略) 社会主義者は、自分の運命を歴史にまかせて、右顧左眄《うこさべん》しないことですね。何かいわれてすぐ動ようする必要もない。正しい道をあるこうという努力をしていれば、あとはまあ、歴史にまかせるほかないな」。ここではマルクス主義は進化論と紙一重である。黙っていても未来は約束されているというわけだ。しかし向坂は弁証法を無視しているわけではないから、歴史における「実践」が必然的に問題となる。そして「実践」は歴史の「法則性」に相即していなければならないから、「正しい」実践と「誤った」実践の弁別が不可欠になる。こうした思考は、究極的に「正しい」マルクス主義と「誤った」マルクス主義という神義論に行きつき、正誤を決定するのはマルクス・エンゲルス・レーニン・スターリンの原典だということになる。そして原典解釈の正統性は、結局、ソ連共産党に付与されるから、ソ連＝「正しい」国家ということになり、現実判断において、おそろしくナイーブな誤りを犯すことになるのである。

向坂の第二の強調点は「平和的」革命の性格をめぐるものである。平和革命も革命である以上、力の行使であると、向坂は強調する。それは武装蜂起や内乱によるのではないが、「組織力」という「暴力《ゲバルト》」の行使であるという。向坂が共産党綱領の民族民主統一戦線政府を批判して、つぎのように述べているのは、「過渡的政権」についてのかれの考えかたを示している。「国会に多数をしめていながら、なぜのんべんだらりとつぎの段階を待っているのか、私にはわからない。国会で多数をしめているということは、われわれがその場で社会主義政権の樹立が可能であるという条件のもとでなければできない」（「「社会主義協会テーゼ」学習のために」、『社会主義協会テーゼ』一〇〇頁）。向坂は、国会で一度多数を握れば、即座に社会主義のための憲法改正などに着手すると考えている。かれのいう「平和的」革命はかぎりなく暴力革命に近い。こうして恐ろしく想像力に欠け内容の貧弱な「理論」が、高度成長期以後の社会党を拘束し、政権をめぐる競争は自民党の独壇場になってしまったのである。これが五五年体制のイデオロギーの半面だった。

大衆社会化

一九五〇年代後半は、学会や論壇で「大衆社会」が話題になった時期である。升味準之輔の分析が指摘したように、五五年体制の成立は戦前の支配構造の変容に起因しているが、それと同時に、五五年体制自体が高度成長や大衆社会化の波をかぶって急速に変容していった。その構造転換を、人びとがどのようにとらえたかを見ておこう。

神島二郎《かみしまじろう》（一九一八～九八）は、近代日本の政治統合の実態を、庶民の意識構造の分析によって解明しようとした。いかなる政治体制も被支配者の支持の調達によってしか存続できないにもかかわらず、戦後の社会科学は日本社会の「半封建性」を糾弾することで自足していると感じられたからであろう。戦後第一世代の大塚久雄《おおつかひさお》・川島武宜《かわしまたけよし》・丸山眞男《まるやままさお》らは、講座派マルクス主義の影響をうけて日本社会の「前近代性」を分析するという大きな功績をあげた。しかしかれらは、近代・前近代、契約社会・共同体、西欧・アジアなどの二分論とヘーゲル・マルクス的な一元的歴史発展論にもとづいて、日本社会を過度に「後れた」社会とみる傾向があった（とくに大塚や川島にそれが強い）。神島はこうした見解に反発して、急速な近代化・資本主義化の成功が社会の伝統的な秩序原理に依拠したものであることを論証しようとしたのである。

神島によれば、近代日本の正統性原理は自然村の秩序にもとづいている。自然村自体は近代化によって解体していくが、その秩序原理はさまざまなレヴェルで「第二のムラ」として拡大再生産され、都市では単身者からなる

「群化社会」として結実する。「群化社会」は「擬制村」である以上、テンニースのいうゲゼルシャフトではなく、むしろ「ゲマインシャフトへの強力な回帰」を意味し、二重生活（内と外、和と洋など）、享楽主義、付和雷同などによって特徴づけられるという（神島一九六一、三六頁）。別の論文では、「群化社会」の原理は「欲望自然主義」と呼ばれ、「西欧近代の個人主義に代位するもの」と性格づけられている（神島一九六一、二〇一頁）。神島は戦後本格化する大衆社会化が明治末期から大正期に早熟的に進行したと理解し、それを西欧的な市民社会や大衆社会の概念ではとらえきれないと考えて「群化社会」と呼んだのである。戦後第一世代の近代主義モデルの限界が、明確に意識されていたことがわかる。神島の認識の背景には、大衆社会化と経済成長による戦後社会の急速な変貌への洞察があったのである。

ところで大衆社会が話題になったのは、『思想』（一九五六年一一月）の特集号を契機としている。とくにそこに掲載された松下圭一《まつしたけいいち》「大衆社会の成立とその問題性」は共産党系の理論家との論争を惹起したこともあって、日本の大衆社会論に独特の傾向性を与えた。この論文で松下は、資本主義が産業資本から独占資本段階に移行したことによって、「社会形態」が古典的市民社会から大衆社会に転ずると論じた。松下の議論は、レーニン『帝国主義論』やフェビアン協会系の理論家G・ウォーラスの『巨大社会』を下敷にして、マルクス主義の理論枠組のなかに大衆社会論を取り込んだものであり、大衆社会論としては特異である。だから升味準之輔が、松下の立場を評して「無教会派レーニン主義」と形容したのは至言だった（升味一九六四、三五八頁）。松下の説明によれば、大衆社会は「労働者階級の政治的主体化」と体制によって強行される「労働者階級の体制内部への受動化」とによって実現するという（松下一九五九、二〇頁）。普通選挙制による政治過程の変容と市民社会理念の空洞化という社会状態を、階級意識をもった労働者と体制によって「受動化」された大衆とのせめぎ合いとして理解したもので、かなり独特な説明である。

この時期の松下の議論は日本の現実をふまえたものではなく、西欧の理論を個性的な仕方で咀嚼《そしゃく》したものだったが、かれの問題提起が当時の言論界に対してもった含意は明瞭である。松下は大衆社会の出現による古典的市民社会理念の失墜を説いて、「前近代から近代へ」という近代主義の歴史発展論の限界性を宣言した。しかし松下はもともとロックの政治思想の研究者として出発し、ロックを通して描かれた市民社会の理念が歴史貫通的な意味をもつと考えていた（その成果は後に『市民政治理論の形成』（一九六九年）として刊行された）。だからかれは市民社会の理念を単純に否定したのではなく、近代―現代という歴史段階を新たに設定して、マルクス主義的な階級意識にもとづく市民社会理念の再生を説いたのである。松下が、社会主義は（市民）社会・主義（ソサエティ・イズム）であると説いたのは、こうした認識を示したものである。これは松下が念頭に置いていた論敵が、日本を「後れた社会」ととらえた近代主義だけではなかったことを意味する。近代市民社会の理念をブルジョア意識として一蹴し、階級意識の自然成長による社会主義革命を説いた正統派マルクス主義の不毛性をも、松下は衝いたのだった。

以上のような松下の問題設定は、かれの社会民主主義への接近を説明する。大衆社会論をめぐる論争のなかで書かれた論文「マルクス主義理論の二〇世紀的転換」で、松下は社会民主主義＝改良主義というコミンテルンの図式を克服する必要があると説き、さらに「社会民主主義の危機」と題する論文では、社会民主主義は大衆社会状況下の労働者階級の存在形態に、社会主義が「適応」したものと定義している。つまり二十世紀には、社会主義は社会民主主義の形をとるのが自然だというのである。むろんこの時点の松下は革命なき改良主義には同調しないが、問題は「ベルンシュタインとは異なった方向」で、「レーニンとは異なった仕方」によって解決されねばならないと説いている。つまりベルンシュタインの修正主義も、レーニンの前衛党・暴力革命論も拒否するといっているのである。

この境地は、前述した社会党左派の革命理論と近似している。違いは、松下が土台（経済構造）と上部構造（政治体制）の間に「社会形態」という中間項を設定し、資本主義の高度化による「社会形態」の変化を、市民社会から大衆社会への変化として精緻化したことである。前述のように松下においては、大衆社会は労働者の階級的自覚と権力による労働者の体制内化とのせめぎ合いと理解されているから、「社会形態」のレヴェルにおける労働者の主体確立に重要な意味が付与される。松下が社会党の構造改革論に接近したのは当然だっただろう。

松下が構造改革論に言及したのは一九六〇（昭和三五）年から六一年で、例も多くない。しかもかれは、それを自治体改革と結びつけている。おそらく六〇年安保の経験は、松下の理論構成に、これまでになかった具体性を与えた。「社会形態」を単なる大衆社会ではなく、「ムラ状況」と「マス状況」の二重構造として把握する視点はそのあらわれであり、自治体改革という問題設定はこの二重構造克服の必要性から着想されたのだろう。

松下の自治体論は、その後「シビル・ミニマムの思想」（一九七〇年）として展開された。構造改革論から「シビル・ミニマム」の思想にいたる途上で書かれたのが「「市民」的人間型の現代的可能性」（一九六六年）である。この論文を、松下は以下のような文章で書き出している。「戦後二〇年をへた今日、マス状況の拡大のなかから「市民」的人間型が日本でうまれつつある。このようなマス状況を前提とする市民の形成は、明治以来の啓蒙理論が想定したコースとは異なっている。すなわち下からのムラ状況の根底的変革からではなく、上からのマス状況の戦後的拡大過程が市民的人間型の叢生を準備したからである」（松下一九六九、二一二頁）。

経済成長による新中間層の経済的自立はその政治的自立を促し、教養と余暇の増大は「社交性」と自由・平等の感覚を育成した。これらの現象が、神島二郎のいう「第二のムラ」を再生産したことを考慮にいれても、それが「市民的自発性」の意識を社会全体に拡散させたことは否定できない。これが松下の認識だった。もし五五年体制の左派の政治意識を、近代主義（前近代性の克服による民主的意識の獲得）と社会主義（資本主義的搾取の廃絶による歴史の進化）の複合と理解するなら、この論文は五五年体制の終焉を宣告したものといってよい。むろん近代主義と社会主義は、「革新」側の言説から簡単に姿を消すことはなかったが、その後の松下の著作には、マルクス主義の術語はもはや歴史叙述としてしか使われず、自治体における市民自治をいかにして確立するかに議論が収斂していく。

スターリン批判から「日本の思想」へ——丸山眞男

丸山眞男は一九五八（昭和三三）年におこなわれた座談会で、「この一、二年というもの、精神的にスランプを感じる」と告白している（『丸山眞男座談』②二三四）。丸山の「スランプ」は、かれがそれまでとり組んできた天皇制とマルクス主義が「風化」して、「以前ほど手ごたえがなくなった」と感じられたことによる。かつて国体論によって厳重に武装していた天皇制は、戦後社会のなかで急速な変貌を遂げつつあった。皇太子の婚約発表があったのはこの座談会の直後のことで、松下圭一は皇太子妃ブームをとらえて、「今日の天皇制は、大衆君主制へと転進しながら、「大衆」の歓呼のなかからあたらしいエネルギーを吸収しつつある」と論じた（「大衆天皇制論」、松下一九九四、六三頁）。

マルクス主義についていえば、一九五六年のソ連共産党第二十回大会でスターリン批判がおこなわれ、これを契機にポーランドやハンガリーで反共産党の民衆暴動がおこった。とくにハンガリーの場合は、ソ連軍の大規模な軍事介入を招いて、世界中に衝撃をあたえた（ハンガリー事件）。丸山はこのことに関連して「「スターリン批判」における政治の論理」を発表し、マルクス主義的思惟の根本的欠陥を指摘した。それは、一言でいえば、マルクス主義における科学と価値観の癒着である。マルクス主義では、資本主義社会の矛盾の分析から社会主義への移行の必然性が説明される。ここでは階級対立におけるプロレタリア階級への荷担が科学的な正当性をもって主張されるから、党派性が生命線をなす。しかもマルクス主義では、社会や国家が経済・政治・イデオロギーの全構造を貫通する階級支配として説明されるので、高度の体系性が特徴となる。比喩を使えば、マルクス主義者は頭髪の尖端から足のつま先まで「科学」によって武装している。だからすべての言動はその世界観と結びつけられ、高度に首尾一貫したものとして説明される。その結果として、マルクス主義者において、政治が必然的にもつ悪にたいする抑制が効かないという事態が生じるのである。

丸山はこの論文で、マルクス主義者の言動からその世界観を剝離し、「普遍的な政治法則の現像液に浸す」ことによって、マルクス主義の思惟の構造的欠陥を暴きだした（丸山⑥二一九）。前述のように、マルクス主義は党派性を本質とするから、「政治の論理」と世界観を分離するのは、マルクス主義者にとってはナンセンスなのだが、だからこそ、世界観を剝離されたマルクス主義者の言動は、勲章を剝ぎ取られた軍人のように惨めで通俗的なものにならざるをえなかった。丸山の方法は、「スターリン批判」とそれへの対応をめぐるマルクス主義者の言動を批判するのに、きわめて有効だったのである。

丸山によれば、政治過程が「原理」によってトータルにコントロールされているというマルクス主義の信念は、日本の近代思想に独特なバイアスを生みだした。「日本の思想」（一九五七年）では、理論的なものが日本的感性からうける抵抗をマルクス主義が一身に引き受けたことを指摘し、それを「理論信仰」と「実感信仰」の対立と呼んでいる。キリスト教とともにマルクス主義は、その体系性ゆえに断片化して受容することができなかったので、神道などの伝統思想と衝突する。理論が完成品として輸入された日本では、理論が現実から抽象されたフィクションであることに無自覚なため物神化されやすい。このため日常の個々の行為や政治過程が、すべて大状況から演繹的に説明される結果となり、それを「科学」として信奉するか、そうでなければ、あくまで自分の「実感」に閉じこもるか、という二分論になって対立するという事態になる。

同じテーマは、昭和期のプロレタリア文学を論じた「近代日本の思想と文学」（一九五九年）でもくり返されている。ここで丸山は、まずプロレタリア文学における「政治」のイメージが、本来の姿とは逆に、理論的・合理的なものと意識されていると指摘する。マルクス主義では理論と現実が相即的であると想定されているため、政治的現実から非合理性が排除されて、自己の責任による政治的決断の意識が消滅してしまうのである。換言すれば、「正しい」実践は「正しい」理論から自動的に流出するとされるため、トータルな「科学」主義が日常の政治的実践を包みこみ、文学的創作においても、些細な日常の描写が大状況の「科学」的把握から演繹されることになる。丸山はこのように論じて、マルクス主義が戦中戦後の日本の知的世界で演じた役割をみごとにえぐり出した。急速に変貌しつつあった日本社会において、マルクス主義が問題解決能力を喪失しつつあることを、丸山は感じとっていたのだろう。

2　六〇年安保から市民運動へ

自民党結成後、最初の総裁選挙で首相となった石橋湛山《いしばしたんざん》が病気のために辞職し、第一次岸信介《きしのぶすけ》内閣が成立したのは一九五七（昭和三二）年二月だった。岸は、戦前、満州国実業部次長・東条内閣商工相などを歴任し、戦後はA級戦犯容疑で逮捕（不起訴）された経歴の持主だった。公職追放解除で政界に復帰して五年にならぬうちに、首相に上りつめたのである。岸は七月の内閣改造で藤山愛一郎《ふじやまあいいちろう》を外相に選任し、日米安保条約の改定に着手した。その前哨戦となったのが警察官職務執行法改正で、五八年一〇月に国会に提出された。当時、基地問題（内灘や砂川など）で総評や全学連（全日本学生自治会総連合）が反対運動を展開しており、安保改定への抵抗を排除するために、警察官の権限強化をねらったものだった。しかし社会党が審議拒否で抵抗し、岸内閣は抜き打ちの会期延長をおこなったので、院外の大衆運動が高揚して、結局、審議未了で廃案となった。

岸首相が新安保条約に調印したのは一九六〇（昭和三五）年一月で、条約批准の国会審議は二月に始まった。改定の改善点は、内乱条項の削除、米軍の装備変更などについての「事前協議」条項の挿入などだった。しかし条約の適用範囲である「極東」があいまいだったうえ、条約の審議中に米軍のスパイ機がソ連で撃墜され（U2型機事件)、日本もその発進基地であることが判明して、軍事同盟としての性格があらためて露わになった。六月二〇日にアイゼンハワー大統領の訪日を予定していた岸首相は、参議院での「自然承認」を念頭に、一ヵ月前の五月一九日までの衆議院通過をめざした。しかし衆院での審議は長引き、五月一九日から翌朝にかけて、委員会質疑の一方的打ち切り、与党単独による会期延長と本会議での裁決を強行した。安保改定に消極的だった自民党内の反主流派も欠席するという異常事態だった。

社会党・総評をはじめとする革新系組織は、前年三月に、反対運動の共闘組織として日米安保条約改定阻止国民会議（以下、国民会議と略す）を結成していた。国民会議の幹事団体は一三団体で、オブザーバーとして共産党が参加し、全学連も幹事団体の青年学生共闘会議のひとつを構成した。反対運動の台風の目は全学連（主流派）で、共産党から分離した共産主義者同盟（ブント、一九五八年結成）に主導されており、国民会議や共産党の方針と対立して激しい運動を展開した。五九年一一月の国民会議の統一行動では、全学連が国会構内に侵入する事件に発展したが、総じて反対運動は低調で「安保は重い」と評された。

安保反対運動が一気に高揚したのは、五月一九日の強行採決後で、翌日から国会と首相官邸は、連日、激しいデモ隊に見舞われ、国会を取り巻くデモ参加者数は、時に二、三〇万人にも達したという。六月一五日には全学連が国会構内に突入し、警官隊との衝突で学生一名が死亡する事件に発展した。六月一九日、条約は「自然成立」し、批准書交換がおこなわれた二三日に、岸が退陣表明して、安保闘争は終わった。

六〇年安保は戦後日本が経験した最大の反政府運動で、後々まで革新陣営の神話化された記憶となった。運動が空前の規模にまで発展した原因として、戦争の記憶や講和条約以後の平和運動の蓄積などが考えられる。しかしもっとも基本的だったのは、戦犯・岸のイメージがその強引な政治手法と結びつき、戦前への復帰という危機感を喚起したことだろう。自民党内の反主流派の存在は、そのマイナス・イメージを拡大した。大衆社会化によって地縁血縁関係から解放された（しかし「会社」秩序には縛られた）都市の新中間層にその危機感が広がり、空前の数のデモ隊の出現となったのである。

民主主義の危機

日高六郎《ひだかろくろう》は、五月一九日を「民主主義にたいする政治的奇襲攻撃がかけられた日」と呼び、一九四一年一二月八日とならぶ「永久に忘れることのできない日」になると書いた（日高一九六〇）。これはもちろん誇張ではなかった。抗議行動に参加したのは労働組合員や学生だけではなかった。日高の紹介によれば、中小企業では経営者が社員を「引率」してデモに参加した例も少なくなく、大学では「総長から小使いさんまで」を合言葉に全学集会がおこなわれた。ストに参加したのも国鉄や官公労だけではなかった。全国商工団体連合会の加盟店では、東京・大阪をはじめとする全国主要都市で閉店ストをおこない、約二万店が参加したという。

丸山眞男も、日本の議会主義が「非常な絶壁に立っている」との危機感を吐露した（「この事態の政治学的問題点」、丸山⑧二九九）。危機の内容は、議会外の世論との乖離を無視した院内主義、質疑討論を軽視した多数決主義などで、形式的には民主主義でも、実質は戦時中の翼賛議会に逆戻りしていると批判している。要するに、安保問題は五月一九日を境に根本的に変化した。丸山の表現によれば、岸内閣による「味方（自民党反主流派をさす）をさえ出しぬいて運ばれた一連の措置」によって、問題は「単純化」された。岸内閣が「民主政治のあらゆる理念と規範」を無視した裸の権力としてあらわれている以上、もはや安保反対か賛成かは主要な問題ではなく、民主主義の擁護が主題になったと説いた（「選択のとき」、丸山⑧三四七〜）。

丸山によって表明された危機感をもっと単刀直入に表現したのが竹内好《たけうちよしみ》だった。竹内は五・一九を一種のクーデターと理解し、「民主か独裁か、これが唯一最大の争点である」と説いた（「民主か独裁か——当面の状況判断」、竹内⑨一一〇）。竹内は一連の強行採決に抗議するため、五月二一日付で都立大学教授を辞職した。憲法を蹂躙《じゅうりん》した内閣総理大臣に抵抗するのは、憲法遵守の誓約をした公務員として当然の行為であるというのが、その理由づけだった。竹内が恐れていたのは、自衛隊や駐留米軍の介入による軍事独裁の到来だった。最悪の事態の出現を阻止するために、踏みにじられた民主主義を再建することを最優先し、「安保の問題はその後に延ばせばよい」と、竹内は主張した（「四つの提案」、竹内⑨一一五）。当然ながら、竹内のこうした状況判断は、後に安保闘争の成果にたいする楽観的な評価を導きだした。七月に執筆された「日本人の自信について」と題する文で、竹内は、国民が「主権者としての自覚」をもって行動したことを高く評価し、五・一九は「日本史上の画期的な出来事」だったと書いた（竹内⑨一八五）。

いくらかの濃淡はあれ、一九六〇年七～八月の雑誌は、前記の三人と同様な感想で満ちている。それはしばしば「市民意識」とか「市民精神」と呼ばれ、「はじめて日本のデモクラシーが肉体を獲得した」と評された（座談会「市民意識は成熟する」での福田歓一《ふくだかんいち》の発言、『中央公論』一九六〇年七月号）。このように「市民」という概念によって事態を理解する風潮は、『思想の科学』同人の活動によるところが大きい。『思想の科学』七月号は「市民としての抵抗」と題する特集を組んでいる。そこで鶴見俊輔《つるみしゅんすけ》「根もとからの民主主義」は、事態を「国家対私」の対峙としてとらえ、「私の根」にもどって国家を変えることによって、「無党無派の市民革命」を実現しようと呼びかけている。鶴見がこのような形で問題を取りあげたのは、敗戦後の民主主義を国民の自主的な営みとして定着させることをねらったものだろう。

しかしこのような「市民主義」の立場に対する反発がなかったわけではない。たとえば清水幾太郎《しみずいくたろう》（一九〇七～八八）は、安保闘争が「平和で始まって民主主義で終った」と指摘している（「安保闘争一年後の思想」、清水⑩一九五）。安保改定阻止という当初の闘争目標が「民主主義擁護」という誰も反対できないものに転換され、敵を失った安保反対のエネルギーは霧消してしまったと批判したのである。清水によれば、五・一九以後の事態に対する「感激と興奮」は、「われわれインテリの間にある執拗な後進国意識」を考慮しなければ理解できないという（「安保闘争一年後の思想」、清水⑩二〇二）。一カ月間にわたる夥《おびただ》しい群衆の街頭への出現を「市民意識のめざましい高まり」（丸山眞男「八・一五と五・一九」）と把握した心理は、清水が揶揄したように「日本人はようやく一人前の近代国民になり始めた」という実感だっただろう。「黙従的な臣民意識」（丸山）によって政治的無関心のなかに封じこめられた人びとが、やっとその殻を破って自立した「市民」になりつつある。こうした認識が広く共有されたことによって、反安保の運動は民主主義擁護という「幅広主義」の運動にすり代えられてしまったと、清水は怒りをこめて語ったのである。

清水は平和問題談話会の重要メンバーで、全面講和論以後も内灘や砂川などの基地問題に熱心にとり組んでいた。安保闘争で「請願」という運動形態を提言したのも清水だった。国会での型どおりの審議と院外での反対デモによって、万事がスケジュールどおり終わってしまうことを焦慮した清水は、『世界』五月号に「今こそ国会へ」を執筆する。これまでのように請願書の束を代表に委ねるのではなく、請願者個々人が、直接、衆参両院の議長にそれを手渡すべきだと論じたものである。この文章の末尾で、清水は以下のように述べている。「北は北海道から、南は九州から、手に一枚の請願書を携えた日本人の群が東京に集まって、国会議事堂を幾重にも取り巻いたら、また、その行列が尽きることを知らなかったら、そこに、何物も抗し得ない政治的実力が生れて来る。それは新安保条約の批准を阻止し、日本の議会政治を正道に立ち戻らせるであろう」（清水⑩一三二）。

五・一九以後に出現したのは、まさに清水がここで期待したとおりの事態だった。たとえば五月二六日に一七万人のデモ隊が国会を取り巻いていて、岸首相は大臣室に閉じ込められたままだった。このとき新安保の取消・内閣総辞職・国会解散を要求して、要求が受けいれられるまで座り込みを続けるという手段に訴えていたらどうなったか。「あの時、われわれは勝利の最も近くにいた」と清水はふり返る（「安保戦争の「不幸な主役」」、清水⑩一四六）。

むろん事態はそうならなかった。デモ隊が全学連と合流することを恐れた国民会議や、「トロツキストの挑発」を非難する共産党は、デモ隊を米国大使館に誘導したうえ流れ解散させた。

安保闘争における国民会議や共産党の指導力の欠如と運動の引き回しについては、多くの人が指摘しているが、清水のように全学連を支持する声は、知識人のなかでは圧倒的少数派だった。たとえば竹内好は全学連についてつぎのように語っている。「彼らの誤った請負主義、誤った百パーセント完遂主義は、「国民的抗議の表現としての統一闘争」から完全にはずれ、孤立し、民主主義を建て直す行動アッピールからまったくズレてしまっている」（「六・四闘争を見る」、竹内⑨一二二）。しかし安保闘争の全過程を鳥瞰《ちょうかん》する地に立つものは、闘争によって獲得できた目に見える成果は、アイゼンハワー大統領の訪日中止と岸の退陣だけであり、六月一五日の全学連の国会突入と学生・樺美智子《かんばみちこ》の死がなければ、それすら実現できたかどうか疑わしいことを知っている。

丸山や竹内がどこで読み誤ったかは、ある程度推測できる。竹内は一九六〇年九月の講演「水に落ちた犬は打つべし」で、自民党分裂を期待したのは誤算だったと告白した（竹内⑨一一三）。それでもかれは、安保闘争によって条約の効力は「半分ぐらい」に減殺したと、ひどく甘く評価している。丸山の場合も、自民党反主流派の三木武夫《みきたけお》とかねてから懇意で、安保闘争中も丸山が三木の私邸を訪れていたことが、三木夫人の回想で確認される（三木睦子「丸山眞男先生との日々」、『丸山眞男集』⑧月報六）。要するに、かれらは自民党が分裂して、反主流派が政局の主導権を握ると想定していた。石橋湛山や三木武夫ら自民党反主流派と安保反対派が「政策協定」を結ぶことによって、批准した安保条約を空文化できると期待したのである。合同後五年に満たないこの時点で、かれらが自民党分裂を予想したのは何ら不思議ではない。しかしこうした甘い想定の背後に、エスタブリッシュメントとしてのかれらの保守権力との距離の近さを感じないわけにはいかない。

「六月一五日夜、国会と首相官邸の周辺は、ふたつのデモ隊の渦にまかれていた。ひとつの渦は全学連主流派と、それを支援する無名の労働者・市民たちで、その尖端は国会南門の構内で警官隊と激突していた。その後尾は国会前の路上にあふれていた。そして、頭をわられ、押しつぶされ、負傷した学生たちは、つぎつぎに後方にはこびだされて、救急車がかわるがわるやってきて、それをつれていった。（原文改行）他のひとつの渦は、この渦とちょうど丁字形に国会と首相官邸のあいだの路をながれて、坂を下っていった。そして、ちょうど丁字形の交点のところで、腕に日本共産党の腕章をまいた男たちがピケを張り、この渦が国会南門構内で尖端を激突させている第一の渦に合流することを阻害していた。そこで、丁字形の交点の路上には真空が生まれた。その一方では、つい眼と鼻のさきで流血の衝突がおこり、負傷者は続出し、他方では、労働者・市民・文化組織の整然たる行列が流れてゆき、その境では日本共産党員が、ふたつの渦が合流するのをさまたげている情景があった」（「擬制の終焉」、吉本⑬四八）。

これは全学連・共産主義者同盟を支持していた吉本隆明《よしもとたかあき》が、六月一五日に目にした光景である。吉本は安保闘争の全過程がこれによって象徴されていると考えた。一九六〇年一〇月に発表されたこの文章で、吉本は運動を分断した共産党を「擬制前衛」と呼び、激しい言葉で告発した。そして文章の後半では、丸山眞男らの「市民民主主義」を「擬制民主主義」と呼び、「日共の頂点から流れ出してくる一般的な潮流」の象徴と規定している（吉本⑬六七）。いうまでもなく、丸山や竹内を社共の同伴知識人と論断し、「擬制の指導ピラミッドから流れ落ちる滴の一つ」（吉本⑬六九）と形容するのは、完全に的をはずした見方である。しかし清水幾太郎の場合と同じく、全学連に寄り添って運動に参加した知識人が、既成左翼やそれに影響を与えた知識人に対して抱いた反感や疎外感は、理解できるだろう。

「市民」の登場

共産党と丸山らを同じ天秤にのせて「擬制」と呼んだのは、一種の偏見にすぎないが、吉本は丸山らの「市民」

概念と現実との落差を直感的に感じとっていた。丸山は「八・一五と五・一九」で、「臣民」という概念が戦中の「臣」中心から、戦後は「民」中心に転換したと説明する。そして「民」は戦後民主主義の過程で、一方では「私化」して私生活中心となってあらわれ、他方では滅私奉公的なエートスを残して革新運動となったという。丸山が期待したのは、安保の運動をつうじて双方が「相互交通」し、「市民意識」が成熟することだった。これに対して吉本は、「私化」した「民」を政治的無関心派として否定的に扱うのは誤りで、かれらこそ戦後民主主義の「基底」だとし、それ以外に戦後社会には「みとめるべき進歩」は存在しないと反論している（吉本⑬六八）。

「私化」した「民」が、五・一九以後、アクティヴなデモ隊となって国会周辺に出現したのはなぜか。前述のように、清水幾太郎は「市民」という問題設定に啓蒙知識人特有の「後進国意識」を嗅ぎとっていた。「臣民」から「市民」への転換を後進国からの脱却ととらえる戦後啓蒙の問題設定では、「私化」した「民」の政治的無関心は不完全な近代化による歪みとしかとらえられない。丸山はまだこうした観点から自由になっていなかった。吉本が丸山を「擬制」前衛から「流れ落ちる滴」と錯誤したのは、どこかにモデルがあるという思考（丸山の場合は西欧、共産党の場合はソ連や中国）を嗅ぎとったからだろう。

丸山は、安保直後に箱根で開催された米国アジア学会のセミナーに参加したのをきっかけに、一九六二年に「個人析出のさまざまなパターン」を書いた（加筆後、M・B・ジャンセン『日本における近代化の問題』に収録）。求心的・遠心的、結社形成的・非結社形成的のふたつの軸によって、個人析出の四つのパターンを類型化し、ふたつの軸が上下、左右に移動することで、社会変動の動態を説明したものである（図を参照）。丸山はこの論文で、一九〇〇～一〇年ごろと関東大震災直後のふたつの実例を取りあげているが、戦後については、「余りにも多くの変化が余りにも激烈に」起こっていて説明しきれないと述べた（丸山⑨三九三）。しかし類型化された四つのパターン（自立化、私化、民主化、原子化）のなかで、日本社会の「原型」は「私化」型とらえているので、安保闘争における多数のデモ隊の出現は、大衆運動高揚期における「私化」⇒「原子化」⇒「民主化」の変化と理解していたと想像される。六〇年に「市民意識のめざましい高まり」と表現した現象を、丸山はこのようにとらえ直したのである。

丸山の図式は、産業化した社会の動態をじつにみごとに説明している。しかしはたして「私化」優位が日本社会の特色といえるだろうか。産業化し大衆社会化した先進国において、「自立化」や「民主化」が優位する社会が存在するとは思えない。丸山のなかには、あいかわらず西欧近代の理念化があり、そのような「近代」を経過することがなかった日本社会に対する低い評価がある。むしろ真相を言い当てたのは、「マス状況」の拡大が「市民」を生んだと述べた松下圭一の論文「「市民」的人間型の現代的可能性」（一九六六年）だったと思われる（本書二五八頁参照）。政治的無関心と政治への参与は動態的で表裏をなす現象であり、そのような動態を創出したことが、（少なくとも日本社会の）大衆社会化のひとつの意味だったのである。

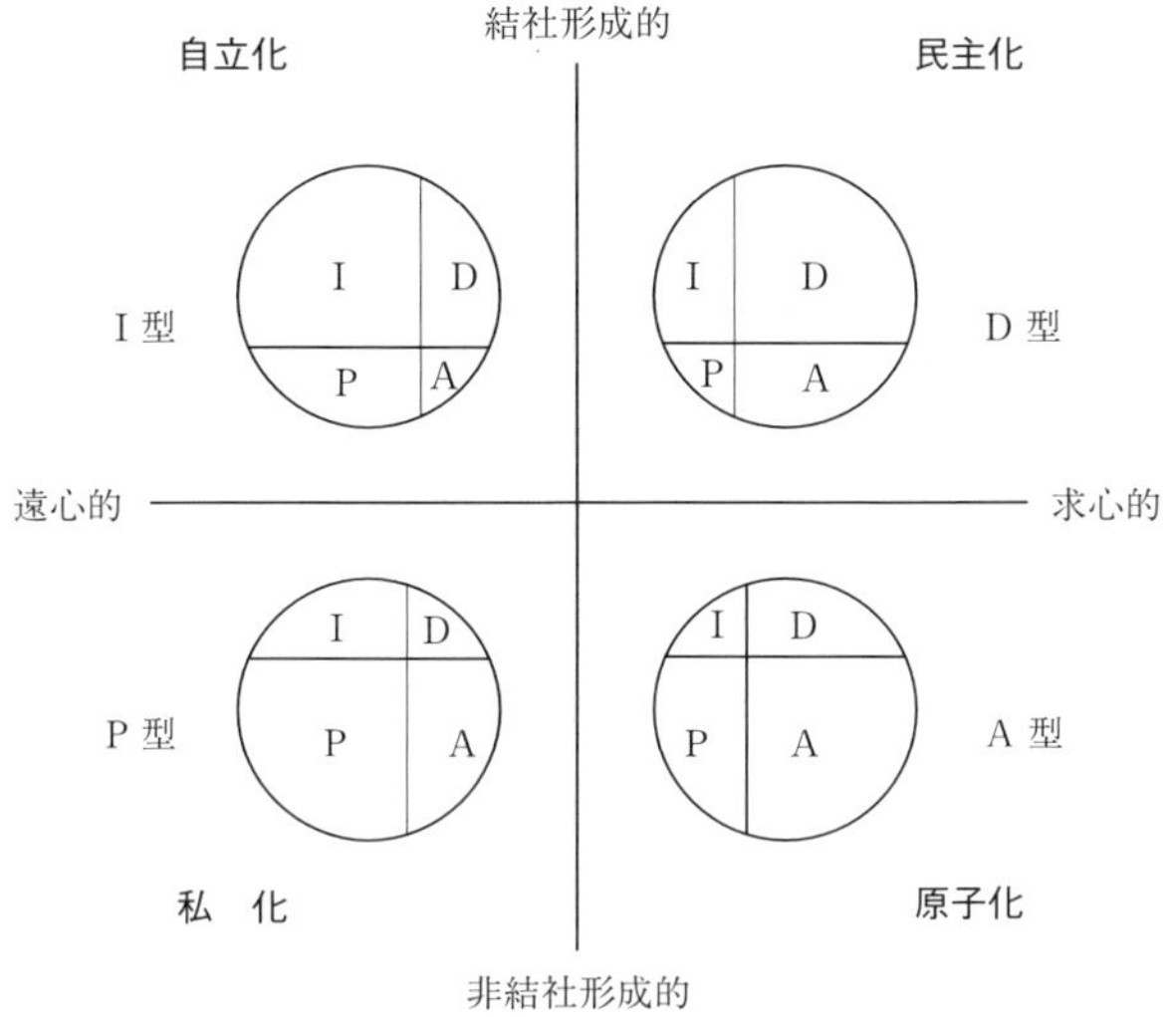

丸山眞男「個人析出のさまざまなパターン」の図
（わかりやすくするため米原が手を加えた）

松下の認識は、私益優先の価値観こそ戦後日本社会の「みとめるべき進歩」だと論じた吉本隆明の直感に近い。ただしここには重大な留保が存在する。戦後社会の私生活優先は、「会社」を例外とした。安保直後に発表された大野力「ビルの内側から」（『思想の科学』一九六〇年七月号）は、つぎのようなエピソードを伝えている。「五月二〇日の朝、私は新聞をみてがく然とした。興奮状態のまま満員電車に揺られ、話し相手を求めて会社にかけ込んだ。ところが二〇日の朝はもちろんのこと、現在に至るまで、私の職場ではタダの一言も今回の政府の暴挙は話題にならなかったのである」。吉本隆明は前述の「擬制の終焉」で、これを「独占秩序からの疎外感」と表現しているが、その理解はマルクス・レーニン主義の語彙に無理に翻案されていて、事実を説明しきれていない。実際は、「会社」秩序への忠誠心でがんじがらめにされた新中間層が、自己の政治参加の意志を街頭でのデモという限定された形で表現した。これが多くの人が「市民意識」と呼んだものの内実だったのだろう。

声なき声の会

デモは自由民権時代には「運動会」と呼ばれ、政治的意思表示の方法としてすでに活用されていた。しかし六〇年安保までは、それは政党や労働組合が組織的な動員をすることだった。個人が自らの意志でプラカードやゼッケンを作り、たとえ数人でも街頭を歩くというスタイルは、六〇年安保のときに「声なき声の会」が始めた。その事情を小林トミ「それはこうしてはじまった」（『声なき声のたより』創刊号、一九六〇年七月一五日）はつぎのように説明している。何の組織にも属していない小林は、友人と相談して六月四日のデモに参加することにし、「総選挙をやれ、U2型機かえれ、誰デモ入れる声なき声の会、皆さんおはいりください」という横断幕をもって、安保批判の会の最後尾を二人だけで歩き始めた。最初は恥ずかしかったが、歩道から次々に列に参加する人があり、新橋で解散するころには三〇〇人の行列になっていた。

「声なき声の会」の活動は『思想の科学』と密接な関係があった。『声なき声のたより』創刊号に、鶴見俊輔は「市民集会の提案」という小文を載せている。その提案は四つの骨子からなる。(1)無党無派で戦争反対を最低綱領とする。(2)あれかこれかの選択について態度保留を尊重し、断言的な態度をとらない。(3)「利用主義」（政治における効率重視）を極力排する。(4)「シロウトの集会」として、できるだけ直接民主主義を尊重する。ここに後年の「市民運動」と呼ばれる運動体の組織原理がすでに明示されている。とくに興味深いのは、反戦という最低限の意見の一致のみを要求し、それ以外の面では判断を留保する自由を認めて、「幅広主義」に立つようにみえながら、運動の政治的効果を重視せず、運動体の内部に起こりがちな自己疎外を防ごうとしていることである。人間の行動には、つねに効率（コストとベネフィットの計算）の考慮がつきまとう。しかし政治的行為は、消費のような経済活動とは異なって、直接的なベネフィットを無視することで成立する場合がある。コスト・ベネフィットの加減計算では説明しえない非合理な情念が、関与することが多いからである。

「声なき声の会」の事務局をつとめ、ベ平連にも関係して、六〇年代から七〇年代の市民運動にずっと寄り添っていた高畠通敏《たかばたけみちとし》（一九三三〜二〇〇四）は、「市民運動の組織原理」（一九六九年）で以下の趣旨のことを述べている（高畠一九七一）。一見すると、六〇年の「市民運動」は「国民会議にくっついて歩く運動」で、民主主義擁護というスローガンに同調して活動していたようにみえる。しかし安保の潮が引いた後も運動に残った人びとの意見を聞くと、かれらを行動につき動かした動機は、民主主義擁護などの「タテマエ的正義感」などではなく、「何十年の生活体験」や「内面的な傷」にもとづく決意だったという。具体的には、戦争に自分の婚約者を送り出した婦人や、官吏の亭主とつつましく暮らしながらいつも満たされない思いをしていた戦中をふり返って、今こそ自分の生活を生きようと決心した老婆、憲兵だった過去を否定的に生きようとしている人などである。かれらは各々の戦争体験を背負って生き、社会の現状に対する鬱屈した思いを「誰デモ入れる」集団に参加することでぶちまけることができた。表面上は国民会議の統制に満足していたかにみえるが、デモの流れ解散の後、かれらは三々五々国会周辺に引き返し、全学連の学生を見守ろうとしたという。全学連を孤立した跳ね上がりとして論難した竹内好との落差はあきらかだろう。

市民運動の根底に、このような参加者個々人の情念が存在するとすれば、その一般化には多くの困難がともなうことが想像できよう。高畠通敏は市民運動にかんする考察を数編残しているが、それらのほとんどは六〇年代末から七〇年代初めに発表されており、もっともまとまった「日本市民運動の思想」の発表は一九七五年である。高畠の才能をもってしても、市民運動の思想を論理化するのに十余年の歳月を必要としたのだろう。

さて「日本市民運動の思想」で、高畠は職能別組織による抵抗を構想した久野収《くのおさむ》に言及している。六〇年安保では、大学教授・文化人など、さまざまな職能別のデモ隊が組織されたから、この発想は自然である。しかし警官隊に大学教授の隊列であると知らせて暴行から逃れようとしたことを、清水幾太郎が激しく批判したことでもわかるように、職能別のデモ隊という発想には、特権にあぐらをかいた一面がある（『わが人生の断片』清水⑭四七六〜）。しかもこうした構想は、組織に縛られることの少ない自由業や大学教員には当てはまっても、「第二のムラ」としての企業組織に属する職業人には適用できそうにない。結局、「声なき声の会」に代表される六〇年安保の市民運動は、「職業組織からのしめつけを逃れた有志の街頭での匿名連合」だった（「日本市民運動の思想」、高畠一九七六）。かれらは、街頭でしか享受できない束の間の自由を、デモという形で表現したのである。

べ平連

このような「声なき声の会」の運動論と性格は、一九六五（昭和四〇）年に結成された「べ平連」（ベトナムに平和を！　市民連合）にもそのまま継承された。べ平連の結成は、その年の二月に始まった米軍による北ベトナム爆撃に抗議するデモが契機で、当初の名前は「ベトナムに平和を！　市民文化団体連合」だった。名称の変更から想像できるように、べ平連は六〇年安保の国民会議方式で始まり、まもなく個人参加の「市民連合」に改組したわけである。一九七四（昭和四九）年に解散するまで、終始、べ平連の中心にいて、象徴的なリーダーになったのが小田実《おだまこと》（一九三二〜二〇〇七）だった。小田を有名にしたのは『何でも見てやろう』（一九六一年）で、フルブライト奨学生として米国に留学し、帰途、ヨーロッパ・アジアを見て歩いた記録を出版したものである。一九六〇年には日本にいたと思われるが、このとき小田が六〇年安保問題に関心をもった形跡はない。一九六〇年以来、市民運動を続けていた鶴見俊輔と高畠通敏が、運動の新しい顔として小田をスカウトしたらしいが、小田のどこにでも出かけていく無類の行動力、不屈の粘り強さ、機関銃のような多弁が、日本の市民運動の展開に果した役割はきわめて大きい。

べ平連は「ベトナムに平和を」「ベトナムはベトナム人の手に」「日本政府はベトナム戦争に協力するな」を合言葉とした。これはベトナム戦争反対という最低限での一致を原則とした幅広主義である。この三つの原則に同意するものはだれでもべ平連を自称してよいことにしたので、最盛期には全国にべ平連を名乗るグループが三〇〇以上も出現した。小田は活動の約束事として、以下の三つを提言している（小田一九七二）。(1)自分のしたいこと、できることをする。(2)言い出したものが率先して実行する。(3)他人のすることに文句をいわない。こうして中央や組織のリーダーの指令という枠をはずしたことで、個々の運動主体の意欲を解放し、べ平連は市民運動に空前の活気をもたらした。一九六〇年に「声なき声の会」によって控えめに始められた市民運動の原則は、べ平連によって拡大再生産され、新聞への反戦広告、脱走米兵の援助、大阪万国博に対する反博など、デモ以外の表現手段も模索された。そしてべ平連の行動原理は、七〇年代以後、住民運動などの社会運動でも、当然の前提として受けいれられていった。

ベトナム戦争
（1966年５月16日，ベトナム・クチ）（AFP＝時事）

運動の中心にいた人びとが、戦争の記憶を活動のバネにしていた点でも、べ平連は「声なき声の会」を引き継いでいる。初期のべ平連で活動し、『ニューヨーク・タイムズ』に反戦広告を掲載するというアイデアを出したのは開高健《かいこうけん》（一九三〇～八九）だった。開高は朝日新聞特派員としてベトナムに行き、岡村昭彦《おかむらあきひこ》『南ヴェトナム戦争従軍記』（一九六五年）と同じ時期に『ベトナム戦記』を出している。岡村の本は共同通信の記者として戦闘に従軍した稀有の記録だが、開高も戦略村（解放区の近くにある政府軍陣地）に行き、戦闘現場で九死に一生を得る経験をした。ベトナム人でもアメリカ人でもない自分が戦闘で死ぬということの無意味さは、開高に少年時代の戦争体験を想起させた。大阪生まれの開高は勤労動員に行った操車場で、しばしば米軍戦闘機の機銃掃射を受け、米軍パイロットが風防ガラスの向こうで笑っているのを見て、人間は人殺しをするとき笑えるのだという観念に長く苦しめられたという（開高一九七四、一九六頁）。

開高と同世代の小田実も、ベ平連の運動が始まる直前に発表した「『難死』の思想」（一九六五年）などで、同様の体験について語っている。戦中の小田は「大東亜共栄圏」や「天皇陛下のために」という言葉を人なみに信じたが、現実の死は「散華《さんげ》」といわれるような美しいものではなく、無意味な「虫ケラどもの死」であることを見聞によって知っていた。この「公状況」と「私状況」との二重構造は、知識人なら理念やロマンティシズムによって媒介できたが、少年だった小田はその術を知らなかった。しかし敗戦によって「公状況」が瓦解したとき、それにつながる死も無意味となり、いかなる死も「難死」にほかならないと知ったという（小田一九九一）。

ベ平連の活動が始まった一九六〇年代半ばは、林房雄《はやしふさお》『大東亜戦争肯定論』（一九六六年）に典型的にみられるような復古主義的ナショナリズムが目立ちはじめた時期である。小田はこうした風潮に強い危機感をもっていた。小田が林の著書のような自己肯定の議論に対置したのは、日本人の戦争体験が被害者としての側面に限定されて、加害者だった事実が無視されているという認識だった。人間は自己の属する国家の行為によって被害者になると同時に、そのことをつうじて否応なく加害者にもなりうると、小田は指摘する。それは小田にとっては、「自己の内なる加害者体験（あるいは、その可能性）」を自覚し告発することによって、国家と自己との緊張をつねに意識することを意味した（小田一九九一）。小田はベ平連の運動をつうじて、他者を告発するだけでなく、加害者になる可能性をもった自己をも告発していた。

このようにベ平連の活動に参加した知識人は、なんらかの形で戦争体験をもっていたが、多くの無名の参加者は必ずしもそうではなかった。六〇年代末のベ平連は、やはりいくつかの点で一九六〇年の「声なき声の会」とは違っていた。なによりベ平連の参加者は圧倒的に若く、多くが学生だった。かれらを街頭に引き出したのは戦争体験ではなく、体制化《エスタブリッシュ》した社会秩序に対する反抗だった。日本はすでに「豊かな社会」に入りつつあり、かれらの前には管理されたレールがひかれていた。権力も秩序も確かに民主的なルールにしたがって運営されているが、それは形骸化しルーティンと化していた。こうした制度化した民主主義に対する鬱屈した反抗心が、ベトナム戦争だけでなく、安保条約の延長、沖縄・小笠原返還、原子力潜水艦寄港などに向けられた。岸内閣の場合とは異なって、政府の行為は形式的には申し分なく「民主的」だったから、反抗の形態が急進的になるのは政治の力学というものだろう。

ベ平連が一九六〇年の市民運動より急進的だったのは、主力が学生だったという事情にもよっている。学生は社会秩序に組み込まれる以前の特権的身分であり、モラトリアム期間だけの限定された反抗で、卒業後は企業戦士に変身していく例も少なくなかった。しかし七〇年安保の季節が終わった後も、ベ平連の運動は終息したわけではなく、都市では定例デモが続けられたし、公害反対運動に姿を変える例もあった。高畠が指摘しているように、だれでも参加できる「普通」の人のデモだったベ平連は、そこでは「風変わりな」人たちの集まりで、まるで「お百度参り」のように、志の持続を確認するだけの運動スタイルになっていった（高畠一九七六、一二四～五頁）。しかしそのような運動をつうじて、市民的「徳性」に裏打ちされた公共性への独特のアプローチの姿勢が、都市の高学歴の中間層に支持されたことも忘れるべきではない。その後、各地の地方議会に出現した「市民派」議員のなかにベ平連の経験者が少なくなかったことをみても、その運動は着実に根を張り、及ぼした影響は深く広かったといえる。

3　「親米保守」の憂鬱

「親米」のアムビヴァレンス

徳富蘇峰《とくとみそほう》は一九五二（昭和二七）年に発表した『勝利者の悲哀』で、終戦の日の玉音《ぎょくおん》放送を聞いて徳川家康のことを思い起こしたと告白している。「家康をして今日に在らしめたならば、彼はあらゆる苦情、あらゆる反対に眼を瞑《つむ》って、米国と攻守同盟を締結したであろう」（『近代日本思想大系8』、五一二頁）。実はこの告白には誇張がある。後に公表された当時の日記によれば、熱烈な反米主義者だった蘇峰が日米同盟を着想したのは一九四六（昭和二一）年五月のことだった。日本が「米ソ二大勢力の争地」となっている以上、「やむを得ざれば、ソ連よりも米国と共にせよ」と考えたのである（『徳富蘇峰終戦後日記』Ⅱ、二九七頁、三四五頁）。共産主義と対抗するには、昨日の敵・米国と手を結ぶしかない。米国が理想的だからではなく、ソ連に比べればまだしも「辛抱」できるからだという。典型的な親米保守の論理が誕生した瞬間である。

ノーベル賞作家・大江健三郎《おおえけんざぶろう》（一九三五～）は、新制中学に入学した一九四七年に憲法発効という事件に際会した。新憲法について説明した『民主主義』という上下二冊の教科書が、かれの世代にとってどれほど大きな熱情を喚起したかを、大江は何度か語っている。「《戦争放棄》は、ぼくのモラルのもっとも主要な支柱となった」（大江一九六五、一二四頁）。「戦争放棄とか、主権在民とかいう根本的なモラルがぼくらの少年期の生活を普遍的に満たしていた」（大江一九六五、一四三頁）。これらの叙述はいかにも初々しいが、同時にあまりに従順で幼稚だと感じさせる。

大江は一九五八（昭和三三）年に、米軍兵士が登場する短編小説を数編書いている。「飼育」「人間の羊」「不意の唖」「戦いの今日」のなどである。「人間の羊」では、米軍基地に向かうバスの日本人乗客の一部が、米兵によってむき出しにさせられた尻をぺんぺん叩かれるという屈辱を味わう。被害者の一人だった主人公が、被害に遭わなかった同乗の教員から、警察に告訴しようと執拗に付きまとわれるというストーリーである。被占領者の屈折した心理を描いたもので、「不意の唖」も似たモチーフといえる。「戦いの今日」では、朝鮮戦争の戦場に向かう米軍から一人の兵士が脱走し、かれの日本人情婦と主人公の学生たちに匿《かくま》われる。しかし脱走兵は偶然、朝鮮戦争のニュース映画を見た後、主人公たちを侮蔑する態度をとり、結局キャンプにもどって射殺される。この小説では、占領者だったはずの米兵が日本人の庇護下におかれ、同僚が戦う姿を見て再び支配者としての自信を取りもどす。そして庇護者としてふるまった日本人は裏切られて、自分たちの惨《みじ》めな姿をあらためて思い知ることになる。米国製の新憲法を自己のモラルの「支柱」と書くほどナイーブな大江も、米国に対してアムビヴァレント（両面価値的）な感情をもっていたことがわかる。

江藤淳にとっての米国

大江健三郎より三歳ほど年長の江藤淳《えとうじゅん》（一九三二～九九）は、一九六二（昭和三七）年九月から約二年間、米国東部の名門プリンストン大学に滞在した。いうまでもなくこの時期の日本は高度経済成長期にあり、とくに東京はオリンピック開催準備のために、江藤の留守中に大規模に変容した。その後の江藤の思想的歩みは、この米国体験を抜きに考えられないだろう。日米にはまだ大きな経済格差があり、五〇〇ドルの外貨持ち出し制限があった時代で、東部とはいえ、日本人に対する差別意識はまだ残像が消えていなかったはずである。

帰国直後に書いた「アメリカと私」にはいくつかの興味深い叙述がある。江藤が滞在したのは、南部で黒人の公民権運動が盛んになりつつあったときで、プリンストンでも南部出身者と北部出身者のあいだに微妙な心理的葛藤があったらしい。江藤は南北戦争における南部の敗北に言及して、南部諸州民は経済発展と引き換えに「誇り高い南部のウェイ・オブ・ライフの無残な敗北」を味わったと指摘する（江藤④五二～）。そして日米戦争を南北戦争と比定しながら、米国側が真珠湾奇襲を予知していたとする見解を根拠に、日本の行為を「倫理的に許すべからざる卑劣な行為」とする米国人の見解に強く反発している。さらに南部が敗戦にもかかわらずその「ウェイ・オブ・ライフ」を維持したのに対して、ペリー来航以来、日本人は「自分の手で自分のウェイ・オブ・ライフを破壊」してきたと、そのアイデンティティ喪失を嘆いた。

江藤が借りたアパートの家主は成功したイタリア人移民の子孫だった。江藤夫妻が交際した医師ランポーナも父は貧しいイタリア人移民で、アイルランド移民の女性と結婚した。江藤は、この夫妻や家族の葛藤を窺い知って、米国社会で成功するためにこのイタリア系米国人が支払った代価を推し測り、「母親を捨て、母親によって象徴される「イタリア人」を裏切ったという罪悪感」と表現している（江藤④七一～）。移民たちは父祖の価値観を捨てて米国に同化し、アイデンティティ喪失を代償に米国人として認知されたと、江藤は考えた。

米国との葛藤をアイデンティティの側面から考察して母性の喪失と捉えたのはE・H・エリクソンの影響であり、数年後に書かれた『成熟と喪失――〝母〟の崩壊』（一九六七年）を予告している。江藤は『成熟と喪失』で、小島《こじま》信夫《のぶお》・遠藤周作《えんどうしゅうさく》・庄野潤三《しょうのじゅんぞう》らいわゆる「第三の新人」の作品を分析した。一般化していえば、近代日本において、青年が社会の階梯《かいてい》を登り「成功」することは、自己の育った環境を捨てることであり、つまり母によって表象される文化から離脱することである。江藤によれば、左翼的な傾向が強かった戦後派の文学が、「父」との関係で自己を規定したのに対して、「第三の新人」たちは「「母」への密着」（江藤一九八八、一四頁）とその喪失をテーマにしたという。

しかし江藤が母性の喪失を論じたとき、あきらかにかれは父性の不在を強く意識していた。「近代日本の社会では世代の交替につれて必然的に「父」のイメイジが稀弱化されて行く。その背後に作用しているのは、母とともに父親を「恥ずかしい」ものに思った息子が、成長して妻と息子に「恥ずかし」く思われる「父」になる、という心理的メカニズムである」（江藤一九八八、六八頁）。父性の不在は、父が家族の生活のために外で働いているという事情だけによるのではない。現実の「父」の背後に、模範とすべき偉大な「父」が潜在しているからである。つまり江藤の指摘にしたがえば、父を恥じる感覚は「他人」の眼を意識するためだが、その「他人」とは「西洋人」、もっと端的には米国の存在である。

武士階級が支配した時代には日本でも父性原理が支配的だったと、江藤は考えている。しかし「日本の「近代」がこの父性原理をつき崩し、敗戦がついにそれを根こそぎにしたとき、新しい騎馬民族が別種の父性原理をたずさえて、太平洋の彼方から出現した」（江藤一九八八、一四七頁）。小島信夫『抱擁家族』の主人公は、米国留学の経験があるモダンな生活者という設定になっている。妻の時子はふとしたことで駐留米兵のジョージと密通するが、江藤はそれを以下のように解説する。「時子にとってジョージを理解することは不必要でなければ無意味である。彼はただ「近代」の象徴であり、青春、幸福、あるいは美しい王子等々でありさえすればよい」（江藤一九八八、六三頁）。時子の夫である俊介がジョージの責任を追及したとき、ジョージは両親と国家に対する以外に責任を感じる理由がないと述べて、俊介をたじろがせる。この場面について、江藤は「この「近代」の象徴の背後から、「国家」という強い「父」のイメイジが顔をのぞかせた」（江藤一九八八、六六頁）と評している。つまり江藤は、米国の庇護下にある敗戦後の日本は自らの父性を喪失し、米国という「父」に従順なままだと糾弾したのである。しかも産業化＝高度成長＝都市化は、日本人の母性的なるものを根こぎにしてしまった。「今や日本人には「父」もいなければ「母」もいない」（江藤一九八八、一四九頁）。

遠藤周作の作品を素材にした部分では、江藤は以下のように語る。敗戦によって「西洋」がわれわれを「占領」した。それまで日本人の「父性原理の中核をかたちづくっていた君主は、（中略）「父」の上に在る「父」として出現した背の高い異邦人の傍らに立って一言も発しなかった、（中略）われわれはどこかに「ウソ」を感じながらこの新しい異邦人である「父」の強制する世界像をうけいれ、どこかにかすかな痛みを覚えながら「母」を、つまりわれわれが慣れ親しんで来た生活の価値を否定した」（江藤一九八八、一七三〜一七四頁）。いうまでもなく、江藤はここでマッカーサーと昭和天皇が並んで撮った写真を想起し、米国の権威に屈従し、経済発展に自足することで、自らの「国家」を喪失した日本人を糾弾している。

現代の読者には、江藤の分析が米国の影響を実像以上に拡大しているように映るかもしれない。しかし江藤が苛立つのはまさにこのことである。つまり江藤からみれば、戦後の日本人は米国的価値を内面化してしまったことに無自覚なために、アイデンティティを喪失した。徳富蘇峰風に表現すれば、日本人は心の底から「米化」されてしまったのである。日本に対する以上のような自画像が、どのような政治的表現をとるかは容易に想像できるだろう。「「ごっこ」の世界が終ったとき」で江藤は、日本人の「意識の尖端」につねに「米国」が付着していると指摘する。つまり「意識」と「現実」とのあいだに、つねに「米国」が介在しているため、日本人は「現実」を実体験することがなく、「ごっこ」の世界で生きている。

「ごっこ」の世界

「ごっこ」の世界を捨てて「自己回復」するにはどうしたらよいか。理屈は単純である。米国の庇護を拒否すればよい。しかし戦後日本の保守主義者は、常にここで根本的な二律背反に陥る。「自己回復を実現するためには「米国」の後退を求めなければならず、安全保障のためにはその現存を求めなければならない」（江藤一九七〇、一三九頁）。安保条約の廃棄は日米関係を決定的に危機に陥れるので、政治的には禁句である。江藤はこのことを知悉したうえで、もし経済面での日本の譲歩と軍事面での米軍の譲歩を交換することができれば、「新しい同盟関係」が成立し、日本人の国民的自負心は満たされ「「ごっこ」の世界」も終わるという（江藤一九七〇、一四七〜一四八頁）。

しかし江藤の読者は、ここで思わず苦笑せずにいられないだろう。江藤が説いた「もし」の想定は、かれ自身が糾弾した「「ごっこ」の世界」を改変する現実的提案とはみなしがたいからである。かれのいう「もし」の実現が容易ではないからこそ、保守派は米国への屈従ともいえる「親米」に自足し、革新派は米国への心理的甘えのなかで「反米」を唱えるという「「ごっこ」の世界」が生じた。根本の問題は何も解決されていない。江藤はここで堂々巡りをして、自己満足しているにすぎない。

江藤は一九七〇年代末から占領期の研究を本格化し、憲法の制定過程やGHQによる検閲を告発した。そして戦後の「民主主義」は米国による日本統制の一環だったにもかかわらず、多くの知識人がそのような認識をもたないまま、米国から強制された価値観を普遍的なものとして謳歌したと批判した。米国占領によってもたらされた価値観が占領終了後もその「拘束」力を持続したことについて、江藤は戦後教育の影響を強調している。しかし米国の占領政治に対する修正が明確に企図されたのは、一九五〇年代の鳩山・岸内閣時代であり、これに対抗する革新勢力の側では、米軍基地や安保条約をめぐる反米のエネルギーが最高潮に達した。戦後政治をふり返ったとき、保守と革新の両側で米国からの自立が模索されたこの時期こそ「「ごっこ」の世界」と決別するチャンスだったことがわかる。責任は戦後教育や戦後進歩主義にあるのではない。それは保守―革新の五五年体制のなかで構造化されたものである。

江藤の著作にみられる米国像と、それを背景とする戦後日本観はねじくれている。前述のように、江藤は米国の脅迫による新憲法制定や占領期の言論検閲を暴《あば》きだし、戦後の「民主主義」とそれを謳歌した戦後左翼を「徒花《あだばな》」と批判した。しかし「民主主義」とは言いがたい米国の占領統治の強権的手法への非難は、意図的に差し控えられている。江藤の認識では、米国の「民主主義」とは、結局、米国のナショナリズムの表現にほかならないという一語で片づけられる。しかももっと重要なのは、米国の庇護のもとに、あるいは米国と共謀して戦後体制を築いた当時の日本の統治エリートに対して、江藤は口をつぐむか、あるいはむしろ評価している。吉田茂を典型とする統治エリートは、「国体護持」のために米国と積極的に妥協し、その力を借りることで戦後政治体制を構築した。「民主主義」の理念を根拠に、吉田路線の現実主義を批判した左翼は、江藤の憎しみと軽侮の対象だが、吉田らは、敗戦にもかかわらず、連合国を対等な交渉相手として、したたかに自己のアイデンティティを保持したと認識されている。しかし永井陽之助《ながいようのすけ》が指摘したように、吉田の計算されたマキャベリズムの本旨は「安全」と「独立」を両立しえないものととらえ、国家的自尊心（「独立」）よりも経済発展や福祉（「安全」）を重視する点にあった（永井一九六七、一三七頁～）。江藤はこの二者択一を我慢ならない屈辱と感じ、傷つけられたプライドの代償を、そうした政治決断をした者ではなく、その批判者に向けている。

反米の契機を内在しながら、明確な反米的態度をとらず、昭和天皇や戦後の統治エリートの米国との妥協への批判も手控えするという姿勢は、その後の江藤に一貫している。一九七〇年代末から八〇年代に、日本経済がふたつのオイルショックからいち早く立ち直って「経済大国」としてプレゼンスを高めたとき、米国経済は財政と貿易のふたつの赤字による不振で苦しんでいた。日米の従来の関係があたかも逆転したかの様相を呈し、軍事力を除けば、日本があたかも米国と同等以上の実力があるかのような幻想がうまれた。日本はちょうど中曽根康弘内閣時代にあたり、米国大統領・レーガンとの親密な関係を演出したパフォーマンスも、そうした自負心を国民のあいだに醸成させた。

江藤がこの時期に出した『日米戦争は終っていない』や『断固「NO」と言える日本』（石原慎太郎との共著）は、あきらかにこの時代の日本に広く瀰漫《びまん》した自信と自己満足に裏づけられている。これらの著書のタイトルは刺激的で、いかにも反米的なニュアンスがあるが、半導体技術における日本の優位などの指摘を除けば、日米関係の認識は従来の枠からはずれていない。『断固「NO」と言える日本』の末尾で、江藤がこの本のタイトルは『断固尊敬を求める日本』がふさわしいと述べているのは、かれの意図を明示している。要するに江藤の要求の核心は、米国と協調しながら、日本の国家的自負心を満足させることであり、その二つが整合しないところに、かれの苛立ちの根源が存したのである。

第10章　漂流する自由民主主義——不安と動揺の世紀へ

昭和天皇が死去した一九八九（昭和六四／平成元）年は、国際的にも大きな転機を画すことになった。まず六月に、中国で天安門《てんあんもん》事件が起こった。天安門広場に集まったデモ隊を軍隊が武力制圧し、多数の犠牲者を出したものである。一九八五年にソ連書記長に就任したゴルバチョフの改革は、社会主義陣営を国際的に融解しつつあったが、中国当局は国内の動揺を引きしめる断固たる意志を示した。しかし八月には東ドイツ市民の西への流出が始まって、これを契機に東欧の共産党政権は急速に崩壊し、一二月にマルタ島でブッシュ・米国大統領とゴルバチョフ・ソ連最高会議議長が会談して、従来の敵対的な東西関係に終止符を打つとの意志表明がなされた。冷戦終結が確認されたとき多くの人は、もっと自由が尊重され武力の使用が抑制される世界が来るだろうと期待した。ポーランドや東ドイツをはじめとする東欧諸国が大きな動乱を経ずに体制転換を遂げ、米ソのあいだではＩＮＦ（中距離核戦力）全廃条約など軍縮の動きが急速に進行していた。東アジアでも台湾と韓国が権威主義体制を克服して民主化し、韓国はソ連・中国と国交を結び、また北朝鮮（朝鮮民主主義人民共和国）と韓国が一九九一年に国連に同時加盟した。東アジアが冷戦体制から完全に脱却したとは言えないとしても、雪解けを感じさせる状況だった。

しかし世界的な和解への動きとみえる事態の進行の裏側で、まったく逆の状況が新たに生まれつつあった。まずイラクのクウェート侵攻を契機に湾岸戦争が勃発した（一九九一年）。この戦争は、結果的にはイスラム原理主義を勃興させ、二〇〇一（平成一三）年九月ニューヨークの同時多発テロ、タリバンに対するアフガン戦争、二〇〇三

ベルリンの壁崩壊（1989年11月）
(PANA)

年のイラク戦争、さらには二〇一〇年代半ばからのＩＳ（イスラム国）によるテロの世界中への拡散に展開する。「テロとの戦い」はこれまでの国家間戦争とはまったく異なる。情報とヒトは国境を自由に往来するので、何より警察権力による事前の探知が重要になり、市民的自由の統制が重要課題として浮上する。ジョージ・オーウェル『一九八四年』を連想させるような、情報統制された新たな形の「兵営国家」（garrison state）の登場を危惧しなければならない事態である。

他方で、冷戦終結は戦後ずっと凍結されていたものを融解させ、日本国内に予期しない波紋を呼び起こした。日本軍の元従軍慰安婦だった韓国人女性が名乗りを挙げ、日本政府の謝罪と補償を求めて提訴したのは一九九一（平成三）年だった。直後に訪韓した宮沢《みやざわ》喜《き》一《いち》首相は、慰安婦について「申し訳なく思っています」と述べ、真相究明を約束した。調査結果は九三年八月に「河野官房長官談話」として発表された。慰安所の設営に日本軍の関与を認め、「多数の女性の名誉と尊厳」を傷つけたことを謝罪したものである。この談話は、自民党分裂による総選挙の敗北で、宮沢内閣が総辞職する前日に発表された。後継の非自民連立政権の細川《ほそかわ》護熙《もりひろ》首相は、就任直後の所信表明演説で、日本の「侵略行為や植民地支配」について「深い反省とおわびの気持」を表明する。その後、非自民の連立政権は脆くも崩壊したが、自社さきがけ三党連立政権が成立すると、一九九五年八月一五日に、村山《むらやま》富市《とみいち》首相は第二次大戦五〇周年の「首相談話」を発表した。植民地支配と侵略について、「アジア諸国の人々に多大の損害と苦痛」を与えたことに「痛切な反省の意」と「心からのお詫びの気持」を表明したものである。村山政権は、これに先立って慰安婦への償いをするための基金としてアジア女性基金（正式名称は「女性のためのアジア平和国民基金」）

を設立して、「河野談話」を具体化する方策をとっていた。

しかしこうした一連の動きは、その反動として保守主義者の側の反発をひき起こした。一九九七（平成九）年一月に「新しい歴史教科書をつくる会」が、五月には「日本会議」が結成されたのは、その象徴的な動きだった。「戦後」という意識が残存していた冷戦の時代には考えられなかった極右勢力の台頭である。新たな事態の発生の根底には、中国の台頭、北朝鮮の核武装などによる東アジア地域のパワーバランスの地殻変動があるが、冷戦終結によってこれまで封印されていた歴史の地層が露呈したこと、経済のグローバル化が社会秩序を不安定にしたこと、インターネットという新たな通信手段が発達したことも無視できない。新たな地層の露出は、これまで常識とされてきた歴史のストーリーの書き換えを可能にする。たとえば「侵略戦争」とされた歴史の時間は、大局的な因果関係を無視して寸断・細切れにされ、瞬間ごとの自衛行為の連続だったと書き換えられる。またグローバル化は日本の企業風土を根本的に改変し、人びとの身分を不安定にしただけでなく非正規労働者を激増させた。この時期にしばしば公務員がマスコミや世論の批判の標的になったが、そこに安定した身分に対する嫉妬と「引きずり降ろし」の意識が働いたことは否定できない。さらにインターネットは情報へのアクセスと発信の条件を劇的に変化させた。情報量の激増と検索機能によるその選別によって、人びとは都合のよい（しばしば無責任な）情報を信じ、仮想空間で共有し連帯する。いわば「流言蜚語《りゅうげんひご》」が大手《おおで》を振ってまかり通る世界になったのである。

1　「終わり」の時代

冷戦終結をうけて発表され世界中で話題になったのが、フランシス・フクヤマ「歴史の終わり」（一九八九年）とサミュエル・ハンチントン「文明の衝突」（一九九三年）である。ともに発表後の批判をふまえて長大な著書として刊行された（『歴史の終わり』は一九九二年、『文明の衝突』は一九九六年）。フクヤマの論文はアレクサンドル・コジェーヴのヘーゲル解釈に依拠して、自由民主主義体制の勝利とその普遍化を説いたものである。ここでフクヤマは、人間の魂を欲望・理性・気概の三つに分割するプラトン『国家』の一節を援用し、歴史において「気概（自尊心）」がはたす役割を強調する。気概は他者から「認知」されることを重視するが、共産主義体制は人間の気概（認知への欲求）を満足させることができなかったというのである。

冷戦終結後、世界各国でナショナリズムが燃えあがり、とくに九一年に始まったユーゴスラビアの内戦は悲惨をきわめた。ハンチントンはおそらくこうした状況に刺激をうけて、冷戦後の世界の紛争パターンはイデオロギーや経済ではなく、文明の相違をめぐる問題であると説いた。ハンチントンが世界の主要文明として挙げたのは、西欧・中国（儒教）・日本・イスラム・ヒンドゥー・東方正教会（スラブ）・ラテンアメリカ・アフリカの八つで、かれはとくに中国とイスラムが西欧文明の脅威になる可能性を強調した。フクシマの著書は論旨の重複が多く雑駁の観をまぬかれないが、冷戦後の国際関係において「異文化間の競合関係」が重要なファクターになると指摘した点で、ハンチントンの危機意識と通底するところがあった。ともにアイデンティティと差異をめぐる人間の欲求が、政治的に暴発する可能性に着目したのである。

話題になったふたつの著書は、二〇世紀を特徴づけたイデオロギーの支配が完全に失墜したことを宣言したものだった。日本では、それは何よりも五五年体制の終焉として意識され、九三年八月に成立した非自民の細川内閣に始まる政界再編を誘引し、日本社会党を衰滅させることになった。思想史的にみれば、それは六〇年代後半に始まる変容が完結したことを意味する。以下では、この「終わり」の意識を「社会主義」と「戦後」のふたつの観点から概観する。

社会主義の「終わり」

ダニエル・ベルは一九六四（昭和三九）年に開催された国際会議で「ソ連邦における「イデオロギーの終焉」？」と題する講演を行っている（ベル一九六九）。ここでベルは、国家目標に民衆を動員するための理念や世界観を提示するのがイデオロギーの機能であると述べ、主として弁証法的唯物論（史的唯物論）と社会主義経済の合理性の側面で、ソ連のマルクス・レーニン主義を批判している。その要点は以下の三点である。まず第一に、いわゆる弁証法的唯物論は哲学（価値観）と科学を融合させたものなので、ソ連内部で実証を重視する科学者と体制イデオローグの乖離が顕著になっていること。第二に、社会主義世界が多様化しただけでなく、資本主義社会の窮乏化という予言がはずれたため、社会主義への移行の必然性という神話が揺らいでいること。第三は、社会主義が経済合理性の点で深刻な壁にぶつかっているという事実である。

ベルはマンハイムの『イデオロギーとユートピア』に倣って、現存秩序の変革をめざす思想（ユートピア）の必要性を認めながら、ソ連の体制を擁護する思想（イデオロギー）が、実はその機能を果たしていないことを指摘した。ソ連の体制イデオロギーを批判したベルの意図は、「絶対的真理」の支配を否定し、「妥協の政治」としての「市民政治」を擁護することにあった。六〇年代末に社会主義について論じた日本知識人の政治的立場はベルと異なっていたが、問題意識には共通したものが存在した。たとえば一九六八年一〇月から一年間あまり『展望』に「孤独な蟄居者の夢想」と題するエッセイを連載した松田道雄《まつだみちお》は、その第一回として、べ平連主催の国際会議（六八年八月）に出席した感想を「支配の論理と抵抗の論理」と題した文章にまとめている（松田道雄一九七〇）。べ平連の集会には反日共系全学連も参加していたが、松田はかれらを「反スターリン」ではあるが「反レーニン」ではないと批判する。小児科医でありながら、長くソビエト史を研究してきた松田は、人間解放の理論だと考えられていた社会主義が、じつは「支配の論理」にほかならなかったことに「絶望」していた。そして市民的「自発性」を尊重し、「抵抗の論理」に立つことを唱導する松田は、反体制の論理をマルクス主義に「独占」されてしまった日本の思想状況のいびつさを指摘し、ソ連・日本・中国の共産党に反対する人が、なぜ構造改革派やトロツキー派を自称してマルクスに「義理だて」するのかと批判している。

一九五〇年代半ば以降、スターリン批判・ハンガリー事件・中ソ論争・文化大革命などの事件によって、社会主義の倫理的優位性は動揺していた。ソビエト軍のチェコ侵入（一九六八年八月）は、社会主義陣営内の自由への要求を武力によって圧殺したもので、社会主義の失墜を決定づけた。一九二〇年代以降、日本の社会科学に圧倒的な影響を及ぼし続けたマルクス主義に、根本的な反省の機運が生まれたのは当然だろう。チェコ事件と前後して、平田《ひらた》清明《きよあき》（一九二二〜九五）はマルクスの原典の読解によって社会主義の理想の再構成を試みている。平田が主として依拠したのはフランス語版『資本論』と『経済学批判要綱』で、かれはそこから「個体的所有」という概念を導きだした。「個体的」は従来「個人的」と訳され、「私的」と同じ意味で理解されてきた概念である。平田は、西欧のゲルマン的共同体に固有な「個体的所有」が資本主義の成立によって私的所有に転換したというマルクスの認識を採りだし、「個体的所有」の再建がマルクスの構想した社会主義だったと論じる。そして私的所有によって歪曲された「個体性」の回復としての社会主義という理解から、平田は「市民社会の継承としての社会主義」という構想を導く（平田一九六九、一〇四頁）。

社会主義は近代の市民的自由を継承すべきものであるとの主張は、「無教会派レーニン主義」と評されていた時期の松下圭一《まつしたけいいち》がすでに提唱していた（本書第9章**1**参照）。マルクスのテキストを徹底して西欧固有の市民社会の文脈で理解することによって、平田は松下と同じ主張に到達した。当然ながら、それはロシア的・アジア的な現存社会主義への批判につながる。レーニン主義のロシアは、西欧が資本主義の下で行った本源的蓄積と産業革命を「資本主義でない方式で代行」したにすぎないと、平田は結論する（平田一九六九、三三八頁）。

平田の問題設定の核心は、レーニン主義的なマルクス解釈は、マルクスが当然の前提とした「市民社会視座」を欠落させているという点にある。チェコ事件直後に執筆された「市民社会と階級独裁」では、レーニン『国家と革命』が俎上に乗せられている。レーニンは、パリ・コミューンを扱ったマルクスの著書『フランスの内乱』を、「プロレタリア独裁」の概念の初出と考えた。マルクスはここでコミューンを史上最初の「労働者政府」と位置づけたので、労働者階級の支配とプロレタリア独裁が安易に結びつけられたのである。しかし平田によれば、マルクスがプロレタリア独裁の概念を初めて使ったのは、一八四八年の二月革命を分析した『フランスにおける階級闘争』で、しかもそれはマルクスの創見ではなく、ブランキが大衆的に提起したものだという。つまりこのとき提起されたプロレタリア独裁の概念には、産業革命以前のフランスという特殊性があった。一八四八年のフランスでは共和派と王党派が争っていたが、共和派の勝利はプロレタリアの勝利を意味しない。共和主義はブルジョア民主主義であり、その勝利はブルジョア独裁を意味する。プロレタリア独裁とは、こうした事情を見通したうえでのスローガンで、「西欧市民社会における超階級的原理に対するシニスム」の表現だったと、平田は理解する（平田一九六九、三〇九頁）。つまりプロレタリア独裁の概念は、資本主義下でのブルジョア的な階級支配を批判するという文脈でのみ意味をもつというのである。

　マルクスの思想的営みを西欧市民社会の文脈で再解釈するという『市民社会と社会主義』の試みは、日本マルクス主義の最後の光芒だったといってよい。その後、平田は一九七〇年代後半のフランス共産党綱領におけるプロレタリア独裁の放棄や、ユーロコミュニズムの動きを追跡して『社会形成の経験と概念』（一九八〇年）を刊行したが、そこには前著のような輝きは感じられない。オイル・ショック以後の資本主義の停滞にもかかわらず、マルクス主義はもはや時代にインパクトを与える思想ではなくなっていた。

左翼から「サヨク」へ

　一九七九年のソ連軍によるアフガニスタン侵入は、社会主義に残された最後の幻想を粉砕した。一九六一年生まれの作家・島田《しまだ》雅彦《まさひこ》の処女作『優しいサヨクのための嬉遊《きゆう》曲』（一九八三年）は、そうした知的状況をコミカルに表現した作品である。主人公はソ連の反体制派を支援する「赤色市民運動」と呼ばれるサークルに所属している。このサークルは「ロシア的なものに憧れ、社会主義の神話にうっとりしながら、ソ連問題を専攻しようという学生がアフガニスタン事件によって、マイナスのインパクトを受け、サハロフ流刑で（こうしちゃおれない）と思った」ことが契機となって結成された（島田一九八四、二七頁）。主人公は「出遅れた左翼学生」として、共産党とも新左翼とも無関係な「サヨク運動」をしているんだと、ガールフレンドに自己紹介する。ここではまだ「あるべき社会主義の姿」が念頭に置かれ、反体制派の支援を通じてソ連を変えていこうとする思考が生きている。主人公はそうした考えかたに共感しているが、結局、ガールフレンドとの結婚を夢見て「赤色市民運動」から離れていく。ガールフレンドとサヨク運動は二者択一ではないが、政治に無関心なガールフレンドの包容力のほうが、運動よりも魅力があるのだった。

『優しいサヨクのための嬉遊曲』のインパクトを受けて、戦後精神の変容を分析したのが、磯田光一《いそだこういち》『左翼がサヨクになるとき』（一九八六年）である。磯田は中野重治《なかのしげはる》に代表される戦中戦後の「左翼」が、島田の言う「サヨク」に変容する過程を分析した。左翼には「公的なもの」へのこだわりがある。小林多喜二《こばやしたきじ》の共産党への忠誠心と天皇制国家の倫理のあいだの相似性は、多くの人が指摘してきた。また六〇年安保の活動家のなかに滅私奉公の倫理が色濃く残っていることも、丸山眞男《まるやままさお》が「八・一五と五・一九」で指摘している。その左翼的滅私奉公の精神が近代的な市民的倫理に変化することを、丸山は期待した。しかし変化は、丸山が期待したような形では起こらなかった。高度成長期に大規模に進行した個人主義化は、「公的なもの」への無関心と一体だった。地縁血縁から解放された大衆は、一方では「私化」し、他方では六〇年安保以後の市民運動に結実した。『優しいサヨクのための嬉遊曲』の主人公は、「赤色市民運動」について以下のように語る。「僕が六〇年代から七〇年代にかけて大学に来てたら、ひどい目に遭《あ》ったと思うよ。粛清《しゅくせい》されただろうな。『家庭的だ』とか何とかいわれてね。でも、家庭の幸福をつくれない人間が革命起こしたら、みんなが泣くことになるよ。社会に変化を起こすのは家庭的な人間しかいない。平凡な人間でなきゃだめさ」（島田一九八四、二一頁）。ここには「サヨク」運動と「左翼」運動との違いが端的に表明されている。

島田雅彦は六〇年代から七〇年代にかけての新左翼に「左翼」の典型をみようとしている。しかし磯田光一が指摘しているように、六〇年代末の新左翼がすでに「サヨク」の始まりだったことは、今となっては明らかである（磯田一九八六、一七五頁）。磯田は、東大全共闘が三島由紀夫との討論にテレビ局を呼んだことに着目する。つまり運動のショー化と左翼の「サヨク」化が、このとき始まったというのである。島田は「赤色市民運動」の特徴をつぎのように語る。「彼らの運動は地味だった。本来、政治運動はお祭りであり、芝居であるが、彼らはいつも学んでいた。叫んだり、泣いたり、暴力をふるったりすることはなかった」（島田一九八四、三〇頁）。おそらく島田は一九七〇（昭和四五）年の全共闘の運動を念頭におきながら、「赤色市民運動」を特徴づけたのだろう。しかし現実には、運動が「お祭り」や「芝居」として意識されたのは「サヨク」においてであり、旧来の「左翼」は運動に実存をかけた。だからこそ転向や挫折が問題になったのである。全共闘にはまだ幾分か「左翼」の雰囲気が残っていたが、それでも日常性への回帰が転向や挫折として意識されることはほとんどなかった。

一九六〇年代までの左翼運動では、多かれ少なかれ、社会主義は道徳的優位性をもった理念だったから、そこからの離脱は棄教として意識された。しかし「サヨク」の運動にはもはやこのような倫理性はない。磯田

東大闘争（1969年１月18日）(時事)
東大全学共闘会議の学生が立てこもる安田講堂に向けて放水する機動隊。

光一によれば、六〇年代から七〇年代にかけての運動の変容は「政治から倫理的なリゴリズムが剝離され、ゲームの様相を深めていった過程」だった（磯田一九八六、一八七頁）。これが「左翼」から「サヨク」への変容過程にほかならない。そこでは社会主義はもはや数あるイズムのひとつにすぎず、アフガン紛争以後はそれすら幻想だと意識されるに至ったのだった。

「戦後」の「終わり」　社会主義の終焉は「戦後」という時代意識の終焉につながる。「戦後」という意識が半世紀も続いたのは、第二次世界大戦の敗戦国だけだという。何が「戦後」意識をこれほど長く持続させたのか。いうまでもなく、「戦後」は「戦前」との違いを意識した言葉である。人々は「戦前」との間に楔を打ち込むために、これだけ多くの時間を必要としたのだった。

富永健一《とみながけんいち》は、戦後社会の特徴を「近代化」と「産業化」のふたつの契機によって説明している（富永「『戦後社会』に幕は引かれたか」、『世界』一九八八年四月）。それによれば、「近代化」と「産業化」は、「戦前」を目指す人々を含む保守党によって推進され、もはや「戦前」型社会への復帰が不可能な地点まで達して、保守党内の反動派が無視しうる存在になったとき、「戦後」は終わったという。富永は戦後社会の特徴として以下の八つを挙げている。経済の高度成長、先進国へのキャッチアップ、若い労働力の豊富な存在、勤勉の倫理、家制度の消滅と親族集団の解体、地域共同体の解体の進行、日本的経営の適合性、護憲派と戦前への回帰派の対立。

占領軍によって着手された民主化（近代化）と後発型産業社会の特徴をセットにしたところに、富永の理解の特徴がある。実際、戦後社会はこのふたつの契機が相乗効果を発揮することによって、急速に変貌した。戦後改革による経済構造の民主化は高度成長の基礎をすえ、封建道徳の否定や経済成長にともなう人口移動は核家族化と共同体の解体を促進した。松下圭一がすでに指摘していたように、近代化と大衆社会化が一体となって進行し、大衆消費社会の出現によって近代的個人主義は曲がりなりにも達成されて、市民運動が叢生するという事態になったのである。

このような日本社会の変貌を、「柔らかい個人主義」という語によって巧みに表現したのが、山崎正和《やまざきまさかず》である。山崎は「脱工業化」（ベル）と「豊かな社会」（ガルブレイス）の問題意識を受けて、産業社会の脱工業化には両義性があると指摘する。ひとつは生産性を飛躍させる側面で、六〇年代がそれだった。もうひとつは生産性の概念を一変して生活態度を質的に変化させる面で、日本では七〇年代にこの現象が起こった。前者では「硬い戦闘的な生産組織」が社会の中枢を占めるが、後者では「個人の顔の見える人間関係が重視される社会」が到来すると、山崎は指摘する（山崎正和一九八四、九四頁）。日本では、六〇年代の急激な人口移動（都市化）が七〇年代になって飽和状態になり、社会の人間関係が徐々に落ちつきを取り戻して、たしかに山崎が指摘するような変化が生じた。

2 「国際化」の時代環境——一九八〇年代の分岐

国防を米国に依存し経済発展に主力を注ぐという「吉田路線」（吉田ドクトリン）は、吉田茂が戦後日本の再建のために自覚的に採用した外交方針だった。それが定着したのは、憲法改正＝再軍備＝自立の方向を選択しようとした鳩山・岸の両内閣が国民の抵抗の前に挫折し、その後の内閣が経済成長を前面に出さざるをえなかったためである。そこには政権維持を至上命題とする保守政党としてのしたたかな計算があっただろう。しかし七〇年代初めには繊維製品をめぐる米国との貿易摩擦が深刻になり、ニクソン・ショックを経て経済成長第一主義が限界に達したことはあきらかだった。大胆な方向転換を実行したのは、「戦後政治の総決算」を呼号した中曽根康弘内閣だったが、七〇年代の大平正芳《おおひらまさよし》内閣はすでにそのことを強く自覚していた。大平は一九七一（昭和四六）年九月の派閥研修会で以下のように述べたという。「わが国は、いまや戦後の総決算ともいうべき転機を迎えている。（中略）なりふりかまわず経済の海外進出を試みたが、まさにその進出の激しさの故に外国の嫉視と抵抗を受けるようになってきた。対米協調に運命を委ね、ことさら国際政治への参加を避けてきたが、まさにドル体制の弱化の故に、けわしい自主外交に立ち向かわなければならなくなってきた」（福永二〇〇八、八頁）。

一九七八（昭和五三）年に成立した大平内閣は、九つの分野別政策研究会を発足させたが、党内派閥抗争とソ連のアフガニスタン軍事介入などの国際情勢の激変への対応に追われて、独自の政策には着手できなかった。大平の政策研究会のひとつである「総合安全保障」研究グループの報告書（一九八〇年二月）を主導したのは高坂正堯《こうさかまさたか》だった。この報告書は、軍事・経済の両面で米国が圧倒的な優位にあった「パックス・アメリカーナ」の時代は終わったとし、以下のように主張している。「日本が「経済大国＝政治小国」といった跛行《はこう》的な存在であり続けることは、国際関係の安定にとって好ましいことではない。朝鮮半島の安定や東南アジアの安定、更には中東地域についてさえ、日本は、その経済力を基礎にして、政治的に貢献することができる」。日本はもはや米国が維持するシステムのなかで安住している立場ではなく、経済はもちろん、政治・軍事の面でも「責任分担」をする「頼りがい」のある同盟国になる必要があるという。

力の根源を経済においた吉田の外交方針は「複雑に対立する異なった勢力の微妙なバランス」によって成立したもので、戦後まもない時期には適合的だったが、経済大国になった日本にはもはや妥当ではない（高坂正堯「日本外交の弁証」、高坂④五一八頁）。これが、一九七〇年代後半から八〇年代において、吉田路線の嫡流と考えられていた「保守本流」の人々の認識だった。こうした認識の背景には、米国の経済力の衰えとともに米ソの軍事バランスが変化して、米国が日本の安全を保証するには十分な力を持たなくなったとの危機感があった。一九五〇年代の平和運動の旗手だった清水幾太郎《しみずいくたろう》が『日本よ国家たれ――核の選択』（一九八〇年）を発表したのは、こうした状況変化の劇的な表現である。清水はここで、戦後の日本が国家にとって不可欠な軍事という側面を忌避し、経済成長のみをめざしてきたことを批判し、「日本が持つべき防衛力」について論じている。一九七〇年代後半以降、米ソの軍事バランスはソ連優位に変化したとの認識にもとづき、ソ連の日本侵略に対抗するにはどのような軍事力が必要かを論じたものである。ソ連の軍事的優位という状況では、米国の核の傘は当てにすることができないと考え、独自の力でソ連の侵入に対抗しうる軍事力をもつことが、日本のみならず米国や西側諸国にとっても有益であると説いたのである。広く受け入れられたわけではないが、この主張は国際環境の変化を反映したものだった。

戦後政治の変容——「町人国家」をめぐって

一九八二（昭和五七）年一一月に首相になった中曽根康弘《なかそねやすひろ》が「戦後政治の総決算」という言葉を初めて使ったのは、一九八四年一月の自民党大会だったようだ。だがその実質的内容は、すでに内閣成立まもない前年一月の施政方針演説で述べられている。中曽根はそこで日本が「戦後史の大きな転換点に立っている」とし、「従来の基本的な制度や仕組み等についても、タブーを設けることなく、新しい目で素直に見直すべき」だと述べた。中曽根は内閣成立直後の八二年末から訪韓訪米し、『ワシントン・ポスト』のインタヴューでは日本列島を「不沈空母」にすると発言して物議をかもした。その直後の党大会では、改めて自主憲法制定を決議させている。就任早々で、使命感と対決意識に燃えていたのである。しかしこうした発言で支持率が急落した後は、はっきりトーンダウンした。中曽根内閣は行政改革、審議会方式による内政面でのリーダーシップ、「国際化」時代に適合したパフォーマンスなどによって特筆されるが、かれが意図していた意味での「戦後政治の総決算」自体は、キャッチフレーズに終わった。

国際社会の変貌は、「戦後政治」の枠組を否応なく無効にしていった。その端的なインパクトは「国際化」である。情報・カネ・モノ・ヒトが、かつては考えられなかったスピードで自由に国境を往来するようになった。とくに日本の場合は、経済大国化による国際的影響力の増大と「国際化」がほぼ同時に進行し、日本人が自覚する以上に、その動向が世界の注目を浴びるようになった。一九八六年九月に中曽根首相が、米国の黒人やヒスパニックに対して差別的発言をして、国際的非難を浴びたのはその好例である。国際社会での日本の役割や政治家のリーダーシップをとりわけ重視していた中曽根でさえ、自身の発言の国際的影響に無自覚だった。どんな僻陬《へきすう》に住む日本人も為替レートや株価の変動の影響を免れられない時代になり、逆に個々の日本人や企業の行動が、他の国家や個人に無視できない影響を否応なく及ぼすことになった。

こうした変化と日本の「戦後」の所与とのあいだに激しい葛藤が生じたとき、統治エリートが「戦後」による制約を卑下して使ったのが「町人国家」という表現だった。最初にこの語を使ったのは、おそらく天谷直弘《あまやなおひろ》『町人国・日本』手代《てだい》のくりごと」（『文藝春秋』一九八〇年三月）だろう。天谷はこのとき通産審議官だった。一九七九（昭和五四）年一一月にイランの米国大使館で人質事件が発生したとき、日本は石油確保の配慮からアメリカへの同調を渋り、さらに米国がイラン石油の禁輸措置を発表した直後に、日本企業がそれを高値で買いつけるなどの行動に出た。この論文はその善後措置に奔走した経験をもとにしたものである。天谷によれば、国際社会は「半ばジャングル」で、日本は「肥ったうさぎに近い存在」である。だから「武士社会」で「町人」が繁栄するためには、「卓越した情報収集能力、構想力、直感力、外交能力、そして時にはゴマスリ能力」が必要なのに、日本人には国際社会に対する真剣な考慮が欠如している。もっと「町人道」に徹しなければならないと、天谷はいう。この文章の末尾で天谷が、日本はいつまでも「町人国」ではいられないのではないかと語っているのは、その後の日本の変化を予感したものだった。

オイル・ショック以後の日本外交の綱渡り状態を、天谷とは少し違った角度から論じたのが松岡英夫《まつおかひでお》「《乗りおくれ》外交のすすめ」（『中央公論』一九八〇年三月）である。松岡によれば、日本にとって現実的外交とはつぎのようなものである。日本は無資源国だから、まずどの国とも友好関係でなければならず、その原則を守るために紛争には近づかないことが肝要である。オイル・ショックによって、日本は三つの教訓を学んだ。第一に日本は世界のどの国、どの地域にも無知であってはならない。第二に紛争の当事者の一方に荷担しないこと、そして第三に国際紛争において米国に引き回されないことである。とくに第二の点について、紛争に対する対処は「臆病」であるべきで、「バスに乗りおくれる」か、どうしても乗らねばならぬときは「最終のバス」に乗るべきだと主張する。

日本外交が置かれた環境について、天谷と松岡は、評価のニュアンスは異なるが、ほぼ同じ認識を示した。この両者を批判したのが、佐瀬昌盛《させまさもり》「『町人国家』論を排す」（『文藝春秋』一九八〇年四月）である。佐瀬はまず「町人国家」の比喩が適切でないと指摘する。今日の国際社会は徳川時代の身分制社会とは異なり、「刀狩り」は行われておらず、どの国も士と農工商の兼業である。第二に、「町人専業」は「ひとり合点」にすぎず、世界が認知したわけではない。第三に、日本は「丸腰」ではなく、自衛隊や日米安保がある。だからそれらが果たしている「権力的要素」を「正当に処遇」するべきだというのが、佐瀬の主張である。ここに後の「普通の国」論の萌芽を読み取ることもできよう。

以上の「町人国家」をめぐるやりとりのなかに、一九八〇（昭和五五）年以後に喧伝された「国際貢献」論の時代的雰囲気が感じ取れる。それは八〇年代政治を枠づけることになった第二臨調の答申にも反映する。一九八一年六月に出された「第一専門部会中間報告」は、行政改革によって目指す「国づくりの基本方向」として、「活力ある福祉社会の実現」とともに「国際社会に対する平和的貢献」を掲げた。臨調の関心は主として内政面での改革だったので、国際貢献のほうはあまり注目されなかったが、「平和的貢献」の語はその後「積極的貢献」という表現に姿を変え、臨調が描く国家像の基軸をなした。一九八二年五月の「第一部会報告」は「国際社会に対する積極的貢献」として、米国をはじめとする西側諸国との協調関係、資源・エネルギー・食糧の安定供給のための経済的安全保障、国力・国情に見合った防衛力整備を唱えた。これが「総合安全保障」の名で呼ばれた考えかたで、「西側の一員」としての役割を強調するとともに、貿易摩擦と連動して激化した米国の防衛力増強の要求に応えるもの

湾岸戦争（1991年１月，クウェート）（PANA）

だった。中曽根内閣の外交姿勢はこうした客観的状況に見合ったものであり、一九八四年版『外交青書』には初めて「世界の平和と繁栄に積極的に貢献する外交」という副題が付された。また一九七八年から始まった米軍駐留費の負担（いわゆる「思いやり予算」）は、八〇年代を通じてめざましい増大ぶりを示した。

湾岸戦争と戦後平和主義の終焉

一九九一（平成三）年の湾岸戦争は、日本の「平和主義」の意味を根本的に変えてしまうインパクトになった。状況の変化に最も明快な形で対応したのは小沢一郎《おざわいちろう》で、自民党「国際社会における日本の役割に関する特別調査会」（小沢調査会）の答申案（一九九二年二月）がその成果である（『文藝春秋』一九九二年四月）。答申案は、戦争に巻き込まれないことを主眼としたこれまでの「一国平和主義的な考え方」を否定し、安全保障の面でも責任を分担する「積極的・能動的平和主義」を唱えている。その背景には、冷戦後の国際秩序が日米欧の三極、あるいはこの三極を構成するG７による「集団指導体制」であり、日本はこの体制のなかで新たな役割を担っていかねばならないとする判断がある。そこで日本の対応として、日米の軌軸的関係、G７での連携強化、国連への積極的参加・協力、アジアの一員としての努力の四つの点が強調される。

この答申案でとくに注目されるのは後の二点であろう。まず国連活動への参加としては、軍縮の推進、平和維持活動への協力、国連強化と常任理事国入りのほか、国連軍への参加を打ち出している。国連軍への参加は、国際的合意に基づく協調的な活動なので憲法第九条に抵触せず、集団的自衛権の行使とも異なると解釈されているが、むろんこれは従来の政府解釈を大きく踏み出すものだった。さらに多国籍軍についても、資金・物質面だけでなく、医療・輸送・環境保全などで人的協力を行うべきだと主張している。こうしたことを実行するための前提として述べられているのが、国内の政治的リーダーシップの確立、有事法制などの整備、諸外国の理解の醸成である。日本が安全保障上の役割を果たすについて「近隣アジア諸国からは、未だ十分な理解と信頼を得るに至っていない」というのが、この答申案の基本的認識だった。

小沢調査会の考えかたは、その後、新生党から新進党に受け継がれた。評判になった小沢の著書『日本改造計画』（一九九三年）は、自衛隊を国連待機軍として提供することを提案している。そして憲法第九条との関係を明快なものにするため、第九条に第三項を新たに設けて自衛隊と国連待機軍の保有を明文化するか、または同様な規定をもった平和安全保障基本法を制定するよう提案している（小沢一九九三、一二三頁）。アジアの一員としての日本という位置づけについても、先の答申案より踏み込み、アジア諸国への「侵略責任」を認め、日本への不信感や警戒心を拭うために、三つの提案をする。「侵略がもたらした未解決部分を誠実に処理すること」、かつてアジアとの「共生をめざす動き」があったことを確認し、それを目標とする外交理念を作り上げること、各国と話し合いつつ日本の責任と役割を明確にすることである。いわゆる戦後処理について具体的な方法までは提示していないが、「誠実に処理」とはなんらかの形での補償が不可欠であるとの認識を意味するだろう。一九九三年に成立した細川内閣が、「侵略戦争」を認める発言によってこの問題に一歩踏み込んだ背景には、こうした認識があったのだろう。

3　保守主義の変貌

保守主義とは、進歩や契約などの理念によって国家や社会を人為的に改変しようとする思想に対抗して、社会の伝統や継続性を強調する思想潮流のことである。日本では、西欧の進歩主義に対応する一定の理念と体系性をもった思想は、ほとんどつねに外側からやってきた。江戸期の儒学、明治期の啓蒙思想、大正・昭和期の自由主義やマルクス主義、第二次大戦後のＧＨＱによる改革がその典型である。儒学に対抗して国学を大成した本居宣長《もとおりのりなが》（本書第1章参照）は、日本の独自性や伝統的価値の内容を、万世一系の皇統、祖先崇拝、天皇（あるいは上位者）への忠誠、他国より優れているというエスノセントリズム、理論（理屈）より「ありのまま」が尊いとする価値観、できごとを宿命と受け取る歴史観、古代日本語（歴史的仮名遣い）への拘《こだわ》りなどによって表現した。儒学には個人主義という理念がないので、宣長が発見（発明）した伝統には集団主義という考えはなかったが、明治以後、西欧近代思想の個人主義に対抗して、保守主義は集団主義（家族主義）的社会観を日本的伝統のリストに新たに追加した。以後、どの価値を重視するかは時代によって異なるが、日本の保守主義思想が伝統として重んじる価値に大きな変化はない。

戦後の保守主義が強く意識したのは、マルクス主義（あるいは社会主義）と占領軍による戦後改革だった。冷戦時代すなわち五五年体制下での「親米保守」（本書第9章**3**参照）は、社会主義への対抗のためにＧＨＱ改革を嫌々ながら受け入れた結果だった。冷戦が終結し、社会主義の脅威が消滅しても、外交安全保障面で日本が米国の庇護下にあるという不均等な軍事同盟の必要性は続くので、即座に「親米」の旗が降ろせるわけではない。しかし社会主義への対抗意識が消滅した分だけ、戦後改革が保守主義の敵意の主たる標的になったのは当然だった。冷戦後の保守主義が戦前回帰の傾向を強めたのは、こうした状況変化の結果だった。かれらは米国に対しては愛憎両様の複雑な心理状態にあるが、歴史認識や領土問題で対立する中国や韓国への攻撃によってその不満を補償している。

「歴史認識」とナショナリズム

一九九〇年代後半以後、「歴史認識」をめぐる争点が急速に浮上した。それは実は、日本の戦争行為についての単なる認識の問題ではなく、謝罪という具体的な政治的・倫理的な争点をはらんでいたので、ナショナリズムを激成することになった。これによって、八〇年代に瀰漫した曖昧な自己肯定のナショナリズムとは決定的に異なるナショナリズムが生起してきた。これまでも、満州事変以後の戦争を肯定する議論がなかったわけではない。しかし林房雄《はやしふさお》『大東亜戦争肯定論』（一九六四～六五年）などは例外的で特異な議論とみなされていた。タカ派と目された中曽根康弘首相も、米英との戦争は自衛戦争だが、中国大陸での戦争は侵略行為だったと明言している。一五年戦争をふたつの戦争に腑分けし、米英との戦争は帝国主義国家間の戦争としてやむを得なかったと評価するのである。エスタブリッシュメントの側にいる政治家・言論人で、中国との戦争を侵略戦争と公言するものは少なかったが、「アジア解放」の戦争だったと公言するものはもっと稀だっただろう。

九〇年代後半以後に顕著になったナショナリズムは、中曽根時代のような「柔らかい」自己肯定ではない。かれらは近代日本の戦争全体を当然の自衛行為とし、そこでの死者を「英霊」として礼賛するよう高唱する。そして「大東亜戦争」のタテマエをそのまま肯定し、「アジアの解放」という戦争の「大義」に否定的なものを激しく非難するのである。しかも瞠目《どうもく》すべきは、それが一部の知識人の言説ではなく、草の根の運動としての広がりを示したことである。このように過激なナショナリズムの傾向が社会の底辺に萌し始めたのは、なぜだろうか。

台湾の元日本軍兵士が補償を求める裁判を提起したのは一九七七年であり、日本の歴史教科書の記述変更の報道が韓国・中国の反発をひき起こして、国際問題化したのは一九八二年だった。一九五一年に締結されたサンフランシスコ講和条約第一四条a項には、賠償義務の規定がある。しかしそれは日本の「存立可能な経済」を前提としており、結果として賠償は日本にとって非常に軽減されたものになった。日本の戦争によって被害を受けたアジア諸国の多くは、冷戦を背景とする米国の極東政策のために賠償請求権を放棄することを余儀なくされたのである。

こうして日本の戦後復興は冷戦の恩恵でもあったが、そのツケは八〇年代末以降に顕在化した。韓国の民主化や経済力をつけてきたアジア諸国の対日関係は、八〇年代以後に微妙に変化し、冷戦の終結によってサンフランシスコ講和条約が前提にした関係が変化したのである。冷戦構造という重しが取れ、長い間封じ込められていたものが噴き出した。その最初の動きが、一九八二年の歴史教科書をめぐる韓国・中国の反発だった。このとき鈴木善幸《ぜんこう》内閣は、教科書検定で近隣諸国との相互理解の促進と友好協力を重視するとの宮沢官房長官談話を発表して、紛争を一段落させた。しかし冷戦終結という国際情勢の急変によって、国内政治も融解し始め、戦後政治に対する見直しが左右両側から開始されることになる。

教科書問題について大きな紛争になったのは、従軍慰安婦などの戦後補償に関わる問題だった。ちょうど歴史的な政権交代の時期にあった日本政府は、前述のように「河野官房長官談話」（一九九三年）や「村山首相談話」（一九九五年）など、五五年体制下の自民党政権とは異なった手法によって問題解決を図ろうとした。しかしこうした一連の動きは、かえって保守主義勢力の反発を誘発する。たとえば、ドイツと比較して日本の戦後処理がきわめて不十分だったとの指摘に対して、西尾幹二《にしおかんじ》『異なる悲劇　日本とドイツ』（一九九四年）は日独を同じ平面で比較することに反発する。西尾は、四つの点で日本と異なるドイツの特異性を強調する。まず第一にそれは『『党』が主導した国家形態」であったこと、第二に生物学的人種思想が根底にあったこと、第三に政治的・軍事的な利益を無視して大量殺人を行ったこと、第四に戦争が国家防衛とは言いがたいものだったことである。これに対して日本の場合は、テロそのものを本質とするような運動体としての全体主義とは無縁だったし、ナチスのような優生学的人種思想はなかった。第三点についても、石井部隊の例はあるが、「全体として考えたとき、日本は普通の戦争行為をした」と述べる（西尾幹二一九九四、二六頁）。第四にナチス・ドイツの場合は、国家防衛の観点からは正当化できない「能動的」な「攻撃性」が特徴だったが、日本の大陸侵略は欧米帝国主義を真似た「受動的攻撃性」だったという。

しかし日本人の戦争犯罪がナチス・ドイツより軽微だったからといって、謝罪や補償が不要になるわけではないことは自明であろう。西尾は日独の戦争加害の量的な差を質的な差に置き換え、さらに日本の戦争を正当なものだったと主張したいのである。

新しい歴史教科書をつくる会

一九九六（平成八）年、西尾幹二は東大教育学部教授・藤岡信勝《ふじおかのぶかつ》との共著『国民の油断』を刊行し、文部省検定済みの七つの歴史教科書の近現代史の記述を俎上にあげた。一九四三年生れの藤岡の政治的立場は、湾岸戦争を契機に急旋回したらしい。自身の告白によれば、それ以前の藤岡は「憲法第九条の理想主義を素朴に信じるという点で、ごく標準的な教育研究者にすぎなかった」（藤岡一九九六、あとがき）。社会主義の崩壊によって、日本近代に関する「暗黒史観」「自虐史観」を改めるべきだと考えるに至ったという。藤岡はその考えを、明治図書発行の教育雑誌『社会科教育』に一九九四年から二年ほど連載した後に公刊した。

藤岡はこの本で、左翼の「東京裁判史観」と右翼の「大東亜戦争肯定史観」をともに否定し、「自由主義史観」を対置している。藤岡が賛同しているのは、日露戦争までの戦争を「祖国防衛戦争」と肯定し、昭和の戦争と峻別する考えかたで、その代表者は司馬遼太郎《しばりょうたろう》『坂の上の雲』である。藤岡がそれを「自由主義史観」と呼ぶのは、司馬の史観の特徴が「いかなるイデオロギーにもとらわれない、柔軟で公平な見方」だからだという（藤岡一九九六、九九頁）。「司馬史観」の特徴を、藤岡は四つ指摘する。「健康なナショナリズム」「リアリズム（＝技術合理性）」「イデオロギー的なるものへの強烈な不信」「官僚主義批判」である。この時点での藤岡が、「歴史は本来ナショナルなもの」だという考えかたに否定的で、「他者の存在」を視野に入れるべきだと説いているのも注目に値する。すぐ後の藤岡が、こうした考えかたに同調しているとは思えないからである。

ここに示された藤岡の歴史観はあまりにも素人じみていて、歴史の研究者ならまともに批評する気にもなれないだろう。要するに、この時点での藤岡の主張は、政治オンチの真面目な教育学者が、マルクス主義的な政治意識が強い日教組や戦後歴史学に対してもった素朴な反感にすぎない。しかしこの朴訥《ぼくとつ》に表現された戦後の歴史的パラダイムに対する疑問は、その後の慰安婦や靖国問題でのナショナリズムのうねりのなかで急速に戦闘化していく。その核になったのは「自由主義史観研究会」や「新しい歴史教科書をつくる会」の運動だった。

西尾との共著『国民の油断』で、藤岡は歴史教科書の記述の特徴を、「東京裁判史観」と「コミンテルン史観」という「冷戦のスーパーパワーの国家利益に基づく日本に対する敵意の結晶」（西尾・藤岡二〇〇〇、一三〇頁）と位置づけ、さらに一九八二年以来の「謝罪外交」史観が付け加わっていると激しく批判する。他方、西尾の方は、日本人が歴史におけるフィクションと真実の微妙な関係に無自覚だと指摘する。西尾によれば、政治的な言語は常にフィクションの要素をもつという。日本の戦争行為における「アジアの解放」というスローガンは「半分は嘘で半分は真実」だったが、同じことは英米が唱えた自由主義や民族自決、門戸開放などについてもいえる。戦後の日本は、戦争において日本が唱えた大義は嘘ばかりで、米英の側の大義はすべて真実と捉えたと批判する。

かつて戦後啓蒙思想や司馬遼太郎は、日清・日露戦争のナショナリズムは健全だったが、その後の日本は堕落したと論じた。また竹内好や前述の中曽根康弘はアジア諸国との戦争は侵略だが、米英との戦争は自衛行為だと述べた。方法は異なるが、ともに歴史的な連鎖をある部分で二分し、一方を善、他方を悪として裁断したものである。藤岡が当初主張した自由主義史観も、本質はこれと等しい。西尾はこうした思考を否定し、自国の歴史を後知恵によって裁断せず、あるがままに受け取るべきだと主張している。「人間が生きるとは運命を生きることである。未来は見えない。過去は反省しても始まらない」（西尾一九九九、六一五頁）とは、そのようなことだろう。藤岡は何も語らないが、すでにここでかつての「自由主義史観」は変質している。

西尾と藤岡を中心に「新しい歴史教科書をつくる会」（以下、「つくる会」と略称）が結成されたのは一九九七年一月だった。九二年から九三年にかけての宮沢官房長官談話や河野官房長官談話の影響で、歴史教科書に慰安婦の記述が掲載されたことに反発したものである。「つくる会」は全国に支部が結成され、この会が中心になって発行した『国民の歴史』（一九九九年）は空前の売れ行きを記録した。西尾幹二を執筆代表者として出された『新しい歴史教科書』（扶桑社刊）は、二〇〇一（平成一三）年に文部省検定を合格した（これと同時に、同系列の『新しい公民教科書』も検定合格した)。冒頭で、歴史の学習は「過去の事実について、過去の人がどう考えていたかを学ぶこと」だとし、現在の善悪の基準で歴史を裁くのをやめるべきだと主張されている(二〇〇一年の市販本による)。「大東亜戦争」という表現を使い、一九四三年の大東亜会議の意義を強調するなど、近代史の記述でこの会の思想が鮮明に出ているのはいうまでもない。そこには歴史の記述の仕方は、民族によって異なるのが当然だという思想がある。これは歴史教科書によって「国民の物語」を創出するという意図にもとづいている。事実、神武《じんむ》天皇の東征や日本武尊《やまとたけるのみこと》の伝承の紹介に数ページが割かれ、神話や伝説は古代人の考えかたを知る「文化遺産」だとして、『古事記』神代の内容が四頁にわたって紹介されている。

小林よしのり「戦争論」——反米の隘路

歴史教科書問題を契機に、日本の世論は右傾した。その背景には、北朝鮮による日本人拉致問題で世論が沸騰した事情も大きく作用した。同じ時期に、若者のあいだに熱狂的に受け入れられたのが小林よしのり『新ゴーマニズム宣言　戦争論』(全三冊、一九九八年、二〇〇一年、二〇〇三年)である。慰安婦問題・南京事件などの話題をはじめとして、日本近代の戦争についての小林の認識と表現は「つくる会」の主張に沿っているが、『戦争論』三冊を通じて表現された思想の根幹は、現代日本人の「公共性」の欠如に対する苛立ちである。たとえば『戦争論』では、「公」について以下のような主張が展開されている。どんな人の心のなかにも「エゴだけの個人」と「公共心のある個人」が同居している。欧米人は「個」の観念が強いが、国家や共同体への帰属心も強く、国家・民族・宗教・伝統・家柄などの意識がその「個」を支えている。ところが日本では、進歩的文化人が「国家ではなく個へ」と説いた結果、「エゴだけの個人」が大手《おおで》を振って蔓延している。こうした風潮に対して、小林は「個」と「公」は対立するものではなく、日本人が喪失した「公」の意識こそが「個」を支えるのだと述べ、特攻隊に志願した青年たちへの共感を表明するのである。

小林自身の言及によれば、二〇〇二年の時点で『戦争論』は七〇万部、『戦争論2』は四〇万部売れたという

（『正論』二〇〇二年四月号での小林の発言）。第一巻と同様に『戦争論2』は、戦後思想の批判、大東亜戦争の正当化、慰安婦や南京事件は韓国・中国の情報戦による事実の歪曲にすぎないという主張に終始しており、基本的に「つくる会」の主張に依拠したものである。注目すべきは、『戦争論2』が二〇〇一年の九・一一同時多発テロの叙述から始まることである。小林はそこで「その手があったか〜っ」と叫び、「驚くべきことに、思わず自分のなかに「反米感情」が噴き出してしまった」と告白している。つまりイスラム原理主義者の自爆テロは「大国のエゴ丸出しのアメリカ」に対する「アイデンティティ・ウォー」であり、この事件によって小林は自己のなかにある反米意識を自覚したという。勢いの赴くところ、小林の批判は日本の伝統的保守派に向けられ、恥知らずな親米保守派は「ビンラディンのツメの垢《あか》でも煎《せん》じて飲め！」と罵倒されることになる。

小林のナショナリズムの反米への傾斜は、「つくる会」内部に大きな波紋を呼んだ。「つくる会」が開催したシンポジウム「『戦争論2』と9・11テロ——日本はアメリカの保護国か」の記録（『正論』二〇〇二年四月号）は、その様相を映しだしている。たとえば八木《やぎ》秀次《ひでつぐ》は、以下のように小林の反米主義を批判する。「私は思想と政治や外交は分けて考えるべきだと思っております。思想の上では私も反米を叫びたい衝動に駆られることがあります。しかし、政治の上では反米は選択肢たり得ない」。いうまでもなく、八木がこのように語るのは、日本側の反米によって米国がそっぽを向けば、日本の安全保障が危機に陥るとの配慮があるからである。

八木は、このような政治的な便宜主義《オポチュニズム》が、かれらのナショナリズムを根底から揺るがす可能性があることを自覚していない。たとえば慰安婦問題で、「強制」を実証する資料が見つからなかったのに謝罪を表明した「河野談話」を、「つくる会」は激しく批判してきた。外交的な配慮にもとづく政治決着が日本人の自尊心を傷つけたというのである。だが八木のいう思想と政治・外交との区別が、「河野談話」と同じ構造をもっていることは明らかだろう。つまり八木は、対象によって基準を変え、中国や韓国に対しては政治決着を批判し、米国に対しては政治的妥協を主張している。

これはかれらのナショナリズムの内実を映しだしたものである。ナショナリズムの核心が国民的自負心だとすれば、戦後改革から日米安保条約による庇護関係まで、日本人の自尊心をつねに傷つけてきたのは米国だった。「つくる会」のナショナリズムは、米国によって傷つけられた自尊心の代償を、社会主義と中国・韓国への批判に向けたものである。戦後の論壇を支配した知的リーダーの多くが社会主義の同伴者だったことへの怨念と、それが失墜したことへの軽侮が一方の要因であり、中国・韓国が経済成長によって日本にキャッチアップしてきたことへの焦燥感が他の要因である。

もちろん保守の側が反米的なナショナリズムを唱えたのは、これが最初ではない。その成功した例として石原慎《いしはらしん》太郎《たろう》・盛田昭夫《もりたあきお》の『「NO」といえる日本』(一九八九年)を想起すればよい。この共著で主導権をとっているのは石原で、そのナショナリズムは経済大国としての自信(具体的には半導体などのハイテクでの日本の優位)にもとづいている。石原のナショナリズムは反米に傾斜しているが、小林よしのりの反米が「大東亜戦争」で米国と戦ったという歴史的事実を重視し、頑強な人種論的な観点にもとづいているのとは根本的に異なっていた。

自己の心情に忠実な小林は、「つくる会」の政治的配慮から自由であることによって伝統的保守のナショナリズムを突き破った。『戦争論3』は、これまでの保守ナショナリズムを主導してきた『産経新聞』や『正論』をも俎上にあげて「親米ポチ」と罵倒する。「中国や朝鮮に対しては激しく批判するのに、アメリカに対しては無条件に支持をする親米保守の態度…　それは単なる弱い者いじめであり、常に強い者にくっつく「事大主義」である。ポチ以外の何ものでもない!」(一九三頁)。

さらに小林は『戦争論3』第二章で米国のイラク戦争を取りあげ、それを即座に支持した小泉純一郎首相と保守派知識人を「覚悟なき卑怯者」と非難する。国連決議なしで行われたイラク戦争を支持したのは、北朝鮮の核への恐怖が動機であることを読みとったものである。日米同盟第一主義は日本外交の要だとしても、国民世論が小泉首相の決定に同調した原因は、確かに北朝鮮による拉致問題と核保有だった。だが小林は、自己の安全という動機で、かつて米国と戦った父祖の心情と大義を裏切るのは卑怯だと憤慨したのである。

安倍晋三「戦後レジームからの脱却」

第一次安倍晋三内閣の成立直前に出版された『美しい国へ』は、安倍をめぐる当時の相反する政治的雰囲気を象徴している。一方は政界のサラブレッドともいうべき育ちの良さが醸成したもので、他方は「美しい」という甘美な形容詞とは逆の戦闘的姿勢である。開巻第一ページで、かれは自ら「闘う政治家」を自称し、その戦闘性を誇示している。外交方針についても、「自由、民主主義、基本的人権、法の支配」などの価値観を共有するという理由で、インド・オーストラリア・米国との緊密な関係構築を提唱した。最初の所信表明演説（二〇〇六年九月）では、「美しい国」を四つの点から説明しているが、最初のふたつは、「文化、伝統、自然、歴史」を大切にし、「自由な社会」を基本としながら規律を重んじる「凛とした国」だと表現されている。憲法改正はもちろんのこと、安倍の「美しい国」は、その情緒的な形容詞とは異なって、「戦後レジームからの脱却」を訴えるきわめて戦闘的な内容だった。

「新しい歴史教科書をつくる会」が結成された翌月の一九九七年二月に、若手議員を中心にして「日本の前途と歴史教育を考える若手議員の会」が結成され、安倍は事務局長に就任した（この会はその後、「真・保守政策研究会」さらに「創生「日本」」と名前を変えて、安倍を中心とした自民党内の強硬な保守勢力を形成することになる）。そして北朝鮮による日本人拉致問題で強硬派のリーダーとして頭角を現し、小泉内閣で官房長官や幹事長としてマスコミに露出したことによって、当選五回という短い政治経歴にもかかわらず首相に押しあげられた。拉致問題の急浮上によって、世論は強硬なナショナリズムに傾斜したので、安倍のスタンスは世論から高い支持を得た。第一次安倍内閣は、戦後保守の一貫した課題だった教育基本法改正、防衛庁の防衛省への格上げ、憲法改正のための国民投票法を瞬く間に成立させた。教育基本法の個人主義的規定は戦後の保守勢力が目の敵にしてきたもので、改正はそこに「公共の精神」や「伝統」の尊重と愛国心の規定を入れたものである。しかし安倍は、その後、年金問題などによる参議院選挙敗北と自身の病気によって、一年で内閣を投げだすしかなかった。

第一次安倍内閣のスタンスは綱渡りだった。小泉前首相の靖国神社参拝で中国・韓国との関係は最悪の状態だったので、安倍に課せられた外交課題はまず両国との関係改善だった。当然ながら、その前提は慰安婦に関する「河野官房長官談話」や植民地支配と侵略に関する「村山首相談話」の有効性を再確認することである。責任ある立場に立った安倍は両談話の継承を宣言したが、それはかれを熱心に支持したナショナリストを失望させることになった。国会での答弁では慰安婦に対する「強制」を否定して「河野談話」との整合性が問題となり、その曖昧な姿勢が『ワシントン・ポスト』や『ニューヨークタイムズ』で批判されたうえに、米国やカナダの議会で日本に対する謝罪要求の議決がなされた。英語圏では慰安婦は sex slavery と表現されており、明快な謝罪をしない安倍の姿勢は国際的には不評を呼んだだけだった。

東京裁判でのA級戦犯に対する判決と、その判決を受諾すると明記したサンフランシスコ講和条約第一一条との関連でも、似た問題が生じる。A級戦犯の賀屋興宣《かやおきのり》や重光葵《しげみつまもる》の復権の例を挙げて、その後の国内法で戦犯を犯罪者として扱わないと決めたと安倍は解釈し、靖国参拝は講和条約に抵触しないと論じた（『美しい国へ』六九頁以下）。つまり条約上はやむを得ず「戦犯」と認めたが、国内法でそれを否定し、国家のために尊い命を捧げた人と認められたという。しかし侵略戦争を行った指導者を顕彰することは、その戦争を肯定する意味をもつ。安倍はここで問題の核心をはぐらかして、戦争の評価に口をつぐみ、国内での扱いを根拠に間接的に東京裁判の無効を主張している。これでは国内のナショナリストは納得しても、国際的な同意を得ることはできない。ここでも安倍は、対外的な顔と国内向けの顔を使い分けるのは容易ではないと思い知ることになる。

結果として、二〇一五年八月一五日に第二次安倍内閣が発表した「首相談話」では、「我が国は、先の大戦における行いについて、繰り返し、痛切な反省と心からのお詫《わ》びの気持ちを表明してきました」と述べ、「こうした歴代内閣の立場は、今後も、ゆるぎないものであります」と主張している。主語をあいまいにしながらも、反省と謝罪の意志を表明せざるを得なかったことは、満州事変以後の「先の大戦」を肯定する思想と日米同盟第一主義が、国際的に容易に両立できなかったことを示している。

漂流する自由民主主義

一九九四年の政治改革による衆議院選挙での小選挙区制の導入は、二〇〇九（平成二一）年の政権交代を可能にしたと同時に、さまざまな弊害を生んだ。争点を単純化してマスメディアを動員し、政治を劇場化した小泉内閣のポピュリスト的政治手法が、小選挙区制でその効果を増幅したことは郵政民営化をめぐる二〇〇五年の解散・総選挙で実証された。大阪府知事・大阪市長を務めた橋下徹《はしもととおる》も、大阪都構想などをめぐる言動でマスメディアの注目の的となった。一九九〇年代から自民党の分裂や連立をめぐる抗争で政界のキーマンとなった小沢一郎は、節目《ふしめ》ごとにメディアからその動向が注視されていた。しかし橋下が登場して、テレビの報道番組を占領し始めると、小沢の影は薄くなり、政界でのインパクトを失っていった。橋下は二〇一三年五月に沖縄を訪問して海兵隊司令官に面会し、米国軍人の性犯罪を防ぐために風俗業を活用してはどうかと提案して顰蹙《ひんしゅく》を買った。真意がいずこにあったのかは不明だが、近づく参議院選挙で自民・民主両党のあいだで埋没しがちな日本維新の会のために、争点づくりをしようとして失敗したようにみえた。タブーとされる話題をあえて取りあげて注目を得ようとするのは、はずれを覚悟して一か八かの大勝負を挑むばくち打ちの心境だが、維新の会と橋下のポピュリズムにはそういう側面があった。

安倍晋三ほど自由や民主主義という語を頻繁に使う首相は珍しい。安倍にとって、この語はもっぱら中国などを異質化する表現であり、日本を欧米やオーストラリア、インドと同じ側に置くためのレトリックである。しかし言葉とは逆に、二〇一二年一二月に成立した第二次以後の安倍内閣ほど、自由と民主主義の空洞化を懸念させた政権は稀である。民主党の拙劣な政権運営と自滅の後に成立したこの内閣は、二〇一三年の参議院選挙で大勝利して、一九八九年以来初めて参議院で過半数を制し、続く二〇一六年参議院選挙でも大勝して、参議院での自民単独過半数を達成した。安定した議席を背景に、テロとの戦い、米国からの要請、中国や北朝鮮の軍事的脅威などを追い風にして、安倍内閣は戦後タブーとされていた制約を一気に突破した。特定秘密保護法（二〇一三年）、平和安全法制（二〇一五年）、テロ等準備罪（共謀罪）を新設した改正組織犯罪処罰法（二〇一七年）などの制定や、集団的自衛権を可能とする憲法解釈の変更（二〇一四年）がその具体例である。特定秘密保護法は、「特定秘密」とされた政府側の情報が半永久的に隠匿され、アクセスはおろか、存在すら知られぬまま闇から闇に葬り去られることを意味する。またテロ対策を理由に改正された組織犯罪処罰法では、反政府的な言動が治安当局の監視対象となって、市民の側のプライバシーがむき出しにされる可能性をはらんでいる。こうした傾向は、自由民主主義をかかげる先進諸国に共通の現象ではあるが、治安や国防の優先が市民の自由な政治行動を抑止する結果を生むことが軽視されている。古今東西を問わず、国内の矛盾を糊塗するために、危機を煽《あお》るのは政治権力の常套手段である。

安倍内閣は施策の実現のために、時に禁じ手ともいえる強引な手法をとった。国の中央銀行は、本来、政府から独立したものとされているが、いわゆるアベノミクスはその政策に同調する人物を日本銀行総裁にすえ、日銀と政府が二人三脚で推進した。その骨格は日銀による国債の大規模な買い入れなど、危うさをともなうものだった。また集団的自衛権に関する憲法解釈の変更は議会での審議を経ずに、閣議決定で決着とされた。歴代の内閣法制局は、現行憲法は集団的自衛権を容認していないとの立場を固持していたので、安倍は法制局次長を長官とする慣例を破って、解釈変更を認める人物を強引に法制局長官に任命して目的を達成した。

マスメディアの報道内容を牽制する発言も目立った。国会の答弁で、公共放送に関する権限をもつ総務大臣が、政治的「公平性」を強調して番組の放送停止をちらつかせ、また政府に批判的な新聞に対して、「○○新聞は安倍内閣の倒閣を社論としている」などと攻撃した。選挙に際して、自民党が報道各社に「公平な」報道をするようにと、異例の申し入れをしたこともある。権力を握っている与党はマスコミに露出することが多く、野党よりも有利な位置にある。批判的な言論はその有利さに随伴したものである。権力を持った側が「公平」を理由に批判的報道を抑止すれば、社会の活力は失われる。権力者が自己の権力の乱用を自制せず、市民が批判する自由を自制せざるをえなくなれば、言論は委縮し自由民主主義は根底から脅《おびや》かされることになる。

参考文献

1　全集・著作集

会沢正志斎『会沢正志斎集』〈水戸学大系2〉水戸学大系刊行会
石川三四郎『石川三四郎著作集』青土社
石橋湛山『石橋湛山全集』東洋経済新報社
植木枝盛『植木枝盛集』岩波書店
内村鑑三『内村鑑三全集』岩波書店
江藤淳『江藤淳著作集』講談社
大河内一男『大河内一男著作集』青林書院新社
大塚久雄『大塚久雄著作集』岩波書店
大山郁夫『大山郁夫著作集』岩波書店
荻生徂徠『荻生徂徠全集』河出書房新社
尾崎秀実『尾崎秀実著作集』勁草書房
小野梓『小野梓全集』早稲田大学出版部
河合榮治郎『河合榮治郎全集』社会思想社
河上肇『河上肇全集』岩波書店
北一輝『北一輝著作集』みすず書房
木下尚江『木下尚江全集』教文館
陸羯南『陸羯南全集』みすず書房
高坂正堯『高坂正堯著作集』都市出版
幸徳秋水『幸徳秋水全集』明治文献

佐久間象山『象山全集』明治文献
志賀重昂『志賀重昂全集』志賀重昂全集刊行会
清水幾太郎『清水幾太郎著作集』講談社
高山樗牛『樗牛全集』博文館
竹内好『竹内好全集』筑摩書房
竹越三叉『竹越三叉集』〈民友社思想文学叢書4〉三一書房
徳富蘇峰『徳富蘇峰集』〈近代日本思想大系8〉筑摩書房
徳富蘇峰『徳富蘇峰集』〈明治文学全集34〉筑摩書房
中江兆民『中江兆民全集』岩波書店
南原繁『南原繁著作集』岩波書店
西周『西周全集』宗高書房
長谷川如是閑『長谷川如是閑選集』栗田出版会
長谷川如是閑『長谷川如是閑集』〈近代日本思想大系15〉筑摩書房
平田篤胤『新修平田篤胤全集』名著出版
福澤諭吉『福澤諭吉書簡集』岩波書店
福澤諭吉『福澤諭吉全集』岩波書店
福田恆存『福田恆存全集』文藝春秋
福地櫻痴『福地櫻痴集』〈明治文学全集11〉筑摩書房
藤田東湖『藤田東湖集』〈水戸学大系1〉水戸学大系刊行会
ヘーゲル／岩崎武雄責任編集『ヘーゲル』〈世界の名著35〉中央公論社
丸山眞男『丸山眞男集』岩波書店
丸山眞男『丸山眞男座談』岩波書店
丸山眞男『丸山眞男講義録』東京大学出版会
三木清『三木清全集』岩波書店
陸奥宗光『陸奥宗光』〈日本の名著35〉中央公論社

矢内原忠雄『矢内原忠雄全集』岩波書店
山鹿素行『山鹿素行全集』岩波書店
山川均『山川均全集』勁草書房
山路愛山『山路愛山集』1〈民友社思想文学叢書2〉三一書房
山路愛山『山路愛山集』2〈民友社思想文学叢書3〉三一書房
横井小楠『横井小楠遺稿』日新書院
吉田松陰『吉田松陰全集』大和書房
吉野作造『吉野作造選集』岩波書店
吉本隆明『吉本隆明著作集』勁草書房
和辻哲郎『和辻哲郎全集』岩波書店

2 資料集

『現代史資料2 ゾルゲ事件』2、みすず書房
『声なき声のたより』復刻版、全二冊、思想の科学社
辻清明編『資料・戦後二十年史』1 政治、日本評論社
末川博編『資料・戦後二十年史』3 法律、日本評論社
太田雅夫編『資料大正デモクラシー論争史』全二巻
『資料日本社会運動思想史』2、青木書店
『資料「べ平連」運動』上下、河出書房新社
『帝国議会貴族院議事速記録』東京大学出版会
『帝国議会衆議院議事速記録』東京大学出版会
花立三郎・杉井六郎・和田守編『同志社大江義塾徳富蘇峰資料集』三一書房
『日本近代思想大系』1 開国、岩波書店
『日本近代思想大系』2 天皇と華族、岩波書店
『日本近代思想大系』6 教育の体系、岩波書店

『日本近代思想大系』11　言論とメディア、岩波書店
『日本近代思想大系』12　対外観、岩波書店
『日本近代思想大系』21　民衆運動、岩波書店
高柳賢三・大友一郎・田中英夫『日本国憲法制定の過程』I、有斐閣
『日本古典文学大系』97　近世思想家文集、岩波書店
『日本思想大系』28　藤原惺窩・林羅山、岩波書店
『日本思想大系』30　熊沢蕃山、岩波書店
『日本思想大系』33　伊東仁斎・伊藤東崖、岩波書店
『日本思想大系』36　荻生徂徠、岩波書店
『日本思想大系』50　平田篤胤・伴信友・大国隆正、岩波書店
『日本思想大系』51　国学運動の思想、岩波書店
『日本思想大系』53　水戸学、岩波書店
『日本思想大系』55　渡邊崋山・高野長英・佐久間象山・横井小楠・橋本左内、岩波書店
『日本思想大系』56　幕末政治論集、岩波書店
『日本の思想』20　幕末思想集、筑摩書房
『明治文化全集』自由民権篇、日本評論社

3　その他の参考文献

Barshay, Andrew E. (2004) *The Social Sciences in Modern Japan: The Marxian and Modernist Tradition*, University of California Press.
Harootunian, Harry (2000) *Overcome by Modernity: History, Culture, and Community in Interwar Japan*, Princeton University Press.
浅田喬二（一九九四）『「帝国」日本とアジア』〈近代日本の軌跡10〉吉川弘文館
東徹（二〇〇二）『佐久間象山と科学技術』思文閣出版
安倍晋三（二〇〇六）『美しい国へ』文藝春秋

雨宮昭一（一九九七）『戦時戦後体制論』岩波書店
有山輝雄（一九九二）『徳富蘇峰と国民新聞』吉川弘文館
安西敏三（一九九五）『福沢諭吉と西欧思想――自然法・功利主義・進化論』名古屋大学出版会
安西敏三（二〇〇七）『福沢諭吉と自由主義――個人・自治・国体』慶應義塾大学出版会
飯田泰三（一九九七）『批判精神の航跡――近代日本精神史の一稜線』筑摩書房
飯田泰三（二〇〇六）『戦後精神の光芒――丸山眞男と藤田省三を読むために』みすず書房
飯田泰三（二〇一七）『大正知識人の思想風景――「自我」と「社会」の発見とそのゆくえ』法政大学出版局
五十嵐武士（一九八六）『対日講和と冷戦』東京大学出版会
石橋湛一・伊藤隆編（二〇〇一）『石橋湛山日記』みすず書房
石原慎太郎・江藤淳（一九九一）『断固「NO」と言える日本』光文社
磯田光一（一九八六）『左翼がサヨクになるとき』集英社
板垣退助監修『自由党史』全三冊、岩波文庫
井田進也（一九八七）『中江兆民のフランス』岩波書店
稲田雅洋（二〇〇〇）『自由民権の文化史――新しい政治文化の誕生』筑摩書房
井上清・渡辺徹編（一九七二）『大正期の急進的自由主義』東洋経済新報社
猪口孝（一九九三）『日本――経済大国の政治運営』〈東アジアの国家と社会6〉東京大学出版会
今井弘道（二〇〇四）『丸山眞男研究序説――「弁証法的全体主義」から「八・一五革命説」へ』風行社
ウィルソン、G・M／岡本幸治訳（一九七一）『北一輝と日本の近代』勁草書房
植手通有（一九七四）『日本近代思想の形成』岩波書店
植村秀樹（二〇一三）『「戦後」と安保の六十年』日本経済評論社
江藤淳（一九八〇）『一九四六年憲法――その拘束』文藝春秋
江藤淳（一九八八）『成熟と喪失――〝母〟の崩壊』（新装版）河出書房新社
江藤淳（一九八六）『日米戦争は終っていない』ネスコ
大江健三郎（一九六五）『厳粛な綱渡り』文藝春秋
大久保健晴（二〇一〇）『近代日本の政治構想とオランダ』東京大学出版会

大熊信行（一九八一）『国家悪――人類に未来はあるか』論創社
大河内一男（一九七九）『暗い谷間の自伝』中公新書
大隅和雄・平石直昭編（二〇〇二）『思想史家　丸山眞男』ぺりかん社
大嶽秀夫（一九九九）『高度成長期の政治学』東京大学出版会
大嶽秀夫（一九九四）『戦後政治と政治学』東京大学出版会
大原慧（一九七七）『幸徳秋水の思想と大逆事件』青木書店
岡利郎（一九九八）『山路愛山――史論家と政論家のあいだ』研文出版
岡本幸治（一九九六）『北一輝――転換期の思想構造』ミネルヴァ書房
荻野富士夫（一九九三）『初期社会主義思想論』不二出版
尾崎秀実／今井清一編（一九九四）『開戦前夜の近衛内閣』青木書店
小沢一郎（一九九三）『日本改造計画』講談社
小田実（一九七二）『世直しの倫理と論理』上下、岩波新書
小田実（一九九一）『「難死」の思想』岩波書店
小田実（一九九五）『「ベ平連」・回顧録でない回顧』第三書館
開高健（一九七四）『開高健全作品』エッセイ2、新潮社
加藤祐三（一九八五）『黒船前後の世界』岩波書店
神島二郎（一九六一）『近代日本の支配構造』岩波書店
苅部直（二〇〇六）『丸山眞男――リベラリストの肖像』岩波新書
苅部直（二〇一〇）『光の領国　和辻哲郎』岩波現代文庫
苅部直（二〇一一）『歴史という皮膚』岩波書店
苅部直（二〇一七）『「維新革命」への道――「文明」を求めた十九世紀日本』新潮社
河上徹太郎（一九七九）『近代の超克』冨山房
川尻信夫（一九八二）『幕末におけるヨーロッパ学術受容の一断面』東海大学出版会
北岡伸一（二〇〇四）『清沢洌――外交評論の運命』増補版、中公新書
北沢新次郎・末川博・平野義太郎監修（一九五七）『大山郁夫伝』中央公論社

金鳳珍（二〇〇四）『東アジア「開明」知識人の思惟空間』九州大学出版会

清沢洌（一九二九）『転換期の日本』千倉書房

清沢洌（二〇〇二）『暗黒日記』全三冊、ちくま学芸文庫

久野収・鶴見俊輔（一九七〇）『現代日本の思想』岩波新書

黒川みどり（二〇〇〇）『共同性の復権——大山郁夫研究』信山社

黒住真（二〇〇三）『近世日本社会と儒教』ぺりかん社

黒住真（二〇〇六）『複数性の日本思想』ぺりかん社

高坂正顕・西谷啓治・高山岩男・鈴木成高（一九四三）『世界史的立場と日本』中央公論社

幸徳秋水（一九七〇）『兆民先生・兆民先生行状記』岩波文庫

河野有理（二〇一一）『明六雑誌の政治思想——阪谷素と「道理」の挑戦』東京大学出版会

河野有理（二〇一三）『田口卯吉の夢』慶應義塾大学出版会

神野志隆光（一九八六）『古事記の世界観』吉川弘文館

高山岩男（一九四二）『世界史の哲学』岩波書店

小島康敬（一九九四）『徂徠学と反徂徠』増補版、ぺりかん社

コシュマン、J・ヴィクター／田尻祐一郎・梅森直之訳（一九九八）『水戸イデオロギー』ぺりかん社

コシュマン、J・ヴィクター／葛西弘隆訳（二〇一一）『戦後日本の民主主義革命と主体性』平凡社

古関彰一（一九九五）『新憲法の誕生』中公文庫

小林啓治（二〇〇二）『国際秩序の形成と近代日本』吉川弘文館

小林よしのり（二〇〇一）『新ゴーマニズム宣言ＳＰＥＣＩＡＬ　戦争論２』幻冬社

小林よしのり（二〇〇三）『新ゴーマニズム宣言ＳＰＥＣＩＡＬ　戦争論３』幻冬社

小宮一夫（二〇〇一）『条約改正と国内政治』吉川弘文館

子安宣邦（一九七七）『宣長と篤胤の世界』中央公論社

子安宣邦（二〇〇一）『本居宣長』岩波新書

酒井三郎（一九七九）『昭和研究会——ある知識人集団の記録』ＴＢＳブリタニカ

酒井哲哉（一九九九）「「東亜共同体論」から「近代化論」へ」『日本外交におけるアジア主義』岩波書店

酒田正敏（一九七八）『近代日本における対外硬運動の研究』東京大学出版会
阪本是丸（一九九四）『国家神道形成過程の研究』岩波書店
坂本義和（一九六七）『核時代の国際政治』岩波書店
坂本義和（一九九〇）『地球時代の国際政治』岩波書店
相良亨（一九六五）『近世日本における儒教運動の系譜』理想社
相良亨（一九七八）『本居宣長』東京大学出版会
向坂逸郎（一九六三）「積極中立とは何か」『社会主義』一九六三年一一月
向坂逸郎（一九七四）『わが生涯の闘い』文藝春秋、
佐々木惣一（一九四九）『天皇の国家的象徴性』甲文社
佐々木隆（一九九九）『メディアと権力』〈日本の近代14〉中央公論新社
佐藤達夫（一九六二）『日本憲法成立史』全四巻、有斐閣
澤井啓一（二〇〇〇）『〈記号〉としての儒学』光芒社
信夫清三郎（一九六七）『安保闘争史——三五日間政局史』新装版、世界書院
島田雅彦（一九八四）『優しいサヨクのための嬉遊曲』福武文庫
清水慎三（一九六六）『戦後革新勢力——史的過程の分析』青木書店
清水靖久（二〇〇二）『野生の信徒　木下尚江』九州大学出版会
社会主義協会編（一九七一）『社会主義協会テーゼ』社会主義協会出版局
情況編集部編（一九九七）『丸山眞男を読む』情況出版社
昭和同人会編著（一九六八）『昭和研究会』経済往来社
鈴木成高（一九四一）『歴史的国家の理念』弘文堂書房
鈴木安蔵（一九七七）『憲法制定前後——新憲法をめぐる激動期の記録』青木書店
菅原光（二〇〇九）『西周の政治思想——規律・功利・信』ぺりかん社
高畠通敏（一九六〇）「生産力理論——大河内一男・風早八十二」『共同研究　転向』平凡社
高畠通敏（一九七一）『政治の論理と市民』筑摩書房
高畠通敏（一九七六）『自由とポリティーク』筑摩書房

田口富久治（二〇〇一）『戦後日本政治学史』東京大学出版会
武田清子（一九七八）『天皇観の相克』岩波書店
ダワー、ジョン／三浦陽一・高杉忠明訳（二〇〇一）『敗北を抱きしめて』上下、岩波書店
都筑勉（一九九五）『戦後日本の知識人――丸山眞男とその時代』世織書房
都築勉（二〇一三）『丸山眞男への道案内』吉田書店
徳富蘇峰（一九一五）『世界の変局』民友社
徳富蘇峰（一九一五）『蘇峰文選』民友社
徳富蘇峰（一九二四）『大和民族の醒覚』民友社
徳富蘇峰（一九三五）『蘇峰自伝』中央公論社
徳富蘇峰（一九八一）『吉田松陰』岩波文庫
徳富蘇峰（二〇〇六～〇七）『徳富蘇峰終戦後日記』Ⅰ～Ⅳ、講談社
豊下楢彦（二〇一二）『「尖閣問題」とは何か』岩波現代文庫
永井陽之助（一九六七）『平和の代償』中央公論社
中北浩爾（二〇一七）『自民党――「一強」の実像』中公新書
長妻三佐雄（二〇〇二）『公共性のエートス――三宅雪嶺と在野精神の近代』世界思想社
中野敏男（二〇〇一）『大塚久雄と丸山眞男――動員、主体、戦争責任』青土社
西尾幹二（一九九四）『異なる悲劇　日本とドイツ』文藝春秋
西尾幹二（一九九九）『国民の歴史』扶桑社
西尾幹二・藤岡信勝（二〇〇〇）『国民の油断――歴史教科書が危ない！』ＰＨＰ研究所
日本国際協会太平洋問題調査部（一九三九）『東亜新秩序と日本外交政策』日本国際協会
ノートヘルファー、Ｆ・Ｇ／竹山護夫訳（一九八〇）『幸徳秋水――日本の急進主義者の肖像』福村出版
パイル、ケネス・Ｂ／五十嵐暁郎訳（一九八六）『新世代の国家像――明治における欧化と国粋』社会思想社
羽賀祥二（一九九四）『明治維新と宗教』筑摩書房
橋川文三（一九六八）『ナショナリズム』紀伊國屋書店
橋川文三・筒井清忠編（一九九四）『昭和ナショナリズムの諸相』名古屋大学出版会

原武史（二〇〇一）『可視化された帝国――近代日本の行幸啓』みすず書房
原武史（二〇〇八）『昭和天皇』岩波新書
原武史（二〇一七）『日本政治思想史』放送大学教育振興会
ハンチントン、サミュエル／鈴木主税訳（一九九三）『文明の衝突』集英社
坂野潤治（一九九六）『近代日本の国家構想』岩波書店
東より子（一九九九）『宣長神学の構造――仮構された「神代」』ぺりかん社
日高六郎編（一九六〇）『一九六〇年五月一九日』岩波書店
平石直昭（一九七四）「主体・天理・天帝――横井小楠の政治思想」（1）（2）『社会科学研究』第二五巻第五号〜六号
平石直昭（一九八七）「戦中・戦後徂徠論批判――初期丸山・吉川両学説の検討を中心に」『社会科学研究』第三九巻第一号
平石直昭（二〇〇一）『日本政治思想史――近世を中心に』放送大学教育振興会
平田清明（一九六九）『市民社会と社会主義』岩波書店
平田清明（一九八〇）『社会形成の経験と概念』岩波書店
フクヤマ、フランシス／渡部昇一訳（一九八九）『歴史の終わり』上下、三笠書房
福永文夫（二〇〇八）『大平正芳――「戦後保守」とは何か』中公新書
藤岡信勝（一九九六）『近現代史教育の改革――善玉・悪玉史観を超えて』明治図書
藤田雄二（二〇〇一）『アジアにおける文明の対抗』御茶の水書房
藤原保信（一九八九）『大山郁夫と大正デモクラシー――思想史的考察』みすず書房
ベル、ダニエル／岡田直之訳（一九六九）『イデオロギーの終焉』東京創元社
前田愛（二〇〇一）『近代読者の成立』岩波書店
前田勉（二〇〇二）『近世神道と国学』ぺりかん社
牧原憲夫（一九九八）『客分と国民のあいだ』吉川弘文館
増田弘（一九九〇）『石橋湛山研究』東洋経済新報社
升味準之輔（一九六四）『現代政治と政治学』岩波書店
升味準之輔（一九六九）『現代日本の政治体制』岩波書店
松井慎一郎（二〇〇一）『戦闘的自由主義者　河合榮治郎』社会思想社

松浦玲（一九七六）『横井小楠』朝日新聞社
松尾尊兊（一九八三）「十五年戦争下の石橋湛山」『近代日本の国家像』岩波書店
松尾尊兊（一九九〇）「象徴天皇制の成立についての覚書」『思想』一九九〇年四月
松沢弘陽（一九七三）『日本社会主義の思想』筑摩書房
松沢弘陽（一九九三）『近代日本の形成と西洋経験』岩波書店
松下圭一（一九六九）『現代政治の条件』増補版、中央公論社
松下圭一（一九九四）『戦後政治の歴史と思想』筑摩書房
松田宏一郎（一九九九）「「亜細亜」の「他称」性」『日本外交におけるアジア主義』岩波書店
松田宏一郎（二〇〇八）『江戸の知識から明治の政治へ』ぺりかん社
松田宏一郎（二〇〇八）『陸羯南――自由に公論を代表す』ミネルヴァ書房
松田宏一郎（二〇一六）『擬制の論理自由の不安――近代日本政治思想論』慶應義塾大学出版会
松田道雄（一九七〇）『革命と市民的自由』筑摩書房
松本三之介（一九六六）『近代日本の政治と人間』創文社
松本三之介（一九六九）『天皇制国家と政治思想』未來社
松本三之介（一九七二）『国学政治思想の研究』未來社
松本三之介（一九九六）『明治思想における伝統と近代』東京大学出版会
丸山眞男（一九九七）『丸山眞男戦中備忘録』日本図書センター
丸山眞男（一九九八）『自己内対話』みすず書房
箕原俊洋（二〇〇二）『排日移民法と日米関係』岩波書店
宮村治雄（一九八九）『理学者兆民』みすず書房
宮村治雄（一九九六）『開国経験の思想史――兆民と時代精神』東京大学出版会
宮村治雄（二〇〇五）『日本政治思想史――「自由」の観念を軸にして』放送大学教育振興会
宮本盛太郎（一九八一）『知識人と西欧』蒼林社
室伏高信（一九二五）『日本論』批評社
室伏高信（一九三八）『革新論』青年書房

室山義正（一九九二）『日米安保体制』上下、有斐閣
森裕城（二〇〇一）『日本社会党の研究――路線転換の政治過程』木鐸社
安丸良夫（一九七九）『神々の明治維新――神仏分離と廃仏毀釈』岩波新書
安丸良夫（二〇〇一）『近代天皇像の形成』岩波書店
柳澤治（二〇〇二）「戦時期日本における経済倫理の問題」（上）（下）『思想』二〇〇二年二月、四月
矢部貞治（一九五二）『近衛文麿』上下、弘文堂
山口二郎・石川真澄編（二〇〇三）『日本社会党――戦後革新の思想と行動』日本経済評論社
山口輝臣（一九九九）『明治国家と宗教』東京大学出版会
山崎正董（一九三二）『横井小楠伝』全三冊、日新書院
山崎正和（一九八四）『柔らかい個人主義の誕生』中央公論社
山田朗（一九八四）「幸徳秋水の帝国主義認識とイギリス「ニューラディカリズム」」『日本史研究』第二六五号
山田竜作（二〇〇四）『大衆社会とデモクラシー――大衆・階級・市民』風行社
山之内靖（一九九三）「戦時期の遺産とその両義性」『日本社会科学の思想』岩波書店
山之内靖・コシュマン・成田龍一（一九九五）『総力戦と現代化』柏書房
山室信一（一九九三）『キメラ――満洲国の肖像』中公新書
山室信一（二〇〇一）『思想課題としてのアジア――軌軸・投企・連鎖』岩波書店
吉田裕（一九九二）『昭和天皇の終戦史』岩波新書
吉野源三郎（一九七六）「戦後の三十年と『世界』の三十年」『世界』一九七六年一月
米谷匡史（一九九七）「戦時期日本の社会思想」『思想』一九九七年一二月
米原謙（一九八六）『日本近代思想と中江兆民』新評論
米原謙（一九八九）『兆民とその時代』昭和堂
米原謙（一九九二）『植木枝盛――民権青年の自我表現』中公新書
米原謙（一九九五）『日本的「近代」への問い――思想史としての戦後政治』新評論
米原謙（二〇〇二）『近代日本のアイデンティティと政治』ミネルヴァ書房
米原謙（二〇〇三）『徳富蘇峰――日本ナショナリズムの軌跡』中公新書

米原謙（二〇〇六）「丸山眞男と社会主義」『思想』二〇〇六年八月
米原謙（二〇一三）「現代日本的民族主义」『日本学刊』二〇一三年三月
米原謙（二〇一三）「日本民族主义中的〝美国身影〟」『南開日本研究』二〇一二
米原謙（二〇一五）『国体論はなぜ生まれたか——明治国家の知の地形図』ミネルヴァ書房
米原謙編（二〇一六）『「天皇」から「民主主義」まで』〈政治概念の歴史的展開9〉晃洋書房
米原謙編（二〇一七）『「まつりごと」から「市民」まで』〈政治概念の歴史的展開10〉晃洋書房
米原謙・土居充夫編（一九九五）『政治と市民の現在』法律文化社
頼祺一編（一九九三）『儒学・国学・洋学』〈日本の近世13〉中央公論社
蠟山政道（一九二五）『政治学の任務と対象』巌松堂
蠟山政道（一九二八）『国際政治と国際行政』巌松堂
蠟山政道（一九三三）『日満関係の研究』斯文書院
蠟山政道（一九三三）『日本政治動向論』高陽書院
蠟山政道（一九三八）『世界の変局と日本の世界政策』巌松堂書店
蠟山政道（一九四一）『東亜と世界』改造社
蠟山政道（一九六八）『日本における近代政治学の発達』新泉社
若宮啓文（二〇一四）『戦後七〇年　保守のアジア観』朝日新聞出版
渡辺治（一九九〇）『戦後政治史の中の天皇制』青木書店
渡辺浩（二〇一〇）『日本政治思想史——一七～一九世紀』東京大学出版会
渡辺浩（二〇一〇）『近世日本社会と宋学　増補新装版』東京大学出版会
渡辺浩（二〇一六）『東アジアの王権と思想　増補新装版』東京大学出版会
和田守（一九九〇）『近代日本と徳富蘇峰』御茶の水書房

4　図表で利用した文献

鹿野政直（一九七九）『福沢諭吉』〈日本を創った人びと25〉平凡社
野島博之監修（二〇〇五）『昭和史の地図』成美堂出版

『大連旧影』人民美術出版社
『ビジュアル日本史』東京法令出版
『資料日本社会党50年』(一九九五)日本社会党中央本部機関紙広報委員会
『数字でみる日本の100年』改訂第6版(二〇一三)矢野恒太記念会

日本政治思想史関連年表

（一八七二年までは旧暦）

西暦	和暦	思想	関連事項
一六〇五	慶長一〇	林羅山が徳川家康に謁見。羅山は翌々年に家康の命により剃髪し道春と改称。	
一六一三	一八		幕府がキリスト教を禁止。
一六三五	寛永一二		外国船の入港・貿易を長崎平戸に限り、日本人の海外渡航・帰国を禁止。
一六六二	寛文二	伊藤仁斎が京都堀川に家塾を開く。	
一六九六	元禄九	荻生徂徠が柳沢吉保に出仕。	
一七五二	宝暦二	本居宣長が医学修業のため上京し、堀景山に入門。	
一七六三	一三	5月本居宣長が松坂で賀茂真淵と対面。	
一七九二	寛政四		9月ロシア使節ラクスマンが根室に来航（この後、露英米の船が頻繁に来航）。
一七九八	一〇	本居宣長が『古事記伝』を完成。	
一八一二	文化九	平田篤胤が『霊の真柱』を完成。	
一八二四	文政七		5月英国捕鯨船が常陸大津浜に上陸。
一八二五	八	3月会沢正志斎『新論』執筆。	2月異国船打払い令。
一八三七	天保八		6月米国船モリソン号が漂流民を護送して浦賀に入港、日本側が砲撃（モリソン号事件）。
一八三八	九	3月徳川斉昭「弘道館記」成稿。	
一八三九	一〇	横井小楠が江戸に遊学し藤田東湖と交流。	
一八四〇	一一		7月オランダ風説書によってアヘン戦争勃発が日本に伝えられる。

西暦	和暦	思想	関連事項
一八四二	一三	11月佐久間象山「海防に関する藩主宛上書」執筆。	7月異国船打払令を改め、薪水食料の給与を許可。
一八五一	嘉永四	12月吉田松陰が水戸を訪問。	
一八五三	六	横井小楠「夷虜応接大意」執筆。	6月ペリー来航（翌年一月、再度来航し日米和親条約を締結）。
一八五四	安政元	佐久間象山「省諐録」執筆。	
一八五八	五		6月日米修好通商条約調印。9月安政の大獄が始まる。
一八六〇	万延元	横井小楠「国是三論」執筆。	3月桜田門外の変（水戸藩士らが井伊大老を暗殺）。
一八六六	慶應二	福澤諭吉『西洋事情』初編刊。	
一八六七	三		12月王政復古の宣言。
一八六八	明治元	加藤弘之『立憲政体略』刊。	1月戊辰戦争が勃発、3月紫宸殿で五箇条の誓文の儀式。
一八七一	四		10月岩倉具視ら遣欧使節団が出発。
一八七二	五	2月福澤諭吉『学問のすゝめ』初編刊。	3月神祇省を廃して教部省をおく。4月教導職の設置。
一八七三	六		10月明治六年の政変。
一八七四	七	1月板垣退助らが「民選議院設立建白書」提出。3月『明六雑誌』創刊。	
一八七五	八	8月福澤諭吉『文明論之概略』刊。	
一八七七	一〇		2月西南戦争が勃発。
一八七八	一一	9月福澤諭吉『通俗民権論』『通俗国権論』刊。	
一八八〇	一三		3月愛国社を国会期成同盟と改称。4月片岡健吉らが国会開設の請願書提出。
一八八一	一四	3月『東洋自由新聞』創刊。9月福澤諭吉『時事小言』刊。	10月明治一四年の政変（明治二三年国会開設の勅諭）。

一八八二	一五	5月福澤諭吉『帝室論』刊。10月加藤弘之『人権新説』刊。	
一八八六	一九	10月徳富蘇峰『将来之日本』刊。	
一八八七	二〇	2月徳富蘇峰が民友社を創立（『国民之友』創刊）。5月中江兆民『三酔人経綸問答』刊。	4月首相官邸で大仮装舞踏会。
一八八八	二一		2月大隈重信が外相に就任。
一八八九	二二	2月陸羯南の新聞『日本』創刊。	2月大日本帝国憲法発布。
一八九〇	二三		7月第一回総選挙。10月教育勅語発布。12月第一回帝国議会召集。
一八九一	二四	1月内村鑑三が第一高等学校で教育勅語に拝礼せず問題化。	
一八九二	二五	1月久米邦武「神道は祭天の古俗」が『史海』に転載。	
一八九三	二六	12月徳富蘇峰『吉田松陰』刊。	1月大日本協会結成（改進党が同調）。
一八九四	二七	12月徳富蘇峰『大日本膨脹論』刊。	8月日清戦争が勃発。
一八九五	二八		4月独露仏の三国干渉で遼東半島を還付。
一八九六	二九	4月桑田熊蔵ら社会政策の研究会設立（翌年、社会政策学会と命名）。	
一八九八	三一		6月ドイツが膠州湾を租借。6月ロシアが旅順・大連を租借。7月英国が威海衛を租借。
一八九九	三二	3月徳富蘇峰と陸羯南が帝国主義をめぐって論争。	
一九〇〇	三三	5月木下尚江「『忠君愛国』の疑問」発表。	6月義和団事件のために日本が派兵決定。9月立憲政友会結成。
一九〇一	三四	4月幸徳秋水『廿世紀之怪物帝国主義』刊。	5月社会民主党結成（二日後禁止）。
一九〇二	三五		1月日英同盟協約調印。
一九〇三	三六	5月藤村操が「巌頭の感」を遺して投身自殺。7	

西暦	和暦	思想	関連事項
一九〇四	三七	月幸徳秋水『社会主義神髄』刊。11月幸徳秋水・堺利彦らが平民社結成。	2月日露戦争が勃発。
一九〇五	三八	2月吉野作造「国家魂とは何ぞや」発表、木下尚江「『新人』の国家宗教」で吉野を批判。	9月日露講和条約調印。11月第二次日韓協約調印（外交権を日本が掌握）。
一九〇六	三九	5月北一輝『国体論及び純正社会主義』刊。	
一九〇八	四一	5月河上肇「国情一変せん乎」執筆。10月徳富蘇峰『吉田松陰』（改訂版）刊。	
一九一〇	四三	12月河上肇「時勢の変」執筆。	8月韓国併合に関する日韓条約調印。
一九一一	四四	2月河上肇「日本独特の国家主義」執筆。	1月大逆事件の被告二四名に死刑判決。7月第三回日英同盟協約調印（米国を条約対象国から除外）。
一九一二	大正元		12月第一次護憲運動が起こる。
一九一三	二	12月徳富蘇峰『時務一家言』刊。	
一九一四	三		7月孫文が東京で中華革命党を組織。8月第一次世界大戦が勃発。
一九一五	四	5月吉野作造『日支交渉論』刊。11月北一輝『支那革命外史』執筆（～一六年5月）。	1月対華二十一カ条要求を提出。
一九一六	五	1月吉野作造「憲政の本義を説いて其有終の美を済すの途を論ず」発表。2月大山郁夫「政治的機会均等主義」発表。3月吉野作造「対支外交根本策の決定に関する日本政客の昏迷」発表。10月徳富蘇峰『大正の青年と帝国の前途』刊。	
一九一七	六	3月山川均「沙上に建てられたデモクラシー」発表。	11月ロシア十月革命が勃発。

一九一九	八	4月『改造』創刊。6月『解放』創刊。8月北一輝『国家改造案原理大綱』執筆。	3月韓国で三・一独立運動。5月中国で五・四運動。
一九二〇	九	1月大山郁夫「民衆文化の世界へ」発表。	
一九二一	一〇	7月石橋湛山「一切を棄つるの覚悟」「大日本主義の幻想」発表。	12月ワシントン会議（〜一九二二年二月）。
一九二二	一一	8月山川均「無産階級運動の方向転換」発表。	
一九二三	一二		
一九二四	一三		1月第二次護憲運動が起こる。5月米国で排日移民法が成立。6月護憲三派の加藤高明内閣成立。
一九二五	一四	10月福本和夫「『方向転換』はいかなる諸過程をとるか、我々はいまそれのいかなる過程を過程しつつあるか」発表。	3月治安維持法と男子普通選挙法が成立。
一九二七	昭和二	12月山川均「政治的統一戦線へ！」発表。	
一九二八	三	3月石橋湛山「支那は先ず其実力を養うべし」発表。	2月最初の男子普通選挙が実施される。6月張作霖が奉天で爆殺される。
一九三〇	五		1月ロンドン軍縮会議が開会。
一九三一	六		9月関東軍参謀らが柳条湖の満鉄線路を爆破（満州事変）。
一九三二	七		3月満州国建国宣言。5月五・一五事件が起こる。
一九三三	八	2月蠟山政道『日満関係の研究』刊。4月瀧川事件が起こる。10月昭和研究会が結成される。	2月国際連盟が日本軍の満州撤退勧告案を可決（日本は国際連盟を脱退）。
一九三六	一一	2月石橋湛山「国を挙げて非合法化せんとす」発表。12月尾崎秀実「張学良クーデターの意義」執筆。	2月二・二六事件が起こる。12月中国で西安事件が起こる。
一九三七	一二	11月河合榮治郎「日支問題論」発表。	7月盧溝橋事件が起こる。
一九三八	一三	9月蠟山政道「東亜協同体の理論」発表。	1月「国民政府を対手とせず」（第一次近衛声明）。11月「東亜新秩序建設」の第二次近衛声明。

西暦	和暦	思想	関連事項
一九三九	一四	1月尾崎秀実「「東亜協同体」の理念とその成立の客観的基礎」発表。	9月ドイツ軍がポーランド侵入（第二次世界大戦が勃発）。
一九四〇	一五	2月丸山眞男「近世儒教の発展における徂徠学の特質並にその国学との関連」発表（〜五月）。	9月日独伊三国同盟を締結。
一九四一	一六	7月丸山眞男「近世日本政治思想における「自然」と「作為」」発表（〜九月）。	10月ゾルゲ事件が発覚し尾崎秀実らが検挙される。12月日本軍がハワイ真珠湾などを攻撃。
一九四二	一七	1月座談会「世界史的立場と日本」発表。9〜10月座談会「近代の超克」発表。	
一九四四	一九	7月大塚久雄「最高度〝自発性〟の発揚」発表。	
一九四五	二〇		8月ポツダム宣言を受諾。9月天皇がマッカーサー元帥を訪問。10月GHQが治安維持法廃止・政治犯釈放などの民主化指令。10月政府が憲法問題調査委員会を設置。
一九四六	二一	4月大塚久雄「近代的人間類型の創出」発表。5月丸山眞男「超国家主義の論理と心理」発表。11月佐々木惣一「国体は変更する」発表。	1月「新日本の建設に関する詔書」発表。2月GHQが憲法草案を日本政府に提示。
一九四七	二二	3月和辻哲郎「国体変更について佐々木博士に教えを乞う」発表。	4月第二三回総選挙で社会党が第一党となる（片山哲内閣が成立）。
一九四九	二四		2月第三次吉田内閣が成立。
一九五〇	二五	2月山川均「講和・中立・再武装」発表。	6月朝鮮戦争が勃発。7月マッカーサーが警察予備隊の創設を指令。
一九五一	二六	1月社会党大会で平和四原則を決議。3月平和問題談話会「三たび平和について」発表。	9月サンフランシスコ講和会議開催。
一九五二	二七	1月丸山眞男「「現実」主義の陥穽」発表。	

一九五五	三〇		10月左右社会党が統一。11月保守合同で自由民主党結成。
一九五六	三一	11月丸山眞男「「スターリン批判」の批判」発表。 11月松下圭一「大衆社会の成立とその問題性」発表。	2月ソ連共産党第二〇回大会（スターリン批判）。10月日ソ共同宣言調印。12月日本の国際連合加盟が決定。
一九五八	三三	大江健三郎「人間の羊」「戦いの今日」など発表。	
一九六〇	三五	6月「声なき声の会」の最初のデモ。	1月日米新安保条約を調印。5月自民党が新安保条約を強行採決。
一九六四	三九	12月社会党が「日本における社会主義への道」を採択。	10月東海道新幹線開業。東京オリンピック開催。
一九六五	四〇	4月べ平連（ベトナムに平和を！市民連合）の最初のデモ。	2月米軍による北爆開始。6月日韓基本条約に調印。
一九六六	四一	6月松下圭一「「市民」的人間型の現代的可能性」発表。	
一九六七	四二	6月江藤淳『成熟と喪失――〝母〟の崩壊』刊。	
一九六八	四三		8月ソ連など五カ国軍がチェコに侵入。
一九六九	四四	10月平田清明『市民社会と社会主義』刊。	1月東大安田講堂の封鎖解除。11月佐藤・ニクソン会談で沖縄施政権の七二年返還などを声明。
一九七〇	四五	1月江藤淳「「ごっこ」の世界が終ったとき」発表。	3～9月大阪万博開催。
一九七二	四七	11月丸山眞男「歴史意識の「古層」」発表。	2月あさま山荘事件。ニクソンが北京を訪問し周恩来・毛沢東と会談。9月日中共同声明に調印。
一九七三	四八		10月第四次中東戦争が勃発し、ＯＰＥＣが原油価格を七〇％値上げ（石油ショック）。
一九七四	四九		5月解放戦線軍がサイゴンに入城（ベトナム戦争終結）。

西暦	和暦	思想	関連事項
一九七九	五四	8月村上泰亮ほか『文明としてのイエ社会』刊。	12月アフガニスタンでクーデターが起こる（ソ連軍が介入）。
一九八〇	五五	3月天谷直弘「「町人国・日本」手代のくりごと」発表。10月江藤淳『一九四六年憲法——その拘束』刊。	
一九八二	五七		11月中曾根康弘内閣成立。
一九八三	五八	8月島田雅彦『優しいサヨクのための嬉遊曲』刊。	
一九八四	五九	5月山崎正和『柔らかい個人主義の誕生』刊。	
一九八五	六〇		3月ソ連共産党書記長にゴルバチョフを選任。
一九八六	六一		12月ベトナム共産党が刷新（ドイモイ）を提起。
一九八八	六三	4月富永健一「「戦後社会」の幕は引かれたのか」発表。	5月ポーランドのグダニスクの造船所でスト開始。
一九八九	平成　元		6月中国政府が民主化運動を武力弾圧（天安門事件）。11月ベルリンの壁が崩壊。12月米ソ首脳がマルタで会談。
一九九〇	二		10月東西ドイツ統一。
一九九一	三		1月多国籍軍がクウェートに侵攻したイラク軍を攻撃（湾岸戦争）。12月ソ連邦が消滅。
一九九二	四	11月フランシス・フクヤマ『歴史の終わり』刊。	9月自衛隊カンボジア派遣開始。
一九九三	五	5月小沢一郎『日本改造計画』刊。	8月従軍慰安婦に関する河野官房長官談話発表。非自民連立の細川護煕内閣成立。
一九九四	六	10月西尾幹二『異なる悲劇　日本とドイツ』刊。	3月衆議院選挙での小選挙区制を含む政治改革関連法案成立。
一九九五	七	8月村山内閣が戦後五〇年の「首相談話」を発表。	1月阪神・淡路大震災。3月地下鉄サリン事件。

一九九六	八		9月民主党結党大会。
一九九七	九		1月「新しい歴史教科書をつくる会」発足。5月日本会議発足。
一九九八	一〇	6月サミュエル・ハンチントン『文明の衝突』刊（原著は一九九六年刊）。	
一九九九	一一	10月西尾幹二『国民の歴史』刊。	
二〇〇一	一三	6月『新しい歴史教科書』刊。10月小林よしのり『新ゴーマニズム宣言SPECIAL　戦争論2』刊。	4月小泉純一郎内閣成立。9月米国で同時多発テロ。
二〇〇二	一四		9月小泉首相が北朝鮮を訪問、日朝平壌宣言に署名。
二〇〇三	一五	7月小林よしのり『新ゴーマニズム宣言SPECIAL　戦争論3』刊。	3月イラク戦争勃発。
二〇〇六	一八	7月安倍晋三『美しい国へ』刊。	9月第一次安倍晋三内閣成立。
二〇〇九	二一		9月民主・国民新党・社民の鳩山由紀夫連立内閣成立。
二〇一〇	二二		中国のGDPが日本を抜き世界第二位となる。
二〇一一	二三		3月東日本大震災。
二〇一二	二四		9月野田佳彦内閣が尖閣諸島の三島を国有化。12月第二次安倍晋三内閣成立。
二〇一三	二五		12月特定秘密保護法成立。
二〇一四	二六		7月集団的自衛権容認の閣議決定。
二〇一五	二七	8月安倍内閣が終戦七〇年の「首相談話」を発表。	9月平和安全法制が成立。12月日韓外相が従軍慰安婦問題に関する合意を発表。
二〇一七	二九		6月改正組織犯罪処罰法が成立。

《著者紹介》

米原　謙（よねはら・けん）

1948年　徳島市に生まれる。

1972年　大阪大学法学部卒業。

1980年　大阪大学大学院法学研究科博士課程単位取得退学。

下関市立大学経済学部講師，助教授，大阪大学教養部助教授，同大学大学院国際公共政策研究科教授などを歴任し，2013年定年退職。

パリ第四大学（フランス政府給費留学生），東京大学法学部（文部省内地研究員），パリ政治学院（客員研究員），北京外国語大学日本学研究中心（派遣教授），成功大学（招聘教授），政治大学（客座教授）などで教育・研究に従事。

2016年より中国人民大学講座教授。

著　書　『日本近代思想と中江兆民』新評論，1986年。

『兆民とその時代』昭和堂，1989年。

『日本の政治を考える』（土居充夫・山口裕司との共著），法律文化社，1992年。

『植木枝盛——民権青年の自我表現』中公新書，1992年。

『日本的「近代」への問い——思想史としての戦後政治』新評論，1995年。

『政治と市民の現在』（土居充夫との共編著），法律文化社，1995年。

『近代日本のアイデンティティと政治』ミネルヴァ書房，2002年。

『徳富蘇峰——日本ナショナリズムの軌跡』中公新書，2003年。

『ナショナリズムの時代精神』（長妻三佐雄との共編著），萌書房，2009年。

『東アジアのナショナリズムと近代——なぜ対立するのか』（金鳳珍・區建英との共著），大阪大学出版会，2011年。

『国体論はなぜ生まれたか——明治国家の知の地形図』ミネルヴァ書房，2015年，ほか。

MINERVA 政治学叢書③
日本政治思想［増補版］

2007年３月30日　初　版第１刷発行　〈検印省略〉
2015年６月20日　初　版第５刷発行
2017年10月30日　増補版第１刷発行

定価はカバーに
表示しています

著　者　米　原　　謙
発行者　杉　田　啓　三
印刷者　坂　本　喜　杏

発行所　株式会社　ミネルヴァ書房
607-8494　京都市山科区日ノ岡堤谷町１
電話代表　(075)581-5191
振替口座　01020-0-8076

冨山房インターナショナル・清水製本

ISBN 978-4-623-08132-5
Printed in Japan

人名索引

あ 行

か 行

さ 行

た　行

な　行

は　行

ま　行

や　行

ら・わ 行

事項索引

あ 行

か 行

さ　行

た　行

な　行

は　行

ま　行

や　行

ら　行

わ　行